Elena Carrara

UniversItalia
Corso di italiano

Eserciziario

Hueber Verlag

Unter Mitwirkung von:
Danila Piotti, Autorin des Kursbuches, Dozentin an der FH München,
am Fachsprachenzentrum der LMU und am Italienischen Kulturinstitut
München
Dr. Giulia de Savorgnani, Autorin des Kursbuches, Lektorin am
Romanistischen Institut der Universität Regensburg

Wir danken allen Freunden und Kollegen für die Beratung, die sprachliche
Durchsicht und die Erprobung im Unterricht.

Das Werk und seine Teile sind urheberrechtlich geschützt.
Jede Verwertung in anderen als den gesetzlich zugelassenen
Fällen bedarf deshalb der vorherigen schriftlichen
Einwilligung des Verlags.

Hinweis zu § 52a UrhG: Weder das Werk noch seine Teile dürfen ohne
eine solche Einwilligung überspielt, gespeichert und in ein Netzwerk
eingespielt werden. Dies gilt auch für Intranets von Firmen und von Schulen
und sonstigen Bildungseinrichtungen.

| 5. | 4. | 3. | | Die letzten Ziffern |
| 2012 | 11 | 10 | 09 | 08 | bezeichnen Zahl und Jahr des Druckes. |

Alle Drucke dieser Auflage können, da unverändert,
nebeneinander benutzt werden.
1. Auflage
© 2007 Max Hueber Verlag, 85737 Ismaning, Deutschland
Verlagsredaktion: Giovanna Rizzo, Hueber Verlag, Ismaning
Redaktionsassistenz: Stephanie Pfeiffer, Anna Colella, Hueber Verlag, Ismaning
Umschlaggestaltung: Büro Sieveking, München
Zeichnungen: Jens Rassmus, Hamburg
Satz und Gestaltung: Büro Sieveking, München
Reproarbeiten: Lorenz & Zeller, Inning a. A.
Herstellung: Hueber Verlag, Kerstin Ramsteiner und Büro Sieveking
Druck und Bindung: Ludwig Auer GmbH, Donauwörth
Printed in Germany
ISBN 978–3–19–025378–4

Vorwort

Das Arbeitsbuch zu UniversItalia ist als Ergänzung zum Kursbuch konzipiert worden und soll dazu beitragen, die im Unterricht erworbenen Kenntnisse zu festigen, zu überprüfen und zu vertiefen. Es enthält die notwendigen detaillierten Grammatikerklärungen und Übersichtstabellen einer jeden Lektion in deutscher Sprache sowie eine Vielzahl an abwechslungsreichen und zielgerichteten Übungen, die größtenteils als Hausaufgaben individuell durchführbar sind, aber auch im Unterricht eingesetzt werden können.
Die Übungen orientieren sich an der Progression des Kursbuches. Verweise im Kursbuch führen zu den entsprechenden Übungen des Arbeitsbuches.
Das Arbeitsbuch enthält eine integrierte Audio-CD mit zusätzlichen Hörtexten zur Weiterentwicklung des Hörverstehens und zusätzliche Lesetexte, die der Vertiefung der im Kursbuch behandelten Themen dienen oder als Anregung zur Diskussion im Unterricht eingesetzt werden können. Die Lesekompetenz wird damit weiterentwickelt und die Autonomie des Lerners im Umgang mit der Sprache gefördert.
Besondere Aufmerksamkeit wurde auf die Wahl von Texten aus den Interessens- und Bedürfnisgebieten der Studierenden gelegt.
Jede Einheit bietet außerdem mindestens eine Internetübung an. Damit wird der Umgang mit dem Internet als Medium des Fremdsprachenerwerbs geschult und gefördert. Die Internetübungen ermöglichen es den Lernern, sich in einem authentischen sprachlichen Umfeld zu bewegen, stellen landeskundlich relevante Internetseiten vor und sollen den Lerner außerdem motivieren, aktuelle Informationen zu seinen Interessengebieten zu suchen und damit auch sein Wissen über Italien zu erweitern und selbständig zu vertiefen.
Die Rubrik *Lo sapevate che …?* vermittelt zusätzliche kulturelle Informationen zum Thema der Lerneinheit. Sie trägt auch dazu bei, die landeskundlichen Kenntnisse zu erweitern.
Darüber hinaus enthält jede Einheit des Arbeitsbuches einen *Bilancio* mit Aktivitäten zur Selbsteinschätzung des Gelernten, zur Reflexion des Lernprozesses, sowie Tipps zu Lernstrategien, die zu effektiveren Lernwegen anregen sollen.
Der *Bilancio* hilft den Studierenden, ihre Fortschritte einzuschätzen, zu reflektieren und zu dokumentieren (Dossier) und soll damit das selbständige Lernen fördern und unterstützen. Im ersten Abschnitt des *Bilancio* (Am Ende dieser Einheit kann ich …) soll der Lerner, neben den bereits angegebenen Beispielen, selbst entscheiden, welche weiteren Fertigkeiten er erworben hat.
Ab Lektion 11 sind die Arbeitsanweisungen bewusst auf Italienisch formuliert, da bis dahin ein höheres Niveau in der italienischen Sprache vorausgesetzt werden kann.

Unbekannte Wörter, die für das Verständnis wichtig sind, werden in Fußnoten erklärt.

Im Lösungsschlüssel schließlich kann man die Übungsergebnisse selbst kontrollieren. Bei freieren Übungen empfiehlt sich die Kontrolle durch den Kursleiter.

Wir wünschen Ihnen viel Freude und Erfolg mit UniversItalia Arbeitsbuch.

Die Autorin und der Verlag

Inhalt

Vorwort		3

Unità 1 — Ciao! — 7

Grammatik: das **Alphabet**; **Subjektpronomen** im Singular; der **Indikativ Präsens** der regelmäßigen Verben (Singularformen); die **Verben** essere, avere, chiamarsi (Singular); der **bestimmte Artikel** (Singular); **der unbestimmte Artikel**; Substantive und Adjektive im Singular; die **Grundzahlen** bis 100; die Verneinung; einige **Präpositionen** (di, a, da, in, per); **Fragepronomen** (I)

Unità 2 — All'università — 19

Grammatik: der **Indikativ Präsens** der **regelmäßigen** und einiger **unregelmäßiger** Verben (essere, avere, fare, stare, bere); **esserci**; **Pluralformen** von Substantiven, Adjektiven und bestimmten Artikeln; Übereinstimmung des **Adjektivs** mit dem **Substantiv**; **Präpositionen** (a, da + Artikel); **Fragepronomen** (II)

Unità 3 — E tu che cosa fai? — 32

Grammatik: **Unregelmäßige Verben im Präsens** (andare, sapere, uscire); das **Verb** piacere; unbetonte indirekte **Objektpronomen**; die **Modalverben** (dovere, potere, volere); **zusammengesetzte Präpositionen**; **reflexive Verben**; ogni/tutti i...; die Tageszeiten; die Wochentage; einige Zeitausdrücke; die **doppelte Verneinung**; die **Possessivbegleiter** (I)

Unità 4 — In città — 46

Grammatik: die Bildung des **Adverbs**; der **Gebrauch** von Adverb und Adjektiv; die unpersönliche **si-**Form; das **Verb** venire; **Ortsangaben**; das Pronominaladverb ci; unbetonte direkte **Objektpronomen**; Ordnungszahlen

Unità 5 — Ma che ci fai ancora qui? — 59

Grammatik: das **passato prossimo**; der Gebrauch des **Hilfsverbs**; die **Adverbien** già / non ancora; Zeitausdrücke; das **passato prossimo** der **reflexiven Verben**; transitiver und intransitiver Gebrauch von cominciare und finire

Unità 6 — Facciamo spese! — 71

Grammatik: **Farbadjektive**; questo / quello; direkte **Objektpronomen** in Verbindung mit dem **passato prossimo**; das Adjektiv bello; betonte und unbetonte **Objektpronomen**; die **Verlaufsform** (stare + gerundio); der **Teilungsartikel** (im Plural); die **Präpositionen** di und da

Unità 7	Noi andavamo sempre...	85

Grammatik: imperfetto; imperfetto in Verbindung mit *mentre*; der Gebrauch von passato prossimo und imperfetto (I); *sapere* und *conoscere* im imperfetto und im passato prossimo; der **absolute Superlativ**; die **Possessivbegleiter** mit Verwandtschaftsbezeichnungen; die Konjunktionen *quando, quindi* und *perché*

Unità 8	Da noi è festa!	99

Grammatik: der **Gebrauch** von **passato prossimo** und **imperfetto** (II); Modalverben im **passato prossimo** und **imperfetto**; **imperfetto** und **passato prossimo** in Verbindung mit *mentre*; die **Relativpronomen** *che* und *cui*; die Hervorhebung des **Objektpronomens**; der **Teilungsartikel** (Sing.); das Pronominaladverb *ne*

Unità 9	Cercasi, offresi, affittasi	112

Grammatik: die **Verkleinerungsform**; der **Konditional Präsens**; das Verb *sapere* (können); *stare per*; die **Konjunktionen** *siccome* und *perché*; der **relative Superlativ**; **Ortspräpositionen**

Unità 10	Avrei bisogno di un consiglio	125

Grammatik: der **Komparativ**; einige **unregelmäßige Komparativformen**; der **Imperativ**; die **Stellung** des **Pronomens** in Verbindung mit dem **Imperativ**; das **gerundio presente** in Modal- und Kausalsätzen

Unità 11	Pianeta giovani	139

Grammatik: der **congiuntivo presente** nach Verben und Ausdrücken der Hoffnung, der persönlichen Meinung und nach unpersönlichen Ausdrücken; das **Futur I**; *andarsene*; Nebensätze mit *che* + congiuntivo und *di* + Infinitiv; der **reale Bedingungssatz**; die **indirekte Frage** (I)

Unità 12	Il piacere di leggere	154

Grammatik: das **trapassato prossimo**; das **passato remoto**; die **Kollektivzahlen**; die **Relativpronomen** (*il quale, la quale, i quali, le quali*); die **Stellung** der **Objekt- und Reflexivpronomen**

Unità 13	Indimenticabile!	169

Grammatik: die Bildung des **congiuntivo imperfetto**; der **potentielle Bedingungssatz** und der **irreale Bedingungssatz** im Präsens; das **Futur I** zum Ausdruck einer Vermutung; der **Konditional II**; Adjektive auf *-bile*; die negative Vorsilbe *in-*

| Unità 14 | Italiano del terzo millennio | 182 |

Grammatik: die **Wortbildung** (I); die **Passivform** mit *essere*; *prima di / prima che*; kombinierte **Pronomen**; einige **Bindewörter**

| Unità 15 | Studiare in Italia | 195 |

Grammatik: der **congiuntivo passato** und **trapassato**; der irreale **Bedingungssatz**; einige **Bindewörter**; das **gerundio presente** in Temporalsätzen

| Unità 16 | AAA collaboratore cercasi | 209 |

Grammatik: die Bildung der weiblichen Form und des Plurals bei **Berufsbezeichnungen** (Zusammenfassung); die **Passivform** mit *venire*; die **Zeitenfolge** in Sätzen mit Indikativ und mit congiuntivo (Hauptsatz mit einem Verb der Präsensgruppe); *non so se* + cong.; *peccato che* + cong.

| Unità 17 | Finalmente vacanza! | 224 |

Grammatik: die **Wortbildung** (II); *bisogna, ci vuole*; die unpersönliche **si**-Form in Verbindung mit Substantiven; einige **Indefinita** (*ogni, ognuno, qualche, alcuni, nessuno*); die **Zeitenfolge** in Sätzen mit Indikativ und mit congiuntivo (Hauptsatz mit einem Verb der Vergangenheit)

| Unità 18 | Mille e una Italia | 239 |

Grammatik: *come se* + congiuntivo; das **Passiv** zum Ausdruck einer Notwendigkeit (*andare* + **Partizip Perfekt**); *da* + Infinitiv; die **indirekte Rede**; die **indirekte Frage** (II)

Anhang

Grammatisches Glossar	254
Phonetikausdrücke	255
Die Grundzahlen	255
Unregelmäßige Verben (Auswahl)	256
Lösungen	260
Transkriptionen der Hörtexte	282
Quellenverzeichnis	292

▶II 1 1. Hören Sie sich die folgenden Wörter an und schreiben Sie sie auf.

2. Erinnern Sie sich an den Dialog im Kursbuch (S. 13)?

Ergänzen Sie ihn mit den fehlenden Teilen.

- ◻ Ciao, io _____ Claudio.
- ◼ Ciao
- ◻ Sei un'amica di Chiara?
- ◼ Sì. Anche tu?
- ◻ Beh sì. _____ matematica come lei. E tu, _____ studi?
- ◼ Economia.
- ◻ E sei _____ Firenze?
- ◼ No, non proprio di Firenze, sono di Prato. E tu, _____ sei?
- ◻ Io _____ di Casinalbo, in provincia di Modena.
- ◼ Ah... Ma _____ qua a Firenze?
- ◻ Sì, _____ un appartamento con un altro ragazzo, uno studente di medicina. E... tu... _____ ti chiami?
- ◼ Stefi.

3. Was gehört zusammen?

Verbinden Sie die Dialogteile.

1. Come ti chiami? — a. Di Roma.
2. Che cosa studi? — b. Sì, studio medicina come lei.
3. Di dove sei? — c. Medicina.
4. Sei un amico di Paola? — d. No, a Firenze.
5. Abiti a Siena? — e. Massimo.

4. Vervollständigen Sie mit den richtigen Verbformen.

chiamarsi	◻ Come _ti chiamo_?	◼ Gianluca, e tu?	◻ _Mi chiamo_ Pietro.
studiare	◻ Che cosa _studi_?	◼ Medicina, e tu?	◻ _Studio_ Economia.
essere	◻ _Sei_ tu Simone?	◼ Sì, _sono_ io.	
abitare	◻ (Tu) _Tu abita_ a Palermo?	◼ No, _abito_ a Catania.	
avere	◻ (Tu) _Hai_ un appartamento a Catania?	◼ Sì, _ho_ un appartamento in centro.	

5. Ergänzen Sie mit den Präpositionen.

- ◻ Ciao, mi chiamo Marco, sono _di_ Napoli, ma abito _a_ Torino. E tu?
- ◼ Io mi chiamo Paolo e studio medicina _a_ Firenze.

○ E abiti _____ Firenze?

● Sì, abito in un appartamento _____ un ragazzo _____ Bologna.

○ Ma sei un amico _____ Chiara?

▷ Ciao, io sono Serena e studio economia _____ Bari. E tu, come ti chiami?

▶ Mi chiamo Lucia, sono _____ Bari, ma studio _____ Napoli.

▷ E abiti _____ Napoli?

▶ Sì, sì, abito _____ una ragazza _____ Lecce, Marina.

▷ E sei un'amica _____ Laura?

▶ Sì, studio economia come lei.

6. **Verbinden Sie die entsprechenden Fragewörter.**

1. Che cosa …?   a. Woher …?
2. Di dove …?   b. Wie …?
3. Dove …?   c. Was …?
4. Con chi …?   d. Wo …?
5. Come …?   e. Mit wem …?

7. **Und jetzt ergänzen Sie mit den Fragewörtern.**

1. ● <u>Che cosa</u> studi? ○ Matematica.
2. ● Io sono di Milano e tu <u>di dove</u> sei? ○ Di Pescara.
3. ● <u>Come</u> ti chiami? ○ Paolo.
4. ● <u>Dove</u> abiti? ○ A Bologna.
5. ● <u>Con chi</u> abiti? ○ Con Monica, una ragazza di Cremona.

8. **Vervollständigen Sie mit dem unbestimmten Artikel.**

_____ amica   _____ corso   _____ festa   _____ studentessa

_____ università   _____ studente   _____ dialogo   _____ zaino[1]

_____ domanda   _____ zoo   _____ esercizio _____ sport

_____ insegnante   _____ lezione   _____ gnomo[2] _____ istituto

_____ parola   _____ ragazza   _____ yogurt

---

1 lo zaino   der Rucksack   2 lo gnomo   der Gnom

9. Im Unterricht haben Sie ein Interview mit der italienischen Lehrerin Giuliana, gehört (Kursbuch S. 16, CD Track 3). Die folgenden Sätze beinhalten einige Informationen über sie, sind aber durcheinander geraten. Wie lauten sie richtig?

1. è / Giuliana / insegnante
2. all'università di Roma 3 / lavora / e in un istituto privato
3. italiano come lingua straniera / francese / Giuliana / insegna / e
4. una bella classe / in questo momento / ha / di livello intermedio alto
5. studia / Karolina / giurisprudenza / polacca / è / e
6. vive / qui a Roma / Ulrike / e / lettere antiche / studia

▶ II 2   10. Roberta ist eine Lehrerin für Italienisch als Fremdsprache. Sie stellt ihre neue Gruppe vor.

Hören Sie zu und setzen Sie die Endungen ‹-o, -a, -e› ein.

Maria è spagnol**a**, di Madrid.   Bryan è american**o**.

Marta è irlandes**e**, di Dublino.   Laurence è frances**e**.

Nawid è turc**o**.   Stefanie è svedes**e**, di Stoccolma.

Teodora è grec**a**, di Atene.   Fabio è svizzer**o**, di Zurigo.

Wang è cines**e**, di Pechino.   Junko è giappones**e**, di Tokyo.

Igor è russ**o**.   Brigitte è belg**a**.

Anche Pierre è belg**a**, di Bruxelles. Paula è messican**a**.

Mariana è argentin**a**.   Nicholas è austriac**o**, di Vienna.

Dulce è portoghes**e**.   John è australian**o**, di Melbourne.

11. Und jetzt ordnen Sie alle Nationalitätsbezeichnungen, die Sie kennen, den folgenden Kategorien zu.

‹o / a›	‹e›	Ausnahmen
spagnolo/a	irlandese	belga
turco/a	francese	
greco	giapponese	
russo/a	svedese	
argentino	portoghese	
americano	cinese	
svizzero		
austriaco		

12. Vervollständigen Sie die Tabelle mit den fehlenden Informationen.

Paese	Nazionalità	Capitale[3]	Lingua
Italia	italiana	Roma	italiano
Francia	francese	Parigi	francese
Svezia	svedese	Stoccolma	svedese
Inghilterra	inglese	Londra	inglese
Grecia	greca	Atene	greco
Messico	messicana	Città del Messico	messicano
Irlanda	irlandese	Inglese	inglese
Argentina	argentina	Buenos Aires	argentino
Turchia	turca	Ankara	turco
Belgio	belga	Bruxelles	francese e fiammingo
Cina	cinese	Pechino	cinese
Giappone	giapponese	Tokio	giapponese
Germania	tedesca	Berlino	tedesco
Svizzera	svizzera	Berna	francese, tedesco e italiano

13. Weltbekannt!

Ergänzen Sie die Sätze mit den entsprechenden Nationalitäten.
Nicht vergessen: Das Adjektiv richtet sich im Geschlecht immer nach dem Substantiv.

Sofia Loren è un'attrice[4] italiana.

Creta è un'isola[5] greca.

Stoccolma è una città svedese.

Barcellona è una città spagnola.

Il tango è un ballo[8] argentino.

Il Louvre è un museo francese.

Il Sushi è una specialità giapponese.

La Coca-Cola è una bevanda[6] americana.

Il canguro è un animale[7] australiano.

Mozart è un compositore austriaco.

Il sombrero è un cappello[9] messicano.

Dostoevskij è uno scrittore[10] russo.

---

3 la capitale — die Hauptstadt   4 l'attrice — die Schauspielerin   5 l'isola — die Insel
6 la bevanda — das Getränk   7 l'animale — das Tier   8 il ballo — der Tanz
9 il cappello — der Hut   10 lo scrittore — der Schriftsteller

14. Ergänzen Sie mit den Verben ‹essere› oder ‹avere›.

1. Paolo __ho__ 22 anni ed __è__ di Palermo.
2. Io __sono__ 25 anni. E tu, quanti anni __hai__?
3. «Ciao, io __sono__ Manuela e __sono__ di Perugia.»
4. Thomas __è__ canadese e __ha__ un appartamento a Roma.
5. Lisa __è__ un'amica di Francesca e __ha__ 24 anni. Lei __è__ francese.
6. Monaco __è__ in Baviera.
7. Carla __ha__ un libro d'italiano.
8. Gianluca __ha__ un amico irlandese, James.
9. Paolo __è__ un amico di Gianni.
10. Siena __è__ in Toscana.

15. Sich kennen lernen

a. Ergänzen Sie mit den richtigen Verbformen.

□ Ciao, come (tu / chiamarsi) __ti chiami__?

■ Céline. E tu?

□ Marco. (essere) __sei__ francese?

■ Sì, (io / essere) __sono__ di Lione, ma (vivere) __vivo__ a Firenze da 2 anni. (io / studiare) __studio__ all'università.

□ Ah! E cosa (tu / studiare) __studi__?

■ Storia moderna. E tu?

□ Io? (io / studiare) __studio__ informatica. E dove (tu / abitare) _____?

■ (io / abitare) __abito__ vicino all'università. (io / vivere) __vivo__ con un'altra ragazza francese. (lei / chiamarsi) __chiama__ Sophie e (lei / vivere) __vive__ a Firenze da un anno. (lei / studiare) __studia__ storia dell'arte.

□ Quanti anni (tu / avere) __hai__?

■ Ventuno. E tu?

□ Ventitré.

b. Schreiben Sie alles, was Sie über Marco und Céline herausfinden konnten. Verwenden Sie dabei das Verb in der dritten Person Singular.

16. Bilden Sie Sätze nach dem Beispiel.

Anne: Germania / Monaco di Baviera / sociologia / Colonia / 22
Anne è tedesca, di Monaco di Baviera, ma studia sociologia a Colonia. Ha 22 anni.

1. Klaus: Austria / Vienna / storia contemporanea / Ratisbona / 27
2. Junko: Giappone / Osaka / architettura / Berlino / 19
3. Sophie: Francia / Parigi / giurisprudenza / Salisburgo / 23
4. Carola: Portogallo / Lisbona / filosofia / Francoforte / 25
5. Chiara: Svizzera / Zurigo / economia e commercio / Londra / 24
6. Thomas: Polonia / Varsavia / ingegneria civile / Amburgo / 26

17. Il secchione! Der Streber!

Setzen Sie den bestimmten Artikel vor alle Sprachen, die der Streber lernt.

___ russo   ___ inglese
___ greco   ___ spagnolo
___ giapponese
___ svedese

Io studio ...
___ arabo
... e naturalmente ___ italiano.

▶II 3 18. Kleine Interviews: Warum lernst Du Italienisch?

Hören Sie sich die folgenden Dialoge an und vervollständigen Sie die Sätze.

1. Paul (studiare) _____ l'italiano per _____ .

2. Julia (imparare) _____ l'italiano perché _____ .

3. Stefanie (studiare) _____ l'italiano per _____ .

4. Cesar (studiare) _____ storia dell'arte e (frequentare) _____

   un corso d'italiano perché _____ .

5. Jürgen (imparare) _____ l'italiano per _____ .

19. Erinnern Sie sich an die Untersuchung zur italienischen Sprache?
    Hier ist nochmals der Text. Es fehlt aber etwas.

*Vervollständigen Sie den Text mit Hilfe folgender Hinweise:
Die Striche bedeuten, dass eine Wortendung fehlt, die Flächen, dass der bestimmte Artikel fehlt.*

L' indagine «Italiano 2000»

Perché uno straniero studia l' italiano?

Ecco il risultato dell'indagine «Italiano 2000» del Ministero degli Affari Esteri sullo studio della lingua italiana nel mondo. Il questionario del Ministero, distribuito in tutto il mondo, chiede di indicare in ordine di importanza quattro motivi: tempo libero, studio, lavoro, motivi personali. Il risultato finale vede al primo posto la categoria «tempo libero»: il 32,8 % studia l' italiano per turismo, per interesse verso la cultura e la società italiana. Segue la categoria «motivi personali»: il 25,8 % studia l' italiano perché il partner è italiano o la famiglia è di origine italiana. Il 22,4 % studia l' italiano per lavoro: per diventare traduttore e interprete o insegnante, per lavorare con ditte italiane o per trovare lavoro in Italia. All'ultimo posto lo studio: il 19 % frequenta un corso d'italiano per partecipare a programmi come Socrates e Erasmus o per continuare gli studi in Italia.

20. Arbeiten Sie mit Ihrer Phantasie.

Vervollständigen Sie den Dialog mit den fehlenden Teilen.

○ Ciao, ti chiami _____ ? ● Ursula Stein.

○ Come si scrive «Stein»? ● Esse – Ti – E – I – Enne.

○ Grazie. E sei tedesca ? ● Sì, sono tedesca.

○ E _____ ? ● Di Lipsia.

○ _____ ? ● È in Sassonia. Vicino a Berlino.

○ E quanti anni hai ? ● Ho 22 anni.

○ Abiti qua a Bologna? ● _____.

○ _____ ? ● A Lipsia studio giurisprudenza. Qua, a Bologna, frequento un corso d'italiano.

○ Perché studi l'italiano? ● _____.

Ma perché tutte queste domande?

○ Per un'indagine sullo studio della lingua ● Prego.[11]
italiana nel mondo. Grazie!

---

11 prego   bitte

UNITÀ 1

21. Ordnen Sie die folgenden Wörter in das Schema ein.

zaino, spagnolo, interesse, studio, università, classe, sport, articolo, esercizio, zoo, nome, appartamento, amico, età, studentessa, gnomo, studente, compagno, idea, persona, ragazzo, città, amica, professore, libro, lingua, aula, yogurt

Männlich			Weiblich	
il	lo	l'	la	l'
spagnolo	studio	interesse	persona	università
ragazzo		articolo		
zoo				

22. Gut zu wissen! Kennen Sie Italien?

Vervollständigen Sie mit dem bestimmten und unbestimmten Artikel und geben Sie anschließend an, ob die Aussagen richtig oder falsch sind. Die jeweiligen Kennbuchstaben ergeben den Namen der größten Universität Roms, die sogar die größte Europas ist!

	vero	falso
1. L' Italia è un' isola.	S	(L)
2. L' Italia ha la forma di un stivale.[12]	(A)	B
3. Torino è la capitale d'Italia.	T	(S)
4. La Toscana è una regione[13] del Sud.	R	A
5. La pizza è una specialità di Milano.	E	(P)
6. L' università di Bologna è molto antica.[14]	(I)	N
7. Il Chianti è un vino siciliano.	M	(E)
8. « La dolce vita» è un film americano.	S	(N)
9. Il Colosseo è a Firenze.	O	(Z)
10. « La Repubblica» è un giornale.[15]	(A)	V

La soluzione è: _____ .

---

12 lo stivale   der Stiefel   13 la regione   die Region
14 antico   alt   15 il giornale   die Zeitung

23. Ergänzen Sie die Texte mit den fehlenden Teilen.

Christiane è _una_ studentessa _tedesca_. È di Amburgo ma _abita_ a Firenze _da_ un anno. _Ha_ 23 anni. _Studia_ storia dell'arte moderna all'università _di_ Firenze. Christiane abita _in_ un piccolo appartamento _in_ centro, vicino all'università e _abita_ con un'altra _____ tedesca che _____ Ulrike. Christiane _studia_ l'italiano _per_ lavorare _in_ Italia.

Ciao, _sono_ Juri, sono _russo_, di San Pietroburgo, ma _vivo_ a Bruxelles _da_ 3 anni. _Studio_ economia aziendale all'università di Bruxelles. Vivo _con_ uno studente belga _in_ un piccolo appartamento. Studio _l'italiano_ per continuare gli studi in Italia e perché _ho_ la ragazza italiana. Lei _è_ di Milano e _si chiama_ Monica. Monica _ha_ 24 anni e _studia_ lingue e letterature straniere.

Lesen Sie nun nochmals die kurzen Vorstellungen und unterstreichen Sie alle Substantive und alle Adjektive, die Sie finden. Verwenden Sie dafür zwei verschiedene Farben.

24. punto.it

Heißt jemand «Buongiorno» in Italien? Oder «Gelato»?
Besuchen Sie die Internetseite www.paginebianche.it. Klicken Sie auf die Rubrik «Il contacognome». Geben Sie einen italienischen (oder einen ausländischen) Nachnamen ein und Sie werden herausfinden, wie viele Leute in Italien den gleichen Nachnamen haben. Sie können es auch mit italienischen Wörtern (wie z.B. «gelato») versuchen. Sie werden bestimmt etwas Seltsames und Lustiges finden. Notieren Sie die fünf Nachnamen, die Ihnen am besten gefallen.

Lo sapevate che ...?
In italiano Andrea, Gabriele, Simone e Nicola sono nomi maschili. Anche Luca e Mattia sono nomi maschili. Infine,[16] strano ma vero,[17] alcuni italiani si chiamano Walter.

---

16 infine   schließlich   17 strano ma vero   komisch aber wahr

GRAMMATICA

1. Das Substantiv

Substantive sind im Italienischen entweder maskulin oder feminin. Sie haben in der Regel folgende Endungen:

	Endungen	Singular
maskulin	-o	mondo
feminin	-a	cultura
maskulin oder feminin	-e	interesse / indagine

2. Der Artikel

Die Formen der bestimmten und unbestimmten Artikel hängen vom Genus und vom Anfangsbuchstaben des nachfolgenden Substantivs ab.

	Bestimmte Artikel Sing.		Unbestimmte Artikel	
	Maskulinum	Femininum	Maskulinum	Femininum
vor Konsonant	il mondo	la cultura	un lavoro	una casa
vor Vokal	l' interesse	l' indagine	un amico	un' amica
vor s + Konsonant	studio		studente	
vor z	zucchero		zucchino	
vor ps	lo psicologo		uno pseudonimo	
vor gn	gnomo		gnocco	
vor x	xilofono		xenofobo	
vor y	yogurt		yacht	

Steht bei Substantiven im Maskulinum **i** vor einem Vokal (Aussprache /j/), benutzt man **lo** als bestimmten Artikel: lo Ionio, lo iodio. Vor **h** verwendet man **l'**: l'hotel, l'hobby.

3. Das Adjektiv

Adjektive richten sich in Geschlecht und Zahl nach den Substantiven, auf die sie sich beziehen. Es gibt zwei Gruppen von Adjektiven: Adjektive, die im Singular die Endung **-o** für die maskuline Form und die Endung **-a** für die feminine Form haben, und Adjektive mit der Endung auf **-e** für beide Geschlechter.

Maskulinum Sing.	Femininum Sing.
un ragazzo polacco	una ragazza polacca
un ragazzo olandese	una ragazza olandese

Achtung!
Es gibt Adjektive mit Sonderformen.

Maskulinum Sing.	Femininum Sing.
un ragazzo belga	una ragazza belga

4. Der Indikativ Präsens (Singular)

Regelmäßige Verben

	abitare	vivere	partire
io	abito	vivo	parto
tu	abiti	vivi	parti
lui/lei	abita	vive	parte

Die Verben unterscheiden sich in drei Konjugationen je nach Infinitivendung:
1. Konjugation → abit**are**;
2. Konjugation → viv**ere**;
3. Konjugation → part**ire**

Unregelmäßige Verben

chiamarsi
mi chiamo
ti chiami
si chiama

Chiamarsi (heißen) ist ein reflexives Verb.

essere	avere
sono	ho
sei	hai
è	ha

5. Die Verneinung

Sei di Firenze? – **No**, sono di Prato.
Marcello **non** studia architettura.

Die Verneinung wird durch **no** (nein) oder **non** (nicht) ausgedrückt.
Die Verneinung **non** steht immer vor dem konjugierten Verb.

6. Die Präpositionen

Angabe der Herkunft (Heimatstadt)	di	Sono **di** Prato.
Ortsangabe	a (+ Stadt)	Abito **a** Firenze.
	in (+ Land)	Vivi **in** Francia?
Zeitangabe (seit)	da	Vive qui **da** 5 mesi.
Angabe eines Grundes	per	Studio l'italiano **per** lavoro.
(Wiedergabe von *um ... zu*)		Studio l'italiano **per** diventare traduttore.

Auf die Frage **di dove?** (woher?) antwortet man mit **di** + dem Namen der Stadt.

7. Fragepronomen

Come ti chiami?
Di dove sei?
Dove abiti?
Che cosa studi?
Quanti anni hai?
Perché studi l'italiano?
Con **chi** abiti?

UNITÀ 1

BILANCIO

Am Ende dieser Einheit kann ich ...   ☺ ☺ ☹ 📕

nach der Bedeutung unbekannter Wörter fragen.   ☒ ☐ ☐ 1c
sagen, woher ich komme und wo ich wohne.   ☒ ☐ ☐ 6
mich kurz vorstellen.   ☒ ☐ ☐ 9
die Hauptinformationen eines kurzen Textes über bekannte   ☒ ☐ ☐ 22b
   Themen verstehen.
ein Formular mit persönlichen Daten ausfüllen.   ☒ ☐ ☐ 26

_____

_____

Mein Lerntagebuch

Fünf Wörter dieser Lektion, die für mich besonders wichtig sind ...
Drei Wörter, die mir vom Klang her besonders gut gefallen haben ...
Was mir gut gefallen hat, ist ...
Was ich noch üben sollte ...
Meine Mitarbeit im Unterricht war ...

Lernstrategien: Über das Sprachenlernen nachdenken

a. Warum lernen Sie Fremdsprachen?

Sprachen: _____   Gründe: _____

b. Ihr persönlicher Lernplan für ‹Italienisch›

Welche Ziele möchten Sie erreichen? (z. B. mich auf einen Studienaufenthalt in Italien vorbereiten)
In welchem Zeitraum?
Was könnten Sie außer dem Kursbesuch noch machen? (z. B. einen Tandempartner suchen, ...)

Tipp: Warum lernen Sie Italienisch? Verschaffen Sie sich Klarheit über Ihre Motive und Ziele. Durch regelmäßige Überprüfung Ihrer Lernziele können Sie sich bewusst werden, welche Lernbedürfnisse Sie haben und außerdem Mitverantwortung für das Erreichen dieser Ziele übernehmen. Setzen Sie sich realistische Teilziele, so dass Sie Erfolge erleben können und vergessen Sie nicht, dass die Freude am Lernen erhalten bleibt, wenn Sie Fortschritte sehen und das Gelernte anwenden können.

Für mein Dossier

Stellen Sie eine Person, z. B. einen Freund oder einen anderen Kursteilnehmer, vor. Erzählen Sie alles, was Sie über sie/ihn wissen.

Kann ich das?
   ☺ Ja, kein Problem!   ☺ Ja, aber noch nicht so gut.   ☹ Das bereitet mir noch Mühe.

UNITÀ 2 — All'università

1. Claudia (□), Linda (■) und Giulia (▷) gehen in die Caffetteria.

Vervollständigen Sie den Dialog. Konjugieren Sie dabei die Verben.

mangiare – prendere (2x) – per me – lo scontrino – calda – anch'io – essere – avere

□ Faccio io _lo scontrino_. Io _prendo_ un caffè. Linda, tu cosa _prendi_?

■ _Anch'io_ un caffè.

▷ _Per me_ un'aranciata. E cosa c'è da mangiare? _Hanno_ i tramezzini?

□ I tramezzini no. Ma hanno panini, pizzette, toast.

▷ Allora una pizzetta, _calda_ se possibile. Tu Linda, _mangi_ qualcosa?

■ No, grazie non ho fame.[1]

□ Allora, due caffè, un'aranciata, un'acqua minerale naturale e due pizzette calde.

▶ _Sono_ 9 Euro e 20.

---

2. Bildung der Pluralform

a. Vervollständigen Sie das Schema.

Singular		Plural		Singular		Plural	
la	pizzetta	le	pizzette	il	corso	i	corsi
l'	appartamento	gli	appartamenti	lo	studente	gli	studenti
il	nome	i	nomi	la	lingua	le	lingue
lo	spuntino	gli	spuntini	l'	insegnante	gli/le	insegnanti
il	caffè	i	caffè	la	città	le	città
il	bar	i	bar	il	film	i	film
lo	gnomo	gli	gnomi	la	classe	le	classi
lo	sport	gli	sport	l'	università	le	università
il	turista	i	turisti	la	turista	le	turiste
il	barista	i	baristi	la	barista	le	bariste
la	lezione	le	lezioni	l'	esercizio	gli	esercizi
lo	spumante	gli	spumanti	lo	zaino	gli	zaini

---

[1] avere fame Hunger haben   la fame der Hunger

b. Entdecken Sie die Sprache:

a. Die Substantive auf -o und -e bilden den Plural auf __i__ .

b. Die Substantive auf -a bilden den Plural auf __e__ .

c. Welche Substantive bleiben im Plural gleich? _____

und _____ .

d. Die Substantive auf -ista bilden den Plural auf __i__ für die männliche Form und

auf __e__ für die weibliche Form. Achten Sie also auf das Genus!

3. **Substantive und Adjektive**

a. Ergänzen Sie die fehlenden Endungen. Vorsicht! Nicht bei allen Wörtern fehlt die Endung!

1. Le citt__à__ grand__e__
2. I bar__ car__i__
3. L'universit__à__ piccol__a__
4. I turist__i__ giappones__i__
5. L'aranciat__a__ amar__a__
6. Gli spumant__i__ italian__i__
7. La class__e__ internazional__e__
8. Il tè__ amar__o__
9. I film__ american__i__

b. Bilden Sie jetzt dort, wo Substantiv und Adjektiv im Singular stehen, die Pluralform bzw. die Singularform, wenn Substantiv und Adjektiv im Plural angegeben sind.

4. Beim Schreiben des Artikels hat der Verfasser alle möglichen Artikel vergessen, Singular und Plural, bestimmt und unbestimmt. Setzen Sie sie ein.

Il 1088!

__L'__ università di Bologna è molto antica. Esiste dal lontano 1088! Ora ____ 1088 non è più solo ____ data ma è ____ nome di ____ bar vicino all'università. Qui si incontrano dopo ____ lezioni ____ studenti dell'Alma Mater di Bologna che fanno ____ spuntino. Ordinano qualcosa da bere e da mangiare e passano ____ tempo: leggono ____ giornale o ____ libro e fanno ____ esercizi. All'una ____ bar è pienissimo. È difficile trovare ____ posto dove sedersi. Al 1088 c'è ____ banco dove lavora ____ barista e c'è ____ cassa dove bisogna² fare ____ scontrino prima di ordinare da mangiare o da bere. ____ tavoli sono piccoli. ____ 1088 non è caro. ____ caffè per esempio costa un euro e ____ panino con mozzarella e pomodoro tre euro. ____ toast sono un po' più cari. ____ panini sono caldi, ____ spremute sono fresche. ____ tramezzini sono con ____ spinaci o con

---

2 bisogna   man muss

_____ tonno e _____ mozzarella. Ci sono anche _____ spaghetti con _____ pomodoro fresco.

A volte _____ turisti passano³ di qui e prendono da bere. Anche _____ professori mangiano qui.

_____ camerieri⁴ sono gentili e _____ atmosfera⁵ è proprio simpatica e allegra.⁶

▶II 4 **5.** Welche Uhr passt zu welchem Dialog? Vorsicht: Eine Uhrzeit passt nicht!

A 8:15   C 12:15   F 18:45   B 10:25   D 13:38   E 14:38

6. Alles, was es an der Universität gibt!

Vervollständigen Sie mit «c'è» oder «ci sono» und den passenden bestimmten Artikeln.
Vorsicht: _____ zeigt an, dass das Verb fehlt und ____, dass der Artikel einzufügen ist.

All'università _ci sono_ _le_ aule, _c'è_ _il_ Centro di lingue, _____ ufficio relazioni internazionali, _____ mensa, _____ bar, _____ uffici dei professori, _____ segreterie, _____ bacheche,⁷ _____ aula magna, _____ biblioteche, _____ mediateca, _____ facoltà e ___ istituti, _____ sala computer e ovviamente⁸ _____ studenti.

7. Einige italienische Städte

Ergänzen Sie die kleinen Texte mit «c'è / ci sono» oder «è / sono». Um welche italienischen Städte handelt es sich dabei? Ergänzen Sie auch mit der richtigen Stadt.

Vorsicht: _____ zeigt an, dass das Verb fehlt und ____, dass die Stadt einzufügen ist.

1. _Roma_ _è_ la capitale d'Italia. A _Roma_ _ci sono_ molti monumenti da visitare.⁹ Il Colosseo per esempio _è_ il simbolo di _Roma_. Vicino al Colosseo _ci sono_ i Fori Imperiali. Un altro simbolo della città _è_ la Fontana di Trevi. Inoltre¹⁰ a _Roma_ _c'è_ il Vaticano, che _è_ il simbolo della chiesa¹¹ cattolica. Nello Stato del Vaticano _ci sono_ i Musei Vaticani.

---

3 passare vorbeigehen   4 il cameriere der Kellner   5 l'atmosfera die Stimmung
6 allegro fröhlich   7 la bacheca das schwarze Brett   8 ovviamente selbstverständlich, natürlich
9 visitare besichtigen   10 inoltre außerdem   11 la chiesa die Kirche

2. _____ _e_ la città del famoso Palio, che _____ una corsa di cavalli. _____ _____ una città in Toscana. A _Finti_ _ci sono_ molti turisti perché _e_ una città molto bella. A _Milano_ _____ anche un'Università per Stranieri.

3. _Milano_ _e_ la città della moda. A _Milano_ _c'è_ il Teatro alla Scala, che _e_ famoso in tutto il mondo. A _Milano_ non _c'è_ un fiume,[12] ma _____ i Navigli. I Navigli _____ dei canali. Qui _____ molti bar e birrerie. Nei locali sui Navigli _____ sempre molti giovani.

4. _Venezia_ _è_ la città dei ponti.[13] Infatti[14] _ci sono_ moltissimi ponti. Piazza San Marco _è_ una piazza bellissima. Qui non _ci sono_ solo[15] molti turisti, ma anche molti piccioni![16] In Piazza San Marco _c'è_ anche il famoso Caffè Florian, che _c'è_ il primo Caffè d'Italia. Esiste dal 1720!

8. Ich konjugiere, du konjugierst, er ... Mit der Übung wird es leichter!

Hier sind einige Verben in ‹-are›, ‹-ere› und ‹-ire›, die gerne von Ihnen konjugiert werden möchten!

	io	tu	lui/lei	noi	voi	loro
mangiare	_____	_____	_____	_____	mangiate	_____
vivere	_vivo_	vivi	_vive_	_viviamo_	_____	_____
partire	_____	_____	_____	partiamo	_____	_____
bere	_bevo_	_bevi_	beve	_____	_____	_____
fare	faccio	_fai_	_fa_	_facciamo_	_____	_facciano_

9. Und nun prüfen Sie sich!

Vervollständigen Sie mit den passenden Verben.

1. ■ Stefy, Fabry, dove (mangiare) _____ dopo la lezione?

   □ Noi (mangiare) _____ in mensa. E tu?

   ■ Anch'io (mangiare) _____ in mensa.

---

12 il fiume   der Fluss
13 il ponte   die Brücke
14 infatti   in der Tat
15 solo   nur
16 il piccione   die Wildtaube

2. ■ Ugo, Pietro, quando (bere) _____ una birra con noi?

   □ Dopo il corso, ma non (bere) _____ una birra, (prendere) _____ una Coca-Cola.

3. ■ Scusi, a che ora (aprire) _____ la mensa dell'università?

   □ (aprire) _____ alle 11.30 e (chiudere) _____ alle 14.30.

4. ■ Ma dove (vivere) _____ Paolo e Raffaele?

   □ (abitare) _____ a Genova, in Via XX Settembre. (avere) _____ una bella casa grande.

5. ■ Filippo, Francesco, cosa (fare) _____ dopo il corso?

   □ (noi - studiare) _____ in biblioteca.

6. ■ Quando (partire) _____ Marco e Paolo per Parigi?

   □ Marco (partire) _____ dopo il corso, Paolo invece[17] (partire) _____ domani.[18]

7. ■ Silvia e Antonella (parlare) _____ il tedesco?

   □ Eh sì. (studiare) _____ tedesco e inglese alla facoltà di lingue e letterature straniere.

10. Die etwas besondere Konjugation auf ‹-ire›!

Ergänzen Sie mit den richtigen Formen von ‹preferire›, ‹capire› und ‹finire›.

1. Anna (capire) _____ lo spagnolo e anche il catalano!

2. Valentina e Mario sono di Bolzano e così (capire) _____ benissimo il tedesco, ma (preferire) _____ parlare l'italiano.

3. La lezione (finire) _____ alle 18.30.

4. Alberto fa sempre colazione a casa, Lucia invece (preferire) _____ fare colazione al bar.

5. Io e Paolo oggi (finire) _____ di studiare alle 16.00.

6. Sara (preferire) _____ un tè. Io e Gherardo invece _____ (preferire) un caffè.

7. Tu e Francesca, (capire) _____ il francese?

---

17 invece   hingegen   18 domani   morgen

11. Caffè per tutti i gusti![19]

‹Caffè› ist in Italien nicht nur ein einfacher Kaffee. Testen Sie Ihre Kenntnisse über den italienischen Kaffee. Verbinden Sie die Kaffeearten der ersten Spalte mit den Definitionen der zweiten Spalte.

1. latte macchiato
2. caffè doppio
3. caffè macchiato
4. caffè ristretto
5. caffè corretto
6. caffè americano
7. caffè d'orzo[20]
8. cappuccino
9. caffè lungo
10. caffè Hag

a. due caffè in una tazza
b. caffè con un po' più d'acqua
c. caffè decaffeinato
d. caffè con latte e schiuma
e. caffè con un goccio di latte
f. caffè con meno acqua, più forte
g. bicchiere di latte con un po' di caffè
h. caffè fatto di orzo
i. caffè con un goccio di liquore
j. caffè lungo in tazza da cappuccino

12. Alles richtig?

Der folgende kurze Artikel bezieht sich auf eine Untersuchung zum Thema »die Italiener und das Frühstück im Café«. Lesen Sie die Ergebnisse dieser Untersuchung.

Cappuccino e brioche per cominciare.[21]

Ma cosa bevono gli italiani a colazione? Il 58% ordina il cappuccino, seguito poi dal caffè espresso (40%). Seguono, molto lontani, le spremute (2,7%) e il tè (1,4%). Il cappuccino è la bevanda preferita in Lombardia, Liguria e Lazio; il caffè espresso standard è al primo posto in Campania. Per il consumo[22] di espresso non standard vediamo al primo posto le Marche per il decaffeinato; il Lazio per l'espresso lungo; la Sardegna per il caffè ristretto; le regioni del Nord Est per il caffè macchiato; il Piemonte e la Lombardia per il caffè americano, in tazza da cappuccino. Tra le motivazioni della scelta di fare la prima colazione al bar troviamo: cominciare bene la giornata (63%), bere un buon caffè (61%), avere un momento di relax (58%), stare con gli amici e le amiche (52%).

(adattato da *Cappuccino e brioche per cominciare* di Serena Salaris, Il Giorno, 21/01/2005)

---

19 Caffè per tutti i gusti — Kaffee für jeden Geschmack
20 l'orzo — die Gerste
21 cominciare — anfangen
22 il consumo — der Verzehr

a. Schreiben Sie neben die im Artikel erwähnten Regionen den Namen des Getränkes, das typisch für das dortige Frühstück ist.

b. E voi? Fate colazione? Cosa bevete la mattina? Führen Sie eine kleine Untersuchung in Ihrer Gruppe durch und finden Sie heraus, welches Getränk in Ihrem Kurs am liebsten getrunken wird.

c. punto.it
   Sind Sie neugierig? Besuchen Sie die Internetadresse www.caffe.it. Sie werden dort viele interessante Informationen über den italienischen Kaffee finden. Schreiben Sie eine Information auf, die Sie gefunden haben und die Ihrer Meinung nach nennenswert ist.

   _____
   _____
   _____
   _____
   _____

13. In der Bar 1088 sprechen viele Leute.

Alles ist wie ein einziger großer Dialog. Halten Sie die zwei folgenden Dialoge auseinander. In einem Dialog duzt man sich und in dem anderen siezt man sich!

In Via Papiniano. Abito con un amico.	Professor Mazza, come va?	E dove abiti?
Ah! Allora vado a fare lo scontrino.	Architettura.	Volentieri, un caffè macchiato.
Sì, sì, sono di Perugia.	Prende qualcosa da bere?	Alessandro, Ale per gli amici.
Ah! Ma sei italiano?	Non c'è male. Senta, lavora sempre all'università?	Bene e Lei?
Cosa studi?	Eh sì. Insegno alla facoltà di Scienze politiche.	Ciao, come ti chiami?

14. Uhrzeiten und Präpositionen

Ergänzen Sie mit den Präpositionen.

1. La lezione finisce _____ 13.45.

2. La pausa è _____ mezzogiorno _____ 13.00.

3. La segreteria è aperta _____ 9.00 _____ 15.30.

4. _____ 7.30 faccio colazione al bar.

5. Dormo[23] _____ mezzanotte _____ 8.00.

15. Ergänzen Sie mit ‹senti / senta› oder mit ‹vorrei›.

1. ■ Buongiorno professor Gatti, _____ alcune informazioni sull'esame di storia moderna.

   □ Sì, _____, Lei quale corso frequenta?

2. ■ Ciao Anna, _____, cosa fai dopo il corso?

   □ Studio in biblioteca. _____ fare gli esercizi di spagnolo.

3. ■ Buongiorno, mi chiamo Bozzi, _____ partecipare al programma

   Erasmus e _____ alcune informazioni.

   □ Sì, _____, Lei cosa studia?

---

23 dormire   schlafen

16. Wer macht was?

Ergänzen Sie die Sätze mit den passenden Berufen. Die markierten Kästchen ergeben den Namen eines Berufs, der nur in einer berühmten Stadt in Italien existiert.

medico – impiegato – architetto – avvocato – commesso – barista – giornalista – insegnante

1. Faccio l'_ _ _ _ _ ▪ _ _ _ e lavoro in un ufficio. Lavoro molto con il computer.
2. Sono _ _ _ ▪ _ _ _ _ . L'ufficio dove lavoro si chiama ‹studio legale›.²⁴ Lavoro anche in tribunale.²⁵
3. Faccio l'_ _ _ _ _ _ _ ▪ _ _ di geografia e lavoro in una scuola.
4. Lavoro in ospedale, faccio il _ _ ▪ _ _ ▪ . Curo²⁶ i pazienti.
5. Faccio il _ _ _ _ _ _ ▪ _ _ _ . Scrivo molti articoli per i giornali o le riviste.
6. Faccio il _ _ _ _ ▪ _ _ _ . Lavoro in un negozio e vendo²⁷ i prodotti.
7. Lavoro in un bar e faccio il _ _ ▪ _ _ _ _. Faccio per esempio il caffè o il cappuccino.
8. Sono _ _ _ _ _ _ ▪ _ _ _ come Renzo Piano e faccio i progetti per le case nuove.

La risposta è: il ▪▪▪▪▪▪▪▪

17. ‹Cercare› und ‹pagare›²⁸

a. Vervollständigen Sie das Schema mit den Verben ‹cercare› und ‹pagare›.

cerca – cerchiamo – paghi – pagate – cerco – cercano – pago – cerchi – pagano – paga – cercate – paghiamo

	io	tu	lui/lei	noi	voi	loro
cercare						
pagare						

b. Entdecken Sie die Sprache:

Welche Besonderheit ist Ihnen bei der Rechtschreibung der Verben der Konjugation in ‹-care› und ‹-gare› aufgefallen?

_____

---

24 lo studio legale — die Kanzlei   25 il tribunale — das Gericht   26 curare — pflegen, *hier:* behandeln
27 vendere — verkaufen   28 pagare — zahlen

18. Und nun vervollständigen Sie die Sätze mit ‹cercare› und ‹pagare›.

1. Anna e io _____ lavoro in Italia.

2. Stefi _____ il conto.

3. Matteo, Sergio, _____ ancora un compagno d'appartamento?

4. No, Ugo, _____ sempre tu! Questa volta _____ io il caffè!

19. Bilden Sie Sätze mit den vorgegebenen Verben.

Paolo – mangiare – in mensa   Paolo mangia in mensa.

1. Andrea	–	capire	–	il portoghese
2. I professori	–	fare	–	una pausa
3. Gli studenti	–	prendere	–	gli appunti[29]
4. Voi	–	scrivere	–	un'e-mail
5. Luisa e Claudia	–	bere	–	una spremuta
6. Sonia e Silke	–	preferire	–	le lezioni di inglese
7. Io	–	finire	–	di lavorare alle 16.00
8. Gli studenti	–	studiare	–	molto
9. I bar	–	avere	–	molti tipi di panini
10. Tu	–	pagare	–	l'aperitivo
11. Voi	–	vivere	–	in centro
12. I bar in Italia	–	aprire	–	alle 7.00

20. Nun ist die Lektion 2 zu Ende.

Ordnen Sie vier Wörter, die Sie gelernt haben, den angegebenen Kategorien zu.

sostantivi	aggettivi	verbi
università	_____	_____
_____	_____	_____
_____	_____	_____
_____	_____	_____

Lo sapevate che ...?
Trieste e Napoli sono due città molto importanti per il caffè.
Trieste per i suoi antichi caffè letterari, luoghi storici, eleganti e raffinati.
Il caffè di Napoli è famoso per il suo sapore forte e intenso.

---

29 prendere gli appunti   Notizen machen

GRAMMATICA

1. Pluralbildung (Substantiv)

	Singular	Plural
Maskulinum	panino	panini
Femininum	pizzetta	pizzette
Maskulinum oder Femininum	bicchiere	bicchieri
	indagine	indagini

Maskuline Substantive auf **-o** bilden den Plural auf **-i**.

Feminine Substantive auf **-a** bilden den Plural auf **-e**.

Maskuline und feminine Substantive auf **-e** bilden den Plural auf **-i**.

Singular	Plural
bar (m)	bar
caffè (m)	caffè
città (f)	città
turista (m/f)	turisti (m)
	turiste (f)

Besonderheiten

Substantive, die mit einem Konsonanten enden (meistens Fremdwörter), sind in der Regel maskulin. Sie bleiben im Plural unverändert. Maskuline oder feminine Substantive mit Akzent auf der letzten Silbe bleiben im Plural unverändert. Substantive mit Endung auf **-ista** sind sowohl maskulin als auch feminin. Sie enden im Plural auf **-i** bzw. **-e**.

2. Der bestimmte Artikel

		Singular	Plural
Maskulinum	vor Konsonant	il panino	i panini
	vor Vokal	l' aperitivo	gli aperitivi
	vor s + Konsonant	scontrino	scontrini
	vor z	zero	zeri
	vor ps	lo psicologo	gli psicologi
	vor gn	gnomo	gnomi
	vor x	xilofono	xilofoni
	vor y	yogurt	yogurt
Femininum	vor Konsonant	la pizzetta	le pizzette
	vor Vokal	l' aranciata	le aranciate

3. Das Adjektiv

	Singular	Plural
Maskulinum	un panino caldo	due panini caldi
Femininum	una pizzetta calda	due pizzette calde
Maskulinum oder Femininum	un bicchiere grande	due bicchieri grandi
	una birra	due birre

Adjektive mit Endung auf **-o** bzw. **-a** bilden den Plural auf **-i** bzw. **-e**.
Adjektive mit Endung auf **-e** bilden den Plural auf **-i**.

4. Der Indikativ Präsens

Regelmäßige Verben

	-are	-ere	-ire	-ire (-isc-)
	abitare	prendere	aprire	preferire
(io)	abito	prendo	apro	preferisco
(tu)	abiti	prendi	apri	preferisci
(lui, lei, Lei)	abita	prende	apre	preferisce
(noi)	abitiamo	prendiamo	apriamo	preferiamo
(voi)	abitate	prendete	aprite	preferite
(loro)	abitano	prendono	aprono	preferiscono

Bei Verben auf **-care** und **-gare** wird ein -h- vor der Endung der 2. Person Singular *tu* (cerchi, paghi) und der 1. Person Plurar *noi* (cerchiamo, paghiamo) eingeschoben.

Unregelmäßige Verben siehe S. 256 ff.

Die Subjektpronomen werden in der Regel weggelassen, da das Verb durch seine Endung die Informationen zu Person und Numerus bereits enthält. Die Subjektpronomen werden nur dann verwendet, wenn die Person besonders hervorgehoben oder unterschieden wird.

Io abito a Mantova. E **tu**, dove abiti?

Bei der höflichen Anrede an eine einzelne Person wird die 3. Person Singular verwendet, für mehrere Personen die 2. Person Plural.

Signor Carrara, **(Lei)** che cosa prende?
Che cosa prendete?

5. Esserci

Das Verb **esserci** entspricht dem Deutschen »geben« oder »da sein«.
Im Präsens lauten die Formen: **c'è / ci sono**.
C'è bezieht sich auf ein Substantiv im Singular.   **C'è** una pizzeria qui vicino?
Ci sono bezieht sich auf ein Substantiv im Plural.   **Ci sono** panini.

Beachten Sie!
C'è una pizzeria?   aber   La pizzeria **è** cara?
In centro **ci sono** molti pub.   aber   I pub **sono** in centro.

C'è una festa.   **Ci sono** gli esami.
Esserci kann auch »stattfinden« bedeuten.

6. Die Präpositionen

Achten Sie auf die folgenden Verbindungen mit dem bestimmten Artikel.
I ragazzi sono **al** bar.   al = a+il
La biblioteca è aperta **dalle** otto **alle** 18.00   dalle = da+le; alle = a+le

7. Fragepronomen

Che lavoro fa?   **Che** ora è?   **Qual** è il Suo indirizzo?

BILANCIO

Am Ende dieser Einheit kann ich ...   ☺ ☺ ☹ ▪

	☺	☺	☹	
zwei Personen miteinander bekannt machen.	☐	☐	☐	3
sagen, was ich z. B. zu Trinken bevorzuge.	☐	☐	☐	19
mich kurz über die Lokale meiner Stadt unterhalten.	☐	☐	☐	20
einen einfachen Wunsch ausdrücken.	☐	☐	☐	27
die Aufmerksamkeit einer Person auf mich lenken.	☐	☐	☐	27
eine kurze E-Mail mit persönlichen Angaben (Vorname, Nachname, Alter, Nationalität, Sprachen) verfassen.	☐	☐	☐	29

_____

_____

Mein Lerntagebuch

Fünf Wörter dieser Lektion, die für mich besonders wichtig sind ...
Drei Wörter, die ich aus meiner Muttersprache oder aus einer anderen Fremdsprache ableiten kann ...
Was ich bis jetzt gut kann ...
Was ich verbessern möchte ...
Meine Mitarbeit im Unterricht war ...
Außerdem möchte ich noch sagen, dass ...

Lernstrategien: Über das Sprachenlernen nachdenken

Welche Prioritäten haben Sie beim Italienisch lernen? Erstellen Sie Ihre persönliche Rangliste.

lesen – schreiben – hören – eine gute Aussprache haben – landeskundliche Informationen lernen – einen großen Wortschatz haben – sprechen, egal wie – korrekt sprechen – mich mit Italienern unterhalten – touristische Informationen lernen – Texte übersetzen

Wenn Sie sich an Ihre Prioritäten halten, lernen Sie zielorientierter.

Tipp: Beschäftigen Sie sich regelmäßig mit der Sprache. Planen Sie Zeiten für das Lernen ein. Nutzen Sie jede ‹Leerzeit› z. B. in Bahn/Bus/Tram zum Lernen. Lesen, CD hören, Karteikarten mit Vokabeln mitnehmen, Redewendungen üben, fiktive Gespräche führen etc. sind Tätigkeiten, die man auch außerhalb des Unterrichts ausüben kann.

Für mein Dossier

Schreiben Sie einen kurzen Text, in dem Sie auflisten, welche Einrichtungen es an Ihrer Universität gibt und welche Öffnungszeiten diese haben.

1. **Jeder Topf findet seinen Deckel.**

a. *Was passt zusammen? (Es gibt verschiedene Möglichkeiten.)*

fare	il piano	il giornale	in Internet
leggere		un giro in bici	
scrivere	uno strumento		sport
giocare		a un concerto	
suonare	al cinema		una canzone[1]
ascoltare	un libro	in montagna	
andare		con gli amici	a tennis
uscire	un'e-mail		
navigare		a calcio	un CD

b. *Was machen Sie in der Freizeit? Und zwei Ihrer besten Freunde? Schreiben Sie einige Sätze.*

Che cosa fai nel tempo libero?   E che cosa fanno … e … ?

2. **Verbi a volontà[2]**

Vervollständigen Sie das Schema.

	io	tu	lui/lei	noi	voi	loro
Verbi regolari						
giocare				giochiamo		
leggere		leggi				
dormire					dormite	
preferire	preferisco					
Verbi irregolari						
andare			va			
uscire						escono
bere					bevete	
fare				facciamo		
stare	sto					stanno

---

1 la canzone   das Lied   2 verbi a volontà   Verben nach Belieben

3. Vervollständigen Sie mit den Präsensformen der unten stehenden Verben.

Einige Verben können mehrmals verwendet werden.

andare – uscire – giocare – suonare – leggere – fare – scrivere – stare – bere

1. Gianluca e Andrea _____ con gli amici e _____ al cinema.

2. Quando Lucia e io non _____ a lezione, _____ gli esercizi a casa.

3. La mattina Alberto _____ un caffè, _____ il giornale e poi _____ all'università.

4. ■ Morena, cosa _____ stasera, _____ ?

   □ No, _____ a casa e _____ un libro.

6. ■ Marta, quando _____ l'e-mail alla scuola di Roma per avere informazioni?

   □ Dopo. Adesso _____ un giro in bici.

7. Marco fa veramente molte cose: _____ la chitarra, _____ molti libri, _____ alcuni articoli per il giornale dell'università, _____ in palestra,³ _____ a calcio e _____ anche con gli amici.

4. Questione di gusti! Geschmackssache!

Kombinieren Sie die Elemente aus den drei Feldern und bilden Sie so viele Sätze wie möglich, die für Sie persönlich gelten.

Esempio: Mi piace molto l'arte moderna.
           Non mi piacciono per niente le canzoni di Eros Ramazzotti.

Mi piace	moltissimo	la moda italiana
Mi piacciono	molto	la cucina giapponese
Non mi piace	abbastanza	i libri di Umberto Eco
Non mi piacciono	per niente	l'arte moderna
		il corso d'italiano
		parlare di sport
		gli esercizi di grammatica
		la musica classica
		le canzoni di Eros Ramazzotti
		i concerti di musica rock

---

3 la palestra   das Fitnessstudio

5. Mi, ti, gli, le... piace / piacciono.

Bilden Sie Sätze wie im Beispiel.
Achten Sie dabei auf das Pronomen und auf die Form von ‹piacere›.

Marco / piacere / dormire
Gli piace dormire.

1. Anna / piacere / gli spaghetti al pesto
2. Io e Monica / piacere / fare un giro in bicicletta
3. Linda e Silva / non piacere / le città piccole
4. Alberto e Maria / piacere / uscire con gli amici
5. Tu e Roberta / non piacere / navigare in Internet?
6. Paolo / non piacere / la musica rap
7. Tu / piacere / i film italiani?

6. Fügen Sie das Verb ‹piacere› und das entsprechende Pronomen ein, wie im Beispiel.

A Martino piace moltissimo lo sport e infatti <u>gli</u> <u>piacciono</u> le Olimpiadi.

1. A Filippo e Matteo piace molto il calcio e così _____ _____ andare allo stadio.
2. A me e a Cinzia piace l'arte moderna e infatti _____ _____ la Galleria Nazionale d'Arte Moderna di Roma.
3. ◻ Julian, David, _____ _____ vivere in Italia?
   ■ Eh, sì, _____ _____ moltissimo.
4. A Roberto piace molto andare al cinema e infatti _____ _____ i festival del cinema.
5. Miriam studia Veterinaria perché _____ _____ gli animali.
6. Carla e Lucia studiano russo perché _____ _____ i libri di Dostoevskij.
7. ◻ Sara, _____ _____ Roma?
   ■ Moltissimo. _____ _____ soprattutto i palazzi antichi.

7. Completate.

a. *In dem folgenden Dialog sind die Präpositionen verloren gegangen. Ergänzen Sie sie!*

■ Barbara, tu studi o lavori? ◻ Tutte e due le cose. Studio e lavoro.

■ Ah sì, e cosa fai? ◻ Faccio la commessa. Lavoro _____ un negozio d'abbigliamento.[4]

■ E quando lavori? ◻ _____ mattina. Due volte _____ settimana.

■ E ti piace? ◻ Non molto. I colleghi sono carini,[5] ma il lavoro non è molto bello.

---

4 il negozio d'abbigliamento   das Bekleidungsgeschäft   5 carino   *hier:* nett

b. *Übernehmen Sie die Rolle von Marco und vervollständigen Sie den Dialog.*

- Marco, e tu? Lavori?   ☐ Sì, _____ .
- E lavori tutti i giorni?   ☐ No, _____ .
- E ti piace?   ☐ Sì, _____ perché _____ .

▶II 5 8. **Hören Sie sich die kurzen Interviews an und beantworten Sie die Fragen.**

a.

1. Che lavoro fa Monica? _____
2. Quali lingue parla? _____
3. Lavora molto? _____
4. Le piace il lavoro? _____

b.

1. Che lavoro fa Maurizio? _____
2. Quando lavora? _____
3. Gli piace il lavoro? _____
4. Perché? _____

9. **Tutte scuse!!! Alles Ausreden!**

Annalisa, Marco, Sergio und Manuela wohnen zusammen, aber sie schaffen es nie, etwas zusammen zu organisieren. Ergänzen Sie mit den passenden Formen von ‹volere›, ‹potere› und ‹dovere›.

Sergio: Ehi ragazzi, domani c'è la Stramilano!⁶ Perché non andiamo anche noi?

Annalisa: Oddio!⁷ Io non _____ proprio. Domani arriva⁸ Monica, ma non so a che ora, e _____ restare a casa.

Manu: No, guarda, sai che non mi piace correre e poi non _____ uscire. _____ studiare per l'esame di francese.

Sergio: E tu, Marco, _____ fare anche tu qualcosa?

Marco: Beh, sì. Io e Giuliana _____ andare fuori a cena perché Giuliana _____ festeggiare l'esame.

Sergio: Che amici che siete! Avete sempre una scusa! Annalisa non _____ perché _____ aspettare la sua amica Monica, Manu non _____ perché a lei non piace correre e poi _____ studiare per l'esame e Marco non _____ perché lui e Giuliana _____ festeggiare l'esame! Sapete cosa faccio? Vado da solo!

---

6 la Stramilano der Mailänder Halbmarathon   7 Oddio! Oh Gott!   8 arrivare ankommen

10. Ergänzen Sie mit der Präposition und fügen Sie den bestimmten Artikel hinzu.

1. Abito vicino   all'ufficio, _____ bar, _____ stadio, _____ Musei Vaticani.

2. Oh! C'è una mosca⁹   nel caffè, _____ aranciata, _____ spumante, _____ spremute!

3. Vado   al cinema, _____ università, _____ zoo, _____ festa, _____ giardini pubblici.

4. Vado   dalla professoressa Cattaneo, _____ medico, _____ signora Marra, _____ dentista, _____ amici di Fabrizio.

5. Hai il numero di telefono   della segreteria, _____ ufficio Erasmus, _____ Prof. Pozzi, _____ biblioteca?

6. Abito lontano   dal centro, _____ supermercato, _____ bar, _____ stadio.

7. Vado in palestra due volte   alla settimana, _____ mese, _____ anno.

8. Ecco i risultati di un'indagine   sullo studio della lingua italiana, _____ vita degli studenti, _____ bar e altri locali italiani, _____ italiani e i loro passatempi.¹⁰

11. Neues aus Italien!

Lesen Sie den Artikel und wählen Sie dabei die richtige Form der Präposition.

Ristorante, palestra e vie *del/dello/della* vino. Ecco i passatempi *degli/delle/del* italiani. Piacciono sempre di più enoturismo,¹¹ bingo e terme e sempre di meno i locali notturni. A tavola o *sul/sugli/sulla* cyclette.¹² Tra un piatto di spaghetti e un corso di aerobica. Ma anche lungo le vie *dello/del/della* vino o in una sala bingo. Ecco il risultato *dello/dell'/degli* indagine Censis¹³ – Fipe¹⁴ «Economia del tempo libero»: è soprattutto così che gli italiani preferiscono passare il loro tempo libero. Ma gli italiani non passano il loro tempo libero solo *agli/ai/al* ristorante e *nel/nella/nelle* palestre. E così l'enoturismo è la terza passione *degli/del/dello* italiani. Dopo l'enoturismo, il bingo piace sempre di più. Diminuisce¹⁵ invece leggermente la passione italiana per i locali notturni, seguiti *dagli/dallo/dai* stabilimenti balneari.¹⁶

(adattato da *Ristorante, palestra e vie del vino. Ecco i passatempi degli italiani*, repubblica.it, 04/07/2005)

---

9 la mosca   die Fliege
11 l'enoturismo   der Weintourismus
13 Censis   Centro Studi Investimenti Sociali
15 diminuire   sinken
10 il passatempo   der Zeitvertreib
12 la cyclette   das Trimmrad
14 Fipe   Federazione italiana pubblici esercizi
16 lo stabilimento balneare   das Strandbad

12. Synonym oder Gegenteil?

Kreuzen Sie S (sinonimo) an, wenn die Ausdrücke dieselbe Bedeutung haben und C (contrario), wenn es sich um das Gegenteil handelt.

		S	C
1. lontano da	vicino a	☐	☐
2. facile	difficile	☐	☐
3. un sacco	molto	☐	☐
4. iniziare	finire	☐	☐
5. prendo un caffè	bevo un caffè	☐	☐
6. tutti i giorni	ogni giorno	☐	☐
7. primo	ultimo	☐	☐
8. ogni tanto	qualche volta	☐	☐
9. ritrovarsi	incontrarsi	☐	☐
10. come va?	come stai?	☐	☐

13. Dove vai?

a. *Bilden Sie Sätze mit den unten stehenden Angaben und ‹andare›. Benutzen Sie dabei die passende Präposition und fügen Sie, wo nötig, den bestimmten Artikel hinzu.*

Grecia – Berlino – Liguria – cinema – discoteca – biblioteca – Laura – fare la spesa – parco – pizzeria – centro – gelateria – Siena – Prof. Sacchi – università – fare compere – lezione – segreteria – mangiare – casa – mensa – palestra – giocare a tennis – una festa – bar

b. *Entdecken Sie die Sprache.*
   Erkennen Sie einige Regelmäßigkeiten?

Welche Präposition benutzen Sie bei

1. ‹andare› + Person? _____

2. ‹andare› + einem Verb in der Infinitivform? _____

3. ‹andare› + Stadt? _____

4. ‹andare› + Ländern und Regionen? _____

14. Ergänzen Sie mit der richtigen Präposition und, wo nötig, mit dem passenden Artikel.

Di mattina Roberto va _____ lezione _____ università. Dopo la lezione va _____ parco _____ riposare. Poi va _____ mensa _____ mangiare e nel pomeriggio va _____ Cristina, un'amica, _____ studiare. Qualche volta va _____ biblioteca. La sera va _____ pizzeria o _____ cinema oppure _____ una festa. Una volta al mese va _____ casa, _____ Trento.

15. La risposta di Carla

Carla antwortet Patrizia. Vervollständigen Sie ihre Antwort mit den folgenden Verben. Die Verben sind in der richtigen Reihenfolge angegeben.

divertirsi (tu) – svegliarsi – alzarsi – farsi – muoversi – lavarsi – vestirsi[17] – fermarsi – fermarsi – riposarsi (io) – incontrarsi – vedersi (voi) – vedersi – addormentarsi

> **Da:** Carla Rossi <carlarossi@libero.it>
> **Inviato:** 16 maggio 2007 23.50.25
> **A:** Patrizia Bruni <patriziabruni@libero.it>
> **Oggetto:** Come va?

Cara Patrizia,

vedo che a Parma _____ ! Qui tutto bene. Anch'io abito con un'altra ragazza. La mattina, tutte e due _____ già alle sette (sigh!), ma Chiara _____ subito e _____ la doccia. Io, invece, _____ con calma: prima faccio colazione, poi _____ , _____ e sono pronta per uscire. Di solito Chiara ed io _____ all'università fino alle quattro o alle cinque, ma ci sono studenti che _____ fino alle otto di sera. Dopo le lezioni _____ un po' e la sera vado spesso in un pub dove _____ gli studenti. Donatella dice che forse _____ a Parma, è vero? E noi, invece, quando _____ ? Adesso ti saluto perché fra un po' _____ ... è quasi mezzanotte.

Cari saluti, Carla

---

17 vestirsi   sich anziehen

16. Trovate la differenza

a. Sehen Sie sich die folgenden Beispielsätze an.

Andrea si sveglia.

Andrea sveglia Mirella.

Paolo saluta Marina.

Paolo e Marina si salutano.

b. Vervollständigen Sie nun die Sätze mit den angegebenen Verben. Wählen Sie dabei zwischen aktiver und reflexiver Verbform.

1. svegliare / svegliarsi

    Martina _____ . / Martina _____ Chiara.

2. addormentare / addormentarsi

    La mamma _____ il bambino. / La mamma _____ .

3. vedere / vedersi

    Alice _____ Letizia. / Alice e Letizia _____ .

4. fare / farsi

    Maria _____ il caffè. / Maria _____ il caffè per le amiche.

17. Der Tagesablauf von Fabrizio ist total durcheinander geraten. Organisieren Sie seinen Tag.

☐ Alle otto mi sveglio,
☐ Torno a casa normalmente verso le sette e mezza - otto e dopo cena
☐ vado in mensa a mangiare perché ho una fame da lupi.[18]
☐ Verso[19] le nove e mezza arrivo all'università.
☐ Di pomeriggio di solito ho ancora lezione.
☐ dopo mi faccio la doccia, mi vesto, faccio colazione ed esco.
☐ Dalle 10.00 alle 14.00 ho sempre lezione, ma dopo
☐ esco con gli amici e torno a casa verso mezzanotte.

---

18 avere una fame da lupi   einen Bärenhunger haben   19 verso   gegen

18. Wie oft?

Verbinden Sie die Tätigkeiten mit den Adverbien der Zeit und schreiben Sie dann sechs Sätze, die für Sie persönlich gelten: von der seltensten Tätigkeit bis zur häufigsten.

leggere il giornale	mai
andare al cinema	raramente
studiare in biblioteca	ogni tanto
fare sport	a volte
navigare in Internet	spesso
andare a teatro	tutti i giorni
svegliarsi prima delle 7.00	ogni giorno
andare in pizzeria	sempre
guardare un film in italiano	

19. Il Signor No ist ein besonderer Typ! Er verneint alles!

Verneinen Sie die Sätze mit ‹non› oder ‹non … mai›.

1. Mi alzo sempre tardi. _____
2. Mi piacciono le canzoni di Eros Ramazzotti. _____
3. Vado sempre in palestra. _____
4. Padova mi piace. Ci sono molte attività per il tempo libero. _____
5. Di sera mi ritrovo sempre con i miei amici. _____
6. Ho nostalgia di casa. _____

▶II 6   20. Incontri

Verabredungen: Hören Sie sich die beiden Gespräche an und schreiben Sie in die Tabelle, welche Tätigkeiten erwähnt werden und an welchem Tag sie stattfinden.

	lunedì	martedì	mercoledì	giovedì	venerdì	sabato	domenica
Fabio							
Enrico							
Anna							
Marta							

21. Patrizia denkt oft an Crotone, ihre Stadt. Ab und zu wird sie melancholisch und erzählt, was sie alles vermisst.

Ergänzen Sie mit den fehlenden Possessiva.

_____ città   _____ bar

_____ amiche   _____ ragazzo

_____ Vespa   _____ quartiere[20]

_____ cinema   _____ famiglia

*Mi manca...,
mi mancano...*

22. Bilden Sie Sätze nach dem Muster.

Lara / libri / essere nella borsa → I suoi libri sono nella borsa.

1. Franca / macchina / non funzionare _____
2. Anna e Pietro / le amiche / giocare a tennis _____
3. Lorenzo e Alessia / la camera / costare un sacco di soldi _____
4. voi / corso di aerobica / iniziare alle 18.00 _____
5. noi / Vespa / essere nuova _____

23. punto.it

*Besuchen Sie die Internetseite www.romaexplorer.it
Wählen Sie unter «Mangiare Divertirsi» mindestens drei Lokale aus, die für Sie besonders interessant klingen.*

Lo sapevate che ...?
Molti studenti universitari devono lavorare per guadagnare un po' di soldi. In un'indagine di Almalaurea[21] sugli studenti universitari risulta che il 76% arriva alla laurea[22] con esperienze di lavoro. I lavori più diffusi? Cameriere, barista, cuoco. Le ragazze preferiscono fare le baby sitter. Altri lavori tipici sono la commessa e la segretaria. La maggior parte degli universitari (39,2%) lavora per 5-10 ore alla settimana, ma c'è anche chi lavora 20 ore alla settimana (16,9%) e chi dedica[23] al lavoro l'intera settimana (15,4%) con 35 ore.

---

20 il quartiere   der Bezirk, das Stadtviertel
21 Almalaurea   ein interuniversitäres Konsortium, das das italienische Hochschulwesen untersucht
22 la laurea   der Universitätsabschluss   23 dedicare   widmen

GRAMMATICA

1. Piacere

Mi **piace** leggere.	**piace** + Verb im Infinitiv
Le **piace** la pizza.	**piace** + Substantiv im Singular
Ti **piacciono** i film dell'orrore?	**piacciono** + Substantiv im Plural

Das Verb **piacere** (gefallen, schmecken) wird hauptsächlich in der 3. Person Singular und in der 3. Person Plural gebraucht.

2. Die unbetonten indirekten Objektpronomen

Singular	mi	mir
	ti	dir
	gli	ihm
	le	ihr
	Le	Ihnen
Plural	ci	uns
	vi	euch
	gli	ihnen

Mi piace la musica.
Die unbetonten indirekten Objektpronomen stehen vor dem konjugierten Verb.

Non ci piace andare a teatro.
Die Verneinung **non** steht vor dem Pronomen.

3. Modalverben

	dovere	potere	volere
(io)	devo	posso	voglio
(tu)	devi	puoi	vuoi
(lui, lei, Lei)	deve	può	vuole
(noi)	dobbiamo	possiamo	vogliamo
(voi)	dovete	potete	volete
(loro)	devono	possono	vogliono

Ormai **dobbiamo** lavorare un po' tutti.
Loro **vogliono** studiare l'inglese.

Die Modalverben **dovere** (müssen, sollen), **potere** (können, dürfen) und **volere** (wollen) sind unregelmäßige Verben und werden in der Regel von einem Verb im Infinitiv begleitet.

4. Die Präpositionen

Treten die Präpositionen **in, di, a, da, su** in Verbindung mit dem bestimmten Artikel, entstehen folgende Formen:

	il	lo	l'	la	i	gli	le
in	nel	nello	nell'	nella	nei	negli	nelle
di	del	dello	dell'	della	dei	degli	delle
a	al	allo	all'	alla	ai	agli	alle
da	dal	dallo	dall'	dalla	dai	dagli	dalle
su	sul	sullo	sull'	sulla	sui	sugli	sulle

5. Reflexive Verben

	trovarsi	mettersi	divertirsi
(io)	mi trovo	mi metto	mi diverto
(tu)	ti trovi	ti metti	ti diverti
(lui, lei, Lei)	si trova	si mette	si diverte
(noi)	ci troviamo	ci mettiamo	ci divertiamo
(voi)	vi trovate	vi mettete	vi divertite
(loro)	si trovano	si mettono	si divertono

Die reflexiven Verben werden wie normale Verben konjugiert. Davor stehen die Reflexivpronomen.

Non *mi* alzo volentieri.
Die Verneinung **non** steht vor dem Reflexivpronomen.

Ogni mattina **mi faccio** il caffè.
In der Umgangssprache werden nicht reflexive Verben manchmal reflexiv gebraucht, um eine verstärkte innere Anteilnahme an der Handlung auszudrucken.

Es gibt Verben, die im Italienischen reflexiv sind, im Deutschen jedoch nicht, wie z. B.:
addormentarsi   einschlafen   alzarsi   aufstehen
chiamarsi   heißen   svegliarsi   aufwachen

Domani **mi** devo alzare presto.
Domani devo alzar**mi** presto.

Steht ein Modalverb vor einem Reflexivverb, wird das Reflexivpronomen vor das Modalverb gestellt oder an den Infinitiv angehängt.

6. Die Indefinita ogni und tutti/-e

Vado all'università **ogni** giorno / **ogni** mattina.   (... jeden Tag / jeden Vormittag)
Vado all'università **tutti i** giorni / **tutte le** mattine.   (... jeden Tag / jeden Vormittag)

Ogni (= jeder/-e/-es) steht vor Substantiven im Singular und ist unveränderlich.
Man kann **ogni** mit **tutti/-e** ersetzen. **Tutti/-e** wird vom bestimmten Artikel begleitet und steht nur vor Substantiven im Plural.

Beachten Sie!

Il questionario, distribuito in **tutto il** mondo (= in der ganzen Welt), chiede di indicare quattro motivi.
Devo studiare **tutta la** mattina. (= den ganzen Vormittag)

Tutto + bestimmter Artikel + Substantiv im Singular bedeutet »der/die/das ganze ...«.

Eh, ormai dobbiamo lavorare un po' **tutti**, mi sa, più o meno ...

Im Plural und ohne Artikel bedeutet **tutti** »alle«.

7. Die doppelte Verneinung

Non prendo **mai** l'autobus.   Adesso **non** mangio **niente**.   **Non** conosco **nessuno**.

Bei Negationsausdrücken wie **mai** (nie), **niente** (nichts), **nessuno** (niemand), **nemmeno** (nicht einmal) setzt man die Verneinung **non** vor das Verb.

Nessuno ascolta musica.
Stehen die Negationsausdrücke am Satzanfang, entfällt die doppelte Verneinung.

8. Die Possessivbegleiter

	Singular		Plural	
Maskulinum	il mio		i miei	
	il tuo		i tuoi	
	il suo	compagno	i suoi	compagni
	il nostro		i nostri	
	il vostro		i vostri	
	il loro		i loro	
Femininum	la mia		le mie	
	la tua		le tue	
	la sua	compagna	le sue	compagne
	la nostra		le nostre	
	la vostra		le vostre	
	la loro		le loro	

Possessivbegleiter richten sich in Geschlecht und Zahl nach ihrem Bezugswort.
Sie werden in der Regel vom bestimmten Artikel begleitet, können aber auch in Verbindung mit dem unbestimmten Artikel verwendet werden.

un mio amico   una mia amica

Carlo porta sempre **il suo** *cane* in ufficio.
Francesca porta sempre **il suo** *cane* in ufficio.

Suo bedeutet sowohl »sein« als auch »ihr« und bezieht sich nur auf das Besitzobjekt, nicht auf die Person.

9. Pluralbildung der Substantive auf -ca/-ga und -co/-go

f.	-ca → -che	la discoteca → le discoteche
	-ga → -ghe	la riga → le righe

Betonung auf der vorletzten Silbe   Betonung auf der drittletzten Silbe

m.	-co → -chi	il parco → i parchi
	-go → -ghi	l'albergo → gli alberghi

m.	-co → -ci	il medico → i medici
	-go → -gi	lo psicologo → gli psicologi

Ausnahmen: l'amico → gli amici, il dialogo → i dialoghi

BILANCIO

Am Ende dieser Einheit kann ich ... ☺ ☻ ☹ 📖

	☺	☻	☹	
erzählen, was ich an einem bestimmten Tag tun muss, will oder kann.	☐	☐	☐	9
eine Mail mit allgemeinen Informationen über den üblichen Tagesablauf eines Studenten verstehen.	☐	☐	☐	12
über meinen Tagesablauf berichten.	☐	☐	☐	15
erzählen, mit welcher Häufigkeit ich etwas mache.	☐	☐	☐	16
über regelmäßige Tätigkeiten in der Woche berichten.	☐	☐	☐	18

_____

_____

Mein Lerntagebuch

Die wichtigsten Wörter dieser Lektion sind für mich ...
Drei Wörter, die ich für schwierig halte, die ich aber lernen will ...
Grammatische Strukturen die ich wiederholen sollte ...
Was mir in dieser Lektion gut gefallen hat ...
Außerdem ...

Lernstrategien: Über das Sprachenlernen nachdenken

Schreiben Sie fünf Wörter auf, die Ihnen zum Thema ‹tempo libero› einfallen ...
Schreiben Sie fünf Wörter auf, die Sie mit ‹Universität› verbinden ...
Schreiben Sie fünf Wörter und deren Gegenteile auf.

Tipp: Sie können Wörter nach Sachgebieten oder Themen ordnen und sich dann diese Wortgruppen einprägen. Auch Mind maps helfen Ihnen, Vokabeln leichter zu lernen. Mind maps stellen Informationen bildlich dar, wobei sie die Möglichkeit bieten, Gedanken zu verzweigen. Schreiben Sie einen Begriff oder ein Thema, zu dem Sie Wörter lernen möchten, in die Blattmitte. Ordnen Sie die Wörter, die zu diesem Begriff gehören, um diesen herum an. Diese graphische Darstellung eines Konzeptes erleichtert das Verständnis und das Einprägen. Lernen Sie ein Wort zusammen mit seinem Gegenteil. Unser Gedächtnis speichert Gegensätze leichter.

Für mein Dossier

Erstellen Sie ein Mind Map (ähnlich dem auf S. 47 im Kursbuch) zu den Themen «La mia giornata tipica» und «Il fine settimana».

UNITÀ 4 — In città

1. Welches sind die größten Städte Italiens?

a. Ordnen Sie die Bevölkerungszahlen den Städten zu.

Napoli	Trieste	Venezia	Milano	Firenze	Bologna	Roma
2.459.776	1.182.693	993.386	369.955	352.227	266.181	209.520

b. punto.it

Suchen Sie weitere Informationen über diese Städte im Internet.
Die folgende Internetadresse kann Ihnen dabei behilflich sein: www.comuni-italiani.it

2. Tre città

▶II 7 *a. Hören Sie die Dialoge und notieren Sie, mit welchen Adjektiven die folgenden Städte beschrieben werden.*

Pavia: _____

Genova: _____

Bologna: _____

b. Denken Sie an drei Städte, die Sie kennen und beschreiben Sie sie mit den Ihnen bekannten Adjektiven. Vergessen Sie nicht, dass Städtenamen im Italienischen immer weiblich sind.

3. Das Gegenteil!

Finden Sie das Gegenteil der Adjektive.

1. Se[1] le piazze non sono belle, sono _____ .

2. Se l'università non è antica, è _____ .

3. Se il clima non è caldo, è _____ .

4. Se la città non è tranquilla, è _____ .

5. Se il quartiere non è ricco, è _____ .

6. Se le strade non sono pulite, sono _____ .

7. Se il centro storico non è grande, è _____ .

8. Se gli abitanti non sono aperti, sono _____ .

---

1 se   wenn

4. Uno schema

Vervollständigen Sie das Schema mit den entsprechenden Adjektiven oder Adverbien.

_____	lentamente
_____	tranquillamente
sicuro	_____
perfetto	_____
veloce	_____
_____	vivacemente
difficile	_____
particolare	_____

5. Aggettivo o avverbio?

Ergänzen Sie mit der richtigen Form von Adjektiv oder Adverb.

1. perfetto   Anna parla _____ il francese.

   Bravo, Giacomo! Il tuo esercizio è senza errori. È _____ !

2. tranquillo   La mia nuova casa è in una zona molto _____ .

   Sara studia _____ nella sua camera.

3. veloce   Devo scrivere _____ al professor Gugolini per avere le informazioni sul corso d'italiano.

   La nuova moto di Daniele è molto _____ .

4. sicuro   Se Paolo va a Parigi vado _____ da lui per qualche giorno.

   Paolo va a Parigi, non a Marsiglia? Ma sei _____ ?

5. lento   Scusi, può parlare più _____ ? Non capisco.

   Alcuni treni sono proprio _____ !

6. difficile   Per me questo esercizio è un po' _____ .

   _____ vado in vacanza due volte all'anno.

7. particolare   Genova è una città molto _____ .

   Le lezioni del professor Pozzi sono _____ interessanti.

8. vivace   Elena e Monica discutono _____ di politica.

   Al ristorante La Cuccuma c'è una bell'atmosfera _____ .

6. **Ancora molti aggettivi e avverbi!**

a. Ergänzen Sie mit der richtigen Form von ‹molto› als Adjektiv oder Adverb.

1. Napoli è una città _____ affascinante con _____ aspetti diversi.
2. A lezione gli studenti parlano _____ , imparano _____ parole nuove e a casa fanno _____ esercizi.
3. Bologna è una città culturalmente _____ vivace.
4. Mi piace _____ la cucina italiana ma non conosco ancora _____ specialità.
5. Dopo il corso di tennis ho sempre _____ fame e così mangio sempre _____ pasta.
6. Marina frequenta _____ lezioni all'università e così non ha _____ tempo libero.
7. Katrin non è in Italia da _____ tempo, però ha già _____ amiche.

b. Ergänzen Sie mit ‹bene / buono›, ‹male / cattivo›,[2] ‹troppo› und ‹poco›.

1. Marcella parla _____ l'inglese e il tedesco, ma _____ il francese e lo spagnolo.
2. Alle feste Pietro è sempre ubriaco.[3] Per me beve _____ !
3. Di solito preferisco andare a mangiare al Bar Litta. Lì i panini sono _____ e non costano _____ . I panini della mensa invece sono proprio _____ !
4. Stefano per me esagera:[4] non esce mai e sta sempre in casa a studiare! Studia _____ !
5. ■ Mamma, ma questi tortellini sono _____ ! Ho una fame incredibile![5]
   □ Sì, ma guarda che dopo c'è il dolce.
6. Sabato sera vado a mangiare da Linda. Linda cucina veramente _____ .
   Le sue lasagne sono sempre così _____ ! Mmmmhh! Ho già fame!
7. ■ Senti Cinzia, dove vai quest'anno in vacanza? Perché non andiamo in Portogallo?
   □ Non posso. Quest'anno ho _____ soldi, sto a casa.
8. Non è bello parlare _____ delle persone assenti.[6]
9. Questo esercizio è _____ difficile!!
10. Bevo sempre il caffè al bar Gracchi: è davvero _____ !
    Al bar Mokito invece è proprio _____ !

---

[2] cattivo schlecht (Adjektiv) [3] ubriaco betrunken [4] esagerare übertreiben
[5] incredibile unglaublich [6] assente abwesend

7. A come...

Finden Sie für jeden aufgelisteten Buchstaben ein Adjektiv.

A come _____   M come _____

B come _____   N come _____

C come _____   O come _____

D come _____   P come _____

E come _____   R come _____

F come _____   S come _____

G come _____   T come _____

L come _____   V come _____

8. Città vecchia

a. *Lesen Sie noch einmal den Text im Kursbuch (S. 55). Unterstreichen Sie die Verben in der unpersönlichen Form und formulieren Sie die Sätze in der 2. Person Singular.*

_____

_____

_____

_____

b. *Vervollständigen Sie folgende Sätze mit den unten aufgelisteten Ausdrücken.*

tra – parte da – proseguire – lungo la costa – a destra

1. ■ Scusi, per Piazza Castello?

   □ Allora, deve _____ per Via Dante. Piazza Castello è in fondo alla strada.

   ■ L'autobus per Siena _____ Piazza Castello, vero?

2. L'Umbria è una regione dell'Italia centrale. Si trova _____ la Toscana e le Marche.

3. Se devo andare in macchina, preferisco fare le strade _____ per godermi[7] la vista del mare.

4. A Milano la Galleria Vittorio Emanuele è _____ del Duomo.

   A sinistra invece c'è il Palazzo Reale.

---

7 godersi   genießen

9. Nel mio quartiere ...

a. Alles, was es in meinem Bezirk gibt. Vervollständigen Sie mit «c'è – ci sono» oder «è – sono».

Nel quartiere dove abito _____ un parco, _____ tre supermercati, _____ molti ristoranti e bar, _____ anche un cinema, ma non _____ un teatro. Il parco _____ vicino a casa e così spesso vado a fare una passeggiata. Invece non vado spesso nei ristoranti e nei bar del mio quartiere perché _____ troppo cari e nei bar _____ troppi turisti. Vado al cinema sempre il mercoledì perché _____ il giorno del cinema, i biglietti costano poco e spesso _____ film interessanti. A me piace molto il mio quartiere perché _____ molto pittoresco, le strade non _____ trafficate, la gente _____ molto vivace e la sera _____ sempre qualcosa da fare.

b. Und was gibt es in Ihrem Bezirk? Hier ist eine Liste, die Ihnen behilflich sein kann.

ristoranti – cinema – bar – scuola – negozi – ospedale – supermercato – biblioteca – parco – teatro – metropolitana – fabbriche – posta – gelateria – case moderne – palestra – centro commerciale[8] – ponte

Nel mio quartiere:

c'è	ci sono	non c'è	non ci sono
_____	_____	_____	_____
_____	_____	_____	_____
_____	_____	_____	_____

10. Bilden Sie die folgenden Sätze mit der unpersönlichen Form.

1. Cosa si fa quando si visita una città nuova?

camminare[9] molto _____

visitare i musei _____

guardare gli edifici _____

divertirsi _____

andare in un bar e prendere qualcosa da bere _____

osservare la gente che passa _____

respirare[10] l'atmosfera della città _____

---

8 il centro commerciale das Einkaufszentrum   9 camminare laufen   10 respirare atmen

2. Cosa si fa a lezione d'italiano?

ascoltare i dialoghi _____

scambiarsi le informazioni capite _____

parlare con i compagni _____

leggere i testi _____

fare gli esercizi _____

imparare molte cose sull'Italia e sugli italiani _____

11. Literarische Sehenswürdigkeiten in Rom

Vervollständigen Sie diese Tour mit den passenden Verben in der unpersönlichen Form.

potere (2x) – iniziare – proseguire – raggiungere[11] – ricordare – vedere – arrivare

_____ in Piazza di Spagna, dove al numero 26 _____ la casa di John Keats, poeta inglese dell'Ottocento. Da Piazza di Spagna _____ facilmente l'Antico Caffè Greco in Via Condotti 86, celebre[12] ritrovo[13] di artisti e letterati, italiani e stranieri presenti a Roma nel XIX secolo. Tra i più famosi frequentatori del caffè _____ Liszt, Heine, Wagner e Schopenhauer. _____ per Via Condotti che termina in Largo Goldoni che prende il nome dal famoso scrittore Carlo Goldoni (Venezia 1707–Parigi 1793). La sua casa _____ vedere tra Via del Corso e Via Condotti. Poi _____ al Museo Goethe, sempre in Via del Corso, precisamente al numero 20, vicino a Piazza del Popolo. Il museo è nei locali di una piccola pensione, Casa Moscatelli, dimora[14] del poeta durante i soggiorni romani. All'interno _____ vedere alcuni scritti originali del poeta e il famoso quadro[15] che raffigura[16] Goethe nella campagna romana.

▶II 8 12. Verkehrsmittel

Hören Sie sich die folgenden Interviews an und tragen Sie die Informationen in die Tabelle ein.

	mezzi di trasporto usati	perché
Venezia		
Milano		
Firenze		

| 11 raggiungere erreichen | 12 celebre famoso | 13 il ritrovo der Treffpunkt |
| 14 la dimora das Haus | 15 il quadro das Gemälde | 16 raffigurare *hier:* zeigen |

13. Es gibt in Ihrer Stadt bestimmt eine Straße, einen Platz oder einen anderen Ort, den Sie besonders mögen. Beschreiben Sie Ihre Lieblingsecke.

14. Sie sind in Florenz und möchten nach Fiesole fahren, einem sehr schönen Ort in der Nähe. Sie wissen aber nicht wo der Bus abfährt.

Formulieren Sie die Fragen und Antworten des folgenden Dialogs.

Sie sprechen eine Passantin an.	■	_____
Die Passantin antwortet.	□	_____
Sie erkundigen sich, wo der Bus nach Fiesole abfährt.	■	_____
Die Passantin erklärt, dass der Bus am Bahnhof abfährt.	□	_____
Sie fragen, wo der Bahnhof ist und ob Sie mit einem Bus dort hinfahren müssen.	■	_____
Die Passantin verneint und sagt, dass der Bahnhof sehr nahe ist. Sie können dort zu Fuß hingehen. Das sind 10 Minuten zu Fuß.	□	_____

15. Il terzo grado!

Das Verhör. Beantworten Sie die Fragen mit ‹ci›.

1. Quando vai in vacanza? _____
2. Come vai all'università? _____
3. Vai al cinema stasera? _____
4. Quando vai a lezione? _____
5. Quando vai in mensa? _____
6. Vai spesso al cinema? _____
7. A che ora vai a dormire oggi? _____

16. Sie sind ein berühmter Architekt! Hier sind einige Elemente, die typisch für einen italienischen Platz sind.

    a. Verbinden Sie die Zeichnungen mit den richtigen Wörtern.

caffè, chiesa, campanile, fontana, gente che passeggia, palazzi, ristorante, statua di Garibaldi, turisti

b. Und jetzt planen Sie schriftlich den Platz nach Ihrem Geschmack. Die folgenden Ausdrücke werden Ihnen dabei helfen. Wenn Sie möchten, können Sie dazu auch ein Bild malen.

fra – sul lato opposto – a destra di – di fronte a – accanto a – a sinistra di – davanti a – dietro – nel centro

Esempio: Nel centro della piazza c'è la chiesa.

17. Eine Schulklasse organisiert einen Ausflug nach Triest. Ihr Lehrer vergewissert sich, dass alles gut läuft.

Vervollständigen Sie mit den passenden Objektpronomen.

1. Allora, chi fa i panini?   Marco: _____ faccio io!
2. Chi porta la guida turistica?   Paolo: _____ porto io!
3. Chi compra i biglietti del treno?   Sara: _____ posso comprare io!
4. Chi fa le fotografie?   Stefi: _____ faccio io!
5. Non mi ricordo più. A che ora prendiamo il treno?   Matteo: _____ prendiamo alle 7.30!
6. Chi porta una piantina di Trieste?   Simona: _____ porto io!
7. E il cellulare, in caso di urgenza?   Tutti: Ma prof!![17] _____ portiamo tutti!!
8. Gaia: Chi _____ viene a prendere?   David: _____ passo a prendere io!
9. Gaia e Leo: E chi _____ riaccompagna la sera a casa?   Prof: _____ accompagno io.

---

17 prof   Abkürzung von professore / professoressa;
           in Italien werden auch Gymnasiallehrer und Dozenten so genannt

18. Geoquiz

Ergänzen Sie die Sätze mit den Objektpronomen und finden Sie die richtige Antwort.
Die markierten Kästchen ergeben den Namen der ersten italienischen Hauptstadt, im Jahre 1861.

1. È un vulcano in Sicilia ancora attivo e tutti _____ conoscono perché le sue eruzioni sono molto spettacolari. __ ■ __ __

2. In questa città si trova il balcone di Giulietta e Romeo. Molti _____ conoscono anche per l'Arena, dove tutti gli anni ci sono delle opere famose. __ __ __ ■ __ __

3. È l'altra grande isola italiana. Molti _____ adorano perché l'acqua è pulitissima e le coste sono molto varie. Molti Vip italiani hanno in quest'isola la loro villa. __ __ ■ __ __ __ __

4. Sono originari di Bologna, ma si mangiano in tutta Italia e anche all'estero. Sono piccoli e rotondi[18] e _____ puoi mangiare in brodo[19] o con una salsa. __ __ __ __ __ __ ■ __ __

5. Sono le imbarcazioni tipiche di Venezia e molti turisti _____ usano per fare un giro della città. __ __ ■ __ __ __

6. È un mare conosciuto anche da moltissimi turisti tedeschi per i suoi chilometri di spiagge[20] ma non tutti _____ amano perché l'acqua non è proprio pulita. __ __ __ __ __ __ __ ■

La soluzione è: ■ ■ ■ ■ ■

▶ ll 9 **19. Drei Freunde sprechen über die Rangliste der Zeitung «Il Sole 24 Ore».**

Hören Sie den Dialog und tragen Sie die Informationen in das Schema ein.

	Aspetti positivi	Aspetti negativi
Milano		
Firenze		
Roma		

20. Ergänzen Sie mit den fehlenden Ordnungszahlen.

1. Questa è la _____ lezione del libro! La prossima è la _____ .

2. La domenica è il _____ giorno della settimana, il sabato invece è il _____ .

3. L'università di Napoli si chiama Federico _____ , in onore a Federico _____ di Svevia.

---

18 rotondo rund   19 il brodo die Brühe   20 la spiaggia der Strand

4. Luigi _____ è famoso anche con il nome di Re Sole.

5. Gli studenti del _____ anno si chiamano anche le matricole, perché sono nuovi nel mondo universitario.

6. Marzo[21] è il _____ mese dell'anno e novembre[22] è l' _____ .

7. Tutti conoscono la _____ sinfonia di Beethoven, con l'Inno alla gioia, oggi anche Inno dell'Unione europea.

21. Landeskunde

Ordnen Sie der Italienkarte die Namen der Regionen zu.

Nord: Piemonte
        Valle d'Aosta
        Liguria
        Trentino Alto Adige
        Friuli Venezia Giulia
        Veneto
        Lombardia
        Emilia Romagna

Centro: Toscana
        Lazio
        Umbria
        Marche
        Abruzzo

Sud: Molise
        Campania
        Basilicata
        Puglia
        Calabria

Isole: Sicilia
        Sardegna

Lo sapevate che…?
Nelle Marche, in provincia di Macerata, esiste una cittadina di antiche origini che conta più studenti che residenti. È Camerino, nel cuore dell'appennino umbro-marchigiano, con circa 7.000 abitanti e con un'università di origini antiche (esiste dal XIV secolo) che conta circa 9.000 iscritti distribuiti nelle varie sedi.

---

21 marzo   März   22 novembre   November

GRAMMATICA

1. Adverbien und Adjektive

Ti abitui a *convivere* **quotidianamente** con il mare.
Ti abitui alla *convivenza* **quotidiana** con il mare.

Adverbien dienen dazu, Verben, Adjektive, andere Adverbien oder ganze Sätze näher zu bestimmen. Adjektive hingegen beziehen sich auf Substantive.

Adjektive werden an das entsprechende Substantiv in Genus und Numerus angepasst, Adverbien sind hingegen unveränderlich und haben deshalb nur eine Form.

Einige Adverbien werden von Adjektiven abgeleitet, indem man das Suffix **-mente** an die weibliche Form anhängt.

Adjektive auf -o	quotidiano	→	quotidiana	→	quotidiana**mente**
Adjektive auf -e	vivace	→			vivace**mente**
Adjektive auf -le	norma**le**	→	normal(e)	→	normal**mente**
Adjektive auf -re	particola**re**	→	particolar(e)	→	particolar**mente**

Andere Adverbien haben eine eigene Form.

Adjektiv		Adverb
buono	→	**bene**
cattivo	→	**male**
La cucina di Pepi è **buona**.		Da Pepi mangio sempre **bene**.

Fai molta / tanta / poca / troppa fatica.   (Adjektiv)
Trieste è una città molto / tanto / poco / troppo malinconica.   (Adverb)
Oggi non vorrei mangiare molto / tanto / poco / troppo.   (Adverb)

Molto, tanto, troppo, poco haben als Adverbien immer die Endung -o.
Als Adjektive werden sie an das entsprechende Substantiv in Genus und Numerus angepasst.

2. Die unpersönliche si-Form (im Präsens)

Die **si**-Form entspricht dem deutschen »man« und wird wie folgt gebildet:

Wenn kein direktes Objekt im Satz vorhanden ist.

A lezione d'italiano **si studia** molto.
si + Verb in der 3. Person Singular

Wenn ein direktes Objekt im Satz vorhanden ist, wird das Verb im Singular oder im Plural konjugiert.

Alla stazione **si parcheggia** *l'automobile* in un comodo parcheggio.
si + Verb in der 3. Person Singular + direktes Objekt im Singular.

In centro **si trovano** *negozi* lussuosi.
si + Verb in der 3. Person Plural + direktes Objekt im Plural.

Beachten Sie: Bei reflexiven Verben wird **si** zu **ci**.
In discoteca **ci** si diverte sempre.

3. Die unbetonten direkten Objektpronomen

Singular	mi	mich
	ti	dich
	lo	ihn, es
	la	sie
	La	Sie
Plural	ci	uns
	vi	euch
	li	sie (m)
	le	sie (f)

I triestini vanno tutti a Barcola, **li** vedi già ad aprile.
Mangi *la pasta*? – No, non **la** mangio mai.

Direkte Pronomen werden gebraucht, um ein bereits erwähntes direktes Objekt zu ersetzen. Die unbetonten direkten Objektpronomen stehen vor dem konjugierten Verb.

4. Das Pronominaladverb *ci*

Quando andate *al cinema*? – **Ci** andiamo sabato sera.
Quanto tempo resti *a Londra*? – **Ci** resto un mese.

Das Pronominaladverb **ci** ersetzt eine vorher genannte Ortsangabe und steht vor dem konjugierten Verb. Es entspricht dem deutschen »dort/dorthin«.

5. Die Ordnungszahlen

1° **primo**	4° **quarto**	7° **settimo**	10° **decimo**
2° **secondo**	5° **quinto**	8° **ottavo**	11° **undicesimo**
3° **terzo**	6° **sesto**	9° **nono**	12° **dodicesimo**

Die Ordnungszahlen von 1. bis 10. haben unregelmäßige Formen.
Ab 11. wird das Suffix **-esimo** an die Grundzahl direkt angehängt.
Dabei entfällt der letzte Vokal.

Il **secondo** posto va a Roma.
Nelle **prime** posizioni si preferiscono le province piccole e medie.

Die Ordnungszahlen sind Adjektive.
Sie richten sich in Genus und Numerus nach ihrem Bezugswort.

BILANCIO

Am Ende dieser Einheit kann ich … ☺ ☺ ☹ 📖

die Hauptinformationen eines einfachen touristischen
   Rundgangs verstehen. ☐ ☐ ☐ 10
einen kurzen Rundgang in meiner Stadt beschreiben. ☐ ☐ ☐ 14
die wichtigsten Punkte in einem kurzen authentischen Text über die ☐ ☐ ☐ 23
   beliebtesten Städte in Italien verstehen.
einen kurzen Text mit Auskünften über meine Stadt schreiben. ☐ ☐ ☐ 27

_____

_____

Mein Lerntagebuch

Meine bevorzugten Wörter dieser Lektion sind …
Grammatische Strukturen, die ich noch üben sollte …
Was ich über Italien und die Italiener erfahren habe …
Außerdem möchte ich noch sagen, dass …

Lernstrategien: Über das Sprachenlernen nachdenken

Welche der folgenden Techniken hilft Ihnen am besten, unbekannte Wörter in einem Text zu erschließen?

1. Wörter aus der Muttersprache oder aus anderen Fremdsprachen ableiten.
2. Wörter aus ihren Bestandteilen (z. B. Vorsilbe, Nachsilbe, Wortstamm etc.) erschließen.
3. Wörter aus dem Kontext verstehen.

Tipp: Haben Sie schon mal überlegt, wie Sie in Ihrer Muttersprache lesen? Ist Ihnen aufgefallen, dass Sie dabei, je nach Art des Textes, unterschiedlich vorgehen? Wenn Sie in einem Text ganz bestimmte Informationen suchen, konzentrieren Sie sich wahrscheinlich nur auf diese und ignorieren den Rest. Wenn Sie einen Zeitungsartikel lesen, wollen Sie oft die wesentlichen Inhalte verstehen und merken sich nicht jedes Detail. Dies gilt für Muttersprache und Fremdsprache. Verlieren Sie also nicht den Mut, wenn Sie nicht jedes Wort verstehen. Das ist oft nicht nötig – weder in der Muttersprache noch in der Fremdsprache.

Für mein Dossier

Welches ist, Ihrer Meinung nach, die beliebteste Stadt in Ihrem Land? Beschreiben Sie diese Stadt. Gibt es auch eine Stadt, die viele nicht mögen? Schreiben Sie einen kurzen Text und begründen Sie Ihre Antwort.

1. Wörter, die man immer gebrauchen kann!

Ergänzen Sie die folgenden Sätze mit den fehlenden Wörtern.

annuncio – vitto – andata e ritorno – all'estero – alloggio

1. Vado a Bruxelles per un progetto artistico. _____ e _____ sono gratuiti e posso fare anche un corso di francese senza pagare. È perfetto!
2. Devo scrivere un _____ per trovare una stanza[1] a Bologna.
3. Dopo l'università Stefania vuole assolutamente fare un'esperienza _____ .
4. Il viaggio di _____ Milano – Roma costa circa 100 Euro.

2. Im Bericht von Paola sind die Verben in der Vergangenheitsform verloren gegangen.

Ergänzen Sie mit den unten aufgelisteten Verben.

sono stati – ho vissuto – ha reso – ho lavorato – sono rimasta – è stata (2x) – sono partita – ho partecipato – ha fatto

Dopo una ricerca durata quasi un anno, agli inizi di settembre del 2003 _____ per il mio volontariato in Francia e vi _____ sino alla fine di febbraio del 2004. Il paese in cui _____ si chiama Evreux e si trova a 100 km circa da Parigi. _____ in un'associazione che si occupa di organizzare attività scientifiche per bambini, ma la mia occupazione _____ di ricreare il sito Internet. Con l'associazione d'accoglienza, invece, _____ ad uno scambio internazionale formato da ragazzi russi, bielorussi e tedeschi e ad un congresso internazionale sull'Educazione. Che dire… _____ un'esperienza spesso dura, ma davvero arricchente dal punto di vista umano. Infatti i momenti migliori _____ proprio questi incontri internazionali, assieme ai seminari d'accoglienza e di metà percorso organizzati dall'Agenzia Nazionale francese. Mi _____ crescere ancora un po' e mi _____ più sicura di me stessa. […]

(da www.retecivica.trieste.it/ipe)

---

1 la stanza   das Zimmer

3. Ergänzen Sie mit den Präpositionen und, wenn nötig, mit den Artikeln.

1. Sono partita _____ la Francia _____ inizi di aprile.

2. L'anno scorso, _____ maggio, ho partecipato _____ un workshop sul teatro d'improvvisazione.

3. Manuela lavora _____ un'associazione culturale che si occupa _____ mostre d'arte moderna.

4. Il servizio volontario europeo dà circa 150 Euro _____ mese per tutte le piccole spese mensili.

5. Sono rimasta _____ Belgio fino _____ fine di febbraio.

4. ‹Essere o avere?› Das ist die Frage!

Setzen Sie das richtige Hilfsverb ein.

1. Mara stanotte _____ tornata a casa alle 5.00!

2. ■ Silvia, dove _____ andata ieri?

   □ _____ restata a casa tutto il giorno.

3. Carlo _____ fatto un anno di servizio volontario a Lisbona.

4. Ieri Patrizia _____ avuto molto da fare e non _____ uscita tutto il giorno.

5. Anna e Marisa _____ partite per un fine settimana al mare.

6. □ Sergio, Matteo, quanto tempo _____ abitato a Parigi?

   ■ Circa tre mesi, _____ frequentato un corso all'università e così _____ imparato il francese.

7. ■ Quando _____ tornati Alberto, Maria e Valeria?

   □ Ieri sera! Ma _____ arrivati tardi.

8. Mara _____ preferito restare a casa e rispondere all'e-mail di Gianni.

9. Laura _____ compiuto ieri 22 anni. _____ festeggiato a casa con gli amici.

5. Ergänzen Sie mit dem passenden Verb im ‹passato prossimo›.
   Die Verben sind nicht in der richtigen Reihenfolge angegeben.

lavorare – guardare – arrivare – andare – fare – partire – frequentare – tornare
dormire – rimanere

1. Nadia _____ dalle vacanze ieri sera.

2. Andreas e Lukas _____ giovedì sera per un fine settimana a Roma.

3. La settimana scorsa Silvana _____ tutto il giorno in fiera.[2]

4. Ieri (io) _____ a casa e _____ gli esercizi.

5. Alessandro _____ un film alla TV.

6. Tu e Lara _____ a lezione tardi.

7. In Sardegna noi _____ da amici.

8. Sara e Luca _____ in Inghilterra e _____ un corso di inglese.

▶II 10 6. Einige Unikommilitonen treffen sich am Montag früh und unterhalten sich über das Wochenende.

Hören Sie sich die folgenden Dialoge an und beantworten Sie die Fragen.

Dialogo 1:
1. Cosa ha fatto Anna?   _____
2. Cosa hanno fatto Elisa e Linda?   _____

Dialogo 2:
1. Dove è andato Carlo?   _____
2. Che film ha visto Gigi?   _____

Dialogo 3:
1. Dove è andata Sonia il fine settimana?   _____
2. Quando è partita?   _____
3. Con chi è andata?   _____

7. Schon gemacht oder noch nicht? Was trifft auf Sie zu?

Schreiben Sie einige Sätze, wie im Beispiel.

Andare in Italia
Sono già andato in Italia due volte. / Non sono ancora andato in Italia.

Fare il bagno nel mare di notte   Prendere il sole nudo[3]
Essere per più di tre mesi all'estero   Salire sull'autobus senza biglietto
Partecipare al matrimonio[4] di un amico   Perdere l'aereo

---

2 la fiera   die Messe   3 nudo   nackt   4 il matrimonio   die Hochzeit

8. **Erinnern Sie sich an die Namen der Monate?**
   Dieser italienische Kinderreim kann Ihnen dabei helfen, sich die Monatsnamen zu merken.

Vervollständigen Sie den Kinderreim mit den Namen der Monate und beantworten Sie dann die Fragen.

30 dì[5] conta novembre con _____ , _____ e _____
di 28 ce n'è uno
tutti gli altri ne han[6] 31.

Come si chiama il mese con 28 giorni? _____

E quali sono quelli con 31? _____

9. **Versteckspiel**

Die Partizipien der unten aufgelisteten unregelmäßigen Verben verstecken sich im Gitternetz. Finden Sie sie. Suchen Sie sie sowohl waagerecht als auch senkrecht.

A	N	T	N	A	T	O	V	O	F	V	R
M	V	E	O	C	C	H	I	U	S	O	I
P	L	V	I	S	S	U	T	O	N	C	S
R	E	E	T	S	B	I	O	T	C	S	P
E	T	S	C	R	I	T	T	O	U	C	O
S	T	T	V	E	F	A	T	T	O	E	S
O	O	V	I	S	T	O	O	M	U	S	T
S	S	C	O	P	E	R	T	O	T	O	O

leggere   nascere
scendere   prendere
scrivere   fare
vedere   chiudere
scoprire   vivere
rispondere

10. *Vervollständigen Sie mit den Verben im ‹passato prossimo›.*

1. Stefania _____ un' e-mail all'università di Padova per avere informazioni ma l'università non _____ ancora _____ . (scrivere – rispondere)

2. Ieri sera Gigi _____ a trovarmi[7] a casa e _____ fino alle 2 di notte. (venire – rimanere)

3. Lisa _____ che il professore di Chimica industriale abita vicino a casa sua. (scoprire)

4. Monica _____ nel 1985. (nascere)

5. Carlo mi _____ che _____ l'ultimo film di Wim Wenders. (dire – vedere)

---

5 il dì   il giorno   6 han   hanno   7 venire a trovarmi   mich besuchen

6. Stamattina _____ sul giornale che vogliono aumentare⁸ le tasse universitarie.⁹

   (io / leggere)

7. Quando Fabio _____ dall'autobus non _____ la cacca del cane e ci _____ il piede dentro. Uno schifo incredibile! (scendere – vedere – mettere)

8. _____ all'insegnante se mi porta le fotocopie della scorsa volta. (io / chiedere)

9. All'esame di letteratura inglese Mirella _____ proprio un bel voto.¹⁰ (prendere)

11. Carla scopre di non avere il biglietto…

Erinnern Sie sich an die Geschichte auf S. 71 im Kursbuch? Lesen Sie die Geschichte nochmals und beenden Sie sie dann. Was hat Carla gemacht, nachdem sie entdeckt hat, dass sie das Flugticket vergessen hat? Schreiben Sie fünf Sätze in der Vergangenheit.

▶II 11 ### 12. Das Semester fängt wieder an.

Die Studenten unterhalten sich über das, was sie in den Semesterferien gemacht haben. Hören Sie folgenden Dialogen zu und vervollständigen Sie die Tabelle.

	posto	quanto tempo	attività
Marco e Alberto			
Elisa			
Massimo			
Fabrizio e Stefania			

13. «Hat es dir gefallen» … auf Italienisch!

Peter racconta: «Dopo la maturità sono andato in Italia! Sono partito da Bolzano e sono arrivato fino in Sicilia! Sono stato via sei mesi e ho visto moltissime cose.» Fragen Sie ihn, wie es ihm gefallen hat. Vervollständigen Sie dabei die Fragen mit ‹piacere› im ‹passato prossimo›.

Ti _____ _____ gli Uffizi di Firenze?   Ti _____ _____ le Dolomiti?

Ti _____ _____ le specialità bolognesi?   Ti _____ _____ il Colosseo?

Ti _____ _____ la Costiera Amalfitana?   Ti _____ _____ il clima?

Ti _____ _____ i dolci siciliani?   Ti _____ _____ la gente?

---

8 aumentare   erhöhen   9 le tasse universitarie   die Studiengebühren

10 prendere un voto   eine Note bekommen

14. Ergänzen Sie mit den Verben im ‹passato prossimo› und, wenn nötig, mit den passenden Pronomen. Achten Sie besonders auf die Form von ‹piacere›!

1. ● Ciao Marisa, (andare) _____ alla festa di Paolo ieri sera?

   ○ Sì, ma non (piacere) ____ _____ per niente. Una rabbia!¹¹

2. ● Mercoledì sera (io / andare) _____ al cinema e (vedere) _____ il film «La meglio Gioventù». (piacere) ____ _____ tantissimo. (piacere) ____ _____ soprattutto gli attori e anche la musica (piacere) ____ _____ moltissimo.

3. Luca e Andrea (passare) _____ le vacanze in Umbria. Perugia e Assisi (piacere) ____ _____ un sacco.

4. Il dottor Narducci (partecipare) _____ a un congresso internazionale di didattica delle lingue moderne.

   ● Dott. Narducci, (piacere) ____ _____ il congresso?

   ○ Mah! La relazione¹² del Prof. Simoni non (piacere) ____ _____ molto.

5. ● Ragazzi, (piacere) ____ _____ le canzoni italiane che (noi / ascoltare) _____ a lezione?

   ○ Sì, moltissimo, soprattutto la canzone di Jovanotti (piacere) ____ _____ un sacco.

6. ● Ciao Franca, ciao Laura, allora, (uscire) _____ ieri sera? (piacere) ____ _____ il nuovo locale di Dario?

   ○ Non molto, la gente non (piacere) ____ _____ molto e neppure i cocktail (piacere) ____ _____ .

7. Katharina e Stephanie (frequentare) _____ un corso di italiano a Firenze. Il corso (piacere) ____ _____ molto. Per esempio gli insegnanti (piacere) ____ _____ molto e anche le attività culturali nel pomeriggio (piacere) ____ _____ un sacco. Loro (fare) _____ anche una gita a Lucca e la piazza dell'anfiteatro (piacere) ____ _____ in modo particolare.

---

11 Una rabbia! Was für ein Ärger!   12 la relazione *hier:* der Vortrag

15. Gedächtnistraining

Erinnern Sie sich, was Sie zu den folgenden Zeitpunkten gemacht haben? Ergänzen Sie die Sätze.

Lunedì scorso _____

Stamattina _____

Un'ora fa _____

Il fine settimana scorso _____

L'anno scorso in luglio _____

Ieri sera alle 20.00 _____

Il giorno del mio ultimo compleanno _____

Prima di fare l'esercizio _____

16. Herr und Frau Methodisch, beide Beamte beim Bezirksamt, haben einen regelmäßigen Tagesablauf. So sieht ihr Tag normalerweise aus.

Alle 6.30 si svegliano, ma il Signor Metodico non si alza subito, ascolta un po' la radio a letto. La signora invece si alza, si lava, si fa un caffè e si veste. Dopo fanno colazione insieme e verso le 7.20 si preparano per uscire. Lui esce di casa verso le 7.30, lei esce verso le 7.45. Il Signor Metodico prende l'autobus delle 7.40 e così arriva in ufficio alle 8.00 in punto. Entra in ufficio, legge la posta elettronica e anche qualche notizia sul giornale online. Dopo pranzo, verso le 15.00 lui e i suoi colleghi si incontrano per un caffè. Torna a casa verso le 17.00 dove si rilassa fino alle 18.00. La Signora Metodico si ferma in ufficio fino alle 18.00 e torna a casa verso le 18.30. Verso le 22.00 vanno a dormire e lei si addormenta quasi subito, mentre lui legge ancora 10 minuti il giornale.

Da sie eben sehr methodisch sind, war ihr gestriger Tag wie der heutige.
Schreiben Sie, was sie gestern gemacht haben.

Ieri alle 6.30 ...

17. Eine deutsch-französische Beziehung in Rom

Ergänzen Sie die Geschichte von Pierre und Anne mit den Verben im ‹passato prossimo› oder Präsens.

Anne e Pierre (conoscersi) _____ durante l'anno Erasmus a Roma. (loro/

incontrarsi) _____ la prima volta a una festa organizzata dall'università

e Pierre (innamorarsi) _____ subito di Anne. Dopo qualche giorno (rivedersi)

_____ per caso in mensa e Pierre (chiedere) _____ ad Anne di

uscire con lui. (loro / darsi) _____ appuntamento alla pizzeria Formula 1 di

San Lorenzo. Anne (prepararsi) _____ per uscire e poi (uscire) _____ puntuale. Pierre invece (addormentarsi) _____ davanti alla TV. Fortunatamente (svegliarsi) _____ in tempo e così anche lui (arrivare) _____ in tempo. Nella fretta[13] però (dimenticarsi) _____ il portafoglio. Invece di andare in pizzeria (loro / farsi) _____ un bel giro a San Lorenzo. Dopo sei mesi Pierre (ritornare) _____ a Parigi, invece Anne (trasferirsi) _____ a Berlino. Ora (loro / sentirsi) _____ spesso al telefono e (vedersi) _____ quasi una volta al mese perché ci sono molti voli economici.

18. punto.it
Due università particolari

In Siena und Perugia gibt es zwei besondere Universitäten.

Come si chiamano queste università?   Cosa organizzano per gli studenti stranieri?

Nützliche Informationen finden Sie unter folgenden Adressen:

www.unistrasi.it   www.unistrapg.it

19. Faccio un corso in Italia, all'università!

a. *Sie haben vor, einen Kurs in Italien an der ‹Università per Stranieri› zu besuchen. Holen Sie sich alle Informationen, die Sie dazu benötigen, unter den oben angegebenen Internetadressen der Universitäten von Siena und Perugia. Folgende Stichpunkte können Ihnen dabei helfen.*

Che corsi ci sono?   Quanti livelli hanno i corsi d'italiano per stranieri?
Quanto durano i corsi intensivi?   Quanto costa un corso intensivo?

b. *Haben Sie entschieden, welchen Kurs Sie besuchen möchten? Dann beantworten Sie diese Fragen.*

Quale università ti interessa di più?   Qual è il corso più adatto a te? Perché?

20. Un'informazione per e-mail

a. *Lesen Sie die folgende Mail und beantworten Sie die Fragen.*

Gentili Signori,
mi chiamo Elisa Kuhn e da cinque mesi studio italiano all'università di Berlino.
Per migliorare le mie conoscenze vorrei venire in Italia fra tre mesi e frequentare
un corso intensivo di quattro settimane presso la Vostra università.
Nel Vostro sito non ho trovato le seguenti informazioni:
C'è un test d'ingresso all'inizio dei corsi?

---
13 la fretta   die Eile

Come sono organizzate le lezioni? Ci sono lezioni solo di mattina o anche di pomeriggio?
L'università organizza anche delle escursioni nei fine settimana?
Vi ringrazio anticipatamente per la Vostra cortese risposta.

Cordiali saluti
Elisa Kuhn

1. Perché Elisa vuole andare in Italia?
2. Quanto dura il corso che vuole frequentare Elisa?
3. Perché Elisa scrive alla segreteria della scuola?
4. Cosa vuol dire secondo te l'ultima frase nella tua lingua?

21. ‹Fra› oder ‹fa›?

Ergänzen Sie mit ‹fra› oder ‹fa› und achten Sie dabei auf deren Position!

1. _____ un mese _____ finisce il semestre.   2. Ho visto Cinzia _____ sei mesi _____.

3. Mi voglio laureare _____ tre anni _____.   4. Ho conosciuto Detlef _____ sei anni _____.

22. Vervollständigen Sie mit den Verben ‹cominciare› und ‹finire› im ‹passato prossimo›.

1. Il film _____ alle 19.30 ed _____ alle 21.15.

2. Michele ha trovato un lavoro a Bologna. _____ di studiare Lettere moderne l'anno scorso e _____ a lavorare sei mesi fa.

3. Marco sbrigati![14] Il concerto _____ già _____!!

4. Le iscrizioni al corso d'italiano _____ due giorni fa.

5. Meno male che _____ anche questo semestre!!! Fra una settimana vado in vacanza.

6. Qualche giorno fa _____ la primavera[15] ed _____ l'estate.[16]

Lo sapevate che...?

Le università per Stranieri di Siena e Perugia rilasciano dei certificati di conoscenza della lingua italiana riconosciuti dallo Stato italiano in base a una convenzione[17] con il Ministero degli Affari Esteri. Il certificato dell'università di Siena si chiama CILS (Certificazione di Italiano come Lingua Straniera) e ha sei livelli, quello dell'università di Perugia si chiama CELI (Certificato di Lingua Italiana) e ha cinque livelli.

---

14 sbrigati! beeil dich!   15 la primavera der Frühling   16 l'estate der Sommer
17 la convenzione die Übereinkunft

GRAMMATICA

1. Gebrauch und Bildung des ‹passato prossimo›

Ieri **siamo andati** al cinema.

Das ‹passato prossimo› wird meistens verwendet, um eine einmalige, in der Vergangenheit vollendete Handlung wiederzugeben.

Es wird wie das deutsche Perfekt gebildet:

Teresa **ha lavorato**.   Vittorio **è uscito**.

Präsens der Hilfsverben *avere/essere*   +   Partizip Perfekt

Anders als im Deutschen stehen Hilfsverb und Partizip im Italienischen in der Regel nebeneinander.

I bambini **non hanno mangiato** molto.
In einem negativen Satz steht die Verneinung **non** vor dem Hilfsverb.

Beachten Sie:
Hai **già** compiuto i 18 anni, ma **non** hai **ancora** raggiunto i 25?
In Verbindung mit den Ausdrücken **già** (schon) und **non ... ancora** (noch nicht) wird das Hilfsverb vom Partizip getrennt!

2. Bildung des Partizip Perfekt

Das Partizip Perfekt wird aus dem Infinitiv des Verbs abgeleitet, indem man die Infinitivendungen durch die Endungen des Partizip Perfekt ersetzt.

-are	→	-ato	lavor**are** →	lavor**ato**
-ere	→	-uto	comp**iere** →	comp**iuto**
-ire	→	-ito	part**ire** →	part**ito**

Beachten Sie!   piacere → piaciuto   conoscere → conosciuto

Viele Verben (überwiegend auf *-ere*) weisen eine unregelmäßige Bildung des Partizips auf.

Hier eine Auswahl der wichtigsten unregelmäßigen Verben:

aprire	→	**aperto**	leggere	→	**letto**	rimanere	→	**rimasto**
chiedere	→	**chiesto**	mettere	→	**messo**	rispondere	→	**risposto**
chiudere	→	**chiuso**	morire	→	**morto**	scendere	→	**sceso**
decidere	→	**deciso**	nascere	→	**nato**	scoprire	→	**scoperto**
dire	→	**detto**	offrire	→	**offerto**	scrivere	→	**scritto**
essere	→	**stato**	prendere	→	**preso**	vedere	→	**visto**
fare	→	**fatto**	rendere	→	**reso**	venire	→	**venuto**

Weitere Formen finden Sie in der Tabelle der unregelmäßigen Verben auf S. 256 ff.

3. Die Konjugation mit avere *und* essere *im ‹passato prossimo›*

	avere	Partizip Perfekt
(io)	ho	lavorato
(tu)	hai	lavorato
(lui, lei, Lei)	ha	lavorato
(noi)	abbiamo	lavorato
(voi)	avete	lavorato
(loro)	hanno	lavorato

Ieri <u>Marcella</u> ha lavorat**o** tutto il giorno.
<u>Umberto e Carla</u> non hanno lavorat**o**.

Wenn das ‹passato prossimo› mit dem Hilfsverb **avere** gebildet wird, bleibt das Partizip Perfekt unverändert (auf **-o**).

	essere	Partizip Perfekt
(io)	sono	andato/andata
(tu)	sei	andato/andata
(lui, lei, Lei)	è	andato/andata
(noi)	siamo	andati/andate
(voi)	siete	andati/andate
(loro)	sono	andati/andate

<u>Roberto</u> è andat**o** all'università.
Anche <u>Lia</u> è andat**a** all'università.
<u>Roberto e Lia</u> sono andat**i** all'università.
<u>Patrizia e Gabriella</u> non sono andat**e** all'università.

Wird das ‹passato prossimo› mit dem Hilfsverb **essere** gebildet, gleicht man das Partizip Perfekt in Genus und Numerus an das Subjekt an.

4. Gebrauch von avere *und* essere *im ‹passato prossimo›*

In Francia Paola **ha conosciuto** ragazzi di nazionalità diverse.
Paola **è rimasta** in Francia circa sei mesi.

Der Gebrauch von **avere** und **essere** entspricht grundsätzlich dem Gebrauch von »haben« und »sein« im Deutschen.

Beachten Sie folgende Abweichungen vom Deutschen:
Ti **è piaciuta** Milano?
Le escursioni fuori città ci **sono piaciute** tantissimo.

Das ‹passato prossimo› von **piacere** (gefallen) wird mit **essere** gebildet.

A Monaco Stefi **si è emancipata**.
Cinzia, Raffaele, **vi siete divertiti** alla festa ieri sera?

Bei den reflexiven Verben verwendet man das Hilfsverb **essere**.
Die Reflexivpronomen stehen direkt vor dem Hilfsverb.

Das ‹passato prossimo› von **costare, bastare** und **durare** wird mit **essere** gebildet.
Das ‹passato prossimo› von **nuotare, sciare, camminare** und **viaggiare** wird mit **avere** gebildet.

Das ‹passato prossimo› der Verben **cominciare, iniziare** und **finire** wird mit beiden Hilfsverben gebildet, je nachdem ob sie transitiv oder intransitiv gebraucht werden.

Marco non **ha** ancora **cominciato** a studiare il tedesco. Il corso **è** già **cominciato**.
transitiver Gebrauch → **avere** intransitiver Gebrauch → **essere**

BILANCIO

Am Ende dieser Einheit kann ich ...	☺	😐	☹	📖
mich mit einem Freund über Orte, die ich schon besucht habe, unterhalten.	☐	☐	☐	9
Fragen über einen Aufenthalt im Ausland stellen.	☐	☐	☐	12
die wichtigsten Informationen über eine Erfahrung in der Vergangenheit verstehen.	☐	☐	☐	13
einen kurzen Text über eine Erfahrung in der Vergangenheit schreiben.	☐	☐	☐	23
Auskünfte über einen Sprachkurs im Ausland verstehen.	☐	☐	☐	24

_____

_____

Mein Lerntagebuch

Die nützlichsten Wörter dieser Lektion sind ...

Was ich im Unterricht sehr gerne getan habe ...

Was ich noch tun könnte, um das Gelernte anzuwenden ...

Was ich unbedingt noch üben muss ...

Ein Thema, das ich gerne vertiefen möchte ...

Lernstrategien: Über das Sprachenlernen nachdenken

Ho già imparato molte parole, ma non ho ancora visto un film in italiano.

Sie sind am Ende der Lektion 5. Was haben Sie bisher gemacht?
Bilden Sie einige Sätze in der Vergangenheitsform mit ‹già› und ‹non ancora›.

Tipp: Grammatik muss überhaupt nicht aus schwer verständlichen Regeln bestehen. Versuchen Sie, grammatische Regelmäßigkeiten selbst zu entdecken. Eine Regel selbst zu finden, hilft Ihnen, sich diese besser einzuprägen. Grammatikregeln sind leichter zu lernen, wenn man sich einen Beispielsatz merkt, der die Grammatikregeln illustriert.

Für mein Dossier

Sie wollen mehr Informationen über einen Sprachkurs erfahren, auf den Sie im Internet gestoßen sind. Schreiben Sie dem Sekretariat der Schule oder der Universität eine E-Mail, in der Sie sich kurz vorstellen und folgende Informationen erfragen.

Gibt es Intensivkurse speziell für Erasmus-Studenten?

Organisiert die Schule / Universität andere Veranstaltungen (Kinoabende, Ausflüge usw.)?

Wie viele Teilnehmer gibt es normalerweise in einem Kurs?

Gibt es am Ende eine Prüfung?

1. **Che cosa hai comprato?**

Vervollständigen Sie die Dialoge mit der richtigen Form von ‹questo› und mit dem passenden Adjektiv. Die Bilder helfen Ihnen zu entdecken, um welches Adjektiv es sich handelt.

1. ■ Laura, è nuova _____ gonna?

   □ Sì, ma purtroppo è un po' _____ .

2. ■ Annalisa, ti piacciono _____ scarpe?

   □ Mmhh, secondo me hanno la punta[1] troppo _____ .

3. ■ E _____ stivali? Non sono belli?

   □ Oddio! Io li trovo veramente _____ .
   A me proprio non piacciono!

4. ■ Paolo, senti, ti piace _____ piumino?

   □ Sì, non è brutto. È solo un po' _____ .
   Non ti sembra?

5. ■ Scusi, quanto costa _____ maglione?

   □ 230 Euro.

   ■ Mamma mia! È _____ . E _____ sciarpa?

   □ 20 Euro.

   ■ Beh, la sciarpa è a _____ , la prendo.

6. ■ Agata, ti piace _____ maglietta?

   □ Sì, bella, ma non è un po' _____ ?

---

1 la punta   die Spitze

2. Acquisti

a. *Sara möchte einen Rock kaufen, den Sie im Schaufenster gesehen hat. Übernehmen Sie die Rolle der Verkäuferin. Die Verkäuferin duzt Sara.*

■ Buongiorno, senta vorrei vedere quella gonna di jeans che è in vetrina.

Sie fragen, ob Sara den langen oder den kurzen sehen will.

□ _____

■ Quella lunga.

Sie fragen nach der Größe.

□ _____

■ Ma, normalmente la 42!

Sie bringen die Größe 42.

□ _____

■ Questa è un po' larga. Non ha una taglia più piccola?

Sie bejahen die Frage und bringen eine kleinere Größe.

□ _____

■ Questa va bene. La prendo.

Sie sagen, wo die Kasse ist und verabschieden sich.

□ _____

b. *Herr Conte möchte eine Hose kaufen. Übernehmen Sie seine Rolle. Käufer und Verkäufer siezen sich.*

Sie grüßen und sagen, dass Sie die Hose aus dem Schaufenster sehen möchten.

□ _____

■ Buongiorno. Quali? Quelli blu o quelli verdi?

Sie entscheiden sich für die grüne.

□ _____

■ Che taglia porta?

Sie antworten, dass Sie nicht sicher sind, aber normalerweise die Größe 52 tragen.

□ _____

■ Ecco la 52. Se li vuole provare, lì c'è la cabina.

Sie bedanken sich.

□ _____

■ Come vanno?

Sie antworten, dass sie zu groß ist.

□ _____

■ Aspetti che le porto una taglia più piccola. Ecco.

Sie sagen, dass diese Größe perfekt sitzt und fragen nach dem Preis.

□ _____

■ Questi vengono 95 Euro.

Sie sagen, dass Sie einverstanden sind und dass Sie sie kaufen.

□ _____

3. Il Paese dei colori sbagliati

Ergänzen Sie die passenden Endungen.

In questo paese tutti i colori sono sbagliati. Qui tutti i colori sono divers___. Pensate che in questo paese il sole è ner___ e anche le stelle[2] sono ner___, il tramonto[3] non è ross___, ma grigi___ e la notte è bianc___ così i bambini non capiscono più quando devono andare a dormire. In questo stran___ paese il cielo[4] è verd___ e i prati[5] sono bl___, gli alberi[6] marron___, il mare è ros___ e i fiumi giall___. Le fragole[7] e le mele non sono ross___, ma azzurr___ e l'insalata è arancion___, le carote, invece, sono verd___. Anche gli animali sono diversi. I cani sono viol___ e gli elefanti ros___, le zebre giall___ e bl___. Ma un giorno è arrivato il mago pittore[8] e ha rimesso a posto ogni colore.

(ispirato al testo *Il gioco dei colori* di Ferdinando Monti, Paoline Audiovisivi 1995, © FSP-Paoline-ROMA)

▶ll 12 ## 4. Shopping

Elena kennt alle Märkte ihrer Stadt. Sie kauft ihre Kleider immer dort und manchmal findet sie richtige Schnäppchen! Nach ihrer üblichen Samstagstour trifft sie ihre Freundin Monica und zeigt ihr alle Kleidungsstücke, die sie gefunden hat. Hören Sie dem Dialog zu und vervollständigen Sie die Tabelle.

articolo	colore	prezzo	taglia/numero	altre caratteristiche e commenti

5. Morena ha fatto shopping!

Setzen Sie das richtige Pronomen und die passende Endung des Partizips ein.

Morena ha comprato una gonna nuova. _____ ha comprat_____ da Sisley e _____ ha pagat_____ 45 euro, poi ha preso un paio di scarpe. _____ ha pres_____ da Bata, il negozio in Corso Vittorio Emanuele. Dopo è andata nel negozio di Carla, la sua amica, e lì ha trovato un cappello carino e, ovviamente, _____ ha pres_____ perché _____ ha avut_____ con uno sconto. Morena in realtà cercava dei jeans, ma non _____ ha trovat_____ .

---

2 la stella — der Stern
3 il tramonto — der Sonnenuntergang
4 il cielo — der Himmel
5 il prato — die Wiese
6 l'albero — der Baum
7 la fragola — die Erdbeere
8 il pittore — der Maler

6. Was passt zusammen?

Verbinden Sie die Sätze und setzen Sie die Verben ins ‹passato prossimo›.
Benutzen Sie dabei das passende Pronomen. Achten Sie auch auf die Endung des Partizips.

1. Anna, ti piacciono i miei stivali nuovi?
2. Ma che bella moto Fabry!
3. Stefano, sai per caso dove Marco ha comprato i primi CD di Fabrizio De Andrè?
4. Non trovo più le chiavi.
5. Giulia ha comprato un bel cappotto[9] di Dolce e Gabbana.
6. Incredibile! Friedrich ha trovato due biglietti per la prima[10] alla Scala.
7. Voglio andare a vedere la mostra di Picasso. Mi hanno detto che è bellissima. Vieni?
8. Chiara, vuoi un caffè?

a. (prendere) _____ di seconda mano su e-bay.
b. Ma dove cavolo[11] (mettere) _____?
c. Bella vero? (pagare) _____ anche poco: 3.000 euro.
d. No, mi dispiace, ma (vedere) _____ domenica scorsa.
e. Bellissimi. Dove (comprare) _____?
f. No grazie! (già/ bere) _____ stamattina.
g. Sì, lui va sempre nel negozio di dischi in centro. (trovare) _____ lì.
h. (pagare) _____ un occhio della testa,[12] ma è contento.[13]

7. Vor dem Schaufenster

Ergänzen Sie mit ‹quel, quello, quella, quelli, quelle, quegli, quell', quei›.

● Guarda che carino _____ negozio e quante cose carine ci sono in vetrina!
  Bella _____ felpa grigia!

○ Sì, e anche _____ scialle[14] nero!!

● Ti piace _____ camicia bianca?

○ Insomma… Preferisco _____ nera.

● Guarda che brutti _____ stivali!

○ Quali? _____ bordeaux?

● _____ pullover mi sembra un po' caro, non trovi?

---

9 il cappotto — der Mantel
10 la prima — *hier:* die erste Aufführung der Saison
11 cavolo — *hier:* zum Teufel
12 un occhio della testa — ein Vermögen
13 contento — froh
14 lo scialle — großer Schal

○ Quale? _____ verde?

● Non è male _____ abitino[15] a destra, vero?

○ Sì, carino, ma sinceramente[16] preferisco _____ accanto che costa 170 Euro.

● Quasi quasi[17] entro e mi provo _____ pantaloni blu.

○ No, dai! Prova _____ beige. _____ blu sono fuori moda.

● E come ti sembrano _____ scarpe a punta là nell'angolo?

○ Quali? _____ con il tacco[18] un po' grosso?

8. ‹Questo› oder ‹quello›? Das ist die Frage!

Ergänzen Sie die passenden Formen von ‹questo/quello›.

a. Monica hält es nicht mehr aus. Ihre Mitbewohner sind richtige Messies.

● Ragazzi, non è ora di fare un po' di ordine in _____ casa??

Di chi sono _____ scarpe?

○ _____ marroni? Sono mie, le metto via dopo, ora devo andare alla lezione di storia.

● E di chi sono _____ magliette sul mio letto?

★ _____ rossa è mia, _____ verde di Carlo.

● _____ stivali in cucina di chi sono?

● _____ neri sono miei, _____ verde mela di Bianca.

● E perché _____ giornali vecchi sono in camera mia?

○ _____ del 1995? Sono miei, devo fare una ricerca.

● E cosa ci fa _____ specchio[19] in corridoio?

● _____ antico? È di Serena. Domani viene in macchina e lo porta via.

○ ★ ●: Monica, basta con _____ storia delle pulizie.[20] Abbiamo da fare!

---

15 l'abitino *hier:* das Kleid
16 sinceramente ehrlich gesagt
17 quasi quasi *hier:* vielleicht könnte ich
18 il tacco der Absatz
19 lo specchio der Spiegel
20 le pulizie das Putzen

b. Alberto kommt zu spät zum Unterricht …

- Scusa, è libero _____ posto?

○ No, mi dispiace, _____ è occupato ma _____ vicino alla finestra è libero.

- Scusa, mi puoi passare _____ fotocopia sul tavolo vicino a te?

▷ _____ ?

- Sì, proprio _____ .

9. Positiv denken. Olivia wohnt seit sechs Monaten in Mantua und findet dort alles sehr schön! Sie beschreibt es in einer E-Mail ihrer Freundin Sabrina.

Ergänzen Sie die richtige Form von ‹bello›.

Mantova è proprio una _____ città. Ci sono molte _____ case d'epoca, e tanti _____ negozi e poi molti _____ palazzi! Come il Palazzo Te! Proprio _____ ! E poi la sera ci sono un sacco di _____ spettacoli da vedere o di _____ locali dove passare una _____ serata! Spesso la sera vado con qualche amico da Pippo, una _____ osteria dove c'è sempre una _____ atmosfera! Io abito in un _____ appartamento in una _____ via del centro storico. In facoltà ci sono molti _____ ragazzi, Fabio e Giorgio per esempio sono davvero _____ , ma anche le loro ragazze sono molto _____ . Non esco tutte le sere. A volte sto a casa con un _____ libro o mi guardo un _____ film in TV, anche se raramente c'è qualcosa di _____ alla TV. E poi Mantova è una città culturalmente molto attiva. In settembre c'è sempre il Festival della letteratura e in giro per la città ci sono tante _____ manifestazioni e incontri con autori. Quest'anno ci sono andata ed è stata proprio una _____ esperienza!

10. Pronomen für jeden Fall: direkte und indirekte, betonte und unbetonte Pronomen.

a. *Ergänzen Sie mit den direkten oder indirekten Pronomen. Benutzen Sie dabei nur die unbetonten Formen.*

1. - Quello scialle è troppo elegante per Maria!

   ○ Perché? Non _____ piacciono le cose eleganti?

2. ○ Telefoni tu a Massimo e a Paola?

   - Sì, _____ chiamo dopo.

3. Io e Roberta siamo andate in giro a cercare il regalo per Morena. _____ abbiamo comprato l'ultimo CD di Biagio Antonacci. _____ abbiamo pagato 21 Euro.

4. A Nando e Ale non piace molto la mia nuova stanza. _____ sembra troppo piccola.

5. ◦ Marina, che dici, come _____ sta questa gonna?

   ■ Sì, _____ sta proprio bene! _____ piace.

6. ◦ Se vedi Sandro, _____ puoi dire del nostro concerto di sabato sera?

   ■ Sì, _____ chiamo stasera.

7. ■ Mamma, cosa hai comprato a me e Andrea per il nostro compleanno?

   ◦ Che curiosi[21] che siete! _____ ho comprato una bella cosa, ma non _____ dico che cosa è!

b. *Vervollständigen Sie die Sätze mit den direkten oder indirekten Pronomen. Benutzen Sie dabei die betonten oder unbetonten Formen.*

1. ◦ Quando vai da Mara?

   ◆ Ho promesso di andare da _____ domani sera.

2. ◦ Inviti anche Anna alla festa?

   ■ Sì, _____ ho chiamata ieri e _____ ho detto di venire da _____ verso le 19.00.

3. ◦ Perché non provi queste scarpe con il tacco?

   ◆ No, grazie, le scarpe con il tacco non fanno per _____ .

4. ◦ Cosa fai stasera?

   ■ Esco con Riccardo. È da un sacco di tempo che non _____ vedo. E tu? Esci con Giacomo e Ugo?

   ◦ No, con _____ sono uscito già ieri. Telefono a Marco e _____ chiedo se viene al cinema con _____ .

---

21 curioso   neugierig

11. Settanta volte Armani

In diesem Text sind alle Pronomen verloren gegangen. Setzen Sie sie wieder ein.
Wo nötig, setzen Sie auch die passende Endung des Partizips ein.

Giorgio Armani ha compiuto qualche anno fa settanta anni e _____ ha festeggiat___ con qualcuno di molto speciale. Con le sue creazioni naturalmente! Infatti _____ ha mess___ in mostra in una retrospettiva. Ma scopriamo qualche informazione su di _____ .

Armani è diventato un aggettivo, un simbolo e molti dicono che a _____ va il merito di aver posto le basi[22] della moda contemporanea. Comincia a studiare medicina, ma l'idea di diventare medico proprio non _____ piace. Inizia l'università, ma non fa per _____ e così dopo due anni _____ lascia e comincia a lavorare come ‹buyer›, poco più di un commesso, ai grandi magazzini[23] ‹la Rinascente›. Il suo lavoro _____ piace e, anche senza scuole di moda, – non _____ ha mai frequentat___ – lavora per Nino Cerruti, un altro importante stilista, e crea per _____ una linea di abiti da uomo. L'esperienza _____ affascina molto e capisce che disegnare abiti è un po' come disegnare il mondo. E lui _____ vuole disegnare a modo suo e così decide di creare una casa di moda tutta sua. _____ crea, insieme al socio Sergio Galeotti, il 24 luglio 1975. Nel 1982 il giornale americano Time _____ dedica la prima pagina. Da quel momento la lista dei premi e dei riconoscimenti ricevuti diventa lunghissima.

12. Während der Pause! Cosa stanno facendo gli studenti?

Ergänzen Sie mit den Formen von ‹stare› + Gerundium.

▢ Anna e Stefania (mangiare) _____ in mensa. Luca (fumare) _____ una sigaretta. Elisa (chiacchierare) _____ con Lucia. Io e Margherita (bere) _____ un caffè. Carla (scrivere) _____ un sms. Patrik (leggere) _____ il giornale. Nicholas e Simon (finire) _____ di fare gli esercizi. E tu? Cosa (fare) _____?

■ Io? Io (osservare) _____ cosa (fare) _____ gli altri e (bere) _____ un caffè con Margherita.

---

22 porre le basi — die Grundlagen schaffen   23 i grandi magazzini — das Kaufhaus

13. Un regalo per Chiara

Zwei Freunde unterhalten sich darüber, was sie Chiara zum Geburtstag schenken könnten. Vervollständigen Sie die Vorschläge mit den unbestimmten Artikeln und den Präpositionen.

___ borsa ___ viaggio, ___ maglietta ___ cotone, ___ lampada[24] ___ tavolo

___ portafoglio ___ pelle, ___ vestito ___ sera, ___ paio di scarpe ___ tennis

14. Ergänzen Sie mit dem Teilungsartikel.

1. Stasera esco con _____ studenti Erasmus di Parigi.

2. Al Cinema Astor danno sempre _____ film molto interessanti.

3. In vacanza Carla ha fatto _____ foto molto belle.

4. Nell'ultimo test ho fatto _____ errori stupidi.

5. Ho comprato _____ pomodori e _____ olive per fare la pizza domani sera.

6. Al bar Magenta ci sono _____ specialità molto buone.

15. Fare moda per passione e per mestiere.

Lesen Sie mehrmals den Text und beantworten Sie dann die Fragen.

Sono circa 20 mila in Italia i ragazzi che studiano moda. Un dato citato durante l'incontro «Accademie, scuole, corsi di laurea: Si può insegnare la moda?» organizzata al Salone dello Studente di Roma. «Quello della moda è un settore che può offrire interessanti <u>prospettive occupazionali</u>», <u>ha affermato</u> Fabiana Giacomotti, giornalista e docente alla facoltà di Lettere dell'Università La Sapienza di Roma. «Non tutti hanno le capacità per diventare direttore creativo o amministratore delegato,[25] ma ci sono molti tipi di lavoro interessanti e ottime chance professionali», ha ricordato la giornalista. [...] «<u>Bisogna</u> investire sulla cultura, curare la formazione[26] dei ragazzi» <u>ha aggiunto</u> Liliana Tudini, direttore generale dell'Accademia di costume e di moda di Roma. Patrizia Ciompi, head hunter per il settore fashion della società di consulenza[27] Sterling, ha infine confermato le opportunità che il settore offre a chi riesce a mettere insieme creatività e capacità manageriali.

(adattato da *Fare moda: per passione e per mestiere* di Francesco Agresti, per concessione di *Campus*, www.campus.it)

---

24 la lampada — die Lampe
26 la formazione — die Ausbildung
25 l'amministratore delegato — der Geschäftsführer
27 la società di consulenza — das Beratungsunternehmen

a. Wählen Sie die richtige Variante.

1. prospettive occupazionali	a. prospettive di studio	b. prospettive di lavoro
2. ha affermato	a. ha detto	b. ha scritto
3. bisogna	a. è necessario	b. si può
4. ha aggiunto	a. ha detto qualcosa in più	b. ha risposto

b. Kreuzen Sie die richtigen Antworten an.

	vero	falso
1. Il settore della moda è un settore chiuso che non offre molte possibilità di lavoro.	☐	☐
2. La Signora Fabiana Giacomotti insegna solo all'università La Sapienza di Roma.	☐	☐
3. Chi studia molto può diventare direttore creativo o amministratore delegato.	☐	☐
4. I due aspetti fondamentali per aver successo nel settore della moda sono creatività e capacità manageriali.	☐	☐

16. punto.it

Università e moda. Vuoi laurearti in design della moda?

La moda è una delle principali risorse economiche italiane e, come avete letto nell'articolo, molte università italiane hanno deciso di aprire dei corsi di laurea per entrare nel mondo della moda. Tra le molte università anche l'Istituto universitario di architettura di Venezia (conosciuto come Iuav) offre un corso di laurea in design della moda. Vuoi saperne di più?

Besuchen Sie die Internetadresse www.iuav.it/homepage/fda und klicken Sie auf «Design della moda» unter «lauree triennali». Finden Sie folgende Informationen:

1. Quanto dura il corso di laurea in design della moda?
2. In quale città si trova il corso di laurea?
3. La facoltà è a numero chiuso. Quanti sono i posti disponibili?
4. Quanti crediti sono necessari per arrivare alla laurea?
5. Ci sono anche dei workshops?

Lo sapevate che...?

Contrariamente a quello che molte persone pensano, i blue jeans non sono un'invenzione americana, ma vengono dall'Italia e più precisamente da Genova. Secondo l'Oxford English Dictionary, con il nome «blu de Genes» (da qui blue jeans) si indicava un particolare tessuto molto robusto e resistente utilizzato prima per le vele e per coprire le merci e poi per fabbricare i vestiti dei marinai del porto di Genova.
Ma è Levi Strauss, nato in Germania ed emigrato giovanissimo negli Stati Uniti, che nel 1856 inizia a San Francisco la produzione industriale dei blue jeans.

GRAMMATICA

1. Farben

Farben verhalten sich wie normale Adjektive. Sie werden an das Bezugswort in Genus und Numerus angeglichen. Einige Formen sind jedoch unveränderlich: z. B. blu, rosa, viola, beige.

| il maglione **bianco** | i pantaloni **rossi** | aber | la camicia **blu** |
| la gonna **verde** | le scarpe **nere** | | i jeans **viola** |

Farben werden auch als Substantiv gebraucht und vom maskulinen Artikel begleitet.
Qual è il tuo colore preferito? – **Il rosa.**

2. Die Demonstrativa questo/quello

Scusi, quanto viene **questa** gonna?
Vorrei provare **quei** jeans che ho visto in vetrina.

Questo (dieser) wird gebraucht, um auf Personen und Objekte zu verweisen, die sich in unmittelbarer Nähe des Sprechers befinden. **Quello** (jener) verweist hingegen auf Personen und Objekte, die weiter entfernt vom Sprecher sind.

Questo und **quello** können als Adjektiv oder Pronomen gebraucht werden.
Als Adjektiv begleiten sie ein Substantiv, als Pronomen ersetzten sie ein Substantiv.

Queste *scarpe* ti piacciono? – Sì, **queste** nere mi piacciono molto.
È **quel** *negozio* vicino al negozio di articoli sportivi? – Esatto. Proprio **quello**.

Die Formen von **quello** als Adjektiv enden wie der bestimmte Artikel.

	Singular	Plural
Maskulinum	il	i
	quel negozio	quei negozi
	l'	gli
	quell'albergo	quegli alberghi
	lo	gli
	quello studente	quegli studenti
Femininum	la	le
	quella borsa	quelle borse
	l'	le
	quell' amica	quelle amiche

3. Das ‹passato prossimo› mit den Pronomen lo, la, li, le

Bello il cappotto! Dove l'hai compra**to**? Belli questi jeans! Quanto **li** hai paga**ti**?
Bella questa borsa! Quanto l'hai paga**ta**? Belle quelle scarpe! Dove **le** hai compra**te**?

Wird das ‹passato prossimo› mit **avere** gebildet, bleibt das Partizip Perfekt unverändert auf **-o**.
Wenn aber die Pronomen **lo, la, li, le** vor dem ‹passato prossimo› stehen, wird das Partizip Perfekt in Genus und Numerus an die Pronomen angeglichen.

Beachten Sie:
Dove **lo** hai comprato? oder Dove **l'**hai comprato?
Die Pronomen **lo** und **la** können apostrophiert werden.

4. Das Adjektiv bello

Che **bel** maglione!   Il maglione è proprio **bello**.
Che **bei** jeans!   I jeans sono proprio **belli**.

Das Adjektiv **bello** weist unterschiedliche Formen auf, je nachdem ob es direkt vor dem Substantiv oder nach dem Substantiv steht.
Steht **bello** vor dem Substantiv, enden seine Formen wie der bestimmte Artikel.

	Singular	Plural
Maskulinum	il	i
	bel cappotto	bei cappotti
	l'	gli
	bell'orologio	begli orologi
	lo	gli
	bello spettacolo	begli spettacoli
Femininum	la	le
	bella borsa	belle borse
	l'	le
	bell' amica	belle amiche

5. Direkte und indirekte Objektpronomen (unbetonte und betonte Formen)

	direkte Objektpronomen		indirekte Objektpronomen	
	unbetont	betont	unbetont	betont
Singular	mi	me	mi	a me
	ti	te	ti	a te
	lo (m)	lui	gli	a lui
	la (f)	lei	le	a lei
Plural	ci	noi	ci	a noi
	vi	voi	vi	a voi
	li (m) / le (f)	loro	gli	a loro

Im Italienischen haben die direkten und indirekten Objektpronomen neben der unbetonten auch eine betonte Form.

Conosci Rita e Giorgio? – Veramente conosco solo **lei**.
Ha telefonato **a me**, non **a lui**.
Ha invitato **me**, non **lei**.
Secondo **te** come **mi** stanno questi pantaloni? – Beh, sì, **ti** stanno bene, ma **a me** personalmente non piacciono i pantaloni a vita bassa.
Perché non provi questa gonna? – No, per carità, le gonne non fanno per **me**!

Die betonten Formen der Objektpronomen werden verwendet, wenn man eine Person oder eine Sache besonders hervorheben will, zur Gegenüberstellung oder in Verbindung mit einer Präposition.
Die unbetonten direkten und indirekten Objektpronomen stehen vor dem konjugierten Verb.
Die betonten Formen können sowohl vor dem konjugierten Verb als auch danach stehen.

Questi pantaloni **non mi** piacciono.
Questi pantaloni **a me non** piacciono.

Die Verneinung **non** steht vor dem unbetonten, aber nach dem betonten Objektpronomen.

6. Die Verlaufsform

Sto cercando qualcosa da mettermi al matrimonio di Anna.
I bambini **stanno dormendo**.

Die Verlaufsform wird verwendet um zu beschreiben, was man gerade macht.
Die Bildung ist wie folgt: Verb **stare** + Gerundium.

Das Gerundium wird aus dem Infinitiv abgeleitet und ist unveränderlich.

-are → -ando	cercare → cerc**ando**		fare → **facendo**
-ere → -endo	prendere → prend**endo**	Achtung!	bere → **bevendo**
-ire → -endo	dormire → dorm**endo**		dire → **dicendo**

7. Der Teilungsartikel (im Plural)

Mit dem Teilungsartikel drückt man eine unbestimmte Menge aus.
Bildung: Präposition **di** + bestimmter Artikel.

So che si è comprata **degli** acquarelli.   (di + gli)
Mi hanno regalato **dei** libri.   (di + i)
Sto cercando **delle** scarpe.   (di + le)

8. Die Präpositionen di und da

Angabe des Zwecks: **da**   Ti piacciono i miei occhiali **da** sole?
Angabe des Materials: **di**   Mi sono comprato una felpa **di** cotone.

BILANCIO

Am Ende dieser Einheit kann ich ...

	☺	☻	☹	📖
Kleidungsstücke benennen.	☐	☐	☐	1
jemanden nach der Lieblingsfarbe fragen.	☐	☐	☐	6
von meinen letzten Einkäufen erzählen.	☐	☐	☐	11
sagen, dass ich etwas schön finde.	☐	☐	☐	13
meine Kleidung beschreiben (Farbe, Stoff, Muster).	☐	☐	☐	15
erzählen, ob ich gerne italienische Produkte kaufe und wenn ja, welche.	☐	☐	☐	19

_____

_____

Mein Lerntagebuch

Die nützlichsten Wörter sind für mich ...
Was ich über Italien und die Italiener erfahren habe ...
Mir hat besonders gut gefallen ...
Entweder jetzt oder nie. Was ich zu dieser Lektion sagen wollte ...

Lernstrategien: Über das Sprachenlernen nachdenken

Sind Sie ein fleißiger Student? Welche dieser Aktivitäten machen Sie?

Ich versuche, alleine die Grammatikregeln zu erschließen und schreibe mir immer einen Beispielsatz in mein Heft. – Ich mache immer alle Übungen, notiere mir die häufigsten Fehler und versuche diese auszumerzen, indem ich noch mehr Übungen mache. – Am Ende jeder Aktivität überlege ich, wie ich sie gemacht habe und wie ich sie verbessern könnte. – Ich beschäftige mich regelmäßig mit der Sprache. – Ich interessiere mich auch für die Kultur des Landes. – Wenn mir eine Aktivität zu schwierig scheint, versuche ich trotzdem, sie so gut wie möglich zu machen. – Ich weiß, welche Lernstrategien für mich geeignet sind.

Suchen Sie nun drei Punkte heraus, die Sie bisher nie berücksichtig haben und integrieren Sie sie in Ihren Lernprozess. Machen Sie bereits alles? Dann sind Sie der Student, den sich jeder Lehrer wünscht ...

Tipp: Wenn Ihre Lernmethoden abwechslungsreich sind, wird das Lernen anregender und motivierender und Sie werden mehr Spaß daran haben.

Für mein Dossier

*Ein Freund bzw. eine Freundin wird für ein Wochenende zu Ihnen kommen.
Unter anderem organisieren Sie mit ihm/ihr einen Einkaufsbummel in Ihrer Stadt.
Schreiben Sie ihm/ihr eine E-Mail und beschreiben Sie, wo man in Ihrer Stadt gut einkaufen kann, ob es Märkte oder eine Gegend mit netten Geschäften gibt, die Sie besonders mögen.*

1. Giuseppe Culicchia racconta che...

a. *Vervollständigen Sie die folgende Zusammenfassung mit den passenden Verben im Imperfekt. Die Verben sind nicht in der richtigen Reihenfolge angegeben.*

durare – addormentarsi – imboccare – sorpassare – caricare – esclamare – sembrare (2 x) – riaprire – fregare – fermarsi – arrivare – preparare – partire – trasmettere – scorrere – uscire – essere (2 x) – entrare

(loro) _____ per il mare l'ultima settimana di luglio. La sera prima _____ le valigie e la mattina dopo _____ tutto sulla macchina. Anche se (lui) _____ agitato per via del viaggio, _____ subito stretto ad Alice e quando _____ gli occhi (loro) _____ già in autostrada, a destra _____ la campagna e a sinistra le macchine li _____ . Il viaggio fino alla Liguria _____ poche ore, ma a lui _____ lunghissimo. E nell'autogrill dove (loro) _____ tutti gli anni, la radio _____ sempre lo stesso pezzo di Battisti, *Acqua azzurra, acqua chiara*. Alla fine (loro) _____ dall'autostrada e _____ una strada tutta curve e una volta fatto l'ultimo tornante il mare gli _____ dritto negli occhi. Allora lui ed Alice _____ IL MARE!

Ma il mare li _____ perché _____ vicinissimo ma non _____ mai.

2. Senti, nonna...

Valeria unterhält sich mit ihrer Oma. Vervollständigen Sie mit den Verben im Imperfekt.

▫ Nonna, quando (avere) _____ la mia età (giocare) _____ anche tu con la playstation?

■ La playstation? Ma Valeria, quando io (essere) _____ piccola, non (esserci) _____ la playstation e non (esistere) _____ neanche i computer.

▫ Ma veramente? E allora cosa (fare) _____? (Guardare) _____ la TV?

■ E no! Non tutti (avere) _____ la TV. Quando (essere) _____ piccola, io e gli altri bambini (giocare) _____ molto all'aria aperta.[1] Sai, noi (vivere) _____ in campagna e quindi noi bambini (correre) _____ nei prati, (andare) _____ in giro in bici oppure (cercare) _____ qualche posto segreto.[2]

---

1 all'aria aperta   an der frischen Luft   2 segreto   geheim

○ E a scuola ci (andare) _____ ?

● Certo, ma non mi (piacere) _____ molto, anche perché la scuola (trovarsi) _____ nel paese vicino e ci (andare) _____ in bicicletta e così (alzarsi) _____ prestissimo. Il viaggio (durare) _____ un'ora.

○ Ma non ti (accompagnare) _____ tua mamma in macchina?

● La macchina? Ma Valeria solo pochissime persone (avere) _____ la macchina.

○ E gli amici? Come vi (incontrare) _____ ? Li (chiamare) _____ con il cellulare?

● Mamma mia Valeria! Non hai proprio idea di come (noi/vivere) _____ prima.

○ Nonna, ma quando (essere) _____ piccola tu, (esserci) _____ i dinosauri?

● I dinosauri? Ma Valeria, cosa dici?

○ Eh, non so io. Non c'era niente quando (essere) _____ piccola tu, vuol dire che (essere) _____ piccola tanto, ma tanto tempo fa!

---

3. **Foto mitiche**

a. *Einige Freunde treffen sich an einem Abend und erinnern sich an ihre schönsten Urlaube im Sommer nach dem Abi. Ordnen Sie die folgenden Texte den Personen zu und helfen Sie ihnen, ihre Erzählungen zu vervollständigen. Benutzen Sie dabei das Imperfekt.*

Fabrizio e Massimo: Ma vi ricordate le vacanze in Inghilterra, a Londra …
Carlo: E il mio viaggio da Milano a Palermo in Vespa …
Morena e Paola: Che belle quelle vacanze a Lampedusa, nella riserva dei delfini …

1. (Dormire) _____ in un campeggio vicino alla spiaggia. (Essere) _____ un bel campeggio pulito ed accogliente. Durante il giorno (lavorare) _____ in spiaggia, (dare) _____ da mangiare ai delfini e (osservare) _____ il loro comportamento.³ La sera noi (cucinare) _____ tutti insieme un pentolone di spaghetti. Mentre (mangiare) _____ , (raccontare) _____ le nostre esperienze. Poi (uscire) _____ per andare in paese. (Andare) _____ tutti d'accordo e (esserci) _____ una meravigliosa atmosfera di gruppo.

2. (Alzarsi) _____ presto, (fare) _____ colazione in qualche bar, (controllare) _____ la moto, (fare) _____ il pieno⁴ e (partire) _____ .

---

3 il comportamento   das Verhalten   4 fare il pieno   volltanken

(Arrivare) _____ in qualche città sconosciuta,[5] (fermarsi) _____, la (visitare) _____, (fare) _____ delle foto, (mangiare) _____ uno spuntino e (cercare) _____ un posto dove dormire a poco prezzo. La gente (essere) _____ sempre gentile. (Fare) _____ circa 200 chilometri al giorno, ma non in autostrada, così (vedere) _____ il paesaggio cambiare.

3. (Abitare) _____ in una tipica casa inglese, la padrona di casa (preparare) _____ sempre la tradizionale colazione inglese, (andare) _____ a scuola ma in classe (imparare) _____ poco perché, mentre l'insegnante (spiegare) _____ , noi (divertirsi) _____ a fare altre cose. John, l'insegnante d'inglese, (essere) _____ un tipo simpatico, sempre allegro. Il pomeriggio spesso noi (giocare) _____ a calcio con dei ragazzi inglesi. La sera (uscire) _____ sempre e (bere) _____ birra nei pub fino alla chiusura. Che bella vacanza!!

b. *Wie Sie schon im Kursbuch (S. 90) gesehen haben, verwendet man das Imperfekt, um:*

1. _____
2. _____
3. _____
4. _____
5. mehrere gleichzeitig ablaufende Vorgänge von unbestimmter Dauer zu erzählen.

Lesen Sie nun noch einmal die Erzählungen und unterstreichen Sie mit verschiedenen Farben die unterschiedlichen Kategorien.

▶II 13 c. *Alberto, Maria und Giorgio sprechen über einen Urlaub im Jahre 1999. Hören Sie sich den Dialog an und beantworten Sie die Fragen.*

1. Chi c'era in Sardegna nel 1999? (almeno 3 persone)
2. Come era il campeggio?
3. Cosa mangiavano a colazione?
4. Cosa facevano durante il giorno?
5. Chi cucinava la sera?
6. Quale piatto preparava sempre? Perché?
7. Dove andavano la sera?
8. Cosa faceva Stefano?

---

5 sconosciuto   unbekannt

UNITÀ 7

4. Superstudente

Vervollständigen Sie den Text mit dem ‹superlativo assoluto› der folgenden Adjektive und Adverbien. Die Adjektive und Adverbien sind in der richtigen Reihenfolge angegeben.

organizzato – bene – attento – preciso – bravo – famoso – interessante – simpatico – divertente – ordinato – alto – contento – bello – geloso[6] – fortunato

All'università c'è un superstudente. Lui è un tipo _____ che fa sempre tutti i compiti _____ . Alle lezioni è sempre _____ e prende degli appunti _____ . Questo studente _____ è anche _____ in tutta la facoltà. Le sue relazioni sono sempre _____ . Però lui è anche _____ perché racconta delle storie _____ e presta[7] sempre i suoi appunti _____ . Agli esami ovviamente prende dei voti _____ e i suoi genitori sono _____ . Magari[8] non ci credete, ma è anche _____ … e la sua ragazza è _____ oltre che _____ .

5. Pregi o difetti?[9]

Finden Sie für die unten aufgelisteten Adjektive das Gegenteil.

introverso	_____	caloroso	_____
malinconico	_____	severo	_____
pauroso	_____	timido	_____
capriccioso	_____	tranquillo	_____

6. Charakterzüge

Denken Sie an die folgenden Personen und versuchen Sie, deren Charakter mit drei Adjektiven zu beschreiben. Schreiben Sie dann einen kurzen Satz zur Begründung, wie im Beispiel.

Katrin, la mia vicina di casa, è una persona molto fredda, un po' introversa e litigiosa. Saluta raramente e sento che litiga spesso con suo marito.

Un caro amico / Una cara amica Una persona antipatica
Un amico d'infanzia Un parente
Un professore all'università Un vicino di casa

---

6 geloso   eifersüchtig
7 prestare   leihen
8 magari   *hier:* vielleicht
9 Pregi o difetti   Tugenden oder Charakterfehler

7. Die Narducci sind ein wenig exzentrisch. Sie lieben kleine Denkaufgaben.
   Wenn sie sich vorstellen, machen sie es Ihnen nicht leicht.

   a. *Raten Sie, von wem die Rede ist.*

1. Sono la sorella del nipote di Antonietta ed Emidio, ma anche la cognata di Maria e la zia di Valeria. = _____

2. Siamo i figli dei nonni di Elena e Alberto, ma anche gli zii di Elena e Alberto e i cognati di Fulvio. = _____

3. Siamo i nonni della figlia di Alberto e Maria e del figlio di Marco e Elena. = _____

4. Sono la nuora dei suoceri di Marco. = _____

5. Sono il fratello delle figlie di Pacifico e Angela. = _____

6. Sono il marito della nonna di Elena e Alberto. = _____

7. Sono la nipote di Giulia e Fulvio, ma anche di Marco e Elena. = _____

b. *Stellen Sie jetzt drei Ihrer Verwandten nach der ‹Narducci-Art› Ihrem Nachbarn vor.*

8. Margherita erzählt.

Ergänzen Sie mit den richtigen Possessivbegleitern und achten Sie besonders auf den Gebrauch der Artikel.

_____ famiglia viene da una piccola città della Puglia, San Severo, vicino a Foggia.

_____ nonni sono arrivati a Milano negli Anni 60 e lì sono nati _____ figli, Carlo

che è _____ padre e _____ zie, Roberta e Daniela. _____ padre Carlo ha cono-

sciuto _____ moglie Stefania, che è _____ madre, alla fine degli Anni 90 e si sono

sposati nel 2000. Io, _____ figlia, sono nata nel 2000. E nel 2003 è nato _____

fratello Filippo. Anche _____ zia Daniela è sposata. _____ marito si chiama Matteo.

Lei vive con _____ suoceri, i genitori di Matteo, ma solo temporaneamente. Infatti stanno

cercando una casa vicino a noi. Anche loro hanno due bambini, _____ cugini. Roberta

invece, che è _____ zia preferita, non è sposata. Ma lei adora _____ nipoti, che

siamo io, Filippo, Francesco e Davide.

9. Foto di famiglia

Beim Umzug hat Fulvio einige alte Fotos gefunden. Er beschreibt Giulia, seiner Frau, die Bilder. Ergänzen Sie den Text mit den Possessivbegleitern.

Fulvio racconta:

Quello vicino a me è _____ fratello Franco da giovane con _____ prima Vespa, quella a

destra invece è _____ cugina Francesca con _____ amica Laura. In questa foto invece

siamo al matrimonio di _____ cugina Federica. Quello vicino a lei è Martino, _____

marito. Vicino a Martino ci sono _____ genitori. _____ madre è uguale a lui, vedi?

Ecco un'altra foto vecchissima. Questo è _____ nonno con _____ prima fidanzata,

Bianca. La nonna non voleva mai vedere questa foto! Diventava gelosissima.

Qua invece sono io a nove anni con _____ amichetto del cuore,[10] Bruno.

Guarda questa foto: questi sono _____ nonni materni e si vede anche _____ casa

in montagna, vicino a Bormio. In questa foto invece vedi _____ zia Flora con Claudio,

_____ secondo marito. _____ zia era una donna molto moderna. E quelli accanto a

loro sono _____ figli, Gherardo e Nadia.

---

10 l'amichetto del cuore   der Busenfreund

10. Ancora possessivi!

Ergänzen Sie die richtigen Possessivbegleiter, wie im Beispiel. Achten Sie auf den Gebrauch der Artikel.

Tu: Tua sorella studia medicina per diventare medico come tua madre. I tuoi fratelli studiano invece economia. Anche il tuo ragazzo studia economia.

1. Io e Monica siamo sorelle: _____ festa di laurea è stata molto bella. Abbiamo invitato _____ amici, _____ compagne d'università, ma anche _____ parenti. Solo _____ cugino Massimo e _____ zia Teresina mancavano.

2. Valeria e Alessandro sono fratelli e compiono gli anni tutti e due il 7 ottobre: _____ nonni hanno comprato un regalo per _____ compleanno. Alla festa vengono anche _____ cuginetti Martina e Andrea e _____ vicina Sandra.

3. Giorgio: è un ragazzo molto in gamba. _____ interessi sono la fotografia e la letteratura, infatti ha già scritto un paio di libri. _____ foto sono molto belle e _____ libri sono molto famosi. _____ ragazza si chiama Stefania ed era un'amica di _____ sorella Nina. _____ genitori sono molto contenti di lui.

11. ‹Passato prossimo› oder Imperfekt?

Wählen Sie die richtige Zeitform.

1. Laura (vivere) _____ a Brescia con la famiglia. Poi (incontrare) _____ Massimo e (andare) _____ a vivere in Puglia.

2. Fabrizio (lavorare) _____ come ingegnere elettronico, a un certo punto (decidere) _____ di lasciare il lavoro e (diventare) _____ il cantante di un famoso gruppo.

3. Io e tuo padre (vedersi) _____ la prima volta nella mensa dell'azienda.[11] Tuo padre (parlare) _____ con dei colleghi e io (mangiare) _____ con una collega al tavolo vicino. (avere) _____ entrambi 24 anni. (innamorarsi) _____ subito. Dopo due anni (sposarsi) _____ e dopo un anno (nascere) _____ tu!

---

[11] l'azienda   die Firma

4. Stefano e Anna (abitare) _____ in una grande città. Ad un certo punto (decidere) _____ di cambiare casa e (andare) _____ a vivere in campagna.

5. Katrin (studiare) _____ filosofia a Francoforte, ma non le (piacere) _____ . Ad un certo punto (cambiare) _____ facoltà e (iscriversi) _____ a giurisprudenza.

12. Tempi che cambiano.

Ergänzen Sie die Sätze mit dem Imperfekt oder dem ‹passato prossimo›.

1. Fino a una ventina di anni fa non (esistere) _____ il computer e non (esserci) _____ neppure i cellulari. I computer e i cellulari (nascere) _____ tra gli Anni Settanta e gli Anni Ottanta, ma nessuno li (avere) _____ .

2. Fino a qualche anno fa prendere l'aereo (costare) _____ molto di più perché non (esserci) _____ le compagnie low cost. Una delle prime compagnie low cost (essere) _____ la Ryan Air.

3. Fino agli Anni Cinquanta l'economia italiana (basarsi) _____ principalmente sull'agricoltura. Poi alla fine degli Anni Cinquanta (esserci) _____ il boom economico.

4. Prima le famiglie italiane (avere) _____ molti figli, poi, negli anni Novanta il tasso di natalità[12] (scendere) _____ .

13. Julia racconta...

‹Passato prossimo› oder Imperfekt. Wählen Sie die richtige Form.

Ho conosciuto/conoscevo Sergio l'anno scorso. Abitavo a Venezia da due mesi. Quando sono arrivata per l'anno di Erasmus non *sapevo/ho saputo* benissimo l'italiano. Inoltre non *ho conosciuto/conoscevo* nessuno. Prima di partire *sapevo/ho saputo* delle difficoltà iniziali che hanno sempre tutti, ma io ero veramente disperata. Per fortuna all'ufficio Erasmus sono stati tutti molto gentili e grazie a loro *ho conosciuto/conoscevo* altri studenti Erasmus. Poi *ho saputo/sapevo* che il Centro linguistico organizzava dei corsi d'italiano per gli studenti Erasmus e così mi sono iscritta subito ad un corso. Al corso *ho conosciuto/conoscevo* moltissimi studenti stranieri. Ma *sapevo/ho saputo* che per imparare bene l'italiano dovevo conoscere qualche italiano. Dopo qualche tempo *sapevo/ho saputo* dalla mia insegnante che uno studente italiano cercava una studentessa tedesca per fare un tandem tedesco – italiano. E così *ho conosciuto/conoscevo* Sergio, il mio attuale ragazzo. Lui *sapeva/ha saputo* già bene il tedesco, ma lo voleva migliorare per fare un master di un anno a Colonia. Quando *sapeva/ha saputo* che ero proprio di Colonia, ha fatto un gran sorriso.[13]

---

12 il tasso di natalità   die Geburtenrate   13 il sorriso   das Lächeln

▶II 14 14. Karin entscheidet sich, plötzlich Stadt und Fakultät zu wechseln.

Hören Sie dem Interview zu und ergänzen Sie mit den Informationen.

prima ....

....

a un certo punto ....

....

adesso ....

....

15. Die italienische Universität zwischen Vergangenheit und Gegenwart.

Ergänzen Sie den kurzen Text mit den Verben im Imperfekt, ‹passato prossimo› oder Präsens.

Fino a qualche anno fa i corsi di laurea (durare) _____ quattro o cinque anni, ma molti studenti (finire) _____ anche più tardi e così l'età media degli studenti italiani (essere) _____ molto alta. Inoltre molti studenti (abbandonare) _____ l'università prima di arrivare alla laurea. Un altro problema che (esistere) _____ nel mondo universitario italiano (essere) _____ la mancanza di un contatto con il mondo del lavoro. Pochi studenti (fare) _____ dei tirocini o degli stage nel periodo degli studi. Poi nel 2001 (esserci) _____ un'importante riforma che si chiama 3 + 2. La riforma (cambiare) _____ il sistema degli studi universitari secondo un modello concordato[14] con gli altri paesi dell'Unione Europea. Ora i corsi di laurea (durare) _____ tre anni. Chi (volere) _____, dopo la laurea di tre anni, (potere) _____ continuare con una laurea magistrale che (durare) _____ due anni. Per questo la riforma (chiamarsi) _____ 3 + 2.

Und in Ihrem Land? Schreiben Sie einige Sätze über die Universität, wie sie früher war und ob es auch in Ihrem Land Veränderungen gegeben hat.

---

14 concordato   vereinbart

16. Vervollständigen Sie mit ‹quindi› oder ‹perché›.

1. Da piccolo mi piaceva molto fare sport e _____ andavo sempre a giocare a calcio con gli amici.

2. Mi sono iscritta alla facoltà di lingue e letterature straniere _____ mi piacciono le lingue.

3. Voglio andare a studiare un anno a Roma, _____ sto facendo un corso d'italiano _____ voglio imparare a parlare bene.

4. Stasera sono stanchissima _____ sono stata tutto il giorno in facoltà e _____ non esco.

17. Denken Sie an Ihre Kindheit und tragen Sie alles ein, was Ihnen einfällt.

```
         odori   persone
   giochi  ↑    ↑
        ↑        → luoghi
abitudini ← infanzia
                  → oggetti
        ↙     ↘
    paure¹⁵    suoni
```

18. punto.it

Nach Informationen suchen. Sie sind in dieser Lektion dem italienischen Autor Giuseppe Culicchia begegnet. Suchen Sie nach folgenden Informationen über ihn:

Data e luogo di nascita; il titolo di un'opera oltre quella citata nella lezione; altre due informazioni a scelta sulla sua vita.

Die folgende Internetadresse kann Ihnen dabei helfen: www.festivaletteratura.it
(Klicken Sie auf «archivio storico».)

Lo sapevate che...?
La famiglia italiana cambia
Meno matrimoni, più separazioni, meno figli e non più da giovani. Secondo gli ultimi dati, diminuiscono i matrimoni (nel 2004 sono stati 250.000, erano più di 300.000 dieci anni prima), aumentano i divorzi e le separazioni (43.000 divorzi e 81.000 separazioni nel 2003, erano 23.000 e 48.000 nel 1993). Il primo figlio arriva in media a 30 anni per le donne e a 33 per gli uomini (nel 1960 si diventava mamme a 25,7 anni). Costruire una nuova famiglia solo in sei casi su dieci vuol dire risposarsi. I genitori single con figli sono ora il 5,6 % contro il 3,9 % del 1993.

---
15 la paura   die Angst

GRAMMATICA

1. Das ‹imperfetto›

Die Formen des ‹imperfetto› werden aus dem Infinitiv des Verbs abgeleitet.

	arrivare	chiedere	partire	finire (pres. -isc-)
(io)	arriv*a*vo	chied*e*vo	part*i*vo	fin*i*vo
(tu)	arriv*a*vi	chied*e*vi	part*i*vi	fin*i*vi
(lui, lei, Lei)	arriv*a*va	chied*e*va	part*i*va	fin*i*va
(noi)	arriv*a*vamo	chied*e*vamo	part*i*vamo	fin*i*vamo
(voi)	arriv*a*vate	chied*e*vate	part*i*vate	fin*i*vate
(loro)	arriv*a*vano	chied*e*vano	part*i*vano	fin*i*vano

Beachten Sie!
Einige Verben leiten den Stamm des ‹imperfetto› von **lateinischen** Infinitivformen ab, wie z. B. bibere (→ bevere), conducere, dicere, facere, ponere, traducere.

bere: bevevo, bevevi, beveva, bevevamo, bevevate, bevevano
condurre: conducevo, conducevi, conduceva, conducevamo, conducevate, conducevano
dire: dicevo, dicevi, diceva, dicevamo, dicevate, dicevano
fare: facevo, facevi, faceva, facevamo, facevate, facevano
porre: ponevo, ponevi, poneva, ponevamo, ponevate, ponevano
tradurre: traducevo, traducevi, traduceva, traducevamo, traducevate, traducevano

Beachten Sie außerdem:
essere: ero, eri, era, eravamo, eravate, erano

Das ‹imperfetto› wird in der Vergangenheit verwendet,

Per il mare anni fa **partivamo** l'ultima settimana di luglio.	um gewohnheitsmäßige oder regelmäßig wiederholte Handlungen wiederzugeben;
Ero tutto eccitato per via del viaggio.	um etwas zu beschreiben (z.B. Eigenschaften von Personen oder Gegenständen, Landschaften, Gemütslagen);
Il viaggio fino alla Liguria **durava** poche ore.	um Zustände und Gegebenheiten darzustellen.
Mentre la madre **telefonava**, i bambini **giocavano**.	Das ‹imperfetto› wird ebenso nach der Konjunktion *mentre* gebraucht, um zwei Handlungen wiederzugeben, die zeitlich parallel verlaufen.

2. Der Gebrauch von ‹imperfetto› und ‹passato prossimo› in Gegenüberstellung

Während im Deutschen nur eine Zeit gebraucht wird, verwendet man im Italienischen zwei Zeiten: für Begleitumstände bzw. Hintergrund → ‹imperfetto› und für Handlungsablauf bzw. Vordergrund → ‹passato prossimo›.

Man verwendet das *imperfetto*	Man verwendet das *passato prossimo*
→ bei Handlungen von unbestimmter Dauer;	→ bei Handlungen, die eine begrenzte Zeit dauern, d.h. abgeschlossen sind;
La mia famiglia **abitava** in una villetta in periferia.	Nel 2002 **ho frequentato** un corso di francese. Mio padre **ha fatto** l'accademia militare.
→ bei gewohnheitsmäßigen Handlungen;	→ bei einmaligen Handlungen;
La radio **trasmetteva** sempre lo stesso pezzo di Battisti.	Bella questa foto. **L'avete fatta** a Grado, no?
→ bei mehreren Handlungen, die gewohnheitsmäßig bzw. wiederholt stattfinden;	→ bei mehreren abgeschlossenen Handlungen, die aufeinander folgen;
La sera prima **si preparavano** i bagagli e la mattina dopo **ci si svegliava** presto e **si caricava** tutto quanto sul portapacchi della Cinquecento.	Domenica sera **siamo andati** a mangiare una pizza, poi **abbiamo fatto** una passeggiata sul lungomare e lì **abbiamo mangiato** un bel gelato!
→ bei Zuständen.	→ bei Ereignissen, die auf die Veränderung einer Situation hinweisen.
A Grado il nonno **aveva** un albergo.	A un certo punto la primogenita **si è chiusa** in sé.

Beachten Sie!

A un certo punto **sentivamo** il profumo del mare ed eravamo veramente in vacanza. → immer wiederkehrende Wende

A un certo punto la primogenita **si è chiusa** in sé. → einmalige und unwiderrufliche Wende

Mio padre **è morto** quando io **ero** piccola.
passato prossimo → Ereignis, Veränderung
imperfetto → Hintergrund, Zustand

3. Die Verben sapere und conoscere im ‹imperfetto› und ‹passato prossimo›

Die Verben **sapere** und **conoscere** haben unterschiedliche Bedeutung, je nachdem ob man sie im ‹imperfetto› oder ‹passato prossimo› verwendet.

sapere		conoscere	
La nonna aveva il diploma di maestra.- Ah, ecco, vedi, non lo **sapevo**.	Caro Attila, **ho saputo** che sei andato al mare.	E queste persone già le **conoscevi**?	Nel '34 mio padre **ha conosciuto** mia madre.
(imperfetto → wissen)	(passato prossimo → erfahren)	(imperfetto → kennen)	(p. p. → kennenlernen)

4. Die Konjunktionen quando, quindi und perché

Mio padre è morto **quando** io ero piccola. → »als«
Era un buon papà, **quando** era a casa naturalmente. → »wenn/jedes Mal wenn«

Die temporale Konjunktion **quando** entspricht den deutschen Konjunktionen »als« und »wenn/jedes Mal wenn«.

Mio padre non voleva fare l'università, **quindi** ha fatto l'accademia militare.
Mio padre ha fatto l'accademia militare, **perché** non voleva fare l'università.

Mit der Konjunktion **quindi** drückt man die Folge einer Handlung aus.
Die Konjunktion **perché** leitet hingegen einen Kausalsatz ein.

5. Der absolute Superlativ

Il mare sembrava **vicinissimo**.   Come stai? – **Benissimo**.

Der absolute Superlativ drückt einen sehr hohen Grad einer Eigenschaft aus.
Bildung: Adjektiv/Adverb + Suffix **-issimo**.
Der absolute Superlativ wird auch gebildet, indem man **molto** vor ein Adjektiv oder ein Adverb setzt.

Il mare sembrava **molto** vicino.   Stiamo **molto** bene.

6. Die Possessivbegleiter mit Verwandtschaftsbezeichnungen

Maskulinum		Femininum	
Singular	Plural	Singular	Plural
mio	i miei	mia	le mie
tuo	i tuoi	tua	le tue
suo padre	i suoi nonni	sua sorella	le sue zie
nostro	i nostri	nostra	le nostre
vostro	i vostri	vostra	le vostre
il loro	i loro	la loro	le loro

E che rapporti avevi con **i tuoi** fratelli?
Mia madre è proprio di qua, di Gorizia.
Tuo padre era l'unico militare.

Vor Possessivbegleitern steht in der Regel der bestimmte Artikel (vgl. Lektion 3).
Bei Verwandtschaftsbezeichnungen im Singular entfällt der bestimmte Artikel.

Beachten Sie! In folgenden Fällen entfällt der bestimmte Artikel bei Verwandtschaftsbezeichnungen im Singular nicht.

Mit **loro**	**il loro** cugino
Bei Koseformen	**il suo** fratellino
In Verbindung mit einem Adjektiv	**il mio** nonno **paterno**

BILANCIO

Am Ende dieser Einheit kann ich ... ☺ ☺ ☹ ▮

das Wesentliche aus einem kurzen literarischen Text entnehmen.	☐	☐	☐	2
erzählen, mit wem und wo ich als Kind den Urlaub verbracht habe.	☐	☐	☐	7/10
Charaktereigenschaften beschreiben.	☐	☐	☐	13
eine Situation der Vergangenheit beschreiben und sagen, was sich auf einmal verändert hat.	☐	☐	☐	19
in einem Dialog über meine Kindheit erzählen und Fragen zur Kindheit meines Gesprächspartners stellen.	☐	☐	☐	22

_____

_____

Mein Lerntagebuch

Die nützlichsten Wörter sind für mich ...
Grammatikalische Strukturen, die ich für wichtig halte ...
Was ich über Italien und die Italiener erfahren habe ...
Was ich gut kann, ist ...
Was ich verbessern sollte ...
Entweder jetzt oder nie. Was ich zu dieser Lektion sagen wollte ...

Lernstrategien: Über das Sprachenlernen nachdenken

Ich kann Wörter besonders gut behalten, ...

die ich laut ausspreche – die ich oft nachspreche – die ich mehrmals wiederhole – die ich auf Bildern wieder erkenne – die ich »fühle« – die komisch klingen – die mich interessieren – die ich für eine Prüfung lerne – die andere mir erklären – die ich anderen erkläre – die ich sehe – die ich in Sätzen verwende – die ich »rieche«

Was trifft auf Sie zu? Stellen Sie jetzt eine Rangliste auf.

Tipp: Vergessen Sie nicht, dass Wörter grundsätzlich mit allen Sinnen gelernt werden können. Wir speichern sie auch als Klänge, Bilder, Gerüche, Geschmack oder Körpergefühl im Gedächtnis.

Für mein Dossier

Kleben Sie in Ihrem Dossier ein Bild von Ihrer Familie oder von sich selbst als Kind ein und beschreiben Sie es.

▶ll 15 1. Maria geht einkaufen. Sie notiert sich alles, was Sie benötigt.
Während Sie den Zettel schreibt, spricht sie laut, so dass sie nichts vergisst.

Verbinden Sie die Produkte mit den Mengenangaben.
Hören Sie dann Maria zu und überprüfen Sie den Einkaufszettel.

2 scatole di   latte
2 etti di   spumante
2 bottiglie di   Nutella
2 pacchi di   cioccolato
1 litro di   tonno
1 vasetto di   pasta
3 lattine di   carne di manzo
1 tavoletta di   prosciutto
1 scatoletta di   birra
3 fette di   pomodori pelati

2. Carla und das Weihnachtsfest

a. *Vervollständigen Sie Carlas Erzählung mit den passenden Formen von ‹passato prossimo› oder ‹imperfetto›.*

Quando (essere) _____ piccola, (passare) _____ il Natale sempre con la mia

famiglia e quella di mia zia Antonietta. Noi (andare) _____ sempre in montagna,

nella casa della mia nonna materna. Un anno (venire) _____ anche i parenti di

Ferrara, ma la confusione (essere) _____ così grande che poi i miei non li (invitare)

_____ più. Di solito (noi / arrivare) _____ il 24 e (cominciare)

_____ a preparare tutto. Mio papà e mio zio (preparare) _____

l'albero e una volta (fare) _____ anche un bellissimo presepe, mia mamma e mia zia

(cucinare) _____ e noi bambini (giocare) _____ . Ogni tanto

(nevicare) _____ ed (essere) _____ ancora più bello. La sera della

Vigilia noi bambini (aspettare) _____ la mezzanotte per aprire finalmente i regali, una volta mio fratello (addormentarsi) _____ e quando (svegliarsi) _____ , (essere) _____ già il 25. Il 25 (esserci) _____ il grande pranzo di Natale che (durare) _____ praticamente tutto il giorno. Ho dei bellissimi ricordi del Natale della mia infanzia e mi ricordo che mi (piacere) _____ moltissimo stare anche con i miei cugini e i miei zii. (noi / festeggiare) _____ tutti insieme fino a quando mia mamma e mia zia (vendere) _____ la casa in montagna. Da quel momento a Natale (noi / restare) _____ a Torino. (Organizzare) _____ il pranzo a casa della zia e (noi / riunirsi) _____ come in montagna. Poi, qualche anno fa, mio cugino (trasferirsi) _____ a Londra, mio fratello (sposarsi) _____ e io (vincere) _____ una borsa di studio[1] per l'America e così ora difficilmente festeggiamo il Natale tutti insieme. Ma ci scambiamo sempre gli auguri, da qualsiasi parte del mondo!

b. *Denken Sie an ein Fest, das in Ihrer Familie besondere Wichtigkeit hatte und beschreiben Sie in fünf Sätzen die Tätigkeiten und Bräuche.*

3. **Ergänzen Sie sinngemäß mit einem Verb im ‹imperfetto› oder im ‹passato prossimo›. Die Verben sind nicht in der richtigen Reihenfolge angegeben.**

guardare – fare – abitare – dormire – avere – essere (3 x) – andare (2 x) – dare – giocare – spiegare – arrivare – trasferirsi

1. Quando _____ piccolo, _____ spesso con Giulia, la figlia della mia vicina di casa.

2. Ieri sera Pietro e Giacomo _____ a un bellissimo concerto di musica classica. La sala _____ piena di gente.

3. Prima io e Alberto _____ a Parma, poi _____ a Bologna.

4. Sabato sera Eliana non _____ alla festa di Antonio. Non _____ voglia di vedere Marco.

5. Il mio professore di latino del liceo _____ molto giovane e simpatico e _____ benissimo il latino. Poi l'ultimo anno di liceo _____ un altro insegnante di latino vecchio, scorbutico[2] e che _____ sempre troppi esercizi da fare a casa, ma noi spesso non li _____ .

6. Mentre io _____ la TV, Stefano _____ .

1 la borsa di studio   das Stipendium   2 scorbutico   griesgrämig

4. **Feste d'autore**

Lesen Sie den Text von Niccolò Ammaniti und beantworten Sie dann die Fragen.

5. OSSADIPESCE   Martedì 31 dicembre 199...   Ore 19:50

Massimo Ossadipesce Russo correva in sella al suo Morini[3] tre e mezzo rosso sul viadotto di corso Francia. Correva, che parola grossa. Diciamo che avanzava.[4] Avanzava tranquillo, nel soddisfatto traffico festivo.

<u>Era in vena di riflessioni</u>. *Bisogna trovare dei punti fermi, si diceva. Punti piazzati, solidi, per cambiare la vita. Incomincia un anno nuovo e io allora divento un uomo nuovo. [...] Divento una persona seria. Da quanto tempo non do un esame? si chiese.*[5]

Era una di quelle domande che normalmente <u>evitava di farsi</u>. Ma quello era un giorno speciale. L'ultimo dell'anno. Giorno adatto più a <u>tirare le somme</u> della propria vita che a festeggiare.

<u>Parecchio</u>. *Quanto sarà?*[6] *Otto, nove mesi. Ora basta però. Tranquilli. A febbraio mi do l'esame di letteratura italiana. Ad aprile quello di storia contemporanea e a giugno un bel complementare[7]... Cambia tutto. Giuro su Dio che cambia tutto. Si rischia pure che entro un paio d'anni mi laureo.*

(da *Fango* di Niccolò Ammaniti, Milano 1996)

Lesen Sie nochmals den Text und kreuzen Sie die jeweils richtige Bedeutung an.

era in vena di riflessioni
a. era stanco
b. aveva voglia di pensare

evitava di farsi
a. non si faceva
b. si faceva

tirare le somme
a. fare un bilancio
b. spendere soldi

parecchio
a. molto
b. poco

Beantworten Sie die folgenden Fragen.

Su che cosa rifletteva Massimo Ossadipesce Russo? _____

Perché era un giorno speciale? _____

Che cosa promette di fare nel nuovo anno? _____

5. **Verbinden Sie die Sätze der ersten Spalte mit denen der zweiten.**

La ragazza con cui	ho visto ieri si intitola «La febbre».
Il medico da cui	ho abitato a Roma è inglese.
La persona a cui	vado mi dice sempre di non fumare.
Il film che	ti ho parlato è andato bene.
Il regalo che	ho dato il tuo numero di telefono si chiama Mancini.
L'esame di cui	ho comprato per Sara costa 10 euro.

---

3 Morini Motorradmarke   4 avanzare fortschreiten   5 si chiese si è chiesto
6 sarà *hier:* può essere   7 l'esame complementare die Prüfung in einem Nebenfach

6. **Lo sapevi che...?** Giorgio gibt seiner deutschen Freundin Juliane einige Informationen über Gewohnheiten, Besonderheiten, Feste und Traditionen in Italien.

Vervollständigen Sie mit den passenden Relativpronomen und, wo nötig, mit der richtigen Präposition.

1. La mozzarella è il formaggio _____ si fa la pizza.

2. «Natale con i tuoi Pasqua con chi vuoi» è un proverbio[8] _____ si usa per dire che il Natale si passa in famiglia mentre la Pasqua è una festa _____ puoi trascorrere anche con i tuoi amici. «L'Epifania tutte le feste si porta via» è un altro proverbio _____ vuol dire che il 6 gennaio finiscono tutte le feste.

3. Il calcio è lo sport _____ tutti gli uomini italiani parlano il lunedì mattina al bar.

4. La gondola è il mezzo di trasporto _____ molti turisti fanno un giro a Venezia.

5. Le sagre sono feste paesane _____ si possono provare molte specialità gastronomiche del paese o della zona.

6. Il caffè è la bevanda _____ molti italiani iniziano la giornata.

7. Lo zampone con le lenticchie[9] è la specialità _____ normalmente si festeggia Capodanno.

8. La Nutella è una specialità _____ molti amano moltissimo e _____ esistono anche delle tesi di laurea.[10]

9. «Viaggio all'inizio del mondo» è l'ultimo film _____ recita[11] il grande attore Marcello Mastroianni.

10. Il «Corriere della Sera» è un quotidiano molto importante _____ si vendono circa 700.000 copie al giorno.

7. **Jetzt erklärt Juliane Giorgio etwas über ihr Land.**

Übernehmen Sie die Rolle von Juliane und erklären Sie Giorgio, was er Ihrer Meinung nach unbedingt über Ihr Land oder Ihre Stadt wissen sollte.

---

[8] il proverbio das Sprichwort
[9] lo zampone con le lenticchie der Schweinsfuß mit Linsen
[10] la tesi di laurea die Abschlussarbeit
[11] recitare spielen (in einem Film)

8. Chi fa la spesa?

*Sie und einige Freunde organisieren eine Silvesterparty. Laura und Elisa kaufen ein.
Die folgenden Produkte dürfen nicht fehlen. Sie können zusätzlich zwei andere Produkte wählen,
die für Sie zu Silvester besonders wichtig sind.*

Laura

Lo zampone _____ compro io.
Anche le lenticchie _____ prendo io.
Il panettone non _____ compro io, a me non piace.

Elisa

Lo spumante invece _____ compro io.
La tombola _____ porto io.
I fuochi d'artificio,[12] _____ prendo io.
Le sigarette non _____ prendo io. Non fumo.

▶II 16 9. Feste all'italiana

*Drei Experten erläutern Ihnen die Besonderheiten von drei italienischen Festen.
Hören Sie sich die Interviews an und beantworten Sie die Fragen.*

a. Battaglia delle arance:

   Dove si svolge la «Battaglia delle Arance» e quando? _____

   Che cosa si gettava[13] prima dalle finestre? _____

   Perché i contadini[14] si sono ribellati? _____

   Come funziona oggi? _____

b. La regata storica di Venezia:

   Quando è stata la prima regata storica veneziana? _____

   Quando ha luogo oggi? _____

   Di quante parti si compone questa manifestazione? _____

   Perché il pubblico aspetta al Canal Grande? _____

   Cosa succede quando sono finite le gare? _____

c. Il calcio storico fiorentino:

   Quale sport famosissimo è nato dal calcio storico fiorentino? _____

   Dove si giocava prima? _____

   Scrivete il colore esatto accanto ai quartieri storici di Firenze: Santo Spirito _____ ,

   Santa Croce _____ , Santa Maria Novella _____ , San Giovanni _____ .

   Quando si giocano oggi le partite del calcio storico fiorentino e dove si giocano?

   _____

---

12 i fuochi d'artificio   das Feuerwerk   13 gettare   werfen   14 il contadino   der Bauer

10. Vervollständigen Sie den Dialog sinngemäß.

Massimo: Ragazzi, _____ di andare in montagna domenica? Le previsioni sono buone.

Carlo: Per me _____ . Però non partiamo come al solito all'alba.[15]

Rossana: Veramente _____ .

Carlo: Ma dai Rossana, sei la solita pigrona![16] Dai, che ci divertiamo.

Rossana: Sì, lo so, ma perché _____ ? Io preferisco passare una giornata tranquilla a casa.

Carlo: Va bene. Io ci vado. _____ ?

Massimo: Passo io da te. _____ ?

Carlo: Perfetto. Allora ci vediamo domenica alle 9.00.

11. Was würden Sie in diesen Situationen sagen?

Un tuo compagno / una tua compagna di corso che non ti piace per niente ti invita a uscire.
Un tuo amico ti propone di fare una camminata in montagna.
Un'amica italiana ti invita ad andare al cinema a vedere un film italiano.

12. Ergänzen Sie mit den richtigen Formen der Modalverben im ‹passato prossimo› oder ‹imperfetto›.

1. Ieri Giacomo non (potere) _____ andare a lezione perché (dovere) _____ andare dal dentista per una visita di controllo.

2. Maria e Alberto (dovere) _____ comprare una macchina nuova perché quella vecchia non funzionava più. (Volere) _____ comprare un'Alfa Romeo, ma costava troppo.

3. Stefano non (volere) _____ studiare economia ma i suoi hanno insistito[17] molto.

4. (Tu / volere) _____ venire a fare la gita con noi? Ma non (potere) _____ dirlo?

---

15 l'alba   der Sonnenaufgang   16 la pigrona   die Faulenzerin   17 insistere   beharren, bestehen auf

13. Ergänzen Sie die E-Mail von Francesca mit den Verben im ‹passato prossimo› oder ‹imperfetto›.

Ciao Cristina, scusa se ieri non ti ho chiamato, ma la mia è stata una giornata da dimenticare.
(Volere) _____ alzarmi presto per studiare ma (essere) _____ troppo stanca
dopo la festa della sera prima da Gianni. Così (alzarsi) _____ quasi
all'una con un umore nero da far paura. (Farsi) _____ la doccia velocemente ed
(essere) _____ già ora di uscire. Non (potere) _____ neanche
andare al mercato perché (dovere) _____ andare a mangiare dai miei. Nel
pomeriggio (avere) _____ un appuntamento con Claudio alle 15.00, ma lui non (potere)
_____ venire perché gli (rompersi) _____ il motorino.
Ieri sera infine, sai che (noi / dovere) _____ andare al cinema, no? Ecco, non
(potere) _____ andarci perché Manuela (dovere) _____
andare da suo fratello, non so perché. Simone invece non (stare) _____ bene e
quindi non _____ (volere) uscire. Così io (dovere) _____
rimanere a casa perché non (avere) _____ nessuna voglia di uscire da sola!!!
Allora ci vediamo venerdì in palestra!
Ciao
Francesca

14. Ergänzen Sie die Sätze mit den Verben im ‹passato prossimo› oder ‹imperfetto›.

1. Mentre (io / dormire) _____ , Federico (studiare) _____
   in camera sua, Monica (suonare) _____ la chitarra, Paola e Stefania
   (cucinare) _____ e Massimo e Luca (giocare) _____ al computer.
   Poi (arrivare) _____ Rossana e Carlo.

2. Mentre (io / essere) _____ sull'autobus per andare all'aeroporto, (telefonare)
   _____ Giuliana. Mentre io e Giuliana (parlare) _____
   al telefono, il mio vicino (ascoltare) _____ la nostra telefonata.

3. Ieri (andare) _____ in biblioteca a studiare perché a casa proprio non
   (riuscire) _____ a concentrarmi. Mentre (cercare) _____ di
   concentrarmi in biblioteca, (entrare) _____ Ivano, il mio ex ragazzo e così
   (smettere) _____ di studiare. Infatti mentre (leggere) _____ ,
   (pensare) _____ a lui e alla nostra relazione finita male.

15. Über die Grammatik nachdenken.

Kreuzen Sie an, wann man das ‹imperfetto› und wann das ‹passato prossimo› benutzt.

	imperfetto	pass. pross.
Welche Zeitform der Vergangenheit verwendet man,		
1. bei Handlungen, die eine begrenzte Zeit dauern.	☐	☐
2. bei Handlungen von unbestimmter Dauer.	☐	☐
3. bei gewohnheitsmäßigen Handlungen.	☐	☐
4. bei Handlungen, die zu einem bestimmten Zeitpunkt gleichzeitig ablaufen.	☐	☐
5. bei Handlungen, die nacheinander stattgefunden haben.	☐	☐
6. bei einmaligen Handlungen.	☐	☐
7. bei Beschreibungen von Zuständen, Eigenschaften von Personen oder Gegenständen.	☐	☐
8. wenn nur die Absicht zu handeln ausgedrückt wird.	☐	☐

16. Ergänzen Sie mit den richtigen Objektpronomen ‹lo, la, le, li› oder mit dem Pronominaladverb ‹ne›.

1. Antonella ha comprato le lasagne fresche e _____ ha mangiate ieri sera con Silva, un'amica.

2. Gianni ha cominciato a leggere l'ultimo libro di Andrea Camilleri e gli è piaciuto così tanto che _____ ha già finito.

3. Elisa ha visitato parecchie città italiane. _____ ha già visitate almeno dieci.

4. Felix ha già finito gli esercizi d'italiano. _____ ha fatti dopo cena.

5. Enzo ha conosciuto Roberta molti anni fa. _____ ha conosciuta al mare.

Haben Sie es bemerkt? Auch bei dem Pronominaladverb ‹ne› wird, wie bei den Objektpronomen, das Partizip Perfekt angeglichen.

17. Verbinden Sie die Sätze und setzen Sie die richtigen Pronomen (___) und Partizip-Endungen (...) ein.

1. Hai già letto la poesia per il corso di letteratura tedesca?
2. Quanti regali hai ricevuto per il tuo compleanno?
3. Anna ha superato l'esame?
4. Hai sentito l'ultimo CD di Adriano Celentano?
5. Ma quanti libri ha scritto Umberto Eco?
6. Quante foto hai fatto in vacanza?

a. _____ ho fatt... un sacco. Era tutto così bello.
b. No! Non _____ ho ancora sentit... . Ma mi hanno detto che non è male.
c. Non so esattamente, ma _____ ha scritt... sicuramente molti. Io _____ conosco 5.
d. Sì, sì, sai che è bravissima. _____ ha superat... con un bellissimo voto.
e. Sì, _____ ho lett... sull'autobus.
f. Non tantissimi. _____ ho ricevut... 3 o 4.

18. Pietro organisiert eine Überraschungsparty für seinen guten Freund Carlo. Er und Elena sprechen darüber.

Vervollständigen Sie mit den Teilungsartikeln, mit den Objektpronomen und mit dem Pronominaladverb ‹ne›.

Elena: Abbiamo _____ bottiglie di Coca-Cola?

Pietro: No, ma _____ posso comprare io. Quante _____ devo comprare?

Elena: Tre bastano. E poi anche _____ salatini[18] così da sgranocchiare.[19] Pistacchi, noccioline.

Pietro: Va bene. _____ prendo tre sacchetti. E poi?

Elena: _____ acqua. Qui fa sempre caldo e alla fine si beve sempre tutta l'acqua.

Pietro: È vero. _____ compro sei bottiglie.

Elena: Se qualcuno ha fame, facciamo due spaghetti aglio,[20] olio e peperoncino, ma manca l'aglio.

Pietro: Quello _____ chiedo a mia madre. Lei _____ usa sempre un sacco in cucina.

Elena: I CD _____ porto io. _____ ho almeno una cinquantina a casa e non _____ ascolto mai. Manca ancora qualcosa? Ah, la torta _____ hai ordinata?

Pietro: Sì, _____ ho ordinata una di frutta.

Elena: Una torta di frutta? Lo sai che Carlo la frutta _____ odia. Senti, ma non _____ puoi comprare un'altra?

Pietro: Va bene. _____ compro un'altra al cioccolato.

19. Che tempo fa?

Beschreiben Sie die Wetterlage.

_____ _____ _____ _____
_____ _____ _____ _____

---

18 i salatini   die Knabbereien   19 sgranocchiare   knabbern   20 l'aglio   der Knoblauch

▶ II 17 20. Hören Sie zu und notieren Sie, von welchem Bild die Rede ist.

21. punto.it

Besuchen Sie die Internetadresse www.italiadonna.it/tradizioni/tradizioni.htm und suchen Sie sich drei Feste aus, die Sie nicht kennen und erzählen Sie im Unterricht, was Sie darüber erfahren haben. Wenn Sie auf «feste e sagre regionali» klicken und eine Region aussuchen, entdecken Sie viele ‹Gründe› zu feiern. Besprechen Sie zunächst im Unterricht, wer welche Region präsentieren will, so dass man durch ganz Italien reisen ... und feiern kann.

Lo sapevate che...?

Oltre a quelle già citate a lezione, in Italia esistono anche altre feste. Il 25 aprile, per esempio, è l'anniversario[21] della liberazione dell'Italia dal fascismo ed è un giorno festivo in tutta Italia. Il 2 giugno si celebra la Festa della Repubblica, la nascita cioè della Repubblica italiana. Molte città festeggiano inoltre il proprio Santo Patrono, protettore della città, e spesso in quel giorno ci sono degli spettacoli artistici, culturali o anche folcloristici. Per esempio a Firenze il 24 giugno si festeggia S. Giovanni, patrono della città, e in quel giorno si gioca la finale del calcio storico fiorentino, spettacolo tradizionale molto antico. A Milano invece il 7 dicembre si festeggia Sant'Ambrogio e in quel giorno normalmente si apre la stagione musicale alla Scala.
Inoltre quando si parla di feste in Italia non si possono dimenticare le feste tradizionali e le sagre, feste di paese, dove si possono gustare le particolarità gastronomiche. Soprattutto in estate il calendario di ogni regione è ricco di sagre.

---

21 l'anniversario   der Jahrestag

GRAMMATICA

1. Die Relativpronomen che und cui

Die Relativpronomen ersetzen Substantive und verbinden zwei Sätze miteinander.
Die Relativpronomen **che** und **cui** können sowohl für Personen als auch für Sachen stehen.
Sie sind in der Form unveränderlich.

Questo è un dolce classico **che** si mangia un po' in tutta Italia. Sono ricordi **che** io ho dell'infanzia.	**Che** wird als Subjekt oder direktes Objekt gebraucht.
La stracciatella è un brodo di pollo **in cui** viene versato un uovo sbattuto.	**Cui** wird in Verbindung mit einer Präposition gebraucht.

2. Inversion des direkten Objektes

Die normale Satzstellung im Italienischen ist:
Subjekt + Verb + direktes Objekt
Will man das direkte Objekt besonders hervorheben, wird es an die erste Stelle gesetzt und vom dazu passenden direkten Objektpronomen gefolgt. Subjekt und Verb vertauschen dabei ihre Position.
direktes Objekt + Pronomen + Verb + Subjekt

Io compro *il pane*.	→	*Il pane* **lo** compro io.
Da noi mia madre faceva *la torta*.	→	Da noi *la torta* **la** faceva mia madre.

3. Modalverben im ‹passato prossimo› und ‹imperfetto›

> La bicicletta si è rotta e così **siamo dovuti tornare** indietro.
> **Dovevamo incontrarci** tutti alle 10.00 a casa di Maria.

Das Verb im ‹passato prossimo› drückt aus, dass die Handlung tatsächlich passiert ist (sie sind zurückgefahren). Mit dem ‹imperfetto› wird lediglich eine Absicht ausgedrückt (es bleibt offen, ob sie sich tatsächlich um 10.00 Uhr getroffen haben).

> Gli altri **hanno voluto continuare**.
> La bicicletta si è rotta e così **siamo dovuti tornare** indietro.

Die Modalverben **dovere, volere, potere**, auf die ein Infinitiv folgt, bilden das ‹passato prossimo› mit *avere*. Folgt aber nach einem Modalverb ein intransitives Verb (z.B. ein Verb der Bewegung), kann das ‹passato prossimo› mit *essere* gebildet werden.

> Ieri Carla **si è dovuta alzare** presto.
> Ieri Carla **ha dovuto alzarsi** presto.

Bei reflexiven Verben verwendet man *essere*, wenn das Reflexivpronomen vor dem konjugierten Verb steht. Man verwendet *avere*, wenn das Reflexivpronomen an den Infinitiv angehängt wird.

4. ‹Imperfetto› und ‹passato prossimo› in Verbindung mit mentre

Wird ein Nebensatz mit **mentre** eingeleitet, sind zwei Satzkonstruktionen möglich.

- Die Handlungen im Nebensatz und im Hauptsatz laufen gleichzeitig ab (vgl. Lektion 7):
  Mentre la madre **telefonava**, i bambini **giocavano**.
  Nebensatz → mentre + imperfetto   Hauptsatz → imperfetto

- Die Handlung im Nebensatz ist noch nicht abgeschlossen, während eine weitere Handlung im Hauptsatz eintritt:
  Mentre stavamo mangiando, è scoppiato un temporale.
  Nebensatz → mentre + imperfetto   Hauptsatz → passato prossimo

5. Der Teilungsartikel (im Singular)

Puoi portare **del** formaggio.   (di + il)
Ho comprato **della** frutta.   (di + la)

Mit dem Teilungsartikel drückt man eine unbestimmte Menge aus.
Bildung: Präposition **di** + bestimmter Artikel

6. Das Pronominaladverb ne

Magari puoi portare del formaggio. – Quanto **ne** porto?
Le patate sono finite. **Ne** compro un chilo, va bene?

Das Pronominaladverb **ne** steht für eine Teilmenge eines bereits erwähnten Begriffs. Es übt dabei eine partitive Funktion aus. **Ne** kann man mit »davon« wiedergeben, bleibt aber im Deutschen oft unübersetzt.

Vuoi una *sigaretta*? – No, grazie, **ne** ho appena fumat**a** *una*.
Quanti *musei* hai visitato? – **Ne** ho visitat**i** *tre*.

Steht das Pronominaladverb **ne** vor dem ‹passato prossimo›, wird die Endung des Partizip Perfekt in Numerus und Genus an die Mengenangabe angeglichen, auf die sich **ne** bezieht.

BILANCIO

Am Ende dieser Einheit kann ich ... 😊 😐 ☹ 📖

sagen, was man in meinem Land zu einem besonderen Feiertag isst.	☐	☐	☐	3
einen Vorschlag machen, annehmen oder ablehnen und einen Termin vereinbaren.	☐	☐	☐	17
eine kurze Mail schreiben, in der ich mich entschuldige und erkläre, warum ich etwas nicht gemacht habe.	☐	☐	☐	20
ein Fest organisieren, bei dem Ort, Datum und Aufgabenverteilung klar sind.	☐	☐	☐	27

_____

_____

Mein Lerntagebuch

Wörter, die ich unbedingt lernen will ...
Drei Wörter, die in meiner Sprache ähnlich sind ...
Meine Mitarbeit im Unterricht war ...
Was ich noch tun könnte, um das Gelernte anzuwenden ...
Ich habe einige Probleme mit ...
Außerdem ...

Lernstrategien: Über das Sprachenlernen nachdenken

Eine Sprache lernen bedeutet auch, sich den Bräuchen und Gewohnheiten des Landes anzunähern. Schreiben Sie fünf Wörter auf, die Sie besonders mit der italienischen Lebensart, mit ihren Bräuchen und Gewohnheiten verbinden.

Tipp: Seien Sie neugierig und experimentieren Sie mit italienischen Bräuchen oder Gewohnheiten. Sie werden auch automatisch die dazugehörigen Vokabeln besser lernen und zusätzlich interkulturelle Kompetenzen entwickeln. Machen Sie z. B. zu Silvester etwas typisch Italienisches: Essen Sie Linsen, tragen Sie etwas Rotes (das bringt Glück) oder kaufen Sie den typischen Kuchen (Panettone oder Pandoro).

Für mein Dossier

Eine italienische Freundin, die Germanistik studiert, muss ein kleines Referat über Feste und Traditionen (besondere Speisen, Aktivitäten usw.) in Deutschland halten. Sie bittet Sie um den Gefallen, ihr eine E-Mail mit den gewünschten Informationen zu schreiben. Da Sie diese Freundin besonders gerne haben, schreiben Sie ihr eine E-Mail, in der Sie sehr detailliert alles erzählen, was Sie zu dem Thema wissen.

1. Annunci immobiliari

Ergänzen Sie die folgenden Wohnungsannoncen mit den unten aufgelisteten Wörtern.

ben servito – le spese di condominio – luminoso – salone – affittasi – abitabile – ammobiliato – conguaglio – ripostiglio – affitto – stoviglie – composto di – posto letto – in zona – ingresso

_____ dal 1° ottobre a Lecce ampia camera singola in appartamento completamente _____ ed accessoriato: con televisione, telefono, _____ . L'_____ costa 250 euro al mese e comprende _____ , il riscaldamento e l'acqua.
Numero di cellulare: 340/8517654

Offresi da giugno camera doppia in grande e _____ appartamento in zona centrale _____ : _____ , enorme _____ , cucina _____ , 2 doppie, 2 bagni, _____ , cantina e balcone. 350 euro a _____ .

Roma: posto libero in doppia per ragazzo in ampio appartamento _____ Piazza Bologna. _____ dalla linea della metropolitana. 250 euro al mese (richiesto _____ in base ai consumi).

2. La casa di Pasquale

Vervollständigen Sie die Beschreibung mit dem Gegenteil oder mit einem Synonym des jeweiligen Adjektivs.

La casa di Pasquale non è molto bella, anzi[1] è proprio _____ . La sua camera non è luminosa, anzi è _____ , e la cucina non è per niente grande, anzi è _____ . Il bagno invece è molto grande, veramente _____ , ma non è nuovo, anzi è _____ . L'unica cosa bella è la terrazza, che è veramente _____ , ma il problema è che Pasquale la divide con i vicini che non sono molto silenziosi, anzi, sono incredibilmente _____ .

3. Welches Wort verbirgt sich hinter diesen Verkleinerungsformen?

paesino	_____	giretto	_____
piantina	_____	piazzetta	_____
ragazzino/-a	_____	cortiletto	_____
pensioncina	_____	armadietto	_____

---

[1] anzi   im Gegenteil

4. Un bel viaggetto a Venezia

Ersetzen Sie die kursiv geschriebenen Wörter mit den entsprechenden Verkleinerungsformen.

Anna vive da qualche mese in un *piccolo appartamento* a Venezia. In questi giorni sono a Venezia e così ieri sono andata da lei. La casa si trova in una *piccola strada* dietro una *piccola piazza* vicino ai giardini della Biennale e la sua stanza dà su un *piccolo cortile* molto carino. L'appartamento è così: si entra e c'è un corridoio che porta a un *piccolo salotto* con un *piccolo tavolo* e pochi altri mobili, una *camera piccola* con un letto e un armadio, e poi ha una bella cucina ampia, molto luminosa con davanti un *piccolo balcone* con moltissime piante. So che ad Anna piacciono molto le piante e allora le ho portato una *piccola pianta*. Verso sera sono tornata nella mia *piccola pensione*, ma prima mi sono fatta un *piccolo giro* per Venezia, che è sempre così affascinante.

5. punto.it

Sie suchen eine Wohnung in Italien oder wollen sich einen Überblick über den dortigen Wohnungsmarkt verschaffen? Dann besuchen Sie die folgenden Internetadressen.

www.affittistudenti.it
www.studenti.it (klicken Sie auf die Sektion ‹Cerca Casa›)

Vergleichen Sie die Preise zwischen den verschiedenen Städten und zwischen den Kategorien ‹posto letto› und ‹stanza singola› und suchen Sie sich eine Anzeige aus, die Ihnen besonders gefällt. Erzählen Sie dann im Unterricht, was Sie gefunden haben.

6. Der Konditional

a. Wählen Sie die richtige Variante.

- ☐ 1. Scusa, ti dispiacerebbe / mi dispiacerei chiudere la finestra?
- ☐ 2. Anna, forse dovresti / dovrebbe cercare di studiare di più. Fra un po' c'è l'esame.
- ☐ 3. Secondo me voi dovresti / dovreste fare più esercizi scritti.
- ☐ 4. Sabato noi potremmo / potrebbero andare alla mostra di Arnaldo Pomodoro.
- ☐ 5. Secondo il prof. Gatti gli italiani vivrebbe / vivrebbero a lungo a casa con i genitori per comodità.
- ☐ 6. Dopo la laurea David potrei / potrebbe vivere per un po' a Firenze.
- ☐ 7. Mi piacerei / piacerebbe girare il mondo.
- ☐ 8. Io studieresti / studierei volentieri a Roma.

b. *Wie Sie schon im Kursbuch (S. 117) gesehen haben, verwendet man den Konditional, um:*

a. _____

b. _____

c. _____

d. _____

e. _____

f. Nachrichten oder Mitteilungen mit Vorsicht oder Vorbehalt wiederzugeben.

c. *Lesen Sie nun noch einmal die Sätze von Punkt a und tragen Sie den der Funktion entsprechenden Buchstaben aus Punkt b in die Kästchen ein.*

7. **Was würden Sie in folgenden Situationen sagen?**
   Antworten Sie mit einem Vorschlag, einer höflichen Bitte oder einer Aufforderung.

   1. Una tua amica ti dice che fra una settimana ha un esame importante.
   2. Vicino a te una persona fuma. Ma a te il fumo dà molto fastidio.[2]
   3. Il tuo ragazzo vuole andare al cinema.
   4. Sei al ristorante e vuoi pagare.
   5. Il tuo coinquilino non lava mai i piatti!
   6. Un'amica chiede un consiglio su come vestirsi per andare a una festa.

8. **Ergänzen Sie mit dem Konditional.**

   a. In vacanza (io / dormire) _____ tutto il giorno e (leggere) _____ molto. Tu invece (prendere) _____ il sole oppure (andare) _____ a nuotare. Laura (fare) _____ sempre attività sportive e non (riposarsi) _____ mai. Serena e Annalisa (visitare) _____ tutti i musei e (conoscere) _____ tutte le chiese delle città. Fabrizio e Stefania (andare) _____ a mangiare fuori e la sera (uscire) _____ sempre. Io e Nicola (scoprire) _____ gli angoli sconosciuti delle città, (fare) _____ un sacco di foto e (mangiare) _____ le specialità tipiche. Tu e Alessandro (vedere) _____ tutte le mostre di arte moderna e (cercare) _____ di spendere pochi soldi. Insomma tutti (fare) _____ cose diverse, ma sicuramente in vacanza tutti (essere) _____ contenti e (divertirsi) _____ !

---

2 dare fastidio   stören

b. Tutti i fine settimana sempre la stessa storia. Quando arriva il momento di decidere cosa fare, in compagnia si inizia a discutere. A me e ad Andrea non piace per niente andare a ballare e neanche andare in giro per locali che sono sempre pienissimi. Noi (andare) _____ sempre al cinema o (organizzare) _____ una bella cenetta a casa di qualcuno e (rimanere) _____ lì tutta la sera. Roberto (uscire) _____ sempre e (andare) _____ tutti i fine settimana in un locale diverso. (Stare) _____ lì tutta la sera e (bere) _____ quantità incredibili di alcol. Federico e Monica invece (invitare) _____ sempre tutti a casa loro e (giocare) _____ tutte le sere a un gioco di società. Fabrizio (passare) _____ tutti i fine settimana a un concerto diverso e infine Rossana non (uscire) _____ mai e (dormire) _____ sempre. Forse (io / dovere) _____ cambiare compagnia.

9. Leandro hat die Uniabschlussprüfung mit der Bestnote bestanden. Sein reicher Onkel hat ihm dafür 50.000 Euro geschenkt. Die Nachricht hat sich schnell verbreitet und einige Kommilitonen unterhalten sich darüber, wie sie das Geld ausgeben würden.

▶II 18 *a. Hören Sie sich den Dialog zwischen Massimo, Paola und Maurizio an und notieren Sie, was sie mit der Summe machen würden.*

Massimo: _____

Paola: _____

Maurizio: _____

b. Und Sie? Was würden Sie mit 50.000 Euro machen? Schreiben Sie drei Sätze.

10. Il mio coinquilino ideale...

a. Leben Sie in einer Wohngemeinschaft mit anderen Studenten? Bilden Sie einige Sätze mit dem Konditional, auch in der Negativform, die für Sie in diesem Fall gelten oder gelten würden.

tenere in ordine camera sua e anche la mia – pulire regolarmente bagno e cucina – lamentarsi – cucinare – lavare i piatti – fare molte feste – invitare gli amici a casa – fumare – bere alcolici – essere sempre di buon umore – suonare uno strumento musicale – ascoltare musica ad alto volume – studiare a casa – viaggiare molto – guardare sempre la TV – pagare l'affitto in ritardo

b. Wenn Sie im Unterricht sind, interviewen Sie die anderen Teilnehmer und finden Sie heraus, wer am besten als Mitbewohner zu Ihnen passen würde und begründen Sie warum.

Esempio: Stephan sarebbe il mio coinquilino ideale perché cucinerebbe sempre lui e non ascolterebbe musica tecno.

11. Auf Wohnungssuche... mit italienischen Schriftstellern. Walter muss umziehen und sucht eine Wohnung.

Lesen Sie folgendes Gespräch und beantworten Sie dann die Frage.

«Pronto, telefono per quell'annuncio comparso quest'oggi sul giornale...».
«Sì...». Era una donna.
«Ecco, il prezzo dell'affitto è buono ma manca qualsiasi descrizione del monolocale».
«Che cosa vuole sapere?».
«A che piano si trova?».
«Ottavo. È un mansardato».
«C'è l'ascensore?».
«No, niente ascensore».
«L'angolo cottura?».
«No, niente angolo cottura».
«Riscaldamento?».
«Niente riscaldamento».
«E i servizi?».
«Nel corridoio c'è un lavandino».
«Come nel corridoio?».
«Nel corridoio, in comune con le altre mansarde».
«Ci vorrebbe almeno un gabinetto, non crede?».
«Il gabinetto è sotto, in giardino».
«In che senso?».
«Il palazzo dove si trova il monolocale dà sui giardini pubblici. Nei giardini ci sono un paio di vespasiani.[3] Il comune li tiene puliti, e...».
Riattaccai.[4]

(da *Paso Doble* di Giuseppe Culicchia, Milano 1995)

Armer Walter! Wie sieht die Wohnung aus der Annonce aus? Beschreiben Sie sie!

---

12. Auf Wohnungssuche ... mit den Tipps aus dem Netz.

Sie sind ein Erasmusstudent, der in Bologna studieren will. Besuchen Sie die Internetseite:

www.sais.ceur.it

Klicken Sie jetzt auf ‹Entra nel sito›. Links finden Sie die Sektion ‹Appartamenti privati›. Klicken Sie auf ‹consigli utili›. Lesen Sie die aufgelisteten Tipps und beantworten Sie die folgenden Fragen. Schreiben Sie zu der zweiten Frage mindestens fünf Sätze. Benutzen Sie dabei den Konditional.

Che cosa è il SAIS?
Cosa dovrebbe chiedere uno studente quando visita una casa?

Übrigens: Diese Tipps gelten für jede andere italienische Stadt!

---

3 il vespasiano   die öffentliche Bedürfnisanstalt
4 riattacare   auflegen; riattaccai   ho riattaccato

13. Wo verstecken sich die Geschenke?

Heute ist Danielas Geburtstag. Matteo, ihr Freund, hat viele Geschenke für sie. Als sie nach Hause kommt, hat er bereits alle Geschenke versteckt. Helfen Sie Daniela, ihre Geschenke zu finden. Ergänzen Sie mit den Präpositionen: sotto, dietro, in fondo a, davanti a, su, di fianco a. Wo nötig, verbinden Sie die Präposition mit dem passenden Artikel.

Gli occhiali da sole sono _____ armadio. Il CD di Giorgia è _____ il tavolo. Il libro di Giuseppe Culicchia è _____ il divano. I cioccolatini sono _____ poltrona. La borsa è _____ stanza, _____ le tende. Il vaso di fiori è _____ tappeto _____ TV.

▶ II 19 14. Sofia und Franco sind zusammengezogen.

Hören Sie sich Sofias Wohnungsbeschreibung an. Welche Unterschiede zur Zeichnung gibt es?

15. Sapere o potere?

Ergänzen Sie mit der richtigen Form von ‹sapere› oder ‹potere›.

1. Laura, _____ ballare il tango?

2. Oggi Lutz non _____ andare a lezione perché ha un appuntamento dal dentista.

3. ■ Ciao Andrea. Hai due minuti di tempo?

   □ Ciao Luca, scusa ma adesso non _____ parlare. Sono al corso d'italiano. Ti richiamo dopo.

4. Gli spaghetti proprio non li _____ mangiare. Quando li mangio mi sporco tutto.

5. ■ Vuoi la macedonia[5] di fragole?

   □ No, grazie. Non _____ mangiare le fragole. Sono allergica.

6. Alessandro, Giorgio, _____ che domani non c'è lezione? Il prof non _____ venire perché è a una conferenza.[6]

7. Mamma, se telefona Sergio gli _____ dire di chiamarmi sul cellulare?

8. I giocatori oggi non _____ giocare perché sul campo ci sono 20 cm di neve.

9. Ma guarda quell'imbranato[7] di Botti! Non _____ proprio giocare a calcio!

10. □ Ma perché non fai il bagno? Non _____ nuotare?

    ■ Ma sì che _____ nuotare, ma adesso non _____ perché ho appena mangiato.

---

16. Sto per fare l'esercizio d'italiano o sto facendo l'esercizio d'italiano?

*Vervollständigen Sie die Sätze mit ‹stare per› oder ‹stare + gerundio›.
Achtung: ‹stare› kann im Präsens oder im ‹imperfetto› stehen.*

1. Valentina è in biblioteca e (studiare) _____ concentrata per l'esame di filosofia.

2. La lezione (finire) _____! Ancora qualche minuto e poi finalmente vado a prendermi un caffè!

3. Stefano (trasferirsi) _____ a Parigi, quando ha ricevuto la notizia della borsa di studio. Allora ha deciso di rimanere a Roma.

4. Paola e Massimo sono in vacanza e (divertirsi) _____ un sacco!

5. Gianluca e Gianna (bere) _____ una birra al bar quando hanno visto Elena.

6. Abbiamo ancora pochi minuti. Ci dobbiamo sbrigare!! Lo spettacolo (cominciare) _____.

7. Monica scrive a un giornale: «Io e mio marito (diventare) _____ genitori, ma non sappiamo ancora che nome dare alla nostra bambina... Avete qualche idea?»

---

5 la macedonia   der Obstsalat   6 la conferenza   die Tagung   7 imbranato   unfähig

17. Una casa per t(r)e

a. Lesen Sie den folgenden Text.

Da Torino a Messina la ricerca di una stanza per gli studenti ogni anno si trasforma in un incubo:[8] offerta irrisoria,[9] prezzi troppo alti, contratti in nero[10] ... mentre i proprietari[11] si sfregano[12] le mani.

Home sweet home. Quasi un miraggio[13] per gli studenti fuori sede,[14] una manna per i proprietari di appartamenti che vedono salire di anno in anno il valore degli immobili e quello dei canoni di locazione [...]. Inoltre, almeno il 60 per cento degli accordi[15] è in «nero» con canoni che, dopo l'introduzione dell'euro, sono raddoppiati in quasi tutte le città italiane. A Bologna per una singola ci vogliono dai 300 ai 400 euro, per un posto letto mediamente 250 euro, stessi costi a Firenze e Torino. A Ferrara una singola costa dai 220 ai 270 euro, almeno 300 euro a Napoli, mentre a Messina per un posto letto si spendono in media 150 euro. [...] Per non parlare di Roma e Milano. [...]
Quali sono le cause che hanno portato a una situazione che peggiora[16] di anno in anno? Presto detto. [...] Nel Bel Paese ogni 100 studenti ci sono meno di due posti letto disponibili. A parte Spagna e Portogallo, negli altri principali Paesi europei le cose vanno meglio. In Francia ci sono 150 mila alloggi per 2,1 milioni di iscritti, in Germania ce ne sono 180 mila per 1,8 milioni di studenti universitari. [...] «Il numero degli iscritti», dice Lorenzo Malagola «continua a crescere ma i servizi, in particolare gli alloggi, e le risorse per il diritto allo studio in generale, sono praticamente sempre le stesse. [...]».

(leggermente adattato da *Una casa per t(r)e* di Francesco Agresti, per concessione di *Campus*, www.campus.it)

b. Beantworten Sie die folgenden Fragen.

1. Quali sono i problemi che incontrano gli studenti italiani quando cercano casa?
2. Nomina qualche prezzo per una stanza singola.
3. Perché la situazione peggiora?
4. Come è la situazione in altri Paesi europei?

18. Auf der Jagd ... nach Fehlern!

In den folgenden Sätzen aus dem Text von Seite 121 im Kursbuch tarnen sich neun grammatikalische Fehler. Entdecken und korrigieren Sie sie!

1. Ma una cosa c'è chi mette d'accordo tutti: gli italiani, senza differenze di età e di status, sognano la villetta indipendente fuori città.
2. Certo, la casa su cui si vive non è proprio quella degli sogni. Ma c'è anche un italiano per tre che si dice soddisfatto.

---

8 l'incubo   der Albtraum
9 irrisorio   ungenügend
10 il contratto in nero   der illegale Vertrag
11 il proprietario   *hier:* der Hausbesitzer
12 sfregarsi   sich reiben
13 il miraggio   die Fata Morgana
14 fuori sede   che studia in una città ma vive in un'altra città
15 l'accordo   die Vereinbarung
16 peggiorare   sich verschlechtern

3. Un ruolo decisivo nella scelta di cosa acquistare per l'arredamento della casa spetta degli donne.
4. Le risposte a questa domanda ci dicano innanzitutto che in molte case dei italiani esiste uno studio. Forse perché non si fanno più figli.
5. Confermato il dato che gli italiani non vi allontanano molto della casa dei genitori.

19. Kennen Sie Italien? Quiz

Ordnen Sie zu und bilden Sie Sätze mit dem Superlativ. Achten Sie auch auf die Endungen.

L'università di Bologna è la più antica d'Europa.

La Sicilia e la Sardegna	opera / famoso / Michelangelo _____
La Città del Vaticano	monumento / visitato / Roma _____
Il Colosseo e la fontana di Trevi	stato / piccolo / mondo _____
Il Po	università / grande / Europa _____
La Cappella Sistina e il David	regione / piccolo / Italia _____
La Valle d'Aosta	fiume / lungo / Italia _____
La Divina Commedia	teatro / importante / Milano _____
La Scala	opera / famoso / Dante Alighieri _____
La Sapienza	isola / grande / Mediterraneo _____

20. Ergänzen Sie mit den richtigen Präpositionen.

1. L'appartamento è composto ____ due camere, bagno e cucinino. L'affitto ____ la stanza singola è di 300 euro ____ mese, altrimenti se vuoi c'è un posto letto ____ una camera doppia. L'appartamento è ____ secondo piano e si affaccia ____ strada.

2. In Italia pochi si allontanano ____ casa e molti, ____ lavoro o ____ affetto, vivono ____ due case. Rispetto ____ alcuni anni fa c'è un cambio di tendenza: gli italiani non amano più la casa stile loft ____ grandi spazi aperti.

Lo sapevate che...?

In Italia circa l'81 per cento della popolazione è proprietario di casa.
Il 21,9% delle abitazioni ha una superficie di almeno 120 metri quadrati, mentre è molto inferiore (2,6%) la percentuale degli alloggi al di sotto dei 40 metri quadrati.
Quasi il 70% degli edifici è nato nel dopoguerra, tra il 1946 e il 1981. Il 20% risale al periodo prima del 1919. In dieci anni, tra il 1991 e il 2001, è raddoppiato il numero delle case in cui cucinini e angoli cottura hanno sostituito la cucina. Praticamente tutte le abitazioni hanno un bagno e oltre il 98% ha l'acqua calda.

GRAMMATICA

1. Die Verkleinerungsform

Man bildet eine Verkleinerungsform oder eine Koseform von Substantiven, indem man an den Wortstamm folgende Suffixe anhängt:

- **-ino** salott*ino* mansard*ina* appartament*ino*
- **-etto** bagn*etto* stanz*etta* cas*etta*

In einigen Fällen lassen sich die Suffixe nicht direkt an den Wortstamm anhängen. So müssen bisweilen Zwischenlaute eingeschaltet werden, die entweder an den Wortstamm oder an das Gesamtwort angehängt werden:

- balcone balcon*cino* topo topo*lino*
- fiore fiore*llino* città citta*dina*

Es gibt Verkleinerungsformen, die als eigenständige Substantive betrachtet werden:
z. B. *telefonino, dischetto*.

Beachten Sie!
Einige Substantive enden wie eine Verkleinerungsform, sind aber keine:
z. B. *bagnino, biglietto, bambino*.

2. Suffixe zur Vergrößerung und Suffixe mit abwertender Funktion

Mit Suffixen kann man auch Vergrößerungsformen (*-one*) und abwertende Formen (*-accio*) bilden.
- **-one** salone portone librone → meistens maskulin!
- **-accio** giornataccia caratteraccio parolaccia

Beachten Sie!
Einige Substantive enden wie eine Vergrößerungsform, sind aber keine:
z. B. *ombrellone* (Sonnenschirm)

3. Bildung und Gebrauch des ‹condizionale presente› (Konditional I)

Regelmäßige Verben

	parlare	mettere	dormire	finire (pres. -isc-)
(io)	parlerei	metterei	dormirei	finirei
(tu)	parleresti	metteresti	dormiresti	finiresti
(lui, lei, Lei)	parlerebbe	metterebbe	dormirebbe	finirebbe
(noi)	parleremmo	metteremmo	dormiremmo	finiremmo
(voi)	parlereste	mettereste	dormireste	finireste
(loro)	parlerebbero	metterebbero	dormirebbero	finirebbero

Beachten Sie folgende Regeln zur Bildung des ‹condizionale presente›.

Bei Verben auf *-are* wird das *-a* der Infinitivendung zu *-e*: parl**are** → parl**erei**

Bei Verben auf *-care* und *-gare* wird ein *-h-* vor der Endung eingeschoben:
    cercare → cer**ch**erei; pagare → pa**gh**erei

Bei Verben auf *-ciare* und *-giare* entfällt das *-i* des Stammes:
    cominc**i**are → comincerei; mang**i**are → mangerei

Unregelmäßige Verben

Formen: siehe Tabelle der unregelmäßigen Verben auf S. 256 ff.

Für die unregelmäßigen Verben gilt:
Der Verbstamm ändert sich, während die Endungen des ‹condizionale presente› erhalten bleiben.

Beachten Sie folgende Änderungen, die den Verbstamm betreffen:

Einige Verben auf *-are* behalten das *-a* der Infinitivendung:
    dare → darei, fare → farei, stare → starei aber: restare → resterei

Einige Verben auf *-ere* verlieren das *-e* der Infinitivendung:
    avere → avrei, sapere → saprei, vivere → vivrei; das gilt auch für andare → andrei.

Einige Verben verlieren das *-e* der Infinitivendung, der letzte Konsonant des Stammes ändert sich dabei in *-r*:
    rimanere → rimarrei, tenere → terrei, volere → vorrei

Der ‹condizionale presente› wird verwendet,

Potrei venire a vedere la camera?	um eine Bitte höflich auszudrücken.
Parlerei volentieri con lui.	um einen Wunsch zu äußern.
Dovresti parlare con Cristina.	um jemanden höflich aufzufordern, etwas zu tun.
Magari **potresti** venire già stasera.	um einen Vorschlag zu machen.
Comunque **dovrei** dividere la stanza con un altro ragazzo. E poi la finestra della stanza dove **dormiresti** tu non dà sulla strada.	um Annahmen, Vermutungen oder Möglichkeiten auszudrücken.
Secondo questo articolo, noi **vivremmo** a lungo a casa dei genitori per comodità.	um Nachrichten/Mitteilungen mit Vorsicht oder Vorbehalt wiederzugeben.

4. *Die Verben* sapere *und* potere

Paolo non **sa** cucinare.   Domani Paolo non **può** cucinare.

Das Verb **sapere** bedeutet im Deutschen »können«, im Sinne von »fähig sein«.
Das Verb **potere** besitzt ebenso die Bedeutung von »können«, aber im Sinne von »möglich sein«.

5. Stare per

Questo monolocale **sta per diventare** la mia casa da single.

Stare per + Infinitiv (im Begriff sein, etwas zu tun; kurz bevorstehen) wird gebraucht, um anzukündigen, dass eine Handlung unmittelbar bevorsteht/-stand.

6. Die Konjunktionen siccome und perché

Siccome abitavano insieme già da anni, loro erano già organizzatissime.
Loro erano già organizzatissime **perché** abitavano insieme già da anni.

Siccome und **perché** sind zwei kausale Konjunktionen. Sie leiten Nebensätze ein.
Der kausale Nebensatz, der von **siccome** eingeleitet wird, geht dem Hauptsatz voraus.
Der kausale Nebensatz, der von **perché** eingeleitet wird, folgt dem Hauptsatz.

7. Der relative Superlativ

Il soggiorno è **la stanza più vissuta**.
Le donne sono **le più soddisfatte**.
La cucina è **la stanza meno luminosa**.

Mit dem relativen Superlativ wird der höchste oder der niedrigste Grad einer Eigenschaft von Sachen oder Personen, die miteinander verglichen werden, ausgedrückt.

> Bildung: Artikel + (Substantiv) + più / meno + Adjektiv

8. Die Ortspräpositionen

in soggiorno	**sul** balcone	**sotto** la sedia	**di fianco al** letto	**davanti allo** specchio
in cucina	**sul** comodino	**sopra** il lavandino	**vicino alla** porta	**di fronte all'**armadio
in bagno			**accanto al** tavolo	**dietro (al)la** poltrona

Für **alle** geschlossenen Räume eines Hauses / einer Wohnung wird die Präposition **in** verwendet, um auszudrücken, dass man sich dort befindet oder dass man dorthin geht.

sotto »unter«   sopra »über«
accanto a »neben«   su »auf«
davanti a »vor«   dietro (a) »hinter«
di fianco a »neben« (seitlich)   di fronte a »gegenüber«
vicino a »in der Nähe von«

BILANCIO

Am Ende dieser Einheit kann ich ... ☺ ☺ ☹ 📖

sagen, was für mich mein Haus / meine Wohnung / mein Zimmer bedeutet.	☐	☐	☐	1
den Inhalt einer Wohnungsannonce verstehen.	☐	☐	☐	3
eine Wohnungsannonce mit den für mich wichtigsten Informationen schreiben.	☐	☐	☐	9
eine höfliche Aufforderung, einen Wunsch, einen Ratschlag oder eine Vermutung ausdrücken.	☐	☐	☐	11
das Wesentliche aus einem landeskundlichen Text über ein vertrautes Thema verstehen.	☐	☐	☐	24

_____

_____

Mein Lerntagebuch

Die nützlichsten Wörter sind für mich ...
Eine grammatikalische Struktur, die anders als in meiner Sprache ist ...
Was ich über Italien und die Italiener erfahren habe ...
Mir hat besonders gut gefallen ...
Entweder jetzt oder nie. Was ich zu dieser Lektion sagen wollte ...

Lernstrategien: Über das Sprachenlernen nachdenken

Italienisch lernen.   Dovresti ...   Potresti ...
Erinnern Sie sich an die Aktivität 18 im Kursbuch?
Welche Ratschläge haben Sie im Unterricht Ihren Kommilitonen gegeben?
Und welche haben Sie bekommen? Welche Ratschläge sind für Sie besonders nützlich?

Tipp: Ein wichtiges Ziel des Sprachenlernens ist es, korrekt und fließend zu sprechen. Wer allerdings in der Fremdsprache sprechen will, muss oft seine Hemmungen überwinden, die Schüchternheit beiseite lassen, aktiv werden und die Initiative ergreifen. Wenn Sie die Gelegenheit haben, sprechen Sie mit Muttersprachlern und beantworten Sie im Gespräch nicht nur Fragen, sondern stellen Sie selbst auch welche. Auch die banalste Frage kann Anlass zum Sprechen werden.

Für mein Dossier

Wenn Sie in Italien studieren wollen, müssen Sie vielleicht eine Wohnung oder einen Mitbewohner suchen. Trainieren Sie schon jetzt! Wählen Sie eine der beiden Situationen aus und schreiben Sie eine entsprechende Annonce.

1. Buono ... cattivo

Bilden Sie mit den unten aufgelisteten Adjektiven und Ausdrücken Gegenteilpaare. Verschiedene Kombinationen sind möglich.

scotto, amaro, condito, cotto, dietetico, disgustoso, dolce, gustoso, insipido, calorico, pesante, salato, saporito, scondito, crudo, al dente, leggero

2. De gustibus non est disputandum.[1]

Verschiedene Personen unterhalten sich über Speisen und Getränke. Hören Sie sich die Kommentare an und notieren Sie, von welchen Speisen bzw. von welchen Getränken gesprochen wird und welche Adjektive dabei benutzt werden.

Cibo / bevanda di cui si parla	Aggettivi usati

3. La festa delle calorie

Lesen Sie den folgenden kurzen Text, der uns vor den Kalorien einiger Leckereien warnt. Vergleichen Sie dann die Produkte und schreiben Sie fünf Sätze, wie im Beispiel.

Il cioccolato è più calorico del pandoro. Oder: Il pandoro è meno calorico del cioccolato.

Tra le delizie[2] più disastrose per la linea c'è il cioccolato (al latte o fondente,[3] fa lo stesso), 540 calorie all'etto; fatale[4] anche il pandoro, 430, lo strudel, 400, e la frutta secca,[5] dalle 280 calorie in su. Ci si può consolare[6] con un bicchiere di birra (solo uno però): 42 calorie.

---

1 de gustibus non est disputandum lateinisches Sprichwort: dei gusti non si discute; über Geschmack lässt sich nicht streiten
2 le delizie die Leckereien
3 il cioccolato fondente die Bitterschokolade
4 fatale tödlich (*hier:* für die Linie)
5 la frutta secca die Nüsse, das Dörrobst
6 consolare trösten

4. Punti di vista

Giulia und Fulvio sind ein streitsüchtiges Paar, das immer über alles diskutiert.
Lesen Sie die verschiedenen Meinungen und ergänzen Sie mit ‹che› oder ‹di›.

1. Se Giulia dice che Roma è più cara _____ Milano, Fulvio risponde che a Milano c'è più smog _____ a Roma.

2. Se Fulvio dice che viaggiare in aereo è più comodo _____ viaggiare in treno, Giulia risponde che il treno è più romantico _____ aereo.

3. Se Fulvio dice che vivere in campagna è più sano _____ vivere in città, Giulia risponde che vivere in città è più divertente _____ vivere in campagna.

4. Se Giulia dice che i filosofi sono più noiosi _____ politici, Fulvio risponde che i politici sono più bugiardi[7] _____ filosofi.

5. Se Fulvio dice che in Italia ci sono più motorini _____ abitanti, Giulia risponde che ci sono più turisti _____ motorini e che il motorino è più comodo _____ autobus.

6. Se Fulvio dice che è meglio fare sport di mattina _____ di sera, Giulia risponde che di mattina è meglio studiare _____ fare sport.

7. Se Giulia dice che le ragazze sono più intelligenti _____ ragazzi, Fulvio risponde che loro sono più secchione _____ intelligenti.

8. Ma vivono felici e contenti, oggi ancora più _____ prima.

5. Di bene in meglio

Vervollständigen Sie die Sätze mit:

meglio – peggio – migliore – peggiore – maggiore – minore

1. Biagio ha vissuto ad Amburgo qualche anno, ma parla tedesco _____ di Pierluigi.

2. Secondo la classifica annuale del «Sole 24 Ore», si vive _____ nelle piccole città del Nord e del Centro perché ci sono problemi _____ .

3. Alberto ha 4 anni più di me, è il mio fratello _____ , invece Sara ha un anno meno di me, è la mia sorella _____ .

4. ◻ Ti va bene se ci vediamo sabato pomeriggio?
   ■ Per me sarebbe _____ domenica. Sabato ho già un appuntamento.

---

7 bugiardo   verlogen

5. La _____ parte degli studenti vorrebbe vedere un film e quindi, siccome siamo in un sistema democratico, guardiamo il film.

6. I cinque anni a Monaco da studente sono stati proprio belli. Gli anni _____ della mia vita.

7. Fortunatamente io e Andrea non ci siamo sposati. I tre anni con lui sono stati gli anni _____ della mia vita.

8. ○ Ciao Luca, come vanno le cose con la tua ragazza?
   ● Non toccare l'argomento.[8] Di male in _____!

9. Per trovare informazioni sullo studio in Italia la cosa _____ è visitare i siti Internet delle università.

6. Il corpo umano

Ein Marsbewohner kehrt zum Mars zurück und erzählt den Freunden, wie die Erdbewohner aussehen. Vervollständigen Sie den Text mit den fehlenden Körperteilen.

Allora ragazzi, incredibile! Dovreste vederli, i terrestri,[9] sono veramente brutti. In alto hanno una specie di palla, che loro chiamano _____, dove si trovano due _____ con cui possono vedere, un _____ per sentire gli odori,[10] due _____ per ascoltare e uno strano buco[11] dove mettono le cose da mangiare, la _____. Questa è formata da due _____: il _____ superiore e quello inferiore. I terrestri usano le _____ anche per baciare altri terrestri. In questo strano buco, che loro chiamano appunto _____, ci sono anche i _____, di solito 32, che servono per mangiare. Questa strana palla è collegata al resto del corpo tramite un _____, da cui partono due _____, un _____ sinistro e uno destro e alla fine di ognuno c'è una _____ con cinque _____: il _____ più grande si chiama pollice, quello più piccolo mignolo. Tutti i terrestri, soprattutto quelli che mangiano molto o che bevono tanta birra, hanno una _____. Il terrestre ha anche due _____ per camminare. Ogni _____ ha in mezzo un _____, che serve per piegarla.[12] In fondo ci sono due _____. Anche questi hanno delle _____, ma in questo caso il

---

8 non toccare l'argomento! sprich nicht darüber! 9 il terrestre der Erdbewohner
10 l'odore der Geruch 11 il buco das Loch
12 piegare biegen

_____ più grande si chiama alluce. Poi cosa c'è ancora? Il _____ , come dice la parola stessa, lo usano per sedersi. Poi c'è la _____ , che i terrestri possono vedere solo allo specchio. Ad alcuni terrestri a volte fa male, soprattutto se portano degli oggetti pesanti.

7. Dal dottore

Vervollständigen Sie die Ratschläge des Arztes mit dem Imperativ (Sie-Form).

1. Mi sento sempre stanchissima. (Prendere) _____ della pappa reale.[13]
2. Non dormo più di notte. (Andare) _____ a dormire solo quando è stanco.
3. Comincio a perdere i capelli. (Provare) _____ con il lievito di birra.[14]
4. Sto ingrassando un po' troppo. (Fare) _____ un po' di sport.

8. Altri consigli

a. *Am Ende des Semesters fragt der Kursleiter nach der Meinung der Studenten, um seinen Unterricht für das nächste Semester zu verbessern. Vervollständigen Sie die Ratschläge der Studenten mit dem Imperativ (Sie-Form).*

(Arrivare) _____ puntuale alla lezione e non (finire) _____ troppo tardi. (Portare) _____ il buon umore a lezione e (spiegare) _____ con entusiasmo la materia che insegna. Se qualcuno non capisce, non (arrabbiarsi) _____ , ma (avere) _____ pazienza e (ripetere) _____ fino a quando lo studente non capisce. (Aiutare) _____ gli studenti a preparare le relazioni orali e gli (dare) _____ dei consigli. (Organizzare) _____ anche qualcosa al di fuori dell'università. (Cercare) _____ di stimolare gli studenti ad appassionarsi alla materia. Agli esami non (essere) _____ troppo severo, ma (essere) _____ giusto con tutti. (Fare) _____ il suo lavoro con passione.

b. *Fügen Sie noch vier Ratschläge hinzu, die Sie für wichtig halten.*

1. _____ 3. Non _____
2. _____ 4. Non _____

---

13 la pappa reale   das Gelee Royal   14 il lievito di birra   die Bierhefe

9. Der Frühling kommt.

Herr Cuno möchte ein wenig abnehmen und ein geregelteres Leben führen. Er geht zum Arzt. Hier folgend finden Sie die Ratschläge des Arztes. Ergänzen Sie das Verb und, wo nötig, auch die Pronomen.

Allora, (fare) _____ sport ma non (farlo) _____ tutti i giorni, solo due volte alla settimana. Non (mangiare) _____ troppa carne, meglio la verdura e (cucinarla) _____ al vapore.[15] Poi (prendere) _____ l'abitudine di mangiare una mela al giorno, conosce il detto[16] no? «Una mela al giorno toglie il medico di torno»,[17] ma (mangiarla) _____ prima dei pasti perché aiuta ad assorbire i grassi. Non (mettere) _____ zucchero o dolcificanti nel caffè: (berlo) _____ amaro. Non (bere) _____ troppo vino, (berne) _____ solo un bicchiere a pasto. Non (esagerare) _____ con i dolci, anzi, se può (evitarli) _____ ! E poi le sigarette, Signor Cuno! (Eliminarle) _____ del tutto! Se Le viene voglia di fumare, non (cedere) _____ alla tentazione,[18] (fare) _____ qualcosa d'altro per distrarsi,[19] (telefonare) _____ ad un amico, (mangiare) _____ un frutto, (pensare) _____ ad altro. E poi non (innervosirsi) _____ sempre per niente! (Stare) _____ tranquillo. Non (uscire) _____ tutte le sere, (andare) _____ a letto più regolarmente. Non (addormentarsi) _____ davanti alla TV e (spegnerla) _____ prima di andare a dormire. (Ritornare) _____ tra un mese e vediamo come sta.

10. Formale o informale?

a. *Lesen Sie die folgenden Sätze und kreuzen Sie an, ob es sich um eine formelle oder informelle Aussage handelt.*

	formale	informale
1. Vieni alle 14.00, sali al terzo piano e chiedi di Conte.	☐	☐
2. Compili il modulo in stampatello, per favore.	☐	☐
3. Non essere così antipatico e poi non fumare qui perché dà fastidio.	☐	☐
4. Vada prima all'ufficio relazioni internazionali.	☐	☐
5. Finisci di fare i compiti e poi esci con i tuoi amici.	☐	☐

---

15 cucinare al vapore   in Dampf garen
16 il detto   das Sprichwort
17 una mela al giorno toglie il medico di torno
18 cedere alla tentazione   der Versuchung nachgeben
Sprichwort: Iss jeden Tag einen Apfel und du bleibst gesund.
19 distrarsi   sich ablenken

6. Mi dia una mano, per favore. La borsa è troppo pesante. ☐ ☐
7. Faccia come dico io. ☐ ☐
8. Mi dica per favore quando posso trovare il Prof. Fazio. ☐ ☐

b. Sie statt Du und umgekehrt.
Formulieren Sie die Sätze in der Du-Form, wo sie in der Sie-Form angegeben sind und umgekehrt.

---

11. Consigli per imparare l'italiano

Ihr/e Kursleiter/in gibt Ihnen einige Ratschläge, damit Sie besser Italienisch lernen.
Um es Ihnen noch mehr zu erleichtern und zu versüßen spricht er/sie sogar in Reimen.
Ergänzen Sie den Text mit den angegebenen Verben im Imperativ (Du-Form).

_____ i vocaboli la mattina e	studiare
_____ anche qualche frase carina.	scrivere
Il pomeriggio _____ i CD, anzi _____ tutto il dì,	ascoltare / ascoltarli
_____ dei libri il fine settimana,	leggere
ti sembra davvero una cosa strana?	
Ah, e non _____ la grammatica…	dimenticare
in fondo non è così antipatica.	
_____ di conoscere qualche italiano	cercare
genovese, fiorentino o siciliano e	
_____ con lui di giorno e di sera	parlare
in estate, in inverno e anche in primavera.	

---

12. Ein ziemlich aufdringlicher Freund

Er möchte gerne, dass Sie all das machen, was er auch tut. Formulieren Sie die Sätze, wie im Beispiel. Verwenden Sie den Imperativ (Du-Form) und das entsprechende Pronomen.

Io mangio spesso la frutta.   Mangiala anche tu!
Non mangio mai i dolci.   Non mangiarli neanche tu!

Leggo tutti i giorni il giornale.   _____

Bevo sempre il caffè.   _____

Non mangio mai la carne.   _____

Aiuto sempre i miei compagni di corso.   _____

Non vado mai a letto prima di mezzanotte. _____

Non guardo mai la TV. _____

Ascolto sempre i miei insegnanti. _____

Uso sempre la bicicletta come mezzo di trasporto. _____

13. Angela wohnt in einer WG mit ihrer Schwester und Cinzia.
Heute fühlt sie sich nicht gut und bittet ihre Schwester um einige Gefallen.

Ergänzen Sie mit den unten aufgelisteten Formen.

falli – dallo – vacci – fallo – dille – dalli – falle – dillo – fammi

Senti, io oggi non mi sento molto bene. Non ho voglia di andare a fare la spesa. _____ tu, per favore. E poi non ho neppure voglia di cucinare. _____ tu, che sei anche così brava. Fa', per favore, gli spaghetti al pesto che mi piacciono tanto, ma _____ con tanto pesto! Di secondo invece faresti le patate al forno? Ma _____ belle croccanti. Poi oggi volevo fare un po' di ordine in camera mia. Non mi aiuteresti? I CD sulla scrivania _____ a Giovanni, perché sono suoi. E il libro _____ a Sofia che lo vuole leggere. E poi se telefona Riccardo, _____ subito a Cinzia che aspetta una sua telefonata. E _____ anche che ha telefonato sua madre. E adesso _____ , per favore, una camomilla che proprio non mi sento bene.

14. Patrizia hat's satt!

Ihr Freund Gino ist so unglaublich zerstreut und unentschlossen! Er erinnert sich an nichts und muss immer nachfragen. Ergänzen Sie die Antworten von Patrizia mit dem Verb und dem Objektpronomen.

Non so più a chi devo dare questo libro… _____ a Roberta. È suo.

Non mi ricordo a chi devo dare le tue chiavi di casa… _____ a Susi.

Non so con chi fare le prossime vacanze… _____ con Giacomo così ti diverti!

Non so con chi potrei fare sport oggi… _____ con Sergio, no? Come sempre!

Non so quando andare a comprare il regalo per Mirko… _____ subito, no?! Cosa aspetti?

Ho dimenticato a chi devo dire che arrivi tardi… _____ a Serena, la mia coinquilina.

Ho dimenticato con chi devo andare alla festa stasera… _____ da solo perché mi hai stufato![20]

---

20 stufare   auf die Nerven gehen

15. Se una notte d'inverno un viaggiatore ...

Lesen Sie den folgenden Ausschnitt aus Italo Calvinos Roman.

Stai per cominciare a leggere il nuovo romanzo *Se una notte d'inverno un viaggiatore* di Italo Calvino. Rilassati. Raccogliti.[21] Allontana da te ogni altro pensiero. [...] La porta è meglio chiuderla; di là c'è sempre la televisione accesa. Dillo subito, agli altri: «No, non voglio vedere la televisione!» Alza la voce, se no non ti sentono: «Sto leggendo! Non voglio essere disturbato!» Forse non ti hanno sentito, con tutto quel chiasso;[22] dillo più forte, grida: «Sto cominciando a leggere il nuovo romanzo di Italo Calvino!» [...]

Prendi la posizione più comoda: seduto, sdraiato, raggomitolato,[23] coricato. Coricato sulla schiena, su un fianco, sulla pancia. In poltrona, sul divano, sulla sedia a dondolo,[24] sulla sedia a sdraio, sul pouf.[25] Sull'amaca,[26] se hai un'amaca. Sul letto, naturalmente, o dentro il letto. Puoi anche metterti a testa in giù, in posizione yoga. Col libro capovolto, si capisce. [...]

Bene, cosa aspetti? Distendi[27] le gambe, allunga pure i piedi su un cuscino, su due cuscini, [...] sul tavolino da tè, sulla scrivania, sul pianoforte, sul mappamondo. Togliti le scarpe, prima. [...] Adesso non restare lì con le scarpe in una mano e il libro nell'altra. [...]

Cerca di prevedere ora tutto ciò che può evitarti d'interrompere la lettura. Le sigarette a portata di mano, se fumi, il portacenere. Che c'è ancora? Devi far pipì? Bene, saprai[28] tu.

(da *Se una notte d'inverno un viaggiatore* di Italo Calvino, Milano 1979)

a. *Lesen den Text ein weiteres Mal und unterstreichen Sie alle Imperativformen, die Sie finden.*

b. *Welche Ratschläge gibt Italo Calvino dem Leser, um:*

sich einzustimmen: _____

_____

_____

die richtige Position zu finden: _____

_____

_____

das Lesen nicht zu unterbrechen: _____

_____

_____

---

21 raccogliersi sich versenken
23 raggomitolato zusammengekauert
25 il pouf das Sitzkissen
27 distendere ausstrecken

22 il chiasso il rumore
24 la sedia a dondolo der Schaukelstuhl
26 l'amaca die Hängematte
28 saprai *hier:* lo sai

16. Formale o informale?

Ergänzen Sie mit der richtigen Form.

dirgli – dacci – mi faccia – mi dia – dillo – dille – mi dica – ci vada – fammi

1. Dr. Kuhn, ho saputo che viene a Milano. _____ sapere quando arriva.

2. Anna, se vedi Stefania _____ che l'aspetto al bar dell'università.

3. Se incontro Sergio gli devo dire qualcosa? – No. Non _____ niente.

4. Io non so più cosa fare. _____ Lei cosa farebbe in questa situazione.

5. _____ per favore tre etti di tortellini.

6. Valentina, _____ sapere come è andato l'esame.

7. Io e Giorgio non sappiamo dove andare a Capodanno. _____ un consiglio, Barbara!

8. Senta, Signora Martini, io ora non ho tempo di andare in banca. _____ Lei, per favore.

9. ■ Puoi dire a Fabio del compleanno di Federico?

   □ Va bene, tu però _____ a Lorenzo. Io non ho il suo numero di cellulare.

17. Gerundio

Formulieren Sie die Sätze mit dem Gerundium.

1. Siccome Marco si sveglia tutte le mattine alle 6.00, la sera di solito è stanchissimo.
   _____

2. Marisa studia un sacco perché vuole finire l'università in fretta.
   _____

3. Giorgio parla così bene l'inglese perché la sua ragazza è di Oxford.
   _____

4. Siccome non fumo, l'odore delle sigarette mi dà fastidio.
   _____

5. Ludovico non ha bisogno di lavorare perché è ricco di famiglia.
   _____

6. Cinzia è sempre in splendida forma perché fa sport regolarmente.
   _____

18. Vervollständigen Sie die Sätze und benutzen Sie dabei das Gerundium.

1. ◦ Come fai ad imparare così velocemente una lingua?
   - ■ _____ molto e _____ molti esercizi.   parlare – fare

2. ◦ Luca, secondo te, come faccio a uscire una sera da solo con Sara?
   - ■ Semplice! _____ .   telefonarle

3. ◦ Secondo te, come faccio a perdere qualche chilo?
   - ■ _____ di meno e _____ sport.   mangiare – fare

4. ◦ Gherardo, come fai a sapere sempre tutto?
   - ■ _____ , _____   leggere – studiare –
     e non _____ tempo a dormire sempre, come fai tu.   perdere

5. ◦ Scusi professoressa, come faccio ad imparare le parole nuove?
   - ■ _____ su un quaderno e _____ ad alta voce.   scriverle – ripeterle

19. punto.it

Università e sport. Wissen Sie, was ein CUS ist? Raten Sie, wofür die Buchstaben stehen. Möchten Sie genau wissen, was dahinter steckt? Dann besuchen Sie die Internetseite vom CUS der römischen Universitäten La Sapienza und Roma 3 – www.cusroma.org – und suchen Sie nach folgenden Informationen:

1. Che cosa è il CUS?
2. Quali tipi di attività può fare uno studente iscritto al CUS di Roma?
3. Quali sono le modalità d'iscrizione?
4. Quanto costano in media i corsi? (qualche esempio)

Wenn Sie möchten, können Sie auch den CUS von anderen Universitäten besuchen und entdecken, was dort angeboten wird.

Lo sapevevate che...?

Secondo una statistica recente, il 41% della popolazione italiana tra i 14 e i 49 anni (circa 30,3 milioni di persone) si è dichiarato sportivo.
Sono i giovani (il 58,6% dei 15-24enni) e ancor di più i giovanissimi (il 79,6% degli 11-14enni) che praticano maggiormente lo sport e gli uomini (46,7%) superano le donne (35,3%), anche se per queste ultime il trend è di crescita. La maggioranza degli sportivi (70,4%) fa sport 2/3 volte alla settimana. Gli sport più praticati sono calcio, calcetto, le attività in palestra, nuoto, jogging e corsa.

GRAMMATICA

1. Der Komparativ

Comparativo di maggioranza e minoranza

I grissini sono **più leggeri del** pane?
No, i grissini **sono meno leggeri del** pane.

Der Komparativ von Adjektiven und Adverbien wird wie folgt gebildet:
più / meno + Adjektiv / Adverb

Das zweite Vergleichselement wird von **di** bzw. **che** eingeleitet, was dem deutschen »als« entspricht.

Di (+ Artikel) wird vor Eigennamen, Substantiven, Pronomen und Adverbien verwendet.
Mario è **più** alto **di** Luca.
Mario è **più** alto **di** me.
Adesso Mario cucina **più** accuratamente **di** prima.

Che wird vor Präpositionen verwendet sowie wenn der Vergleich zwischen Verben, Adjektiven oder Adverbien erfolgt.
Mangiamo **più** spesso in pizzeria **che** al ristorante.
È **più** rilassante cucinare **che** fare la spesa.
Lui è **più** simpatico **che** interessante.
Maria cucina **più** velocemente **che** accuratamente.

Che wird auch vor Substantiven verwendet, wenn es sich um einen Vergleich zwischen Mengen handelt.
Gli italiani mangiano più **cracker che pane**.

Beachten Sie!
Es gibt einige unregelmäßige Komparativformen der Adjektive und Adverbien:

Adjektiv	Adverb
buono → **migliore**	bene → **meglio**
cattivo → **peggiore**	male → **peggio**
grande → **maggiore**	molto → **(di) più**
piccolo → **minore**	poco → **(di) meno**

Comparativo di uguaglianza

Laura è leggera e scattante **come** un'atleta.
Laura è leggera e scattante **quanto** un'atleta.

Die Gleichheitsstufe von Adjektiven und Adverbien wird wie folgt gebildet:
Adjektiv / Adverb + **come** / **quanto**
Come und **quanto** geben den deutschen Ausdruck »so ... wie« wieder.

2. Unregelmäßige Pluralformen

Ho un'irritazione sulla pelle delle braccia.

Einige Substantive sind im Singular maskulin und im Plural feminin. Im Plural haben sie außerdem die unregelmäßige Endung **-a**.

| il braccio → le braccia | il labbro → le labbra | aber auch: |
| il dito → le dita | il ginocchio → le ginocchia | l'uovo → le uova, il paio → le paia |

Beachten Sie auch: la mano → le mani

Einige dieser Substantive haben auch eine Pluralform auf **-i**, die aber eine andere Bedeutung hat. So z. B.
i bracci → z. B. die Flussarme   i labbri → die Ränder (einer Wunde)

3. Der Imperativ (Du- und Sie-Form)

Cerca di mangiare leggero.
Cerchi di mangiare leggero.
Der Imperativ wird gebraucht, um Ratschläge zu erteilen oder Anweisungen zu geben.

Regelmäßige Verben

	scusare	prendere	sentire	pulire(-isc-)
(tu)	scusa	prendi	senti	pulisci
(Lei)	scusi	prenda	senta	pulisca

Bei den Verben auf *-ere* und *-ire* sind die Imperativformen der 2. Person Singular (tu) identisch mit den entsprechenden Formen des Indikativ Präsens.

Unregelmäßige Verben

	andare	avere	dare	dire	essere	fare	sapere	stare	tenere	venire
(tu)	va'/vai	abbi	da'/dai	di'	sii	fa'/fai	sappi	sta'/stai	tieni	vieni
(Lei)	vada	abbia	dia	dica	sia	faccia	sappia	stia	tenga	venga

Die Sie-Form des Imperativs wird bei vielen unregelmäßigen Verben von der ersten Person Singular des Indikativ Präsens abgeleitet (bevo → beva).

Der verneinte Imperativ

Rita, **non urlare**! Ti prego!
Giuliano, **non ridere**, altrimenti rido anch'io!

Den verneinten Imperativ in der Du-Form (tu) bildet man durch das Verneinungswort **non** und die Infinitivform des Verbs.

Signora Righi, **non prenda** altri appuntamenti per domani, per favore.
Dottor Mastella, **non dica** niente al direttore! Mi raccomando!

Der verneinte Imperativ in der Höflichkeitsform (Lei) wird wie folgt gebildet:
non + Imperativform.

Die Stellung der Pronomen

Du-Form (tu)

Marta, **scusami**!
Quanto pane porto? – Mah, port**ane** un chilo.

Die unbetonten Objektpronomen, die Reflexivpronomen und die Pronominaladverbien **ci** und **ne** werden an die Imperativform angehängt.

Franco, **dimmi** tutto!
Alla festa **vacci** pure da sola. Io purtroppo non ho tempo.
Fagli una bella sorpresa.

Beachten Sie! Bei einsilbigen Imperativformen verdoppelt sich der Konsonant des Pronomens, außer bei **gli**.

Non chiamarlo sul cellulare!
oder **Non lo chiamare** sul cellulare!

Beim verneinten Imperativ werden die Pronomen entweder an den Infinitiv angehängt oder sie stehen zwischen der Verneinung **non** und der Infinitivform.

Sie-Form (Lei)

Avvocato Rossi, **si accomodi** pure!
Quante bottiglie prendo? – **Ne prenda** tre!
Avvocato, quando devo andare a fare le fotocopie? – **Ci vada** subito, per favore!

Die unbetonten Objektpronomen, die Reflexivpronomen und die Pronominaladverbien **ci** und **ne** stehen vor der Imperativform.

Signora, oggi alla galleria **non ci vada**. È chiusa.

Beim verneinten Imperativ stehen die Pronomen zwischen der Verneinung **non** und der Imperativform.

3. Das ‹gerundio presente›

Das ‹gerundio presente› wird verwendet, um zwei miteinander verbundene Hauptsätze oder einen Hauptsatz und einen Nebensatz in verkürzter Form auszudrücken. In der Regel haben die zwei Sätze dasselbe Subjekt und die Handlungen erfolgen gleichzeitig. Da die Form des ‹gerundio› unveränderlich ist, gibt das Verb des Hauptsatzes an, auf welches Subjekt und welche Zeit sich das *gerundio* bezieht.

Das ‹gerundio› kann verschiedenen Funktionen haben:

Fa sport come un matto **sperando** di dimagrire.
Hier übernimmt es eine kausale Funktion: Fa sport come un matto **perché spera** di dimagrire.

Metta questa pomata **spalmandola** e **lasciandola** assorbire.
Hier übernimmt das ‹gerundio› eine modale Funktion, das heißt es beschreibt die Art und Weise einer Handlung. Es kann im Deutschen mit »indem« wiedergegeben werden.

Die unbetonten Objektpronomen, die Reflexivpronomen sowie die Pronominaladverbien **ci** und **ne** werden an das ‹gerundio› angehängt.

Essendo tardi, prendo un taxi.
In unpersönlichen Sätzen müssen die beiden Subjekte nicht übereinstimmen.

UNITÀ 10

BILANCIO

Am Ende dieser Einheit kann ich …

	😊	😐	😞	📖
über Essgewohnheiten sprechen.	☐	☐	☐	3
über meine kulinarischen Vorlieben sprechen.	☐	☐	☐	10
über Gesundheitszustände berichten.	☐	☐	☐	11
jemanden um einen Rat bitten, sowie selbst Ratschläge und Anweisungen geben.	☐	☐	☐	14/15
über meine sportlichen Aktivitäten sprechen.	☐	☐	☐	19
an einem Gespräch über meinen Lebensstil und den meines Gesprächspartners teilnehmen.	☐	☐	☐	21

_____

_____

Mein Lerntagebuch

Die nützlichsten Wörter sind für mich …
Was ich über Italien und die Italiener erfahren habe …
Am interessantesten war / waren für mich …
Was ich wiederholen sollte …
Entweder jetzt oder nie. Was ich zu dieser Lektion sagen wollte …

Lernstrategien: Über das Sprachenlernen nachdenken

Wie lernen Sie neue Wörter?
Hier ist eine Liste von Vokabeln, die der Lektion entnommen sind. Sie haben zwei Minuten Zeit, um sich diese Wörter einzuprägen. Decken Sie danach die Liste zu und schreiben Sie alle Wörter auf, an die Sie sich erinnern.

surgelato – nutriente – alimenti – educato – faticoso – abbi – snello – spalla – malgrado – sconveniente – fa' – condito – invitante – pomata – sottoporsi – eliminare – sii – viso

Tipp: Vokabeln können Sie sich besser merken, wenn Sie aktiv mit ihnen arbeiten, wenn Sie sie z.B. nach Ihren Vorlieben sortieren. Lernen Sie neue Vokabeln am besten zusammen mit ihrem Kontext.

Für mein Dossier

Sie haben einen Freund/eine Freundin mit einem sehr ungesunden Lebensstil! Schreiben Sie ihm/ihr die ‹zehn Gebote› eines gesunden Lebensstils und versuchen Sie ihn/sie zu überzeugen, warum er/sie Ihren Ratschlägen folgen soll.

1. Il congiuntivo

Completate le frasi con il verbo adatto e non dimenticate di usare il congiuntivo.

1. Credo che	il film	_____ alle 22.00.	studiare
	tu	_____ troppo poco.	finire
	Marco e Maria	_____ il treno delle 7.15.	prendere
2. Klaus pensa che	noi	_____ benissimo il tedesco.	parlare
	io	_____ per Palermo domani.	conoscere
	tu e Anna	_____ molta gente.	partire
3. Mi sembra che	i miei genitori	_____ dopo cena.	preferire
	Lucia	_____ poco il giornale.	tornare
	Enrico	_____ vedere un altro film.	leggere
4. Credete che	Andrea	_____ a Bari?	mettersi
	Gianni e Carlo	_____ sempre alle 9.00?	trasferirsi
	io	_____ sempre gli stessi vestiti?	svegliarsi

2. Verbi irregolari al modo congiuntivo

Completate la tabella con le forme irregolari mancanti. Le prime tre persone sono uguali.

dicano usciamo abbiamo facciano faccia siate veniamo
diciate vengano andiate esca rimaniamo beviate
andiamo usciate sia diano diate facciamo bevano siano diamo
  vadano abbiate rimanga abbiano rimaniate beviamo diciamo

	io	tu	lui/lei/Lei	noi	voi	loro
essere	___	___	___	siamo	___	___
avere	abbia	___	___	___	___	___
andare	___	vada	___	___	___	___
fare	___	___	___	___	facciate	___
dire	___	___	dica	___	___	___
dare	___	dia	___	___	___	___
uscire	___	___	___	___	___	escano
bere	___	___	beva	___	___	___
venire	venga	___	___	___	veniate	___
rimanere	___	___	___	___	___	rimangano

3. Completate questo breve testo con i verbi irregolari mancanti. I verbi sono in ordine.

dare – fare – avere – andare – uscire – bere – rimanere – essere – dire – dare – andare

Penso che Federico e Monica _____ una festa per il compleanno di Monica e mi sembra che la _____ a casa loro perché credo che _____ una casa molto grande. Credo che ci _____ molti dei nostri compagni di corso. Io non so ancora se posso andarci perché i miei ultimamente credono che io _____ troppo e _____ troppo alcol, ma se pensano che io _____ a casa sabato sera si sbagliano perché, siccome studio tutta la settimana, penso che _____ giusto divertirsi il fine settimana. Ma alla fine penso che i miei non mi _____ niente e mi _____ il permesso di andarci. L'unica cosa è che non voglio andarci da sola. Forse potrei chiedere a Serena perché credo che _____ anche lei alla festa.

4. Cosa pensa la stampa[1] italiana?

a. Leggete il seguente articolo.

Eterni[2] figli. Costi abitativi e lavoro temporaneo li costringono a vivere con i genitori

Cinema e giornali li trattano male. Tacciati di[3] «mammoni e casalinghi». I giovani italiani preferiscono stare a casa. Mentre il moralismo li trasforma in capro espiatorio[4] della falsa coscienza della società. Prendete il lavoro e la casa. I giovani fino a 35 anni riescono ad entrare nel mondo del lavoro grazie a contratti temporanei. Difficile trovare altro, anche se si possiede un titolo di studio. In questo modo non riescono a progettare il futuro, se non ai tempi della conferma del contratto di lavoro. Che arriva per più di un terzo, ma ci vuole pazienza. Poi c'è la casa. Anche se hanno un lavoro, qualche volta di medio – alto livello, resta infatti aperta la questione casa e quindi il progetto di vita. Flessibilità e discontinuità nella carriera, insieme al costo delle abitazioni, arrivato ormai a livelli insostenibili,[5] costringono i nostri giovani a rimanere dentro le mura della famiglia d'origine. [...]
A vivere in famiglia (18–35 anni) sono più i giovani maschi delle femmine (66,7 % contro il 52,4). Per concludere, la ricerca Censis ci racconta forse quello che sapevamo, ma mette il dito nella piaga.[6] E pone alcuni interrogativi di fondo. Eccoli.
Come si fa a rendere responsabili i nostri giovani se li costringiamo a restare in casa troppo a lungo? Come facciamo a crescerli capaci di progettare e costruire il futuro? [...] Domande difficili, ma inevitabili.[7] I giovani sono oggi quelli che praticano la flessibilità. [...] Il lavoro, con qualche garanzia in più, e l'abitazione sono la base materiale dell'identità.

(adattato da *Giovani & atipici con la voglia di casa* di Walter Passerini, *Corriere Lavoro*, 25/03/2005)

---

1 la stampa   die Presse
2 eterno   ewig
3 tacciare di   beschuldigen
4 il capro espiatorio   der Sündenbock
5 insostenibile   untragbar
6 mettere il dito nella piaga   den Finger in die Wunde stecken
7 inevitabile   unvermeidbar

b. *Vero o falso? Prima completate le domande con il verbo al congiuntivo e poi segnate con una crocetta se l'affermazione è vera o falsa.*

	vero	falso
L'autore di questo articolo crede che …		
1. il cinema e i giornali (parlare) _____ bene dei giovani italiani.	☐	☐
2. i giovani italiani (preferire) _____ stare a casa.	☐	☐
3. molti giovani fino ai 35 anni circa (avere) _____ lavori precari.	☐	☐
4. chi possiede un titolo di studio (trovare) _____ un buon lavoro.	☐	☐
5. in questa condizione i giovani non (riuscire) _____ a fare progetti per il futuro.	☐	☐
6. le case non (costare) _____ molto.	☐	☐
7. lavoro precario e case troppo care (costringere) _____ i giovani italiani a rimanere a casa.	☐	☐
8. i ragazzi (vivere) _____ in famiglia più a lungo delle ragazze.	☐	☐
9. compito della società (essere) _____ quello di responsabilizzare i giovani.	☐	☐
10. un lavoro più sicuro e la casa (costituire) _____ la base materiale dell'identità.	☐	☐

5. **Un altro punto di vista**

a. *Completate il seguente testo con i verbi al congiuntivo o all'indicativo presente e sottolineate i verbi da cui dipende il congiuntivo.*

**Studio di due economisti connazionali «fuggiti» all'estero:
Italiani mammoni? No, genitori «possessivi»**

Due ricercatori italiani, Marco Manacorda e Enrico Moretti, non credono affatto che gli italiani (essere) _____ dei mammoni. Secondo loro, la colpa (essere) _____ dei genitori italiani. Marco Manacorda e Enrico Moretti pensano infatti che i genitori italiani (avere) _____ un comportamento troppo possessivo nei confronti dei figli, non (dare) _____ loro la possibilità di uscire di casa e non li (aiutare) _____ ad essere indipendenti. A loro sembra che i genitori italiani (mettere) _____ in atto diverse strategie per impedire ai figli di lasciare la casa paterna o almeno per tardare questo momento il più possibile. Secondo le statistiche, l'80% dei giovani tra i 18 ed i 30 anni (vivere) _____ con i genitori: una percentuale enorme in confronto al 50% dei britannici e al

40% degli statunitensi. I due ricercatori credono inoltre che i figli non (avere) _____ vantaggi da questa situazione, anzi. Pensano infatti che i ragazzi che vivono ancora con i genitori (viaggiare) _____ di meno, (fare) _____ fatica[8] a creare una famiglia e spesso non (trovare) _____ un lavoro. Infine, secondo i due ricercatori, il prezzo che i giovani (dovere) _____ pagare è una scarsa indipendenza e, a lungo termine, poca soddisfazione nella vita. In conclusione, ritengono[9] che i genitori italiani (sforzarsi[10]) _____ molto per farsi amare, ma in un certo senso (comprare) _____ questo amore in cambio dell'indipendenza dei figli.

(basato su *Italiani mammoni? No, genitori «possessivi»*, Corriere della Sera, 03/02/2006)

b. *E voi cosa credete? Scrivete tre frasi di commento agli articoli letti.*

Penso che _____

Mi sembra che _____

Non credo che _____

▶ll 21 6. **Mammoni, ma non solo, d'Italia**

Ascoltate queste tre interviste e rispondete alle domande.

1. Marco:

   Quanti anni ha Marco? _____

   Che lavoro fa? _____

   Con chi vive e perché? _____

2. Marcello:

   Cosa fa Marcello? _____

   Con chi vive e perché? _____

   Cosa pensa dei soldi spesi per l'affitto? _____

3. Caterina:

   Con chi vive? _____

   Quando ha deciso di andare a vivere da sola e perché? _____

   Cosa le manca? _____

---

8 fare fatica schwer haben   9 ritenere halten für (vuole il modo congiuntivo perché esprime un'opinione)
10 sforzarsi sich bemühen

7. Completate con ‹andarsene›. Attenzione ai tempi.

1. ■ Anna, quando _____ da Bologna?

   □ Fammi pensare... _____ tre anni fa!

2. ■ Dove sono finiti ieri Ugo e Gherardo?

   □ Erano stanchi morti e _____ dalla festa presto.

3. ■ Mamma mia che noia questo film. Non trovi?

   □ Sì. Fra un paio di minuti _____ e torniamo a casa, va bene?

4. ■ Uffa! Quanto sei noioso! Ma perché non _____ da qui se proprio

   non ti piace?

   □ Ma perché non _____ tu e Silvia, così mi lasciate in pace?

5. ■ Se finalmente il mio coinquilino _____ e lascia la stanza libera,

   te lo dico.

   □ Perfetto. Poi guarda che mi trasferisco io a casa tua e non _____ più!

8. «Ho bisogno di un po' di aria...» Le vacanze di ...

Completate con i verbi al futuro.

1. Silvia (andare) _____ al mare, non (studiare) _____ per niente, ma

   (leggere) _____ molti libri. Forse un po' (annoiarsi) _____.

2. Ugo e Linda (lavorare) _____ tutto il mese. (avere) _____ poco

   tempo per riposarsi, ma (vedere) _____ tanti bei musei. (divertirsi)

   _____ di sicuro.

3. Io (andare) _____ in Umbria, (dormire) _____ in campeggio,

   (spendere) _____ pochi soldi e (rilassarmi) _____. Magari non

   (volere) _____ più tornare.

4. Tu e Antonio (andare) _____ a Parigi, (fare) _____ un corso di

   francese all'università e (incontrare) _____ tanta gente simpatica.

   (Vedere) _____ molti bei posti e forse (bere) _____ molto champagne.

5. E tu? Dove (andare) _____? Quanto tempo (rimanere) _____ in

   vacanza? (scrivere) _____ una cartolina a qualcuno?

9. **Uno strumento che ha cambiato la vita... anche degli universitari.**

Completate questo breve testo con i verbi al futuro.

Internet (trasformare) _____ la vita dell'uomo moderno. Il lavoro (cambiare) _____ perché le persone non (dovere) _____ più andare sul posto di lavoro, ma (potere) _____ lavorare da casa, i rapporti umani (diventare) _____ più virtuali e meno reali. Internet (collegare) _____ la gente di tutto il mondo. Questo si diceva alla comparsa di Internet nella vita moderna.

Anche per gli universitari italiani la rete (diventare) _____ in futuro sempre di più una realtà concreta. A partire dal 2003, infatti, con l'entrata in vigore[11] del decreto, le lauree online non sono più solo una realtà virtuale. E in futuro (aumentare) _____ sicuramente i corsi di laurea che (utilizzare) _____ le nuove tecnologie e i docenti che (offrire) _____ le loro lezioni in Internet. E gli studenti? Loro (seguire) _____ tranquillamente i corsi da casa. Grazie ad un mouse e ad un collegamento Internet.

10. **Nel seguente brano di Niccolò Ammaniti Pietro scrive una lettera a Gloria. Ma attenzione! L'autore ha dimenticato di inserire i verbi al futuro.**

a. *Inserite voi i verbi che mancano al futuro.*

Cara Gloria, come stai?

Prima di tutto Buon Natale e Buon Anno Nuovo. Qualche giorno fa ho parlato con mia madre e mi ha detto che alla fine (tu/andare) _____ all'università a Bologna. [...] (Tu /studiare) _____ qualcosa che c'entra con il cinema, vero? Quindi niente più economia e

5 commercio. Hai fatto bene a insistere con tuo padre. Era quello che volevi fare. Uno deve fare le cose che vuole. Quest'università sul cinema (essere) _____ sicuramente molto interessante e Bologna è una bella città e piena di vita. Almeno così dicono. Quando (uscire) _____ dall'istituto voglio fare un giro in treno per tutta l'Europa e ti (venire) _____ a trovare così me la (tu/fare) _____ conoscere.

10 Manca poco, sai, tra due mesi e due settimane compio diciotto anni [...]. Ti rendi conto?

---

11 entrare in vigore   in Kraft treten

Mi sembra impossibile, finalmente (potere) _____ uscire da questo posto e fare quello che voglio. Ancora non lo so bene quello che voglio. Ma mi hanno detto che esistono delle università serali e forse potrei frequentarne una. Mi hanno anche proposto un lavoro qui, aiutare quelli che entrano in istituto a integrarsi e cose del genere. Mi pagherebbero. Gli
15 insegnanti dicono che <u>ci so fare</u> con i ragazzini piccoli. Non lo so, ci (dovere) _____ pensare, quello che voglio ora è fare il viaggio. Roma, Parigi, Londra, la Spagna. Quando (tornare) _____ (decidere) _____ del futuro, c'è tempo per questo.

(da *Ti prendo e ti porto via* di Niccolò Ammaniti, Milano 1999)

b. *Capire dal contesto. Scegliete la variante esatta.*

c'entra (r. 3)	a. ha per oggetto b. lavora	insistere (r. 4)	a. non rinunciare b. lasciare perdere
Ti rendi conto? (r. 10)	a. Capisci? b. Lo sai?	ci so fare (r. 15)	a. mi diverto b. sono bravo

c. *Rispondete alle domande.*

Cosa farà Gloria? E Pietro?

11. E ora basta!!!

In una lettera ad un giornale una lettrice, Alessia, si sfoga.[12] *L'argomento è sempre quello: giovani che non vogliono uscire di casa.*
Completate con il congiuntivo e sottolineate da quale espressione dipendono i congiuntivi da inserire.

Per me è incredibile che alcuni giornalisti (scrivere) _____ articoli dal titolo «i trentenni che non se ne vogliono andare di casa». Secondo me, infatti, è difficile che i giovani (andare) _____ via di casa, (sposarsi) _____ e (fare) _____ dei figli perché non riescono a trovare un lavoro. In questo modo è impossibile che un giovane (riuscire) _____ a fare progetti per il futuro. Quindi per me non è strano che i giovani (rimanere) _____ a casa a lungo. È invece scandaloso che i giornalisti (continuare) _____ a scrivere solo che i giovani preferiscono stare a casa e non (dire) _____ anche il perché.

---

12 sfogarsi   das Herz ausschütten

12. punto.it

Notizie online. Nell'eserciziario e anche nel manuale avete già letto alcuni articoli tratti dai più importanti giornali italiani. Cominciate a familiarizzare anche voi con i giornali. Ecco gli indirizzi internet di due importanti quotidiani italiani: www.corriere.it e www.repubblica.it
Visitate i loro siti, scegliete due titoli che vi sembrano interessanti e commentateli brevemente come negli esercizi precedenti. A lezione chiedete ai vostri compagni che titoli hanno scelto e confrontate le vostre idee.

13. Congiuntivo o infinito?

Completate le frasi secondo il senso e inserite dove necessario la preposizione ‹di›.

1. Filippo pensa _____ una vita sana,   fare

   a Monica invece sembra che lui _____ troppo.   fumare

2. Marcello spera che Luca _____ l'esame perché   superare

   loro sperano _____ per le vacanze subito dopo.   partire

3. Stefano crede che Valeria _____ oggi,   arrivare

   Valeria invece pensa _____ domani.   arrivare

4. Luisa spera _____ fra sei mesi.   laurearsi

   Anche i suoi genitori sperano che lei _____ presto.   laurearsi

14. Preposizioni sì o no? E se sì quale?

Costruite delle frasi secondo il senso. Sono possibili diverse combinazioni.

Non riesco		scrivere la sua tesi di laurea due settimane fa.
Ho cominciato		partire per Londra fra un mese.
In estate mi piace		studiare l'italiano un anno fa.
È difficile		diventare medico.
Credo	di	mangiare?
Anna ha deciso	a	fare un master in Inghilterra.
Dopo l'università andrò	da	andare regolarmente a lezione.
Studio medicina	per	svegliarsi tutte le mattine alle 6.00.
È importante		finire di leggere quel noiosissimo libro.
Avete qualcosa		trasferirsi a Bologna.
Claudio ha finito		fare sport all'aria aperta.
Spero		prendere un bel voto all'esame.

15. Se... Ipotesi a catena

a. *«Se domani c'è il sole, vado al lago. Se vado al lago, prendo il sole...»*
   Continuate voi con i verbi sotto indicati!

abbronzarsi – sentirsi meglio – avere più energia – studiare di più – superare l'esame – i miei mi regalare dei soldi – andare in vacanza

«Se invece domani piove...»
Continuate voi a piacere con almeno quattro o cinque ipotesi e conseguenze.

b. *Marc ha scritto un libro e l'ha spedito a qualche casa editrice.[13]*
   Ora nella cassetta delle lettere c'è una lettera di una casa editrice famosa.

Se nella lettera ci sarà una risposta positiva, Marc...

(potere) _____ pubblicare il libro. Se (pubblicare) _____ il libro, (diventare) _____ uno scrittore. Se (diventare) _____ uno scrittore, (guadagnare) _____ un po' di soldi. Se (guadagnare) _____ un po' di soldi, (smettere) _____ di lavorare. Se (smettere) _____ di lavorare, (realizzare) _____ il suo sogno. Se (realizzare) _____ il suo sogno, (essere) _____ un uomo felice.

«Ma se nella lettera ci sarà una risposta negativa allora Marc...»
Continuate voi con almeno quattro o cinque ipotesi e conseguenze.

c. *Anne improvvisamente decide di andare un fine settimana a Roma da sola.*
   Gianluca, un suo amico di Roma, le dà dei consigli.
   Completate con le forme dell'imperativo.

Se vai a Roma, (visitare) _____ il quartiere di Trastevere. Se vai a Trastevere (fare) _____ una passeggiata al Gianicolo, se (arrivare) _____ fino a Piazza Garibaldi, (godersi) _____ la vista su Roma. Se vuoi mangiare un buon gelato, (andare) _____ sull'isola Tiberina e (comprare) _____ un gelato nella gelateria lì. Se vuoi mangiare un gelato speciale, (scegliere) _____ il gusto al pistacchio che è favoloso. Se la sera vuoi uscire a farti un giro, non (andare) _____ in Piazza di Spagna che è piena di turisti. (Andare) _____ a San Lorenzo, che è il quartiere studentesco con tanti bei locali.

---

[13] la casa editrice   der Verlag

16. Tempo di propositi. Prometto che...

Fra qualche settimana sarà Capodanno e comincerà un nuovo anno.
Alcuni studenti parlano dei loro propositi. Completate con il futuro.

- Federico, allora, che propositi hai per il nuovo anno?
- Guarda ho deciso. Prometto che (andare) _____ a tutte le lezioni e (giocare) _____ meno a calcio così (avere) _____ più tempo per studiare.
- Monica e tu?
- Io prometto che (fare) _____ regolarmente gli esercizi e (rimanere) _____ a casa più spesso nei fine settimana.
- Roberta, Patrizia e voi?
- Noi promettiamo che (guardare) _____ meno la Tv e (frequentare) _____ di più le lezioni.

E tu?

Io prometto che _____

Lo sapevate che...?
Vado a vivere da solo... quando?

Da un'indagine sulla condizione giovanile in Italia risulta che è solo dopo i 25 anni che i ragazzi italiani escono da casa; tuttavia, il fenomeno riguarda solamente il 30% dei 25–29enni. Un terzo dei 30–34enni vive ancora con i propri genitori.
Diminuiscono le esperienze di parziale autonomia dalla famiglia causate dagli studi universitari in città diverse da quelle dove si abita: oggi la diffusione delle università sull'intero territorio nazionale rende possibile la frequenza delle lezioni nell'Università ‹sotto casa› o, eventualmente, ci si adatta ad un pendolarismo giornaliero verso la città più vicina.
La piena indipendenza dai genitori avviene spesso contemporaneamente all'inizio di una convivenza che, nella grande maggioranza dei casi, coincide con il matrimonio. La gran parte dei matrimoni si concentra nella classe di età dei 30-34enni.

GRAMMATICA

1. Der ‹congiuntivo presente›

Regelmäßige Verben

	parlare	prendere	dormire	preferire (-isc-)
(io)	parli	prenda	dorma	preferisca
(tu)	parli	prenda	dorma	preferisca
(lui, lei, Lei)	parli	prenda	dorma	preferisca
(noi)	parliamo	prendiamo	dormiamo	preferiamo
(voi)	parliate	prendiate	dormiate	preferiate
(loro)	parlino	prendano	dormano	preferiscano

Unregelmäßige Verben

andare	vada	andiamo	andiate	vadano
avere	abbia	abbiamo	abbiate	abbiano
dare	dia	diamo	diate	diano
dire	dica	diciamo	diciate	dicano
dovere	debba	dobbiamo	dobbiate	debbano
essere	sia	siamo	siate	siano
fare	faccia	facciamo	facciate	facciano
potere	possa	possiamo	possiate	possano
uscire	esca	usciamo	usciate	escano
venire	venga	veniamo	veniate	vengano
volere	voglia	vogliamo	vogliate	vogliano

Alle drei Singularformen sind gleich. Zum besseren Verständnis werden daher die Personalpronomen häufig gebraucht.
Die 1. Person Plural (*noi*) ist identisch mit der entsprechenden Präsensform des Indikativs.
Die Verben auf *-ire* mit Stammerweiterung behalten die *-isc-*Erweiterung bei.
Die Verben auf *-care* und *-gare* erhalten ein *-h-* vor den Endungen des ‹congiuntivo›:
giocare → giochi   pagare → paghi

Für die unregelmäßigen Verben gilt Folgendes:
Der Singular und die 3. Person Plural lassen sich vom Stamm der 1. Person Singular des Präsens Indikativ ableiten. Dabei wird das *-o* zu *-a*.

| **andare** | vado → vada, vadano | **fare** | faccio → faccia, facciano |
| **dire** | dico → dica, dicano | **uscire** | esco → esca, escano |

Ausnahmen sind die Verben **avere** und **essere**, die sich nicht ableiten lassen.

Der «congiuntivo» ist der Modus der Subjektivität und entspricht nicht dem deutschen Konjunktiv. Er wird meistens in Nebensätzen verwendet, die mit **che** eingeleitet werden. Die Hauptsätze, von denen diese Nebensätze abhängen, enthalten bestimmte Verben und Ausdrücke, die den Gebrauch des «congiuntivo» in den Nebensätzen auslösen:

- Verben und Ausdrücke der persönlichen Meinung
  Credo
  Penso   che i giovani italiani **si confrontino** con i giovani di altri Stati europei.
  Ritengo

  Secondo Lei questa è una mitologia?
  Nach »**secondo/per** + Pronomen« wird jedoch der Indikativ gebraucht.
  Es handelt sich hierbei um einen Hauptsatz, nicht um einen Nebensatz!

- Verben und Ausdrücke der Hoffnung bzw. Willensäußerung
  Speri che io **faccia** una scenata.
  Desideriamo che **veniate** alla nostra festa.
  Vuoi che ti **aiuti** domani?
  Preferisco che tu non **esca** stasera.

- Verben und Ausdrücke der Unsicherheit
  Mi sembra che la gente **sia** più aggressiva.
  Non sono sicuro che Laura **vada** a fare un master negli Stati Uniti.

- Verben und Ausdrücke der Gefühlsäußerung
  Siamo contenti che Tina **abbia** un nuovo lavoro!
  Ho paura che questa volta Gianni non **superi** l'esame.

- Unpersönliche Ausdrücke
  È importante
  È normale   che i figli **vadano** a vivere da soli a 18 anni.
  È giusto

Beachten Sie!
Tu speri che **io** faccia una scenata.
Io spero **di tornare** in tempo per le elezioni.

Wenn Hauptsatz und Nebensatz das gleiche Subjekt haben, wird der Nebensatz mit dem «congiuntivo» durch eine Infinitivkonstruktion ersetzt.

2. Das ‹futuro semplice› (Futur I)

Regelmäßige Verben

Die Formen werden aus dem Infinitiv abgeleitet:

	aiutare	prendere	sentire
(io)	aiuter**ò**	prender**ò**	sentir**ò**
(tu)	aiuter**ai**	prender**ai**	sentir**ai**
(lui, lei, Lei)	aiuter**à**	prender**à**	sentir**à**
(noi)	aiuter**emo**	prender**emo**	sentir**emo**
(voi)	aiuter**ete**	prender**ete**	sentir**ete**
(loro)	aiuter**anno**	prender**anno**	sentir**anno**

Beachten Sie folgende Regeln zur Bildung des ‹futuro semplice›.
- Bei Verben auf *-are* wird das *-a* der Infinitivendung zu *-e*:
  aiutare → aiuterò
- Bei Verben auf *-care* und *-gare* wird ein *-h-* vor der Endung eingeschoben:
  cercare → cercherò; pagare → pagherò (zur Lauterhaltung)
- Bei Verben auf *-ciare* und *-giare* entfällt das *-i-* des Stammes:
  cominciare → comincerò; mangiare → mangerò

Unregelmäßige Verben

	essere
(io)	sarò
(tu)	sarai
(lui, lei, Lei)	sarà
(noi)	saremo
(voi)	sarete
(loro)	saranno

Für die unregelmäßigen Verben im ‹futuro semplice› gelten dieselben Regeln wie beim ‹condizionale presente› (vgl. Lektion 9). Der Verbstamm ändert sich, während die Endungen des ‹futuro semplice› erhalten bleiben.

Beachten Sie die unten stehenden Änderungen, die den Verbstamm betreffen:
- Einige Verben auf *-are* behalten das *-a* der Infinitivendung bei:
  dare → darò, fare → farò, stare → starò; aber: restare → resterò
- Einige Verben auf *-ere* verlieren das *-e* der Infinitivendung:
  avere → avrò, sapere → saprò, vivere → vivrò; das gilt auch für andare → andrò.
- Einige Verben verlieren das *-e* der Infinitivendung, der letzte Konsonant des Stammes verändert sich dabei in ein *-r*: rimanere → rimarrò, tenere → terrò

Der Gebrauch

Das ‹futuro semplice› wird ähnlich wie das deutsche Futur I gebraucht.

	Das ‹futuro semplice› wird verwendet,
Fra qualche mese **andrò** a Parigi e so già che **troverò** lavoro subito.	um Handlungen und Zustände auszudrücken, die sich in der Zukunft abspielen werden.
Aber: **Sabato** andiamo al mare.	Das ‹futuro semplice› kann durch das Präsens ersetzt werden, wenn die Handlung in der nahen Zukunft liegt und/oder eine präzise Zeitbestimmung vorhanden ist. Dadurch wird betont, dass die Handlung sicherlich stattfinden wird.
Dopo **tornerò** in Italia, ma non so quanto ci **resterò**.	um zukünftige Vorgänge auszudrücken, die einen gewissen Unsicherheitsgrad aufweisen.
Promettimi che non **arriverai** in ritardo.	um etwas zu versprechen.

3. Der reale Bedingungssatz (il periodo ipotetico della realtà)

Der Bedingungssatz besteht aus einer Bedingung und ihrer Folge.
Mit dem realen Bedingungssatz drückt man aus, dass sowohl die Bedingung als auch die Folge sehr wahrscheinlich oder mit Sicherheit realisierbar sind.

Die Bedingung wird im Italienischen mit der Konjunktion **se** eingeleitet.
Einen Bedingungssatz kann man wie folgt bilden:

	Bedingung	Folge
Se tu **vai** a divertirti, **porto** il piccolo a respirare un po' d'aria buona.	se + Präsens +	Präsens
Se non **vieni, telefonami!**	se + Präsens +	Imperativ
Se **speri** che faccia una scenata, **sarà** per un'altra volta.	se + Präsens +	Zukunft
Se **avrò** tempo, a Firenze **andrò** al museo degli Uffizi.	se + Futur +	Futur

4. Die indirekte Frage (I)

Non ho capito **se** ce l'ha con me.

Hier hat die Konjunktion **se** die Bedeutung »ob« und leitet eine indirekte Frage ein.

BILANCIO

In questa unità ho imparato a …   ☺   ☹   📖

	☺	😐	☹	📖
capire le informazioni principali di una trasmissione radiofonica sulla situazione giovanile italiana.	☐	☐	☐	2
esprimere un'opinione su temi a me noti.	☐	☐	☐	7
elencare i pro e i contro del vivere in famiglia.	☐	☐	☐	8
raccontare i miei progetti per il futuro.	☐	☐	☐	14
esprimere un'ipotesi realizzabile.	☐	☐	☐	21

_____

_____

Il mio diario d'apprendimento

Una struttura grammaticale importante è …
Per me i vocaboli più utili di questa lezione sono …
Sull'Italia e sugli italiani ho imparato che …
Due attività che ho trovato interessanti sono …

Strategie di apprendimento. Per riflettere su come imparare le lingue.

Come fai ad esercitare la tua abilità all'ascolto?

ascolto più volte i CD d'italiano a mia disposizione – ascolto spesso la radio italiana – faccio esercizi nella mediateca – guardo film in italiano – mi incontro con persone di madrelingua italiana – vado a manifestazioni o a spettacoli italiani – ascolto musica italiana

Scegli tra le attività sopra indicate due attività che fai raramente e cerca nelle prossime settimane di integrarle nel tuo programma di apprendimento.

Consiglio pratico: In una trasmissione radiofonica o televisiva non è necessario capire tutto al tuo livello. È importante capire le informazioni principali. Non tutte le situazioni d'ascolto sono uguali: ci sono delle differenze se si tratta di ascoltare un mezzo di comunicazione tipo radio o TV, un annuncio alla stazione, delle previsioni del tempo o la conversazione di altre persone. Ascolta più volte il brano. Non concentrarti sulle singole parole. Non sono necessarie per capire il contenuto principale. Individua le parole chiave. Quelle ti aiuteranno a capire il senso generale. Ad ogni ascolto capirai qualche informazione nuova. Collega le informazioni appena capite con quelle capite in precedenza. Questo ti aiuterà a ricostruire il contenuto principale.

Per il mio dossier

Il protagonista di «Nessuno lo saprà. Viaggio a piedi dall'Argentario al Conero» compirà tra poco 30 anni. E tu? Quando compirai 30 anni? Fai un bilancio della tua vita. Ripensa alle esperienze fatte e a quelle che ancora credi sia importante fare, racconta quali sono i tuoi progetti per il futuro e prova ad immaginare come sarà la tua vita a 30 anni.

▶ll 22   1. **Alla facoltà di lettere oggi si parla di libri**

a. *Ascoltate le interviste, ogni persona parla di due libri. Secondo voi i libri sono piaciuti o no?*

	Andrea	Alessio	Giorgia
I libri gli/le sono piaciuti.			
Un libro gli/le è piaciuto, l'altro no.			
I libri non gli/le sono piaciuti.			

b. *Ascoltate un'altra volta le interviste e sottolineate gli aggettivi usati per descrivere i libri. Scriveteli poi in due colonne: aggettivi usati per esprimere un parere positivo e aggettivi usati per esprimere un parere negativo.*

sentimentale, avvincente, banale, divertente, emozionante, geniale, intelligente, leggero, sdolcinato, illeggibile, noioso, osceno, esagerato, profondo, pesante, ridicolo, romantico, superficiale, volgare, appassionante, satirico, originale, assurdo, triste, vivace, impegnato

c. *Completate poi le colonne con tutti gli altri aggettivi. Cercate il significato di quelli che non conoscete nel vocabolario.*

d. *Scegliete tre libri che avete letto nella vostra vita, di cui uno tra quelli che non vi sono piaciuti, e descriveteli con tre aggettivi motivando la vostra scelta.*

2. **Una giornataccia**

Lorenza giovedì scorso aveva l'esame di letteratura italiana, ma è stata una giornata un po' particolare. Completate le frasi come nell'esempio scegliendo tra le possibilità qui di seguito. Usate il trapassato prossimo.

dimenticarsi di studiare – comprare da mangiare – studiare molto – prenderla mia sorella – <s>la sveglia rompersi</s> – finire l'esame – leggere

Mi sono alzata troppo tardi perché *la sveglia si era rotta.*

Non ho fatto colazione perché il giorno prima non _____ .

Non ho potuto prendere la macchina perché _____ .

Quando sono arrivata all'università i miei compagni di corso _____ .

Durante l'esame il professore mi ha chiesto di parlare di un autore che io _____ .

Poi il professore mi ha chiesto di parlare di un libro che io però non _____ .

Alla fine non ho superato l'esame perché in realtà non _____ .

3. Paolo è andato via per il fine settimana. Quando è tornato ...

Completate la storia come nell'esempio utilizzando il trapassato prossimo. Se siete a lezione, leggete la vostra versione e confrontatela con quella degli altri compagni.

Lunedì mattina, quando Paolo è tornato ...
la casa era sporchissima perché <u>Antonio e Gianluca avevano organizzato una festa.</u>

Gianluca era a letto perché _____

Antonio invece non c'era perché _____

la cucina era sporchissima perché _____

nella sua stanza dormiva una ragazza che _____

i suoi CD erano in disordine perché _____

lui si è arrabbiato un sacco perché _____

4. Un serpentone di parole

In questo serpentone si nascondono tra le altre 14 parole del mondo dei libri. Trovatele.

successoeserciziogattotascabilecasanarrativamarelettorespesariccopioggiaromanzopoesiasvegliarsidopoamicoscrittorerumoreaffittocasaeditricelavoroesperienzatramastilepensaremammonequestionariorecensionemeseinvernosportprotagonistacarnebestsellerpennafilmtelefonosaggiograzie

UNITÀ 12

▶ll 23 5. Intervista a Elena

Avete compilato il questionario a pagina 148 del manuale?
Ascoltate l'intervista ad Elena e compilate il suo questionario. Che tipo di lettrice è?

---

6. Diamo i numeri,[1] anzi, dateli voi!

Completate con il corrispondente numero collettivo indicato tra parentesi.

1. Faccio ogni settimana (circa 15) _____ di esercizi.

2. Marta, te l'ho detto già almeno (circa 12) _____ di volte. Smettila di telefonare!

3. Salerno è a (circa 100) _____ di chilometri da Napoli.

4. In un anno leggo (circa 10) _____ di libri.

5. All'inaugurazione della nuova birreria sono andate (circa 1000) _____ di persone.

---

7. Una storia d'altri tempi

Completate con il passato remoto.

Il nonno (incontrare) _____ la nonna a casa di alcuni amici di famiglia. La nonna era molto bella, simpatica ed era una donna molto indipendente e il nonno (innamorarsi) _____ subito. La cosa strana, per quei tempi, era che la nonna aveva cinque anni più del nonno ed entrambe[2] le famiglie erano contro il fidanzamento. Dopo un paio d'anni di fidanzamento (sposarsi) _____. Quando il nonno (finire) _____ gli studi, (cominciare) _____ subito a lavorare nella piccola azienda di famiglia. Subito dopo il padre di mio nonno (morire) _____ e così mio nonno (dovere) _____ occuparsi dell'azienda, che però (fallire[3]) _____ dopo pochi anni. La nonna però era una persona molto decisa e non voleva rimanere nel paese di montagna dove era nata. Inizialmente (loro / trasferirsi) _____ a Roma, dove il nonno aveva anche dei parenti. A Roma però il nonno non (trovare) _____ lavoro e così, dopo qualche anno, (arrivare) _____ la grande decisione. (Loro / partire) _____ per l'America dove (restare) _____ per il resto della loro vita. Era il 1906.

---

[1] Diamo i numeri   Spinnen wir (Redewendung)   [2] entrambe   beide
[3] fallire   Konkurs machen

8. Regolarità nell'irregolarità

Inserite nello schema le seguenti forme del passato remoto e aggiungete quelle regolari che mancano.

bevvi – lessero – venne – vissi – decisero – lessi – persero – nacquero – crebbe – bevvero – decisi – nacqui – visse – crebbi – perse

	io	tu	lui/lei	noi	voi	loro
perdere	persi	_____	_____	_____	_____	_____
crescere	_____	_____	_____	_____	_____	crebbero
leggere	_____	_____	lesse	_____	_____	_____
decidere	_____	_____	decise	_____	_____	_____
nascere	_____	_____	nacque	_____	_____	_____
vivere	_____	_____	_____	_____	_____	vissero
venire	venni	_____	_____	_____	_____	vennero
bere	_____	_____	bevve	_____	_____	_____

Scoprite la grammatica da soli!

a. Molti verbi irregolari della coniugazione in ‹-ere› presentano le stesse irregolarità. Controllate i verbi irregolari che avete trovato nel manuale e cercate le regolarità nell'irregolarità. Quali verbi tra quelli qui sopra si coniugano come:

conoscere: _____
chiedere: _____
dire: _____

b. Quali sono le persone che di solito presentano le irregolarità? _____

c. E quali normalmente sono regolari? _____

9. E ora diventate biografi.

Se si parla di letteratura italiana non si può fare a meno di parlare del cosiddetto sommo poeta!

Completate la seguente biografia con i verbi al passato remoto. I verbi non sono nell'ordine giusto.

nascere – conoscere – sposarsi – morire (2 x) – frequentare – dovere – fare – innamorarsi – cominciare – dedicare – avere – raccontare – scrivere

Dante Alighieri _____ a Firenze nel 1265 in una famiglia della piccola nobiltà[4] fiorentina. _____ l'Università di Firenze e di Bologna e _____ amicizia con

---

4 la nobiltà   der Adel

alcuni dei poeti più importanti della scuola del Dolce Stil Novo. Ancora giovanissimo
_____ Beatrice, figura femminile centrale nell'opera del nostro poeta,
_____ e _____ a scrivere sonetti per lei. Beatrice purtroppo
_____ nel 1290. A lei _____ la «Vita Nova», un'opera in
parte in versi e in prosa in cui Dante _____ la storia del primo incontro
fino alla morte[5] di lei. In seguito _____ con Gemma di Manetto Donati, da
cui _____ tre figli. A causa delle sue idee politiche – era un convinto sostenitore
dell'autonomia della città di Firenze dal potere del papa – _____ scappare. Durante
gli anni dell'esilio _____ la «Divina Commedia», la sua opera più famosa.
_____ nel 1321.

10. Vi ricordate il brano tratto da «L'uomo scarlatto» di Paolo Maurensig?

Vediamo se riuscite a ricostruirlo con i verbi al passato remoto. I verbi sono in ordine.

io / spiegare – lui / rassicurare – io / correre – io / entrare – io / vedere – io / tornare –
lui / volere – io / pensare – essere / 3ª persona singolare – io / conoscere – accendersi –
noi / cominciare – lui / chiedere – lui / insistere – lui / pregare – noi / percorrere –
noi / arrivare – io / fermarsi – io/ sentire – lui / tornare

Mi sosteneva la tenue speranza di averlo lasciato in camera. Prima di uscire, infatti, mi ero cambiato d'abito e il portafogli poteva essermi scivolato di tasca. _____ al proprietario la mia situazione, ma questi mi _____ dicendo che, in ogni caso, la consumazione era offerta da lui [...]. _____ in albergo, distante pochi isolati, _____ nella mia stanza e, con grande sollievo, lo _____ lì, in bella mostra sul pavimento, ai piedi del letto. Con una certa euforia, _____ alla *piola* per saldare il conto, ma il proprietario non ne _____ sapere. Per sdebitarmi in qualche modo, _____ di offrire da bere a quanti stavano seduti attorno al banco di mescita ed erano al corrente dell'accaduto. _____ così che _____ José Maria Kokubu. [...]
Dopo aver brindato alla mia salute, José Maria _____ un *habana*, offrendone uno anche a me. _____ a parlare di sigari, mi _____ se conoscevo i Maria Mancini, quelli prediletti da Castorp, nella *Montagna incantata*. Dal fumo alla letteratura, nel giro di tre o quattro bicchieri di whisky dissertavamo con disinvoltura di religioni orientali e occidentali [...].

---

5 la morte   der Tod

Si era fatto tardi. [...] José Maria _____ per accompagnarmi. Per strada mi _____ di seguirlo fino al suo studio, poco lontano da lì, perché aveva in mente di consegnarmi qualcosa. _____ fino in fondo una traversa e _____ a una corte rotonda, [...]. Lo studio era situato al pianoterra di una vecchia palazzina. _____ all'entrata. Lo _____ rovistare in una stanza lì accanto e subito dopo _____ porgendomi una grossa busta, [...].

(da L'uomo scarlatto di Paolo Maurensig, Milano 2001)

11. E ora il quiz «Chi vuol essere letterato»?

Completate la domanda con il verbo al passato remoto e rispondete.
Le lettere delle risposte esatte vi diranno una parola che si usa per descrivere un libro noiosissimo.

1. Cosa (scrivere) _____ Niccolò Macchiavelli?
   a. Il Principe [U]   b. Il Re [L]   c. Il piccolo principe [N]

2. È l'autore della «Divina Commedia» e (morire) _____ nel 1321.
   a. Boccaccio [A]   b. Dante [N]   c. Petrarca [I]

3. Da quale dialetto (nascere) _____ la lingua italiana?
   a. il napoletano [S]   b. il romano [T]   c. il toscano [M]

4. Dove (ambientare) _____ Shakespeare «Giulietta e Romeo»?
   a. A Venezia [E]   b. A Verona [A]   c. A Vicenza [P]

5. Quale scrittore (andare) _____ in Italia e poi (pubblicare) _____ il famoso libro «Viaggio in Italia»?
   a. Johann Wolfgang Goethe [T]   b. Hermann Hesse [C]   c. Bertolt Brecht [D]

6. (Amare) _____ molte donne e il suo nome (diventare) _____ sinonimo di Dongiovanni. Nelle sue memorie (raccontare) _____ la sua vita avventurosa.
   a. Giacomo Casanova [T]   b. Giacomo Leopardi [D]   c. San Francesco d'Assisi [A]

7. (Scolpire) _____ per esempio il David e la Pietà, ma pochi sanno che (scrivere) _____ anche delle poesie. Chi è?
   a. Michelangelo [O]   b. Bernini [B]   c. Boccioni [G]

8. (Fare) _____ un lungo viaggio in Cina, e dopo questo viaggio (decidere) _____ di scrivere il famoso libro «Il Milione».
   a. Cristoforo Colombo [I]   b. Marco Polo [N]   c. Amerigo Vespucci [O]

9. Carlo Goldoni è un autore che (vivere) _____ nel
   a. Settecento [E]   b. Ottocento [M]   c. Novecento [P]

Soluzione: quando un libro è pesante e noiosissimo si dice che è:

__ __   __ __ __ __ __ __ __

12. Mai due volte nella stessa città. Siete curiosi di sapere come continua la storia?

a. Scegliete la variante giusta.

Un anno *passava / era passato*, lui stava per sposare la donna sbagliata, quando *riceveva / ricevette* una cartolina da Stoccolma, sul retro[6] il nome di un albergo. Nessuna firma. *Partì / Partiva* quel giorno stesso, senza rimpianti.[7] Lei lo *aspettava / aspettò*. *Aveva avuto / Aveva* una cicatrice[8] sul collo, ma dietro, coperta dai capelli che ora *portava / aveva portato* lunghi. *Sembrava / Era sembrata* ferita[9] anche dentro, e più selvaggia. Lui non *fece / faceva* domande. La *sentì / sentiva*, al risveglio, parlare al telefono, già in piedi, la valigia pronta. Non *chiese / chiedeva* niente. *Diceva / Disse*: «Mai due volte...». Lei *sorrise / sorrideva* e *completò / completava*: «...nella stessa città». E *andò / andava* via.

b. Leggete.

Due anni dopo, aveva sposato la donna giusta e aspettava un figlio da lei quando ricevette una chiamata a carico del destinatario da un luogo chiamato Port Elizabeth, che non sapeva dove potesse essere. Sudafrica, risultò. Nove ore di volo per Cape Town, tre di automobile lungo la Garden Route ed era da lei, che l'attendeva[10] sulla veranda di una casa da cui si vedeva l'oceano. Aveva un abito bianco, largo, eppure teso[11] sulla pancia. «Sarà la nostra nomade bambina», gli disse. Fatti due calcoli, lui si rese conto dell'assurdo, ma lo accettò con entusiasmo, abbracciandola. Rivide la piccola due anni dopo, a Parigi. Non era presente, invece, l'anno successivo, a New York, né più lo fu. Seguirono Milano e Trondheim, Caracas e Bruxelles. E altre che solo il suo passaporto ricordava con precisione. Lui invecchiò, smise di costruire vite alternative e restò ad aspettare la convocazione. Passeggiavano sul lungomare di Rimini in inverno, aiutati da un bastone, quando disse: «E se a un certo punto, invece, ci fossimo fermati?» Lei disse: «Cosa?» Lui disse: «Non sarebbe stato meglio?» Lei disse: «Lo credi davvero?» Lui scosse[12] il capo. Continuarono a camminare.

c. Ed ora finite la storia mettendo voi i verbi al tempo giusto.
   Scegliete tra passato remoto e imperfetto.

L'anno seguente (lui / ricevere) _____ una cartolina da Roma, largo Argentina.

Con ritrovata energia (lui / correre) _____ all'appuntamento con l'eresia:[13] la

seconda volta nella stessa città. (Lui / aspettare) _____ al posteggio dei taxi, la

macchina (accostare[14]) _____, ne (scendere) _____ una donna

identica a come lei era stata trent'anni prima.

(Lei / portare) _____ una rosa e un biglietto. (Lei / dire) _____: «Da

parte di mia madre, che se n'è andata». (Il biglietto / dire) _____: «Mai due volte nella

stessa città. Due volte nella stessa vita». Si (loro / allontanarsi) _____ abbracciati.

(da *Mai due volte nella stessa città* di Gabriele Romagnoli, *la Repubblica*, Speciale San Valentino 2002)

---

6 il retro — die Rückseite 7 il rimpianto — das Bedauern 8 la cicatrice — die Narbe
9 ferito — verletzt 10 attendere — erwarten 11 teso — *hier:* eng
12 scosse — pass. rem. di scuotere (schütteln) 13 l'eresia — die Ketzerei 14 accostare — *hier:* heranfahren

13. Ed ora riflettete sull'uso dei tempi. Quando usate quale tempo?

Segnate con una crocetta quale tempo del passato si usa nelle situazioni sotto indicate.

	passato remoto	imperfetto	trapassato prossimo
1. Spesso nella lingua letteraria scritta per raccontare una successione di fatti conclusi.	☐	☐	☐
2. Raccontare un fatto storico.	☐	☐	☐
3. Raccontare al passato azioni abituali.	☐	☐	☐
4. Descrivere al passato persone, oggetti, situazioni.	☐	☐	☐
5. Per raccontare la biografia di un autore morto, vissuto tempo fa.	☐	☐	☐
6. Un'azione del passato accaduta prima di un'altra sempre nel passato.	☐	☐	☐
7. Esprimere un fatto concluso, staccato del tutto dal presente.	☐	☐	☐
8. Descrivere stati fisici o psicologici al passato.	☐	☐	☐

14. Sostituite «cui» con «il/la quale, i/le quali».

Ieri, alla libreria Feltrinelli, c'è stato un incontro con Federico Moccia, l'autore di cui /_____ mi hai parlato. A me è piaciuto molto, ma agli altri con cui /_____ sono andata no. Soprattutto Marta e Giulia, a cui /_____ però non piace mai niente, hanno dato dei giudizi molto negativi. Si sono lamentate di tutto, anche della sala della libreria in cui /_____ c'è stato l'incontro!! Sono due ragazze a cui /_____ non va mai bene niente!

15. Completate con il pronome relativo («che», «cui» più preposizione o «quale» più preposizione articolata).

Un libro _____ tutti mi hanno parlato bene e _____ voglio leggere è «Sostiene Pereira» di Antonio Tabucchi, _____ , oltre ad essere scrittore, è anche professore di letteratura portoghese all'università di Pisa, città _____ Tabucchi è nato. I suoi legami con la cultura portoghese sono molto forti e infatti vive tra l'Italia e Lisbona, città _____ vive molti mesi all'anno. «Sostiene Pereira» è ambientato proprio a Lisbona negli anni Trenta, periodo _____ nacque la dittatura di Salazar. Pereira è un giornalista _____ si occupa della pagina culturale di un mediocre[15] giornale portoghese del pomeriggio, il «Lisboa». Poi conosce un ragazzo grazie _____ comincerà a riflettere sul ruolo dell'intellettuale, _____ non si deve solo limitare a denunciare le ingiustizie, ma deve agire attivamente per la loro eliminazione.

---

15 mediocre   mittelmäßig

16. Sì ai pronomi. Ma dove metterli?

Leggete le seguenti piccole interviste e mettete i pronomi al posto giusto.
Attenzione alla desinenza dell'infinito. Correggetela dove necessario.

▢ Che rapporto hai con i libri Simona?

■ Mah, ___ leggo ___ sempre solo in vacanza. Quando sono sotto l'ombrellone a ___ riposare ___ , ___ piace ___ leggere un libro anche se poi non sempre riesco a ___ finire ___ .

▢ E tu Gianni? Che rapporto hai con i libri?

★ No, io non ho mai tempo di ___ leggere ___ . In genere preferisco ___ divertire ___ con altre cose.

▢ Antonio, leggi ogni tanto delle poesie?

◇ Io le poesie ___ adoro ___ . ___ piace ___ ___ sdraiare ___ sul divano e ___ leggere ___ .

▢ Gherardo, narrativa italiana o straniera? Cosa preferisci?

◆ Direi quella italiana. Forse ___ preferisco ___ semplicemente perché ___ conosco ___ meglio. Ma leggo anche la narrativa straniera per ___ confrontare ___ con quella italiana.

▢ Stefano, Paolo, ___ siete iscritti ___ alla biblioteca comunale?

✦ No! Abbiamo preferito ___ iscrivere ___ a quella dell'università, dove troviamo i libri che ___ servono ___ per lo studio. Il libri di narrativa invece preferiamo ___ comprare ___ in libreria.

17. Biblioteca o libreria?

Andate in biblioteca a Roma, almeno virtualmente, e iscrivetevi.
Visitate il sito www2.comune.roma.it/cultura/biblioteche/servizi.htm e troverete una guida all'uso dei servizi della biblioteca.

a. Rispondete alle seguenti domande:

1. Chi si può iscrivere alle Biblioteche di Roma?
2. Che cosa si può prendere in prestito?
3. Per quanto tempo si possono usare i PC?
4. Ora andate nella sezione «regolamento» e leggete: che cosa potete fare se il libro che cercate, l'ha già preso in prestito qualcuno?

b. Ora scaricate[16] il modulo per l'iscrizione, compilatelo correttamente e portatelo in classe.

---

16 scaricare   herunterladen

18. La biblioteca di un diciottenne

«Quello che si legge entro i 18 anni ci resta nel sangue. Dopo, è soltanto cultura. [...] Ciò che[17] si legge fino alla fine del liceo scava nel profondo, contribuisce a costruire la personalità e si ricorda per sempre, ci segue per tutta la nostra vita. Dopo, si può continuare a leggere molto e bene, e andrà ad arricchire la nostra cultura, ma non sarà più la stessa cosa».

(citato da www.repubblica.it)

Questa affermazione è della scrittrice e docente Paola Mastrocola, che propone una lista di libri che, secondo lei, un ragazzo deve aver letto prima di finire la scuola.

Votate anche voi, come i ragazzi italiani, il libro che pensate un ragazzo debba aver letto prima di finire la scuola e, dopo aver descritto brevemente la trama e i personaggi, motivate la vostra scelta. Potete anche scegliere un libro che non compare nella lista. I risultati del sondaggio li trovate nelle soluzioni.

1. Odissea – Omero
2. Piccolo principe – Saint-Exupéry
3. Guerra e pace – Tolstoj
4. Ossi di seppia – Montale
5. Tonio Kroeger – Mann
6. Sonetti ad Orfeo – Rilke
7. Canzoniere – Petrarca
8. Orlando furioso – Ariosto
9. Piccole virtù – Ginzburg
10. Vita di un uomo – Ungaretti
11. Il barone rampante – Calvino
12. Enrico IV – Pirandello
13. King Lear – Shakespeare
14. Edipo re – Sofocle

19. punto.it

Facciamo ricerca. Fate una lista degli autori trovati nel manuale e nell'eserciziario e cercate alcune notizie sulla loro vita e sulle loro opere. Mettetevi d'accordo con i vostri compagni e decidete quale autore vi interesserebbe presentare nella lezione successiva e poi scambiatevi le informazioni trovate. I seguenti indirizzi Internet vi possono aiutare: www.italica.rai.it, www.festivaletteratura.it (cliccando su archivio storico si trova una sezione dedicata agli autori oltre a tante interessanti informazioni sul festival della letteratura di Mantova), www.italialibri.net

---

Lo sapevate che...?

Tra i premi letterari italiani più famosi ci sono: il premio Bagutta e il premio Viareggio, fondati tra gli Anni Venti e gli Anni Quaranta, il premio Strega, il premio Bancarella e il premio Campiello, istituiti nel dopoguerra.

Il Premio Strega, la cui prima edizione risale al 1947, si svolge ogni anno il primo giovedì di luglio e prende il nome dal famosissimo liquore prodotto dalla famiglia Strega, che, insieme alla Fondazione Maria e Goffredo Bellonci, è promotrice e finanziatrice del Premio.

Un premio particolare è il premio Feltrinelli che premia non una precisa opera letteraria, ma chi ha dedicato l'intera vita alla cultura.

---

17 ciò che   das, was

GRAMMATICA

1. Das ‹trapassato prossimo›

Non **ero** mai **riuscito** a leggere un libro sul serio. Poi l'ho scoperto per caso.
Io **avevo iniziato** ad avere coscienza della mia passione per la scrittura e quel libro mi ha aiutato a capire cosa volevo dire e come lo volevo dire.

Mit dem ‹trapassato prossimo› drückt man einen Vorgang aus, der vor einer anderen vergangenen Handlung stattgefunden hat.
Das ‹trapassato prossimo› entspricht dem deutschen Plusquamperfekt.
Es handelt sich um eine zusammengesetzte Zeitform und wird wie folgt gebildet:

›imperfetto‹ der Hilfsverben *avere/essere* + Partizip Perfekt

	avere	Partizip Perfekt	essere	Partizip Perfekt
(io)	avevo	lavorato	ero	andato/andata
(tu)	avevi	lavorato	eri	andato/andata
(lui, lei, Lei)	aveva	lavorato	era	andato/andata
(noi)	avevamo	lavorato	eravamo	andati/andate
(voi)	avevate	lavorato	eravate	andati/andate
(loro)	avevano	lavorato	erano	andati/andate

2. Mentre *und* durante

Un'estate di alcuni anni fa, **durante** un giro di conferenze in America Latina ...
Un'estate di alcuni anni fa, **mentre** giravo per conferenze in America Latina ...

Sowohl **mentre** als auch **durante** bedeuten »während«. Beachten Sie:
Auf **mentre** folgt ein konjugiertes Verb, auf **durante** ein Substantiv.

3. Kollektivzahlen

Oltre al giapponese, José Maria parlava correntemente *una* mezza **dozzina** *di* lingue.
   (ein halbes Duzend)
Ho aspettato Francesco per *una* **ventina** *di* minuti. (ca./etwa zwanzig Minuten)
In piazza c'era *un* **centinaio** *di* persone. (ca./etwa hundert Personen)

Kollektivzahlen werden verwendet, um eine unbestimmte Anzahl anzugeben.
Vor einer Kollektivzahl im Singular steht der unbestimmte Artikel. Substantive werden durch die Präposition *di* angeschlossen.

In der Regel können Kollektivzahlen durch Anhängen des Suffixes *-ina* an die Grundzahl gebildet werden, wobei der Endvokal der Grundzahl entfällt.

   trent(a) → una trent**ina**   cinquant(a) → una cinquant**ina**

Einige Kollektivzahlen haben jedoch eine eigene Bezeichnung:

dieci → una **decina**   cento → un **centinaio**   due → un **paio**
dodici → una **dozzina**   mille → un **migliaio**

Die Kollektivzahlen auf -*ina* sind feminin und bilden die Pluralform auf -*e*: due decine.
Die Kollektivzahlen auf -*aio* sind maskulin im Singular; im Plural sind sie feminin und haben die unregelmäßige Endung -*a*: due centina**ia**, due miglia**ia**, due **paia**.

4. Das ‹passato remoto›

Spiegai al proprietario la mia situazione.
Corsi in albergo, **entrai** nella mia stanza e, con grande sollievo, lo **vidi** lì, ai piedi del letto.

Das ‹passato remoto› wird ähnlich wie das ‹passato prossimo› gebraucht: bei einmaligen bzw. aufeinander folgenden Handlungen, die sich jedoch in einer ferneren Vergangenheit abgespielt haben. Diese Zeitform kommt in Norditalien hauptsächlich in der gehobenen Schriftsprache vor.
In Mittel- und in Süditalien wird das ‹passato remoto› auch in der gesprochenen Sprache verwendet. Grundsätzlich findet es in der Literatur oder in historischen Darstellungen Verwendung.

Beim Gebrauch von ‹passato remoto› und ‹imperfetto› gelten dieselben Regeln wie bei ‹passato prossimo› und ‹imperfetto›.

Regelmäßige Verben

	pensare	credere	sentire
(io)	pensai	credei/credetti	sentii
(tu)	pensasti	credesti	sentisti
(lui, lei, Lei)	pensò	credé/credette	sentì
(noi)	pensammo	credemmo	sentimmo
(voi)	pensaste	credeste	sentiste
(loro)	pensarono	crederono/credettero	sentirono

Die Verben auf -*ere* weisen in der 1. und 3. Person Singular sowie in der 3. Person Plural zwei Formen auf. Wenn ein Verb auf -*tere* endet, werden die ersten Formen bevorzugt z.B. potere: potei (nicht: potetti); riflettere: riflettei (nicht: riflettetti).

Unregelmäßige Verben

	chiedere
(io)	chiesi
(tu)	chiedesti
(lui, lei, Lei)	chiese
(noi)	chiedemmo
(voi)	chiedeste
(loro)	chiesero

Unregelmäßig sind meistens Verben auf -*ere*.
Die Unregelmäßigkeiten betreffen die 1. und 3. Person Singular sowie die 3. Person Plural. Dabei ändert sich der Verbstamm.
Die übrigen Formen sind meistens regelmäßig.
Wenn man also die 1. und die 2. Person Singular lernt, kann man die gesamte Konjugation daraus ableiten.

Nach diesem Muster werden weitere Verben konjugiert:

Wie **chiedere** bilden das ‹passato remoto› auf -si:

accendere	→ accesi	prendere	→ presi
chiudere	→ chiusi	ridere	→ risi
correre	→ corsi	rispondere	→ risposi
decidere	→ decisi	scendere	→ scesi
mettere	→ misi	spendere	→ spesi
perdere	→ persi		

Einige Verben bilden das ‹passato remoto› auf -ssi:

discutere	→ discussi	scrivere	→ scrissi
leggere	→ lessi	succedere	→ successe
tradurre	→ tradussi	vivere	→ vissi

Einige Verben bilden das ‹passato remoto› mit einem Doppelkonsonanten:

bere	→ **bevvi**, bevesti, **bevve** …
cadere	→ **caddi**, cadesti, **cadde** …
conoscere	→ **conobbi**, conoscesti, **conobbe** …
sapere	→ **seppi**, sapesti, **seppe** …
tenere	→ **tenni**, tenesti, **tenne** …
venire	→ **venni**, venisti, **venne** …
volere	→ **volli**, volesti, **volle** …

Einige Verben bilden das ‹passato remoto› auf -cqui:

nascere	→ nacqui
piacere	→ piacqui

Weitere unregelmäßige Verben:

	avere	essere	dare	dire	fare	stare	vedere
(io)	ebbi	fui	diedi	dissi	feci	stetti	vidi
(tu)	avesti	fosti	desti	dicesti	facesti	stesti	vedesti
(lui, lei, Lei)	ebbe	fu	diede	disse	fece	stette	vide
(noi)	avemmo	fummo	demmo	dicemmo	facemmo	stemmo	vedemmo
(voi)	aveste	foste	deste	diceste	faceste	steste	vedeste
(loro)	ebbero	furono	diedero	dissero	fecero	stettero	videro

5. Das Relativpronomen il quale

Spiegai la situazione al proprietario dell'osteria, **il quale** mi rassicurò.
Parlava correntemente una mezza dozzina di lingue, tra **le quali** l'italiano, che stava studiando in omaggio alla memoria della bisnonna materna.

Das Relativpronomen **il quale** kann die Relativpronomen **che** und **cui** (vgl. Lektion 8) ersetzen. Es steht sowohl für Personen als auch für Sachen. Als Subjekt wird es anstelle von **che**, sowie in Verbindung mit einer Präposition anstelle von **cui** gebraucht.
Il quale kann nicht die Funktion eines direkten Objekts einnehmen.

Die Formen: **il quale, la quale, i quali, le quali**.
Sie entsprechen in Genus und Numerus ihrem Bezugswort.

Il quale findet vor allem in der Schriftsprache Verwendung.

6. Die Stellung der Objekt- und Reflexivpronomen beim Infinitiv

Mi sosteneva la tenue speranza di **averlo** lasciato in camera.
Per **sdebitarmi** in qualche modo pensai di offrire da bere.

Die unbetonten Objektpronomen und die Reflexivpronomen stehen in der Regel vor dem konjugierten Verb. In Verbindung mit einem Verb im Infinitiv werden sie jedoch an den Infinitiv angehängt. Dabei entfällt der Endvokal des Infinitivs. Dasselbe gilt auch für die Pronominaladverbien **ci** und **ne**.

Il portafogli **mi poteva essere** scivolato di tasca.
Il portafogli **poteva essermi** scivolato di tasca.

Steht ein Infinitiv in Verbindung mit einem Modalverb, können die unbetonten Objektpronomen und die Reflexivpronomen vor dem Modalverb stehen oder an den Infinitiv angehängt werden.

José Maria insistette per **accompagnarmi**.
José Maria insistette per accompagnare **me**.

Beachten Sie! Die betonten Objektpronomen werden nie an den Infinitiv angehängt.

BILANCIO

In questa unità ho imparato a ... ☺ ☻ ☹ 📖

riflettere sul significato della lettura.	☐	☐	☐	1
descrivere un libro con degli aggettivi adeguati.	☐	☐	☐	3c
raccontare quale libro ha avuto per me un significato speciale.	☐	☐	☐	3d
parlare delle mie abitudini di lettore.	☐	☐	☐	7
leggere alcuni brani autentici di narrativa italiana.	☐	☐	☐	8/13
riassumere brevemente un libro per iscritto.	☐	☐	☐	17

_____

_____

Il mio diario d'apprendimento

Per me i vocaboli più importanti di questa lezione sono ...
Una struttura grammaticale che devo esercitare molto è ...
Sull'Italia e sugli italiani ho imparato che ...
Due attività che ho trovato particolarmente interessanti sono ...
Un tema che vorrei approfondire è ...
Mi piacerebbe ...

Strategie di apprendimento. Per riflettere su come imparare le lingue

La letteratura è uno degli strumenti che ti permette di approfondire le tue conoscenze della lingua e cultura italiana. Leggendo puoi scoprire alcuni aspetti della realtà italiana e capire alcune caratteristiche magari più nascoste degli italiani, ma puoi anche semplicemente immergerti in un mondo di fantasia.

Consiglio pratico: Con la letteratura puoi anche lavorare autonomamente, dare libero sfogo alla tua creatività e diventare tu stesso autore. Ecco qualche proposta per divertirti con la letteratura: inventa il seguito della storia – scrivi la storia dal punto di vista di un altro personaggio – inventa la storia precedente al brano che hai letto – scrivi una lettera all'autore o a uno dei protagonisti – scrivi un'intervista immaginaria a uno dei protagonisti – inventa un altro personaggio – scrivi un finale tutto tuo ...

Insomma la letteratura offre molti spunti per esercitare la lettura, la scrittura e per entrare in contatto con la cultura italiana. Alla fine magari avrai anche voglia di affrontare un intero libro.

Per il mio dossier

Scegli il brano che fino ad ora ti è piaciuto di più e una delle attività proposte sopra e scrivi un testo di circa 120 parole.

1. Che aspetto hanno?

Descrivete queste persone.

_____   _____   _____

_____   _____   _____

_____   _____   _____

▶ll 24 2. Mi hanno rubato il portafogli. Chi è stato?

*Alla signora Maria Lamperti hanno rubato il portafogli sull'autobus.
Ascoltate la descrizione della signora Maria e decidete chi è il colpevole.*

1. A che ora era sull'autobus la signora Maria e dove era stata?
   _____

2. Chi c'era vicino a lei?
   _____

3. Come descrive le persone vicino a lei?
   _____

4. Cosa ha fatto insospettire la signora Maria?
   _____

5. Chi ha preso il portafogli dalla borsa secondo la signora Maria?
   _____

3. **Un esame da... Zero.**

a. *Zero, studente di giurisprudenza, si presenta ad un esame.
Leggete il seguente dialogo tra lui e il professor Ferrante.*

Il professore lo studiò a lungo [...]. «Lei pensa di presentarsi in un tribunale della Repubblica Italiana con l'anello al naso come un selvaggio?» gli chiese. [...] «Porta la parrucca?» lo schernì[1] Ferrante fissando le sue lunghe trecce. Forse con invidia:[2] era quasi calvo. [...] Pochi peli, radi, patetici. «No» rispose Zero, «sono capelli miei.» I capelli: l'unica cosa che aveva ereditato[3] dal padre, l'unico segno del loro comune sangue. Ricci, crespi, duri come fil di ferro.[4] Li aveva tinti[5] di viola per non portarli uguali a lui. «Lei pensa che un giudice o una giuria popolare possano prendere sul serio un rappresentante della legge coi capelli viola?» insisté Ferrante, sul punto di perdere la pazienza. [...] Esaminò il ragazzo emaciato[6] che sedeva sotto di lui [...]. Lineamenti[7] delicati. Occhi celesti [...]. Naso aquilino – no, non gli somigliava[8] per niente. Eppure. [...] Meglio accertarsi prima. [...] «Lei è parente?». [...] «Sì», rispose. «Sono il figlio.» [...] Dunque il partigiano teppista[9] era il figlio di Fioravanti. [...]

(da *Un giorno perfetto* di Melania Mazzucco, Milano 2005)

b. *Quali espressioni del testo corrispondono ai seguenti disegni? Trovatele e scrivetele qui sotto.*

_____ _____ _____ _____
_____ _____ _____ _____

c. *Sottolineate ora tutte le parole o le espressioni che si riferiscono a una descrizione fisica.*

d. *Zero non somiglia per niente al padre. Descrivete il padre di Zero.*

---

1 schernire auslachen	2 l'invidia der Neid	3 ereditare erben
4 il fil di ferro der Draht	5 tinti gefärbt	6 emaciato ausgezehrt, abgemagert
7 i lineamenti die Gesichtszüge	8 somigliare ähneln	9 il teppista der Verbrecher

4. Sinonimo o contrario?

Segnate se le coppie di aggettivi sono contrari o sinonimi.

	S	C
attuale – datato	☐	☐
avvincente – appassionante	☐	☐
coinvolgente – trascinante	☐	☐
monotono – noioso	☐	☐
complicato – semplice	☐	☐
interessante – noioso	☐	☐
piacevole – bello	☐	☐

5. punto.it

Tutti al cinema. Ecco alcuni siti interessanti sul cinema italiano.

Divertitevi un po' a navigare e trovate le informazioni richieste.

www.cinecitta.it   www.italica.rai.it   www.kataweb.it/cinema
                    (cliccare sulla sezione cinema)

1. Quando è nata Cinecittà?
2. Grazie all'arrivo di molti registi americani Cinecittà riceve un nome particolare. Quale?
3. Cercate tre registi e tre film del genere neorealista.
4. Nella sezione ‹le ultime leve› del sito www.italica.rai.it troverete il nome di alcuni registi e attori contemporanei famosi. Sceglietene due e scrivete tre informazioni biografiche.
5. Scoprite quali sono i film attualmente più visti in Italia.

6. Il congiuntivo imperfetto. Finalmente pochi verbi irregolari! Ecco qualche rara eccezione.

a. *Completate la tabella. I verbi già inseriti nella tabella vi possono aiutare.*

	io	tu	lei / lui	noi	voi	loro
essere	fossi	_____	_____	fossimo	_____	_____
stare	_____	stessi	_____	_____	steste	_____
dare	_____	_____	desse	_____	_____	dessero

b. *Riflettete sulla grammatica:*

Quale particolarità hanno la prima e la seconda persona singolare?

_____

c. Alcuni verbi formano il congiuntivo imperfetto, come anche l'indicativo imperfetto e il gerundio, dalla forma dell'infinito latina o dell'italiano antico. Anche il presente singolare, che conoscete di sicuro, deriva da questa forma.

infinito	forma latina	congiuntivo imperfetto 1ª pers. sing.
bere	bevere (italiano antico)	bevessi
dire	dicere	dicessi
fare	facere	facessi
tradurre	traducere	traducessi
proporre	proponere	proponessi

d. Completate il cruciverba con le forme verbali richieste al congiuntivo imperfetto.

1. tu – tradurre
2. noi – dire
3. lui – bere
4. lei – proporre
5. loro – dire
6. tu – fare

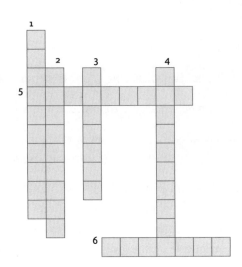

7. Se...

Completate con le forme del congiuntivo imperfetto e del condizionale presente.

1. Se Antonio (avere) _____ bisogno di una macchina, ne (comprare) _____ una di seconda mano.

2. Roberta e Patrizia (dimagrire) _____ un po', se (fare) _____ più sport e (mangiare) _____ di meno.

3. Sicuramente (io / parlare) _____ meglio l'italiano, se il mio ragazzo (essere) _____ italiano.

4. Cosa (tu / fare) _____, se (finire) _____ l'università domani?

5. Se (io / essere) _____ più alta, (giocare) _____ volentieri a pallacanestro.

6. Se Monica e Federico (andare) _____ in vacanza in luglio, Marco ed io (andare) _____ con loro.

7. (Io / concentrarsi) _____ di più sullo studio, se i miei vicini non (fare) _____ così tanto rumore.

8. Hans non (avere) _____ quella panciona, se non (bere) _____ così tanta birra.

9. Se (io / essere) _____ un colore, (essere) _____ il giallo limone, il mio colore preferito.

10. Morena dice sempre che se (essere) _____ un uomo, (portare) _____ una bella barba lunga.

8. Cosa faresti se ...?

Completate prima con il verbo al tempo e modo giusto e poi rispondete alle domande.

1. Se (tu / dovere) _____ lasciare casa tua immediatamente, cosa (portare) _____ con te? Puoi portare tre cose.

2. Se (tu / essere) _____ una persona importante, chi (preferire) _____ essere? Un politico, un musicista, un cantante o uno scrittore?

3. Se (nascere) _____ un'altra volta, in quale periodo storico ti (piacere) _____ vivere?

4. Che cosa (volere) _____ inventare,[10] se non (esserci) _____ già?

9. Completate le frasi liberamente.

1. Se decidessi di trasferirmi in un altro Paese, _____ .

2. Conoscerei meglio la realtà italiana, se _____ .

3. Se tutti gli studenti studiassero un anno in un paese straniero, _____ .

4. I miei genitori avrebbero più tempo libero, se _____ .

5. Guarderei più film italiani, se _____ .

---

10 inventare   erfinden

10. Ipotizziamo

Completate con il verbo mancante. Attenzione al modo e al tempo!

1. Se mio fratello studierà giurisprudenza come me, (potere) _____ diventare entrambi avvocati e aprire uno studio legale nostro.
2. Se il mese prossimo riesco a guadagnare un po' di soldi, (andare) _____ a trovare Manuela a Barcellona.
3. Se Marco (laurearsi) _____ con un bel voto, i suoi gli regaleranno una macchina.
4. Farei volentieri una settimana di vacanza, se (avere) _____ tempo e soldi.
5. Se vinco una borsa di studio, (andare) _____ a studiare a Palermo.
6. Se (nevicare) _____ , potrei finalmente andare a sciare!
7. Se (piovere) _____ , rimango a casa a studiare.
8. Se vai al cinema, (andare) _____ a vedere l'ultimo film di Muccino. È un bel film.

11. Mail ... piene di ipotesi.

Tra Matteo e Valeria c'è un breve scambio di mail. Completate con i verbi mancanti. Attenzione all'uso dei modi e dei tempi.

Cara Valeria,

Hai già organizzato qualcosa per il prossimo settembre? Io sarò in Italia, a Venezia, alla Mostra del cinema perché, senti che novità, presenterò un cortometraggio[11] che ho girato io! (Io / essere) _____ contentissimo se venissi anche tu, così potremmo finalmente rivederci! Poi avrò anche un sacco di biglietti gratuiti per il cinema e se (tu / venire) _____ , potremo farci una bella scorpacciata[12] di film. So benissimo che anche a te piace un sacco andare al cinema. Ovviamente, se (tu / decidere) _____ di venire, non avresti problemi di alloggio perché potresti stare da me e Bryan. Mi raccomando! Pensaci e se hai tempo, (venire) _____ così ci divertiamo!!

Matteo

---

11 il cortometraggio der Kurzfilm
12 fare una scorpacciata sich den Bauch vollschlagen
   hier: unheimlich viele Filme sehen

Ciao Matteo!! Che bella idea!! Grazie dell'invito. Se avrò tempo, ci (venire) _____ di corsa!! E poi sono contenta per te che presenti il tuo cortometraggio alla Mostra del cinema... Purtroppo non lo so ancora perché forse proprio in quel periodo farò uno stage al «Messaggero».[13] Sai, sto finendo l'università e mi piacerebbe lavorare come giornalista. Se lavorerò, sicuramente non (potere) _____ prendermi giorni liberi. Senti, ma se il fine settimana successivo tu e Bryan (essere) _____ ancora a Venezia, potreste fare voi un salto[14] a Roma.
Lo sai che se vuoi, (potere) _____ sempre dormire da me. Se poi quel fine settimana (esserci) _____ bel tempo, potremmo anche organizzare una gita al Lago di Bracciano, come ai vecchi tempi!!!
Ma una curiosità: se (vincere) _____ il Leone d'oro nella sezione cortometraggi, cosa farai? Dovrò passare per il tuo agente per parlare con te?
Un abbraccio e a presto
Valeria

Valeria, cosa fai? Mi prendi in giro? Beh, usa pure il periodo ipotetico!! Se (vincere) _____ il Leone d'oro – ipotesi difficilmente realizzabile – ...beh, sicuramente saresti sorpreso, e poi (essere) _____ felicissimo, e poi non (potere) _____ credere ai miei occhi perché (essere) _____ una sorpresa incredibile. Ma non ti preoccupare perché non succederà e se anche (succedere) _____ , tu (avere) _____ sempre un canale privilegiato per parlare con me!!
Matteo

12. Riformulate le seguenti frasi con un periodo ipotetico.

1. Mi dispiace che mercoledì sera non potrò venire al cinema con te, ma ho un altro impegno.

    Se non _____ .

2. Martina vuole andare in Italia, ma deve preparare l'esame.

    Se _____ .

3. Mi piacerebbe un sacco passare un fine settimana a Napoli, ma non ho tempo.

    Se _____ .

---

13 Il Messaggero   römische Tageszeitung   14 fare un salto   auf einen Sprung vorbei kommen

4. Mamma mia, Anna sta ingrassando troppo!

    Se _____ di meno, _____ .

5. Non so proprio niente di politica italiana!

    Se _____ di più i giornali, _____ .

13. punto.it

Musica in rete. Andate al sito www.italianissima.net/testi

Cercate il testo di una canzone italiana che già conoscete (attenzione! le canzoni sono classificate secondo il titolo e non secondo il cantante). Leggetelo, scrivete in due frasi il tema della canzone e, se conoscete la melodia, provate anche a cantarlo. Lo ricorderete meglio.

14. Mah...!

Completate con il verbo al futuro ed evidenziate poi le frasi in cui il futuro si usa per sottolineare una supposizione.

1. ■ Ma che ore sono?
   □ Non lo so. (Essere) _____ già le tre.

2. ■ Sapete già cosa fare quest'estate?
   □ Sì, io e Paola (andare) _____ in America a fare un corso di inglese, ma non sappiamo ancora di preciso quanto tempo ci (stare) _____ .

3. ■ Guarda che carino quel vestito di Armani!
   □ Sì, sì, ma (costare) _____ un occhio della testa. Non c'è neppure il prezzo.

4. ■ Dopo la laurea (fare) _____ un master in economia internazionale.
   □ Ah! Ma (rimanere) _____ in Italia o (andare) _____ all'estero?
   ■ Non lo so ancora, ma probabilmente (stare) _____ in Italia.

5. ■ Caspita! Ma quanti CD hai?
   □ Sono tanti, eh? Ne (avere) _____ un migliaio!

15. Avrebbe voluto...

Completate voi i racconti mettendo il verbo al condizionale passato.

1. Anna, 75 anni, casalinga, vive alla periferia di Roma. Si lamenta in continuazione della sua vita perché... (volere) _____ fare la cantante lirica. A lei (piacere) _____ girare il mondo e cantare nei teatri dell'opera più famosi. (Cantare) _____ le opere più famose. (Conoscere) _____ i VIP di tutto il mondo.

2. Diego, 55 anni, impiegato presso le assicurazioni. Sposato, padre di tre figli maschi. Nella sua vita in realtà... (preferire) _____ lavorare in borsa. (Divertirsi) _____ a giocare con i soldi degli altri e (speculare) _____ per guadagnare il più possibile. Non (volere) _____ sposarsi. Gli (piacere) _____ anche avere una bambina, ma sono arrivati solo maschi.

3. Paolo e Francesca, amanti finiti all'inferno nella Divina Commedia di Dante. In vita Francesca era sposata con Gianciotto, ma s'innamorò di Paolo, fratello di Gianciotto, che, scoprendo i due amanti, li ammazzò. Francesca, all'Inferno, ripensa alla sua vita... «Non (dovere) _____ sposare quello stupido di Gianciotto. (Sposarsi) _____ più volentieri con il mio adorato Paolo così non (innamorarsi) _____ di nessun altro e non (tradire) _____ nessuno. Io e Paolo (vivere) _____ insieme, forse (avere) _____ dei bambini, la nostra (essere) _____ una normalissima storia d'amore e nessuno (ricordarsi) _____ di noi. E soprattutto noi non (finire) _____ all'Inferno!»

16. Un concerto memorabile

Completate con l'aggettivo in ‹-bile› corrispondente alle frasi scritte sotto.

Qualche anno fa io e Dario siamo andati al concerto di Vasco Rossi, uno dei cantanti rock più amati d'Italia. Come [1] _____, i biglietti erano [2] _____, anche perché noi avevamo deciso di andare al concerto all'ultimo momento. Ma abbiamo rischiato ugualmente e siamo andati allo stadio abbastanza presto a cercare dei biglietti. Davanti allo stadio, già alle 14.00, c'era una folla [3] _____ e faceva un caldo [4] _____. Dopo varie ricerche, abbiamo trovato due biglietti ad un prezzo [5] _____. Quando il concerto è iniziato, la folla era [6] _____. Vasco sprizzava un'energia [7] _____, e, con quel suo modo di fare [8] _____, entusiasmava il pubblico. Sulle note di «Alba chiara», canzone [9] _____ ad un suo concerto, il pubblico ha cominciato a cantare in modo [10] _____. Io e Dario abbiamo cantato e ballato per tutto il concerto e alla fine eravamo così sudati e distrutti da essere quasi [11] _____.
Veramente una serata [12] _____.

[1] si poteva prevedere   [2] che non si possono trovare   [3] che non si poteva immaginare
[4] che non si poteva credere   [5] che si poteva accettare   [6] che non si poteva contenere[15]
[7] che si può invidiare   [8] che non si può imitare[16]   [9] che non può mancare
[10] che non si può dimenticare [11] che non si può riconoscere   [12] che rimane nella memoria

Un aggettivo… raccomandabile!
Di una musica che, per la semplicità della sua melodia, si impara e si ricorda facilmente si dice che è: orecchiabile.

Lo sapevate che…?
Un museo speciale
Torino è la culla[17] dell'industria cinematografica italiana: qui nel 1904 si girò il primo cortometraggio. Per questo proprio a Torino si trova il Museo del Cinema. Disposto su cinque piani, conta di una cineteca con settemila pellicole, migliaia di oggetti d'arte, fotografie, manifesti e una biblioteca. L'originalità del museo è che si trova nella famosa Mole Antonelliana, simbolo della città. Costruita nel 1863 su progetto di Alessandro Antonelli, la Mole inizialmente aveva la funzione di sinagoga ebraica.

---

15 contenere *hier:* bändigen, halten   16 imitare nachahmen   17 la culla die Wiege

GRAMMATICA

1. Der ‹congiuntivo imperfetto›

Regelmäßige Verben

	parlare	chiedere	partire
(io)	parlassi	chiedessi	partissi
(tu)	parlassi	chiedessi	partissi
(lui, lei, Lei)	parlasse	chiedesse	partisse
(noi)	parlassimo	chiedessimo	partissimo
(voi)	parlaste	chiedeste	partiste
(loro)	parlassero	chiedessero	partissero

Unregelmäßige Verben

bere: bevessi, bevessi, bevesse, bevessimo, beveste, bevessero
dare: dessi, dessi, desse, dessimo, deste, dessero
dire: dicessi, dicessi, dicesse, dicessimo, diceste, dicessero
essere: fossi, fossi, fosse, fossimo, foste, fossero
fare: facessi, facessi, facesse, facessimo, faceste, facessero
porre: ponessi, ponessi, ponesse, ponessimo, poneste, ponessero
stare: stessi, stessi, stesse, stessimo, steste, stessero
tradurre: traducessi, traducessi, traducesse, traducessimo, traduceste, traducessero

2. Der potentielle und der irreale Bedingungssatz im Präsens
   (il periodo ipotetico della possibilità e dell'irrealtà)

Bedingung	Folge
Se **avessi** più tempo,	**farei** sport.
(congiuntivo imperfetto)	(condizionale presente)

Im potentiellen Bedingungssatz beziehen sich Bedingung und Folge auf die Gegenwart oder auf die Zukunft. Dass die Bedingung erfüllt wird, gilt als möglich, aber eher unwahrscheinlich.

Bedingung	Folge
Se **nascessi** un'altra volta,	**farei** il pilota.
(congiuntivo imperfetto)	(condizionale presente)

Der irreale Bedingungssatz im Präsens enthält ebenfalls eine Bedingung, die sich auf die Gegenwart oder auf die Zukunft bezieht. Sie ist aber nicht erfüllbar.

3. Das ‹futuro semplice› als Ausdruck einer Vermutung

Mi domandavo: «**Saranno** tutti così i concerti? Speriamo di no».
Qual è il cantante italiano più famoso nel mondo? – Mah, **sarà** Eros Ramazzotti.

Das ‹futuro semplice› wird auch verwendet, um Vermutungen aufzustellen.

4. Der ‹condizionale passato› (Konditional II)

L'anno scorso **sarei andato** volentieri al mare, ma i miei genitori hanno preferito la montagna.
Da bambino **avrei mangiato** solo gelati.

Der ‹condizionale passato› wird mit den Formen des ‹condizionale presente› von *essere* oder *avere* + dem Partizip Perfekt des Hauptverbs gebildet.
Er wird in einem Hauptsatz verwendet, um einen in der Vergangenheit unerfüllten Wunsch oder eine Handlung, die hätte geschehen können, aber nicht geschehen ist, auszudrücken.

5. Adjektive auf -bile

È una idea **realizzabile**. (che si può realizzare)
È una proposta **credibile**.

Adjektive mit dem Suffix *-bile* haben passive Bedeutung und drücken eine Möglichkeit aus. Diese Adjektive werden meistens aus einem Verb gebildet. Bei Verben der 1. Konjugation hängt man an den Verbstamm *-abile*, bei Verben der 2. und 3. Konjugation das Suffix *-ibile*.

Achtung: bevibile, fattibile, possibile

Das Suffix *-bile* entspricht dem deutschen »-bar«, z.B. »fattibile = machbar«.

6. Die negative Vorsilbe in-

È un esercizio *utile*.   È un esercizio **inutile**.

Durch die Vorsilbe *in-* kann ein Adjektiv eine negative Bedeutung erhalten.

in- + b = imb-	Questo caffè è imbevibile.
in- + p = imp-	È una persona imprevedibile.
in- + l = ill-	La sua azione è illegale.
in- + m = imm-	Questi spaghetti sono immangiabili.
in- + r = irr-	È un'azione irresponsabile.

BILANCIO

In questa unità ho imparato a ...   😊 😐 ☹ 📖

descrivere fisicamente una persona.	☐	☐	☐	1
capire la trama di un film.	☐	☐	☐	2
scrivere la trama di un film che mi è piaciuto molto.	☐	☐	☐	5
formulare delle ipotesi realizzabili o impossibili.	☐	☐	☐	11
raccontare un concerto che mi è piaciuto particolarmente.	☐	☐	☐	20

_____

_____

Il mio diario d'apprendimento

I vocaboli più utili di questa lezione sono ...
Una struttura grammaticale che non mi sembra difficile è ...
Sull'Italia e sugli italiani ho imparato che ...
Un'attività che ho trovato divertente e utile è ...
Devo sicuramente ripassare ...
Vorrei dire anche che ...

Strategie d'apprendimento. Per riflettere su come imparare le lingue.

Con quali di queste affermazioni sei maggiormente d'accordo? Segnale e aggiungine un'altra.

Penso che i film siano motivanti perché ho la sensazione di imparare divertendomi.
I film trasmettono anche dei contenuti socio-culturali e aiutano a capire l'Italia e gli italiani.
Non mi piace molto guardare un film italiano perché non capisco niente.
Quando guardo un film le immagini, la musica, la mimica mi aiutano a capirlo.
Mi piace guardare un film perché è una situazione d'apprendimento reale. Vado spesso al cinema.
Non mi piace guardare un film perché ho la sensazione di perdere tempo.
Guardo un film in italiano solo se prima l'ho visto nella mia lingua madre.

Consiglio pratico: Per prepararti anche mentalmente a guardare un film, cerca prima qualche informazione per esempio sul regista e sugli attori principali. Quando guardi un film italiano, cerca di identificare anche elementi tipici della realtà e della cultura italiana.
Cerca di guardare i film italiani in lingua originale. Se ti sembra troppo difficile, all'inizio puoi guardarli con i sottotitoli in italiano (con i DVD si può fare). Guarda un film più di una volta, soprattutto se ti è piaciuto. Scoprirai ogni volta qualcosa di nuovo.

Per il mio dossier

Prepara la scheda di un film che hai visto. La scheda deve contenere: nome del regista, anno di uscita, attori principali, breve trama, descrizione dell'ambientazione spazio-temporale, descrizione dei personaggi, brevi impressioni sulla musica e il tuo commento.

1. XKÉ 6 ☹ ?

Alcune caratteristiche del modo di scrivere gli sms in italiano le avete già viste nel manuale. Completate ora le seguenti regole che vi serviranno a comunicare via sms in italiano.

1. Ch diventa spesso _____ .

2. x significa _____ .

   Altri segni matematici molto usati sono + (più), - (meno), = (uguale)

3. Anche i numeri diventano importanti elementi per sostituire o abbreviare le parole:

   per esempio 6 significa _____ e 3no significa _____ .

4. Spesso, soprattutto se non si creano equivoci,[1] non si scrivono le vocali.

   Per esempio cmq significa _____ , dmn sta per _____ . Usatissimo è tvb per:

   ti voglio bene.[2]

2. L'italiano ke lingua assurda! Il linguaggio dei messaggi.

a. ‹Traducete› in italiano.

1. Sn mlt ☺ xkè non c'è lezione. _____

2. Voglio saxe cm è andato l'esame. _____

3. Nn vengo da Paolo. C ved + tardi al bar. _____

b. E ora fate il contrario. Scrivete sotto forma di sms le seguenti frasi.

1. Dove sei? Posso chiamarti più tardi? _____

2. Perché non ci vediamo al Bar Magenta? _____

3. Spero di vederti dopo le lezioni. _____

4. Sei veramente tremendo, ma ti voglio bene comunque. _____

---

[1] l'equivoco   das Missverständnis   [2] Ti voglio bene!   Ich hab dich lieb!

3. Parol...iamo[3]

a. Completate la tabella con le parole mancanti.

Aggettivi	Sostantivi	Verbi
cambiato	_____	_____
_____	abbellimento	abbellire
_____	miglioramento	_____
_____ _____	riscaldamento/caldo	riscaldare
arredato	_____	_____
_____	_____	divertirsi
_____	_____	peggiorare

b. Completate le frasi con un aggettivo o un verbo della tabella precedente.

1. Il pessimista: secondo me negli ultimi anni nelle città italiane c'è stato un grande _____ della qualità di vita: tutto è più caro, il lavoro è più precario, il traffico è esagerato, anche le relazioni tra gli uomini _____ sempre di più.

2. L'ottimista: ma non è vero! Al contrario: negli ultimi anni in Italia ci sono stati solo _____ : la disoccupazione è scesa, l'80 % degli italiani ha una casa di proprietà e anche le infrastrutture sono _____ di prima!

3. Il neutro: beh, forse si può dire che ci sono stati molti _____ . Alcune cose _____ in modo negativo e altre in modo positivo.

4. Ho trovato una bella camera _____ a un prezzo umano. L'_____ non è niente di particolare, ma almeno non la devo _____ io.

5. Ah, che _____ giornata di sole! Fa anche _____ ! Ci saranno più di 20 gradi e siamo ancora in inverno! Forse possiamo abbassare il _____ anche perché _____ inutilmente costa molto e soprattutto inquina.[4]

6. Lo spettacolo di ieri sera a teatro non è stato un grande _____ . Solo Gherardo e Gianluca _____ . Per me ci sono state solo un paio di scene veramente _____ .

---

[3] Paroliamo   berühmtes Gesellschaftsspiel   [4] inquinare   verschmutzen

4. Da ‹embedded› a ‹ominicchio›: ecco come cambia la lingua italiana.

Leggete il seguente articolo e completate poi lo schema con le informazioni tratte dal testo.

Gli italiani parlano in modo diverso ogni anno che passa. Lo confermano le uscite delle nuove edizioni dei vocabolari che aggiornano le parole entrate nell'uso comune. Sono i neologismi: vocaboli che prima non esistevano o parole di lingue straniere (quasi sempre l'inglese) usate ormai normalmente. [...] Il nuovo Zingarelli ne ha inserite 700, più severi il Garzanti (500) e il Sabatini-Coletti (127). [...] Tra i neologismi scelti dallo Zingarelli quest'anno rientrano ‹embedded› (giornalista che in zona di guerra viaggia al seguito delle truppe e ne accetta la protezione, ma anche le limitazioni nei movimenti) o ‹chick lit› (genere narrativo che tratta temi leggeri e sentimentali, rivolto a un pubblico femminile). Oppure termini dialettali, in realtà usati correntemente da decenni, come l'esclamazione siciliana ‹mizzica› o l'altro contributo siciliano ‹ominicchio› (uomo mediocre) coniato[5] da Sciascia [...]. Ci sono poi parole e locuzioni nate dai mutamenti sociali: un adulto che non vuole lasciare la casa dei genitori è un ‹tardoadolescenziale›. La tecnologia ha generato ‹videomessaggio›, ‹videochiamata›, ‹videofonia›. [...] Internet conia ogni anno nuove parole. Così nel 2006 entrano nel dizionario: ‹open source› (software il cui codice sorgente è leggibile e modificabile), ‹website› (sito web) e ‹peer to peer› (rete che consente lo scambio di dati tra i computer collegati). [...] Questo dicono le bibbie della lingua italiana.

(da *Da ‹embedded› a ‹ominicchio›: ecco come cambia la lingua italiana*, repubblica.it, 28/09/2005)

Vocabolari della lingua italiana: _____

Due termini dialettali entrati nel vocabolario: _____

Una parola nata da un mutamento sociale: _____

Due parole nate dalla tecnologia: _____

Due parole nate grazie ad Internet: _____

5. punto.it

Visitate il sito della Treccani[6] www.treccani.it. Cosa si può trovare in questo sito?
Cliccate ora sull'area «Lingua e linguaggi». Andate alla sezione neologismi. Ovviamente sono moltissimi i neologismi elencati. Cercatene cinque di cui riuscite a capire il significato, che ritenete utili e vi piacerebbe imparare. Scriveteli poi qui di seguito.

_____

_____

5 coniare   prägen   6 la Treccani   importante enciclopedia italiana

6. Trasformiamo!

a. Trasformate le seguenti frasi dalla forma attiva a quella passiva, come nell'esempio.

Tra i giovani gli sms **hanno sostituito** la comunicazione orale.   pass. prossimo
Tra i giovani la comunicazione orale **è stata** sostituita dagli sms.   pass. prossimo

1. Negli sms e nelle e-mail gli emoticon (le famose faccine) rappresentano le emozioni.
2. Le nuove tecnologie hanno influenzato la lingua moderna.
3. Fino al 1989 un muro divideva Berlino.
4. L'ortografia del futuro eliminerà il «ch»?
5. Molti studenti hanno seguito il corso di italiano.
6. Dante scrisse la «Divina Commedia» nel Trecento.
7. Secondo le ultime ricerche alcuni prodotti cosmetici provocherebbero[7] il tumore alla pelle.
8. Stefano aveva avvisato Paolo del ritardo con un sms.
9. Non credo che gli adulti capiscano sempre le invenzioni linguistiche dei giovani.

b. Trasformate ora le frasi dal passivo all'attivo.

1. Molti studi statistici sull'Italia sono realizzati dall'Istat.
2. La Cappella Sistina fu realizzata da Michelangelo.
3. In futuro il telefono fisso sarà probabilmente sostituito dal telefono cellulare.
4. Il libro «Io non ho paura» di Niccolò Ammaniti è stato letto da tantissime persone.
5. La polizia era stata avvisata dai vicini di casa.
6. Secondo alcuni giornali, il quadro sarebbe stato rubato[8] da alcune persone esperte.
7. Credo che le bellissime fontane di Roma siano apprezzate anche dai romani.

7. Che mi dite delle chat?

Leggete questo testo. Sottolineate i verbi alla forma passiva e trasformate le frasi passive in attive. Se necessario girate[9] la frase e aggiungete il soggetto.

Un'indagine sul rapporto dei giovani con i vari media è stata realizzata da SWG.[10] In realtà le novità non sono molte, infatti, è stato confermato dai dati quello che si sapeva già: che la Rete è usata da sempre più giovani. Anche se TV, carta stampata, radio e libri non sono stati certo dimenticati, sembra tuttavia che pian piano i ragazzi preferiscano Internet. Dai dati risulta che il giornale è letto regolarmente solo da tre ragazzi su dieci, mentre se si tratta di informarsi sulle ultime notizie il primo posto è occupato dalla TV (che infatti è scelta dal 54% degli intervistati).
Internet è usato da ben il 90% dei ragazzi per svolgere ricerche di studio. Altri motivi per cui Internet è sempre più utilizzato dai giovani sono: approfondire argomenti (78%), divertirsi e rilassarsi (44%). Studio a parte, le ragioni principali per l'uso di Internet sono rappresentate da divertimento e socializzazione. La rete aiuta a creare il primo contatto,

---

7 provicare   verursachen   8 rubare   stehlen
9 girare   *hier:* umformulieren 10 SWG   istituto fondato a Trieste che realizza ricerche istituzionali

mentre il resto è fatto tradizionalmente: il colloquio di persona, gli sms e il telefono. Infine un ultimo dato: ben il 58% degli intervistati ha conosciuto le persone incontrate online.

(basato su *Per svago, studio, nuovi incontri lo strumento dei ragazzi è il web* di Tullia Fabiani, la Repubblica, 26/10/2005)

8. punto.it

Nel sito www.studenti.it o www.informagiovani.it trovate una sezione dedicata all'università con forum su diversi temi. Pensate a tre domande da porre agli studenti italiani, speditele e vedete se e che cosa vi rispondono.

▶ll 25 9. Intervista sulle nuove tecnologie!

A Giorgio, Lisa e Michele sono state fatte le stesse domande di cui avete parlato voi in classe. Ascoltate quello che dicono e segnate poi le loro risposte.

	Giorgio	Lisa	Michele
1. Avete mai chattato?	_____	_____	_____
2. Se no, perché?	_____	_____	_____
3. Se sì, avete poi incontrato la persona con cui eravate in contatto?	_____	_____	_____
4. È stata un'esperienza interessante?	_____	_____	_____

10. Lavorare con il lessico

a. Rileggete il testo a p. 168 del manuale. Quali verbi si usano con queste parole?

chat   cellulare   messaggio   linea   posta   computer

b. Completate ora le frasi con i verbi o i sostantivi mancanti elencati in disordine qui di seguito.

collegato – spense – cadde – scaricò – rubrica – s'erano scambiati – aprì (2x) – si scollegò – casella – accese – messaggio – posta elettronica – mittenti – connetté – s'è scaricato – chiuse (2x) – raggiungibile – disconnetté – arrivò – squilli

1. Dopo aver chattato, Orso 75 e Newage 78 _____ i numeri di cellulare e gli indirizzi di _____ .

2. Quando si alzò si _____ , aprì la _____ e _____ la posta.

3. Lei _____ la chat. Lui restò _____ altri 20 minuti. Alle 6 _____ e andò in palestra.

4. Quando uscì dalla palestra _____ il cellulare e dopo meno di 30 secondi _____ _____ un messaggio. Lo _____ .

5. Cercò il suo numero in _____ e la chiamò. Lei rispose dopo tre _____ .

6. Mentre stavano parlando _____ la linea. Provò a richiamarla ma lei non era più _____ .

7. Il giorno dopo, quando _____ la posta, vide il nome di lei tra quello dei _____ .

8. Il suo _____ diceva: «Ieri mentre parlavamo _____ il cell.»

9. _____ la posta, si _____ , _____ il computer e andò a farsi una doccia.

11. Esercizio pratico

Prendete il vostro cellulare. Se non avete un cellulare lavorate con un compagno. Cambiate la lingua del vostro cellulare e scegliete l'italiano (si trova sotto Telefoneinstellungen – Sprache). Guardate un po' le diverse funzioni che usate di solito. Quali parole nuove trovate che volete imparare? Segnate qui di seguito le 5 parole che vi sembrano più utili. Se avete voglia, lasciate la lingua italiana almeno per una settimana! Dopo un po' vi abituerete... e memorizzerete meglio i vocaboli.

12. Prima che o prima di?

Inserite ‹prima che› o ‹prima di›.

1. Elisa fa gli esercizi _____ andare a lezione.

2. _____ Valeria esca di casa, sua mamma le prepara il caffè.

3. _____ la lezione finisca, ho ancora alcune cose da dirvi.

4. _____ partire per l'Italia, Giorgia ha frequentato due corsi all'università.

5. _____ trasferirsi a Roma, Raffaele ha cercato un lavoro.

6. Vogliamo arrivare a casa _____ diventi buio.

7. Ti spedisco un messaggio _____ inizi il film.

13. Scegliete il pronome combinato corretto.

1. Devo scrivere una mail a Gherardo. Gliela / Ce la scrivo dopo le lezioni.
2. ■ Mi dai per favore le fotocopie? □ Sì, aspetta un attimo. Me le / Te le do fra due minuti.
3. Gianni, Salvatore, se avete bisogno di CD per la festa te li / ve li porto io!
4. Dott. Rossi, mi porta per favore il vocabolario? Sì, glielo / ve lo porto subito.
5. Morena mi porta la mia pasta preferita dall'Italia. Me li / Me ne porta tre chili.

14. Completate i seguenti dialoghetti usando i pronomi combinati.

1. ■ Morena, ti piace il mio anello?

    □ Fantastico, ma chi _____ ha regalato?

2. ■ Mamma mia!! Che brutti quegli orecchini.

    □ Lo so, ma _____ ha regalati mia suocera e, sai, stasera siamo a cena da lei...

3. □ Signorina, scusi, il colore di questa gonna non mi piace. _____ potrebbe portare una verde?

    ■ Certo Signora, _____ porto subito una.

4. ◇ Susi, sai che a Berlino vengono anche Fabrizio e la Stefi? _____ avevo già detto?

    ◆ No, non _____ avevi ancora detto.

5. □ Ti piacciono i pantaloni di Anna?

    ■ Sì. _____ ha fatti sua mamma, no?

6. □ Stasera io e Roberta ceniamo fuori ma non sappiamo quale ristorante scegliere.

    ■ Se volete, _____ consiglio uno io, dove si mangia benissimo e si spende poco.

7. ◇ Barbara, mi presti i tuoi appunti di diritto del lavoro?

    ◆ Mi dispiace, ma li ha Massimo. _____ ho dati due settimane fa. Quando _____ riporta _____ dico.

15. Pronomi ‹scombinati›

Scoprite dove si devono inserire i pronomi combinati sotto elencati. Sono nell'ordine giusto.

te l' – me l' – ve lo – glielo – ce lo – gliel' – gliela – gliela – te li – me li – gliene

□ Ciao Stefania, come va? Ci vediamo alla festa di Cristina?
■ Che festa? Io non ne so niente.
□ Ma come non ha detto? Fa una festa sabato sera per il suo compleanno e voleva invitare anche te e Fabrizio. Non è che ha parlato con Fabrizio?

- Mah, mi sembra strano. Fabrizio avrebbe detto.
- Oppure sta aspettando come al solito l'ultimo minuto e poi dice. O magari si è dimenticata, sbadata[11] come è. Adesso la chiamo e chiedo.
- Sì, penso anch'io. Figurati se non dice. Senti, ma allora dobbiamo comprarle un regalo? Tu hai già comprato?
- No, sto andando adesso. Vieni?
- No, adesso non posso. Devo finire una tesina per il professor Gugolini e devo consegnare lunedì. Ma cosa le vuoi comprare?
- Mah, pensavo a una bella collana che ho visto in un negozio vicino a casa. Ma costa un po'. Se vuoi, compriamo insieme così non devi pensare al regalo. E poi dobbiamo portarle dello spumante.
- D'accordo. Allora collana e spumante. Ma ora non ho soldi con me. Posso dare sabato?
- Perfetto. Se dai alla festa va benissimo. E di bottiglie di spumante compro tre, va bene?
- Benissimo. Ciao allora.

16. Indovinello[12]

a. Leggete questo brano e inserite i pronomi combinati mancanti.

– Conosci un animale che comincia con un frutto? – mi ha chiesto Maria.
– Come?
– Un animale che comincia con un frutto.
Ho cominciato a pensarci. – Tu lo sai?
– Sì.
– E chi _____ ha detto?
– Barbara.
Non mi veniva niente. – Non esistono.
– Esistono, esistono.
Ci ho provato. – Il pescatore.
– Non è un animale. Non vale.
Avevo il vuoto in testa. Mi ripetevo tutta la frutta che conoscevo e ci attaccavo dietro pezzi di animali e non ne usciva niente.
– Il Susinello?
– No.
– Il Perana?
– No.
– Non lo so. Mi arrendo. Qual è?
– Non _____ dico.
– Ora _____ devi dire.
– Vabbe', _____ dico. Il coccodrillo!
Mi sono dato uno schiaffo sulla fronte. – È vero! Il cocco drillo! Era facilissimo. Che cretino...

(da *Io non ho paura* di Niccolò Ammaniti, Torino 2001)

---

11 sbadato zerstreut   12 l'indovinello das Rätsel

b. *Voi l'avreste indovinato?*

Però sicuramente indovinate un pronome combinato che è uguale a un frutto. Qual è? _____

17. Connettivi

Inserite nelle frasi il connettivo giusto. Alcuni connettivi potete usarli più volte.

però – tuttavia – quindi – adesso – quando – poi – una volta – prima – infine

1. Ieri Antonella era stanca, _____ è andata ugualmente a lezione.

2. Non ci sarò per tutta la settimana. _____ se vuoi, puoi raggiungermi sul cellulare.

3. Marta vuole studiare in Italia e _____ sta imparando l'italiano.

4. _____ Manuela abitava a Milano. _____ è andata per lavoro a Barcellona e ha deciso di trasferirsi. _____ vive a Barcellona.

5. _____ abitavo a Londra andavo tutti i giorni a scuola. Solo _____ non sono andata a scuola perché ho preferito andare al British Museum che non avevo ancora visitato.

6. Alla riunione _____ ci sono state le presentazioni dei progetti, _____ siamo passati alla discussione ed _____ abbiamo preso le decisioni.

18. Cellularmania. Un'indagine sull'uso dei cellulari in Italia.

Leggete i risultati dell'indagine e scegliete la variante esatta.

Su incarico[13] della Nokia è stata realizzata un'indagine sul valore del cellulare nella vita degli italiani. Questa ricerca descrive qual è stato l'impatto[14] sociale *però / e* affettivo del cellulare nelle loro vite. Per prima cosa i dati confermano che il cellulare è uno strumento di cui l'italiano medio

non può più fare a meno e, *infatti / tuttavia*, lo usano 3 italiani su 4. Gli italiani usano il cellulare *prima di tutto / quindi* per parlare con i familiari, *poi / e* per parlare con gli amici, *infine / adesso* per fare gli auguri. L'amore occupa il quarto posto. Il lavoro con il cellulare è al settimo posto. Non sembra *adesso / quindi* che l'uso del cellulare influisca[15] molto sul lavoro. Certo è anche che gli italiani considerano il cellulare

---

13 l'incarico   der Auftrag   14 l'impatto   die Auswirkung   15 influire   beeinflussen

utile. Gli italiani sono *però / quindi* scettici sul fatto che il cellulare possa aumentare la loro efficienza ed autonomia. C'è *inoltre / adesso* anche qualche lato oscuro: «Scrivo meno di *prima / adesso* a causa del cellulare», dice il 19,5 per cento degli intervistati, «*Adesso / Però* ho meno tempo per me» (8,4 per cento). Ci sono *una volta / inoltre* dati che farebbero la felicità di un Freud: il 4,4 per cento del campione[16] dice che si sente «più forte e potente» grazie al cellulare. Sorprende anche che molti (18,9 per cento) si sentano «più sicuri di se stessi» e «più allegri e contenti» per il fatto di avere un coso che squilla nella tasca. *Prima di tutto / Infine* il sentimento che la maggior parte degli italiani prova per i cellulari è «simpatia, amicizia» (35,9 per cento), «gratitudine, riconoscenza» (33,1 per cento). *Tuttavia / e* non tutti provano sentimenti positivi: il 12,2 per cento prova «dipendenza,[17] servitù»[18] nei confronti dei cellulari, «antipatia, aggressività» (7,5 per cento) e persino[19] «odio, rifiuto». Conforta[20] vedere che, tra questi eccessi, un buon 23,7 per cento non prova nessuno dei sentimenti descritti.

(adattato da *Italiani innamorati del cellulare 3 su 4 non possono farne a meno* di Alessandro Longo, *la Repubblica*, 22/09/2005)

Lo sapevate che...?

Quando si parla di lingua italiana non si può fare a meno di parlare dell'Accademia della Crusca.[21] Che cosa è? È l'Accademia linguistica più famosa d'Italia. Fu fondata a Firenze nel 1583 da un gruppo di simpatici amici, che si riunivano con il nome di Brigata dei Crusconi, nome che indicava la volontà scherzosa di differenziarsi dalle eccessive pedanterie dell'Accademia fiorentina. Alle pedanterie dell'Accademia fiorentina rispondevano con le «cruscate», cioè discorsi giocosi e conversazioni di poca importanza. Tuttavia, già all'inizio, c'era la seria intenzione di occuparsi dello studio e della conservazione della lingua italiana. Attualmente l'attività dell'Accademia si articola in quattro centri di ricerca: il Centro di studi di filologia italiana, il Centro di studi di lessicografia italiana, il Centro di studi di grammatica italiana ed infine il Centro di Consulenza sulla Lingua Italiana Contemporanea (CLIC).
Se avete dei dubbi linguistici scrivete all'Accademia che ovviamente è presente anche in rete: www.accademiadellacrusca.it

---

16 il campione   die Stichprobe
17 la dipendenza   die Abhängigkeit
18 la servitù   die Sklaverei
19 persino   sogar
20 conforta   es tröstet
21 la crusca   die Kleie

GRAMMATICA

1. Die Wortbildung (I)

Im Italienischen kann durch Anhängung von Suffixen oder auch von Präfixen an ein Wort ein neues Wort gebildet werden, das dann meist einer anderen grammatikalischen Wortklasse angehört. Unter den zahlreichen Möglichkeiten findet sich in dieser Lektion folgende:

chiaro   chiarire   chiarimento

Ein Adjektiv kann das Suffix -*are*/-*ire* erhalten und daraus ein Verb bilden.
Aus dem Verb entsteht durch Anhängen von -*mento* ein Substantiv.

profondo   approfondire   approfondimento

In diesem Fall wird neben dem Suffix -*ire* auch ein Präfix angefügt.

Die nach diesem Muster gebildeten Verben auf -*ire* haben im Präsens Indikativ die Stammerweiterung auf -*isc*.
Die Substantive auf -*mento* drücken eine Handlung bzw. einen Vorgang aus.

2. Das Passiv

Semiologi e linguisti **condividono** l'opinione. → Indikativ Präsens
L'opinione è condivisa da semiologi e linguisti. → Indikativ Präsens

Das Passiv wird mit dem Hilfsverb *essere* gefolgt vom Partizip Perfekt des Hauptverbs gebildet.
Das Hilfsverb *essere* steht in der Zeit und im Modus des entsprechenden Verbs der aktiven Form.

L'opinione è **condivisa** *da* semiologi, linguisti, filosofi.
Questa parola è **adoperata** in italiano da pochi anni.

Das Subjekt des Aktivsatzes wird in der Passivkonstruktion durch die Präposition *da* eingeleitet. Es muss jedoch nicht immer genannt werden, da in der Passivform die Betonung eher auf der Handlung liegt. Das Partizip stimmt in Zahl und Geschlecht mit dem Substantiv überein, auf das es sich bezieht.

3. Die Konjunktionen prima di *und* prima che

Prima di spegnere la luce sistemò il cellulare sul comodino.
Come tentavo di dirti **prima che** il cellulare si spegnesse.

prima di + Infinitiv verbindet zwei Sätze, in denen das Subjekt identisch ist.
prima che + ‹congiuntivo› fügt zwei Sätze zusammen, in denen das Subjekt nicht identisch ist.

4. Kombinierte Pronomen

	lo	la	li	le	ne
mi	me lo	me la	me li	me le	me ne
ti	te lo	te la	te li	te le	te ne
gli/le	glielo	gliela	glieli	gliele	gliene
ci	ce lo	ce la	ce li	ce le	ce ne
vi	ve lo	ve la	ve li	ve le	ve ne
gli	glielo	gliela	glieli	gliele	gliene

Il libro **me l'ha** regalato Paolo.
Le foto **ve le** ho mandate per posta.

Kombinierte Pronomen entstehen aus der Zusammensetzung von zwei unbetonten Pronomen: einem indirekten und einem direkten.

Beachten Sie! Dem indirekten folgt das direkte Pronomen.

Mi wird zu **me** und wird getrennt vor **lo, la, li, le, ne** geschrieben.
Ebenso ti → **te**, ci → **ce** und vi → **ve**.

Gli und **le** werden beide zu **glie-** und verschmelzen mit **lo, la, li, le, ne**.

Kommen Reflexivpronomen mit unbetonten Objektpronomen zusammen, wird auch in diesem Fall das *i* zu *e*: **Mi** lavo sempre *le mani* prima di mangiare. → **Me le** lavo sempre prima di mangiare.

5. Bindewörter

Sono di Roma **e** abito a Roma.
Il sabato andiamo al cinema **o** facciamo un giro in centro.
Sono di Roma, **ma** abito a Verona.
Mio padre non voleva fare l'università, **quindi** ha fatto l'accademia militare.
Una volta, dopo aver chattato, s'erano scambiati i numeri di cellulare e gli indirizzi di posta elettronica, e **adesso**, oltre a chattare, si scambiavano brevi messaggi. **Però** non s'erano mai sentiti per telefono. **Tuttavia** lei gli piaceva.
Quando uscì, fuori era già buio.
Quindi, fece una cosa che non aveva mai fatto **prima**...
«Sta arrivando qualcuno...» disse **poi**.

Bindewörter sind Verknüpfungselemente, die es ermöglichen, einen Text logisch zu strukturieren. Bindewörter können u. a. Konjunktionen, Pronomen, Adverbien sein.

Sie haben bereits folgende Konjunktionen kennen gelernt:

e (und), **o** (oder), **ma** (aber), **però** (aber, jedoch), **tuttavia** (trotzdem)
quindi (also, folglich)
una volta (einmal), **adesso** (jetzt), **prima** (vorher), **poi** (dann)
quando (als bzw. wenn), **mentre** (während)

6. Weitere Konjunktivauslöser

Gli tremavano le mani e dovette esercitare un alto controllo **affinché** la destra **tenesse** saldo il mouse e **dirigesse** il puntatore sul messaggio di lei.

Nach der Konjunktion **affinché** (damit) steht das Verb im Nebensatz im ‹congiuntivo›.

BILANCIO

In questa unità ho imparato a … ☺ 😐 ☹ 📖

capire gli elementi principali in un testo scritto di argomento quotidiano.	☐	☐	☐	3
esprimere la mia opinione sull'influsso delle nuove tecnologie sulla lingua.	☐	☐	☐	5
elencare qualche neologismo entrato nella mia lingua madre.	☐	☐	☐	10
mettere in ordine un riassunto di un testo appena letto.	☐	☐	☐	14
utilizzare il vocabolario quotidiano relativo a strumenti come il computer o il telefonino.	☐	☐	☐	16

_____

_____

Il mio diario d'apprendimento

Per me i vocaboli più utili di questa lezione sono …
Una struttura grammaticale che devo esercitare è …
Sull'Italia e sugli italiani ho imparato che …
Due attività che ho trovato particolarmente interessanti sono …
Forse avrei voluto …
Vorrei ancora aggiungere che …

Strategie d'apprendimento. Per riflettere su come imparare le lingue

Internet è uno strumento che ti permette di avere l'Italia «a portata di mano». In rete troverai tanti testi autentici e vari che ti trasmetteranno un'immagine attuale e aggiornata dell'Italia. Ovviamente puoi cercare informazioni utili ad approfondire temi di tuo interesse e, se vuoi, puoi anche comunicare con italiani.

Consiglio pratico: Ritagliati degli spazi di tempo per navigare in Internet su siti italiani. Seleziona le pagine che ti sembrano più interessanti e che forniscono informazioni attendibili. Se hai dei dubbi, chiedi ai tuoi insegnanti. Usare le tecnologie più moderne per apprendere una lingua renderà il tuo percorso di apprendimento più vario e quindi più interessante. Fa' una lista dei siti Internet italiani che utilizzi di più e che ti sembrano più utili e scrivi brevemente quali informazioni trovi sul sito. Per esempio www.studenti.it (pagina Internet con informazioni sulla vita universitaria che dà molti consigli preziosi per cercare alloggio, sulle varie università e dove si può anche chattare con gli studenti italiani.)

Per il mio dossier

Io e le tecnologie moderne. Scrivi un breve testo, ovviamente con il computer, in cui racconti quali sono gli strumenti tecnologici moderni più importanti per la tua quotidianità e per i tuoi studi, quante ore al giorno li utilizzi e con quali scopi, quali siti Internet visiti più frequentemente e che cosa ti piace o non ti piace di Internet.

1. **Scelte di vita.** Campus, rivista per gli studenti universitari, ha proposto il seguente questionario agli studenti italiani.

Fatelo anche voi e poi andate a controllare come hanno risposto gli studenti italiani. I risultati li trovate nelle chiavi degli esercizi.

1. Quando hai deciso di andare all'università?
   - a. Da quando ero alle medie[1]   ☐
   - b. Dai primi anni delle superiori[2]   ☐
   - c. Negli ultimi anni   ☐
   - d. L'ultimo anno   ☐
   - e. Dopo la maturità   ☐
   - f. Altro   ☐

2. Cosa è stato maggiormente determinante per questa scelta? (Risposte multiple)
   - a. I consigli degli amici   ☐
   - b. Le aspettative[3] dei miei genitori   ☐
   - c. La paura di essere da meno[4] rispetto ai compagni delle superiori   ☐
   - d. La situazione del mercato   ☐
   - e. L'interesse per una particolare facoltà   ☐
   - f. Il fatto che non so ancora che strada intraprendere[5]   ☐
   - g. Le mie aspirazioni[6] professionali   ☐
   - h. I consigli dei professori   ☐
   - i. Altro   ☐

3. Oltre alla facoltà scelta ce ne erano altre che ti interessavano?
   Sì ☐   No ☐

4. Pensi che ti pentirai[7] della scelta fatta?
   Sì ☐   No ☐   Non saprei ☐

5. Pensi che oggi l'università sia …
   - a. il sistema per entrare in un certo ambiente.   ☐
   - b. un modo per ottenere un titolo di prestigio.   ☐
   - c. un obbligo per ottenere un buon lavoro.   ☐
   - d. un'incognita.[8]   ☐
   - e. un'opportunità per conoscere gente nuova e divertirsi.   ☐
   - f. una perdita di tempo.   ☐
   - g. un modo per rimandare la scelta di un lavoro.   ☐
   - h. una scuola di specializzazione.   ☐
   - i. altro   ☐

---

[1] le medie   die Sekundarstufe I
[2] le superiori   die Sekundarstufe II
[3] l'aspettativa   die Erwartung
[4] essere da meno   jmdm. nachstehen
[5] intrapendere   *hier:* beginnen, einschlagen
[6] l'aspirazione   die professionelle Bestrebung
[7] pentirsi   etwas bereuen
[8] un'incognita   eine unbekannte Größe

6. Per te laurearti nel più breve tempo possibile è...
   a. una priorità. ☐
   b. abbastanza importante. ☐
   c. non prioritario. ☐
   d. indifferente. ☐

7. Cosa pensi che farai dopo la laurea?
   a. Andrò a lavorare all'estero. ☐
   b. Farò un master. ☐
   c. Seguirò le orme[9] dei miei genitori. ☐
   d. Aprirò un'attività insieme agli amici. ☐
   e. Non so. ☐

(da *La scelta di facoltà, 57 su 100 temono di pentirsene*, per concessione di *Campus*, www.campus.it)

2. Scelte di studenti

Riformulate le frasi, anche quelle in più parti, come nell'esempio. Usate il congiuntivo passato.

Andrea ha deciso di frequentare l'università dopo la maturità.

<u>Credo che</u> Andrea <u>abbia deciso</u> di frequentare l'università dopo la maturità.

1. Susanna ed Elisabetta hanno scelto di iscriversi a psicologia già molto tempo fa.

2. Paola si è iscritta a scienze politiche perché non sapeva cosa fare dopo la scuola.

3. Gherardo ha preferito proseguire gli studi non nella sua città d'origine, ma a Pavia.

4. Anna non si è pentita di essersi iscritta ad economia e commercio.

5. Marco e Lucio si sono laureati due anni fa. Per loro l'università è stata un modo per rimandare la scelta di un lavoro.

6. Tu e Monica avete perso un'occasione d'oro a non andare a Londra.

7. Cristina e Maria dopo la laurea sono andate a lavorare all'estero.

---

9 l'orma   die Spur

3. Evviva il congiuntivo!

Inserite il verbo al tempo giusto e segnate accanto ad ogni frase se l'azione espressa dal verbo al congiuntivo è contemporanea (C), anteriore (A) o è riferita al futuro (F).

Credo che tu
- _____ raramente il corso di filosofia l'anno scorso. (frequentare) __
- non _____ spesso in biblioteca. (andare) __

Spero che Linda
- _____ l'esame con me. (preparare) __
- _____ l'estate scorsa al mare. (divertirsi) __

Penso che Claudio e Gianni
- _____ di lavorare due mesi fa. (smettere) __
- ora _____ un nuovo lavoro. (cercare) __

4. La scelta di Manuela. Roberta, la sua migliore amica, racconta.

Completate con il congiuntivo presente o passato.

Penso che Manuela (decidere) _____ di studiare medicina già molti anni fa, quando era ancora al liceo. Mi sembra che (seguire) _____ i consigli dei professori. Se non mi ricordo male credo che (ascoltare) _____ in modo particolare i consigli del professore di latino che lei stimava[10] molto. Lei non crede che le aspettative dei genitori (essere) _____ determinanti per la sua scelta. Ritiene infatti che le aspirazioni professionali personali (avere) _____ più importanza rispetto alle aspettative dei genitori. Manuela pensa che studiare medicina le (potere) _____ permettere di realizzare i suoi sogni e spera che la ricerca di un lavoro in un ospedale non (durare) _____ troppo a lungo. Ha l'impressione che per molti studenti l'università oggi (rappresentare) _____ un'opportunità per conoscere gente nuova, ma ritiene anche che (essere) _____ un'importante occasione di crescita personale e si augura che per nessuno (essere) _____ una perdita di tempo. Può darsi che dopo l'università lei (fare) _____ un'esperienza all'estero con «Medici senza frontiere».[11] Mi sembra che l'anno scorso (andare / già) _____ in America Latina con un'associazione umanitaria. Crede che per ogni medico (essere) _____ importante mettere a disposizione di popolazioni meno fortunate le proprie conoscenze. I genitori di Manuela sperano che lei (prendere) _____ la decisione giusta e che non (pentirsi) _____ della sua scelta.

10 stimare schätzen 11 Medici senza frontiere Ärzte ohne Grenzen

5. Lacrime di coccodrillo[12]

Completate le frasi del periodo ipotetico del terzo tipo con il congiuntivo trapassato e il condizionale passato.

1. Ieri è stata una serata noiosissima! Mentre stavo guardando un film demenziale[13] alla Tv mi sono addormentato.

   Se non _____ davanti alla televisione, (addormentarsi)
   _____ al concerto con gli altri e _____ . (andare / divertirsi)

2. All'esame di storia Marco ha preso un voto pessimo. Ovvio! Invece di studiare usciva tutte le sere con i suoi amici. Se Marco _____ (uscire)
   un po' di meno e _____ di più, probabilmente (studiare)
   _____ un voto migliore. (prendere)

3. I tuoi hanno ragione! Ma perché non gli hai detto del fine settimana a Londra?

   Se gli (dire) _____ la verità, (dire)
   non (arrabbiarsi) _____ così. (arrabbiarsi)

4. Ecco. Adesso siamo completamente al verde!![14]

   Se _____ delle vacanze meno lunghe, (noi / fare)
   non _____ così tanti soldi. (noi / spendere)

5. Patrizia si lamenta della sua giornata di ieri. Una giornata da dimenticare!

   Se ieri non _____ alla conferenza (andare)
   della prof.ssa Porta, non _____ da morire e (annoiarsi)
   _____ per la lezione. (prepararsi)

6. Monica e Federico hanno perso l'aereo per Berlino.

   Se _____ prima e non _____ (partire / trovare)
   tanto traffico, _____ in tempo! (fare)

---

12 le lacrime di coccodrillo   die Krokodilstränen   13 demenziale   dämlich
14 essere al verde   blank sein

6. Se, se, se ... Se mio nonno avesse le ruote, sarebbe una carriola.[15]

Completate le frasi con il verbo al modo e al tempo giusto. Attenzione al tipo di periodo ipotetico!

1. Se partissimo subito, (arrivare) _____ in tempo per lo spettacolo.

2. Non si sarebbe mai iscritto alla facoltà di Giurisprudenza, se suo padre non (essere) _____ un avvocato famoso.

3. Se fossi rimasta in Italia, probabilmente (sposarsi) _____ e (avere) _____ dei figli.

4. Se passi per Roma, (telefonare) _____ a Gianluca, così lo saluti da parte mia.

5. Se a Capadonno i miei (andare) _____ via, organizzerò una bella festa a casa mia.

6. Se Valentina non avesse vissuto tanto tempo a Parigi, non (ottenere) _____ il posto all'Istituto di cultura francese di Roma.

7. Se avessi dieci anni in meno, (dovere) _____ ancora fare l'esame di maturità.

8. Lisa, se esci, (comprare) _____ il latte perché è finito.

9. Se voi non (andare) _____ così veloci, avreste visto il cartello!

10. Se Ugo e Gherardo (laurearsi) _____ l'anno prossimo, faranno una bella festa insieme.

11. Se ieri sera Max non (uscire) _____ , questa mattina non avrebbe avuto tante difficoltà a svegliarsi.

12. Se (laurearsi) _____ in giugno, avreste avuto tutta l'estate libera.

7. Le mille ipotesi di Emilia. Emilia è all'ultimo anno di scuola. Frequenta ragioneria.[16] **Mentre studia per la maturità pensa...**

a. Aiutatela a completare i suoi pensieri con il tempo e il modo giusto dei verbi mancanti.

Se studierò molto, (riuscire) _____ a prendere un bel voto. Se mi (diplomarsi) _____ con un bel voto, i miei mi faranno un bel regalo. Non so ancora se mi iscriverò all'università, ma se (decidere) _____ di andare all'università,

---

15 Sprichwort (Wenn mein Opa Räder hätte, wäre er eine Schubkarre):
 entspricht dem Deutschen »Wenn das Wörtchen wenn nicht wär, wär mein Vater Millionär.«
16 la ragioneria Kaufmännischer Zweig der Fachoberschule

probabilmente mi iscriverei a lettere classiche. Il problema è che se frequentassi i corsi di lettere classiche, (avere) _____ delle difficoltà con il greco e il latino, perché non li ho mai studiati. Se, invece di ragioneria, (fare) _____ il liceo classico, non avrei avuto nessun dubbio. Invece così è tutto più complicato. Se almeno (conoscere) _____ qualcuno con la maturità classica, gli chiederei di prestarmi i libri così (potere) _____ studiare da sola. Ma se imparassi tutto da sola, non so se (capire) _____ molto. Mannaggia! Perché non ho fatto il liceo classico!! Vabbé! In fondo se avessi frequentato il liceo classico, non (conoscere) _____ i miei simpatici compagni di scuola e la mia migliore amica Alessia. E poi (dovere) _____ studiare molto di più e (avere) _____ poco tempo per me. Ma poi non sono neppure sicura di proseguire gli studi perché nella mia città non c'è l'università e se quindi (scegliere) _____ di immatricolarmi, dovrei trasferirmi. Se (potere) _____ scegliere, probabilmente andrei a Verona dove ho sentito che per latino e greco ci sono degli ottimi professori. Se, invece, (andare) _____ a lavorare, allora cercherei qualcosa nell'ambito delle relazioni pubbliche perché penso di essere molto portata[17] per questo tipo di attività. Se cominciassi subito a lavorare, mi (piacere) _____ guadagnare abbastanza soldi per mantenermi e per andare a vivere da sola. Poi, fra qualche anno, se avrò abbastanza soldi, (comprare) _____ un bell'appartamentino. Ma ora devo smettere di fantasticare[18] perché se non studio, non (superare) _____ l'esame di maturità. Oddio!! Se non superassi l'esame di maturità, …

b. *Continuate voi i pensieri di Emilia. Scrivete tre ipotesi.*

8. Pianeta università

Leggete le seguenti definizioni e indicate di che cosa si parla. Scegliete tra le parole a pagina 178 del manuale.

_____ È un'altra parola per dire «università».

_____ Indica la data di un esame.

_____ È il risultato finale di un esame.

---

17 essere portati per qualcosa   hingezogen sein, ein Talent haben für   18 fantasticare   fantasieren

_____	È un verbo che si usa per dire ‹fare› o ‹sostenere› un esame.
_____	Contiene tutti gli insegnamenti che si ha in programma di frequentare e quindi gli esami da sostenere. È il percorso che ogni studente decide di seguire per arrivare alla laurea.
_____	È un documento fondamentale per ogni studente italiano. Qui si trovano tutti i risultati e le date degli esami.
_____	Lo fa normalmente chi vuole fare carriera accademica. Dura minimo 3 anni e in questi 3 anni lo studente impara a fare ricerca.
_____	È il verbo che si usa per dire ‹ottenere› un titolo di studio.
_____	È un riquadro[19] dove si trovano informazioni e avvisi. Ce ne sono tanti.
_____	È il numero d'iscrizione all'università. Così sono chiamati anche gli studenti del primo anno.
_____	È il lavoro a conclusione della laurea specialistica. È un lavoro di ricerca svolto sotto la guida di un docente. Per la laurea di primo livello è sufficiente una ricerca più breve.
_____	È un programma finanziato dall'Unione Europea che permette agli studenti di studiare in un'università di un altro paese europeo.
_____	È un corso di studi di due anni e permette allo studente di approfondire determinati campi di studio. Si possono iscrivere gli studenti con la laurea triennale.
_____	Sono tutti i corsi di studio (laurea, laurea specialistica, master, ecc.) che l'università propone.
_____	È un'unità di misura che calcola le ore di studio e lavoro dello studente.

9. punto.it

Come funziona l'università italiana?

Ecco alcuni siti importanti per capire come funziona l'università italiana:
www.cosp.unimi.it contiene molte informazioni utili sul sistema universitario e sulle novità accadute negli ultimi anni;
http://universo.murst.it (cliccando su «Cos'è Universo» si trova il capitolo «L'Università oggi» con un'interessante presentazione animata che aiuta a capire l'università di oggi);
www.miur.it è il sito ufficiale del Ministero dell'università e della ricerca;
www.studenti.it è il sito studentesco che già conoscete e che fornisce informazioni pratiche sulla vita studentesca in Italia;

---

19 il riquadro   Brett

www.simone.it/orientamento, un interessante sito dedicato all'orientamento universitario, con sezioni dedicate per esempio all'offerta didattica, ai cambiamenti della nuova università e a molti altri argomenti rilevanti.

a. Andate al sito www.cosp.unimi.it (o magari lo trovate anche negli altri siti), cercate lo schema di come funziona l'università italiana (cliccate su «Guida alla riforma universitaria», poi su «Riforma» e infine su «Schema di riforma»). Riportate le informazioni lette in forma di tabella qui di seguito.

Titolo di studio	Durata	N° Crediti
_____	_____	_____
_____	_____	_____
_____	_____	_____

b. Curiosate ora un po' nei siti sopra indicati e cercate di rispondere alle seguenti domande:

Da quando è in vigore il nuovo sistema universitario?
Quali erano i principali problemi dell'università italiana?
Quali sono gli obiettivi della riforma?
Quali sono i voti del sistema universitario italiano?

10. O l'una o l'altra

Scegliete l'espressione giusta tra quelle in corsivo.

1. Studiare un semestre all'estero è importante *non solo / in secondo luogo* per fare un'esperienza di vita in un altro paese, *in ogni modo / ma anche* per il curriculum.
2. Al liceo ho imparato *ma anche / sia* l'inglese *sia / prima* il francese.
3. «*In primo luogo / Dunque*, prima di iniziare la lezione, vorrei sapere se avete delle domande».
4. Tra le ragioni per cui mi sono iscritto alla facoltà di psicologia direi *prima di tutto / infine* la passione per la materia, *invece / poi* i consigli dei professori.
5. Prima di andare in Italia ricordatevi *quindi / in primo luogo* di contattare l'ufficio Erasmus della vostra università, *in secondo luogo / infatti* di cercare in anticipo una stanza.

11. Novità dal mondo accademico!

Leggete il seguente articolo e completate con le seguenti espressioni.

in secondo luogo – inoltre – infine[20] – infatti – sia... sia – in primo luogo – invece (2x)

Almalaurea, consorzio tra 43 atenei italiani, ha realizzato uno studio su 180 mila laureati, dal quale risulta _____ che diminuiscono i «fuori corso»[21] e _____ che si preferisce proseguire gli studi.

---

20 infine   zum Schluss   21 i fuori corso   studenti che non finiscono l'università nel tempo previsto

Gli studenti sono più rapidi a raggiungere la laurea. Ma non smettono di studiare. _____ sono sempre di più quelli che, dopo la laurea triennale, decidono di continuare. Frequentano _____ master _____ corsi di specializzazione o lauree specialistiche. Se si guarda alla regolarità degli studi, negli ultimi cinque anni il miglioramento è stato significativo. Nel 2001 quelli che non riuscivano a raggiungere la laurea in tempo erano il 70 per cento. Oggi _____ è il 49 per cento. Diminuisce così il tempo di permanenza in facoltà: si entra a 20,6 anni (prima era 20 anni) e si esce a 26,9 anni. Senza contare _____ che oggi quasi un laureato su cinque (il 18%) riesce ad arrivare alla laurea prima dei 23 anni. Praticamente lo stesso, _____ , il tempo impiegato a scrivere la tesi. I laureati «tradizionali» hanno bisogno di quasi nove mesi per preparare l'ultima fatica, mentre i laureati triennali ce ne mettono quattro. Da sottolineare, _____ , un fatto nuovo: cresce il numero di studenti che si iscrive all'università dopo aver compiuto il trentesimo anno d'età.

(adattato da *Si laureano prima e restano in aula, ecco gli studenti ‹figli della Riforma›* di Federico Pace, la Repubblica, 24/05/2006)

12. punto.it
Con Erasmus in Italia

Entrate nel sito dell'università di Bologna: www.unibo.it. Nella sezione ‹Relazioni Internazionali› trovate una parte relativa agli studenti stranieri all'università di Bologna (che potreste essere voi). Andate a scoprire che cosa consiglia l'università di Bologna prima di partire per l'Italia e quando siete arrivati in Italia.
Anche se non andate a Bologna, quali sono le informazioni che secondo voi potrebbero sempre servire ad uno studente che vuole andare con l'Erasmus in Italia? Scrivete le cinque che ritenete più importanti.

▶II 26 13. In giro con Erasmus

Ascoltate le interviste a questi due studenti italiani e rispondete alle domande.

	Susi	Giulio
Dove è stata/o?		
Quali sono state le difficoltà iniziali?		
Perché è stato utile il programma Erasmus?		
Quali consigli darebbe a chi deve partire?		

14. Dal presente al passato

Trasformate le frasi come nell'esempio.

Mi sembra che la giornata dell'orientamento sia in maggio.
Mi _sembrava_ che la giornata dell'orientamento _fosse_ in maggio.

1. Mi sembra che Martina si sia laureata due anni fa.
2. Spero che Daniela e Giulia facciano con me il corso estivo di portoghese.
3. Antonella non crede che io legga molti libri.
4. Stefano pensa che tu e Luca siate andati alla festa di Roberta sabato scorso.
5. Il prof. Volpi pensa che tu preferisca le sue lezioni a quelle della professoressa Canova.
6. Penso che Valeria abbia già visto l'ultimo film di Ozpetek.

15. Tempo di bilanci. Gherardo si laureerà domani e ripensa al suo percorso di studi...

Completate il testo con i verbi al congiuntivo imperfetto o trapassato.

Onestamente devo dire che non credevo che l'organizzazione dell'università (essere) _____ così efficiente, invece, a parte la burocrazia, che però esiste ovunque, è andato tutto benissimo. Non credevo che così tanti studenti (conseguire) _____ una maturità tecnica prima di iscriversi all'università. Speravo che in generale i professori (ascoltare) _____ di più le esigenze dello studente, d'altra parte non credevo che (esserci) _____ così pochi docenti in relazione al numero degli studenti. Credevo inoltre che la maggior parte degli studenti (decidere) _____ di iscriversi all'università già alle scuole medie. Forse ancora da migliorare è il rapporto tra università e mondo del lavoro. Non credevo che la mia università (avere) _____ così tante università partner all'estero, questo è molto positivo, ma speravo che (costare) _____ di meno studiare all'estero. Un'altra sorpresa positiva è stata il centro di lingue. Non credevo che uno studente (potere) _____ imparare così tante lingue straniere, anche se pensavo che più studenti (imparare) _____ le lingue straniere a scuola! Infine non pensavo che questi begli anni (finire) _____ così velocemente. Che dire ancora? I miei speravano che io (laurearsi) _____ più velocemente ma non sono poi così vecchio. Ho solo 24 anni!

16. Una storia a lieto fine

Completate il testo mettendo al gerundio i verbi elencati qui di seguito. Attenzione, i verbi non sono in ordine.

controllare – partecipare – avere – volere – studiare – scriversi – tornare – vivere – incontrarsi

A Marta piace molto imparare le lingue straniere. _____ i genitori di due nazionalità, la mamma tedesca e il papà italiano, Marta è cresciuta bilingue. _____ poi alla facoltà di Lingue e letterature straniere ha imparato anche il francese e l'inglese. _____ al programma Erasmus ha avuto la possibilità di studiare a Parigi per un anno. _____ a Parigi ha conosciuto molti studenti francesi. Poi, finito l'Erasmus, Marta è tornata in Italia. Ma, non _____ perdere i contatti con i suoi amici francesi, andava spesso a Parigi. Una volta, _____ da Parigi, ha perso il portafogli. Fortunatamente l'ha trovato un ragazzo onesto, Etienne. _____ i documenti Etienne ha potuto contattare Marta. _____ qualche mail, si sono conosciuti un po'. Poi, _____ , si sono conosciuti meglio e sono diventati grandi amici, o forse anche qualcosa di più ;-).

17. Il mio dizionarietto universitario

Scegliete 15 parole del mondo universitario che vi sembrano particolarmente utili. Confrontate poi a lezione il vostro dizionarietto con quello dei vostri compagni e aggiungete altre cinque parole, tra quelle scelte dai vostri compagni, che interessano anche a voi.

Lo sapevate che...?

Su 100 ragazzi che superano l'esame di maturità, circa 73 s'iscrivono all'università. Circa il 56% degli studenti sono donne, l'1,8% sono studenti stranieri regolarmente iscritti in atenei italiani. Il rapporto docenti / studenti è in media di 1 a 30 (la media europea è di 1 a 18). Sono 98 le sedi universitarie del nostro paese, 77 pubbliche e 21 private. Le facoltà più affollate sono Sociologia e Scienze motorie,[22] mentre quelle più vivibili Chimica industriale e Medicina.
Le università più antiche sono quelle di Bologna (la cui fondazione si fa risalire al 1088), quella di Padova (1222) e quella di Napoli (1224). L'università più grande è La Sapienza di Roma (circa 150.000 iscritti).

---

22 le Scienze motorie   die Sportwissenschaften

GRAMMATICA

1. Der ‹congiuntivo passato›

Spero che quello che ho appena detto vi **abbia interessato**.
Penso che Laura **sia partita** ieri.

Der ‹congiuntivo passato› ist eine zusammengesetzte Zeitform und wird wie folgt gebildet:

‹congiuntivo presente› der Hilfsverben *avere / essere* + Partizip Perfekt

	avere	Partizip Perfekt	essere	Partizip Perfekt
(io)	abbia	studiato	sia	partito/partita
(tu)	abbia	studiato	sia	partito/partita
(lui, lei, Lei)	abbia	studiato	sia	partito/partita
(noi)	abbiamo	studiato	siamo	partiti/partite
(voi)	abbiate	studiato	siate	partiti/partite
(loro)	abbiano	studiato	siano	partiti/partite

Der ‹congiuntivo passato› wird im Nebensatz verwendet, wenn das Verb des Hauptsatzes ein Konjunktivauslöser ist und im Präsens steht. Der ‹congiuntivo passato› drückt dabei aus, dass die Handlung im Nebensatz vor der Handlung im Hauptsatz stattgefunden hat.

2. Der ‹congiuntivo trapassato›

Se non **avessi studiato** qui ...   Se quello **fosse stato** un colloquio di lavoro ...

Auch der ‹congiuntivo trapassato› ist eine zusammengesetzte Zeitform und wird wie folgt gebildet:

‹congiuntivo imperfetto› der Hilfsverben *avere / essere* + Partizip Perfekt

	avere	Partizip Perfekt	essere	Partizip Perfekt
(io)	avessi	studiato	fossi	partito/partita
(tu)	avessi	studiato	fossi	partito/partita
(lui, lei, Lei)	avesse	studiato	fosse	partito/partita
(noi)	avessimo	studiato	fossimo	partiti/partite
(voi)	aveste	studiato	foste	partiti/partite
(loro)	avessero	studiato	fossero	partiti/partite

3. Der irreale Bedingungssatz (il periodo ipotetico dell'irrealtà)

Bedingung	Folge
Se non **avessi studiato** in questa scuola,	non **avrei trovato** un lavoro adatto a me.
Se quello **fosse stato** un colloquio di lavoro,	le **avrei assunte** tutt'e tre.
(congiuntivo trapassato)	(condizionale passato)
Se non **avessi studiato** in questa scuola,	oggi non **avrei** un lavoro adatto a me.
(congiuntivo trapassato)	(condizionale presente)

Eine Bedingung, die sich auf die Vergangenheit bezieht und somit nicht erfüllbar ist, wird mit dem ‹congiuntivo trapassato› ausgedrückt. Bezieht sich die Folge ebenfalls auf die Vergangenheit, so wird sie mit dem ‹condizionale passato› ausgedrückt.

Bezieht sich die Folge auf die Gegenwart, steht das Verb im ‹condizionale presente›.

4. Der ‹congiuntivo imperfetto› und der ‹congiuntivo trapassato› im Zeitgefüge

Hauptsatz	Nebensatz
Credevo che	**fosse** incompatibile col periodo ipotetico.
Non **pensavo**	mi **assumessero**.
Non **pensavo** che	**avessero tradotto** anche la prima versione.

Der ‹congiuntivo imperfetto› und der ‹congiuntivo trapassato› werden im Nebensatz verwendet, wenn das Verb des Hauptsatzes ein Konjunktivauslöser ist und in einer Zeit der Vergangenheit steht.

Mit dem ‹congiuntivo imperfetto› wird dabei ausgedrückt, dass die Handlungen im Hauptsatz und im Nebensatz gleichzeitig stattfinden.

Der ‹congiuntivo trapassato› wird dagegen verwendet, wenn die Handlung im Nebensatz vor der Handlung im Hauptsatz stattgefunden hat.

Beachten Sie!
Spero solo non sia un piano per liberarti di noi qualche tempo.
Non pensavo mi assumessero.

Nach Verben wie *pensare, credere, sperare* + ‹congiuntivo› kann die Konjunktion *che* entfallen.

5. Bindewörter

In dieser Lektion haben Sie folgende Bindewörter kennen gelernt:

Konjunktionen
dunque (also, folglich): leitet eine Schlussfolgerung ein
cioè (das heißt): leitet einen erklärenden Zusatz ein
sia ... sia / sia ... che (sowohl ... als auch), **non solo ... ma anche** (nicht nur ... sondern auch): haben eine anreihende Funktion
Adverbien
innanzi tutto / prima di tutto (vor allem), **in primo luogo ... in secondo luogo** (erstens ... zweitens): haben eine gliedernde Funktion

6. Das ‹gerundio presente› in temporalen Nebensätzen

L'assistente mi fece una domanda **guardandomi** negli occhi. (= mentre mi guardava)
Ho incontrato Chiara **uscendo** dall'università. (= mentre uscivo dall'università)
Facendo colazione pensavo a tutti gli impegni della giornata. (= mentre facevo colazione)

Das ‹gerundio presente› übernimmt hier eine temporale Funktion. Die Handlungen im Hauptsatz und im Nebensatz erfolgen gleichzeitig. Haupt- und Nebensatz haben dasselbe Subjekt.

BILANCIO

In questa unità ho imparato a ...	😊	😐	☹	📖
parlare della mia scelta accademica (università e corso di laurea).	☐	☐	☐	3
esprimere un'ipotesi irrealizzabile.	☐	☐	☐	7
scrivere in un' e-mail quali sono secondo me le necessità di uno studente Erasmus che vuole studiare in Italia.	☐	☐	☐	12
raccontare le mie abitudini prima di un esame.	☐	☐	☐	13
comprendere le informazioni principali di un testo di narrativa contemporanea.	☐	☐	☐	14

_____

_____

Il mio diario d'apprendimento

Le strutture grammaticali di questa lezione che ritengo più facili da imparare sono ...
Le strutture grammaticali che invece richiedono più tempo ed esercizio sono ...
Sull'Italia e sugli italiani ho imparato che ...
La mia partecipazione a lezione è stata ...
Inoltre vorrei dire che ...

Strategie d'apprendimento. Per riflettere su come imparare le lingue

Cosa fai quando leggi un testo? Segna le attività che ti sembrano più importanti.

voglio capire tutto – cerco di capire di che testo si tratta (annuncio, articolo di giornale, brano letterario, lettera privata ecc.) – cerco di individuare le parole chiave – mi fermo ad ogni parola che non conosco e la cerco sul vocabolario – cerco di capire solo le informazioni che mi servono

Consiglio pratico: Quando leggi un testo chiediti per prima cosa che tipo di testo stai leggendo. Il titolo e una prima lettura orientativa ti permettono di farti un'idea generale sul tipo di testo e di fare delle previsioni sul contenuto. Leggilo poi più volte e concentrati su quello che capisci a ogni lettura. Lavora con la tecnica delle 5 W (Wer, Wo, Was, Wann, Warum), quella usata dai giornalisti, per sintetizzare rapidamente il contenuto di un testo (non in ogni testo si trova risposta a tutte le domande, ma aiuta a farsi un'idea più precisa). Collega le informazioni appena capite con quelle capite in precedenza: questo ti aiuterà a ricostruire il contenuto principale. Prima di consultare il vocabolario per capire una parola nuova, usa tutte le altre tecniche che conosci e prova eventualmente a indovinare (con un po' di logica in base al contesto) il significato, magari hai ragione e il vocabolario potrà solo confermartelo.

Per il mio dossier

Cerca sui siti Internet dei maggiori quotidiani italiani un articolo attuale sul tema «università». Racconta brevemente perché hai scelto quell'articolo, di che cosa tratta e poi commentalo. Puoi anche stampare l'articolo e incollarlo nel tuo dossier.

1. Il portinaio del condominio di via Del Guasto 20 sa tutto di tutti.

Completate i nomi delle professioni dei condomini¹ con la parte mancante.

Allora, al primo piano abitano i Barbieri. Lei è diret_____ di una piccola ditta di abbigliamento. Suo marito invece è mana_____ in un'importante multinazionale americana. Hanno un figlio che è un espert____ di computer. Al secondo piano ha appena comprato casa la Signora Lamberti che ha sempre degli orari strani. Penso che faccia l'at_____ teatrale. Ma non è l'unica art_____ del condominio. All'ultimo piano, nella mansarda, vive il Signor Cuno, famoso scrit_____ e anche poet____ . Ha già pubblicato molti libri. Ogni tanto lavora anche come giornal_____ per un quotidiano locale. Poi al quarto piano vive la Dott.ssa Rossi con suo figlio. Lei è ingegner_____ , il figlio invece è impiegat____ presso una multinazionale americana. La Signora Sollievo, invece, la vicina, è medic____ . Anche suo marito è medic____ . Il Dott. Bresciani, invece, è profes_____ di letteratura greca all'università, mentre sua moglie è insegnant____ d'italiano in un liceo. A uno dei due figli, Martino, piacerebbe diventare allena_____ dell'Inter. Infine c'è una ragazza che abita da sola, Vanessa, che parla perfettamente il tedesco e l'inglese e che lavora come interpret____ , ma so che vorrebbe diventare stil_____ di moda.

2. Il galateo linguistico del Duemila

Leggete il seguente brano.

Forse l'argomento più scottante,² riguardo alla disparità linguistica fra donna e uomo, riguarda i nomi delle professioni. Per alcune non ci sono mai stati problemi: da generazioni si parla di operaia, impiegata, dottoressa, professoressa, [...]. Per altri femminili, quelli che indicano i nuovi ruoli con cui la donna si è cimentata³ e si cimenta con successo, continuano le incertezze: vigile o vigilessa? Avvocata, donna avvocato o avvocatessa? [...] Di fronte a tante alternative, chi si pone il problema di un uso civilmente corretto della lingua può trovarsi in difficoltà. In questo caso, dato il continuo e rapido evolversi della situazione, il linguista deve limitarsi a dare dei consigli, senza imporre regole ferree.

La prima raccomandazione è quella di evitare il più possibile le parole che terminano in ‹essa›. A parte campionessa, dottoressa, poetessa, professoressa, studentessa, che ormai si sono affermati nell'uso, gli altri femminili in ‹essa› hanno una sfumatura ironica o spregiativa.⁴ [...]

---

1 il condomino   der Hausbewohner
2 scottante   heikel/brisant
3 cimentarsi   sich versuchen
4 spregiativo   abwertend

Il secondo invito è quello di non formare il femminile unendo la parola donna al nome della professione. Nessuno si sognerebbe di dire o scrivere ‹uomo magistrato›, ‹uomo giudice›, ‹uomo poliziotto›: il tipo ‹donna poliziotto› [...] suggerisce di considerare particolare una condizione che dovrebbe essere normale.

Il terzo consiglio è quello di estendere[5] il più possibile l'uscita in ‹a›, perché non c'è nessun motivo, grammaticale o sociale, per non farlo: via libera, dunque, ad architetta, avvocata, chimica, deputata, filosofa, fisica, grafica [...] e così via.

L'ultimo avvertimento è quello di considerare non solo maschili, ma anche femminili molti nomi di professione che escono in ‹e›, semplicemente premettendo l'articolo ‹la›: la giudice, la presidente, (naturalmente il suggerimento non vale per quei nomi maschili che finiscono in ‹e› ma che hanno un corrispettivo femminile già affermato: ambasciatore/ ambasciatrice, [...]).

(da *Il galateo linguistico del Duemila* di Valeria Della Valle e Giuseppe Patota, *Famiglia Oggi*, gennaio 1998, per gentile concessione dell'editore)

Scegliete, in base alle informazioni contenute nel testo, la forma più corretta delle professioni femminili proposte. Motivate anche perché la forma scartata[6] va contro le regole del galateo.

la vigile / la vigilessa
la donna architetto / l'architetta
la donna ministro / la ministra
l'amministratrice / l'amministratora
il chirurgo / la chirurga
E il cancelliere? Come sarà secondo le regole del galateo la forma femminile corretta? _____

3. Trasformate le seguenti frasi dall'attivo al passivo usando dove pensate sia più opportuno il verbo ‹venire›.

1. Moltissimi italiani comprano i libri di Umberto Eco.
   _____

2. Prima la mia famiglia festeggiava il Natale in montagna.
   _____

3. Tutti guarderanno le partite di calcio dell'Italia.
   _____

4. Nel 1832 la commissione d'esame bocciò Giuseppe Verdi all'esame di ammissione al Conservatorio di Milano.
   _____

5. Lorenzo non crede che l'ambasciata organizzi il convegno in gennaio.
   _____

---

5 estendere   ausdehnen, erweitern   6 scartare   verwerfen

6. Secondo il Ministero della Pubblica istruzione molti studenti stranieri studierebbero l'italiano per motivi di lavoro.

   _____

7. Alla fine del corso l'insegnante rilascerà un attestato di frequenza con voto.

   _____

8. Il Centro Linguistico organizzava ogni anno dei corsi di lingua intensivi.

   _____

9. Molti considerano l'italiano una lingua elitaria.

   _____

10. La segreteria per gli studenti stranieri apre dalle 9.00 alle 14.00

    _____

4. Trasformate le seguenti frasi al passivo. Utilizzate dove potete il verbo «venire».

1. L'università inaugurerà la nuova biblioteca l'estate prossima.

   _____

2. Molti turisti avevano visitato la mostra al Palazzo Reale.

   _____

3. Il tecnico non ha ancora installato il nuovo programma sul pc.

   _____

4. Molti giornali avevano pubblicato la notizia.

   _____

5. Stefano crede che Pavese abbia scritto «Gli indifferenti». Invece l'ha scritto Alberto Moravia.

   _____

6. I miei genitori hanno venduto la casa in montagna per pochi soldi.

   _____

7. Michelangelo finì la Cappella Sistina nel 1541.

   _____

8. Marianna spera che la commissione approvi il progetto.

   _____

5. Un'esperienza ... Prima ancora di cominciare!!!

Leggete le seguenti mail e trasformate i verbi in corsivo nella forma passiva. Dove necessario cambiate anche l'ordine della frase e utilizzate, dove lo ritenete più opportuno, il verbo ‹venire›.

Ciao Laura!
Ti scrivo perché ho bisogno di aiuto. Ho ricevuto una proposta di tirocinio da una scuola elementare per seguire un bambino francofono che ha problemi con l'italiano. So che tu hai già fatto un tirocinio in una scuola. Non è che mi sai dire come funziona di preciso? Per esempio: quali sono i moduli necessari? Ma soprattutto, nel mio percorso mi *seguirà* un prof tutor, e questo è chiaro. Ma deve essere un prof di lingua francese? E, non studiando francese come lingua straniera, è possibile che l'università non *riconosca* lo stage? E poi la scuola mi *pagherà*?
Ti prego aiutamiiiii!! Grazie. Un bacio e a presto.   Bianca

Ciao Bianca! Eccoti in breve la mia esperienza:
I due moduli più importanti all'inizio sono: un accordo con la scuola, che *compila* la scuola e che *firma* anche il tuo prof tutor, e la lettera di presentazione, che *scrive* il tuo prof tutor. Quando ho fatto io il tirocinio, un paio di anni fa, il prof. tutor *aveva consegnato* i due moduli nella segreteria di facoltà. Stai attenta perché l'università *riconosce* i crediti solo se lo studente *svolge* il tirocinio in un ambito che ha a che fare con quello che studia e se tu non studi francese... non credo che l'università *accetti* il tirocinio. Almeno, la segreteria all'epoca mi *aveva dato* queste informazioni.
Ti spiego... Come sai, studio cinese ed ero andata dal prof di cultura cinese per attivare un tirocinio di affiancamento all'insegnamento della lingua italiana a bambini stranieri. Tuttavia l'università non *avrebbe riconosciuto* il tirocinio, perché tra i bambini non c'erano bambini cinesi. Incredibile no? Fortunatamente poi si sono iscritti anche due bambini cinesi e quindi è andata bene. Ti consiglio quindi di andare in segreteria ad informarti bene prima di cominciare... Comunque di solito la scuola non *retribuisce* i tirocinanti. Al limite ti *rimborseranno* le spese.
Laura

6. Una lettera d'accompagnamento

Ricostruite la lettera d'accompagnamento seguendo l'ordine qui di seguito:

Frase standard con cui si indirizza la lettera a una persona precisa.
Formula di apertura.
Il candidato si presenta e indica gli studi fatti.
Il candidato descrive la professione attuale.
Il candidato indica le sue qualità e competenze.
Il candidato indica il motivo della sua candidatura.
Il candidato spera di potersi presentare personalmente.
Formula di chiusura.

Attualmente lavoro come giornalista freelance per la pagina culturale di un giornale locale.
Poiché vorrei maturare ulteriori esperienze nel campo del giornalismo, mi piacerebbe svolgere un periodo di tirocinio presso la redazione del Vostro giornale.

Egregio Dott. Santoro,
Nella speranza di poterLa incontrare personalmente per un colloquio, porgo
Cordiali saluti.
Mi chiamo Cosimo Medici e mi sono laureato a pieni voti in Lettere Moderne nel 2002.
Mi considero una persona motivata, intraprendente, flessibile e dinamica. Sono abituato ad interagire con gli altri.
Alla cortese attenzione del Dott. Alberto Santoro, responsabile della redazione culturale.
Nel 2004 ho conseguito il Master in giornalismo presso lo IULM[7] di Milano.

7. Studiando l'Europa. Un CV davvero internazionale.

Leggete il percorso di studi di Florian Müller e, in base alle informazioni contenute nel testo, completate il suo CV.

Florian Müller, 32 anni e un europeismo che l'ha portato dal centro alla periferia del Vecchio continente e ritorno. Prima tappa: Germania – Scozia. «Da Detmold, piccola cittadina nel Nord del Paese, mi sono trasferito ad Edimburgo per frequentare un corso di laurea in studi europei», ricorda Florian che, dopo la laurea conseguita nel 1997, – condita con un anno di Erasmus a Bologna nel 1995 – s'è spostato l'anno successivo in Ungheria. [...] Obiettivo: «Guardare a Bruxelles da un'altra prospettiva, quella della Central European University di Budapest fondata da George Soros. Dove ho fatto un master in relazioni internazionali e studi europei e dove, per la prima volta, mi sono sentito in minoranza come occidentale». Un'esperienza che l'ha portato a riflettere sul tema della cittadinanza e a dedicare un dottorato alla Carta dei diritti fondamentali. Dottorato per cui Florian ha traslocato di nuovo nel 2000, meta: l'università di Reading, nel Regno Unito. Ma guai a credere che sia rimasto tre anni nello stesso posto: «Per capire come funzionano le cose nel mondo reale, non basta studiarle. Così sono diventato un dottorando part time e ho cominciato a cercare uno stage a Bruxelles.» La città in cui Florian oggi vive e lavora come assistente di un parlamentare europeo e come ricercatore dell'università inglese di Exeter.

(leggermente modificato da *Dove si studia l'Europa* di Carlotta Jesi, *Corriere della Sera*, 02/04/2004)

DATI PERSONALI

Nome e cognome: _____

Luogo e data di nascita: Detmold, 10 ottobre 1978

Residenza: Rue de Guisarde 2, _____

Stato civile: celibe[8]

E-mail: fmueller@yahoo.com

---

7 lo IULM   l'Istituto Universitario di Lingue Moderne
8 celibe   ledig; Vorsicht: für Frauen benutzt man das Wort ‹nubile›

STUDI COMPIUTI

ESPERIENZE LAVORATIVE

LINGUE STRANIERE

CONOSCENZE INFORMATICHE   ottima conoscenza del pacchetto Office, nozioni di base per la creazione di pagine Web

---

8. punto.it
Il CV perfetto

a. *Eccovi alcuni siti italiani in cui, tra le altre informazioni che vi possono essere utili, si trovano indicazioni su come si compila un curriculum vitae senza errori.*

www.jobtel.it, www.sportellostage.it, www.cliccalavoro.it

Quali sono i consigli che vi danno?
Scrivete almeno tre cose che un buon CV deve contenere e tre cose che non si dovrebbero fare.

b. *Sempre più spesso si utilizza il CV di formato europeo. Scaricate quello in italiano che trovate in vari siti, per es. www.moduli.it (sezione «moduli + scaricati»), compilatelo, portatelo in classe e scambiatelo col vostro vicino. Scoprirete molte cose su di lui. Se qualcosa vi incuriosisce, fategli pure delle domande.*

c. *Nei siti sopra indicati trovate anche delle offerte di stage. Leggete qualche offerta e sceglietene una che potrebbe interessare anche voi. Poi stampatela oppure ricopiatela sul vostro quaderno, portatela in classe, confrontatela con quella dei vostri compagni e spiegate il perché della vostra scelta.*

---

9. La concordanza dei tempi all'indicativo

Segnate con una crocetta in quale relazione sta il verbo della frase subordinata rispetto a quello della frase principale. A sta per anteriorità, C per contemporaneità, P per posteriorità.

	A	C	P
So che Valeria e Bryan si sposeranno tra un mese.	☐	☐	☐
So che Cornelia parte oggi per Londra.	☐	☐	☐
So che Andrè ieri ha incontrato Ugo al supermercato.	☐	☐	☐
So che Elena da bambina andava sempre con i genitori a Bormio.	☐	☐	☐
So che Boccaccio scrisse il Decamerone nel Trecento.	☐	☐	☐
So che Davide sta leggendo il libro «Sostiene Pereira».	☐	☐	☐
So che Morena aveva frequentato un corso d'inglese prima di trasferirsi a Londra.	☐	☐	☐

10. Completate le seguenti frasi. Attenzione alla concordanza.

1. Nell'e-mail Lutz scrive che ora (trovarsi) _____ a Roma, che gli (piacere) _____ molto, che (visitare) _____ già un sacco di posti e che probabilmente (fermarsi) _____ qualche giorno in più.

2. ■ È vero che Daniela (ritrovare) _____ il portafogli che (perdere) _____ in palestra?
   □ Sì, so che un suo amico (trovarlo) _____ in palestra e glielo (restituire) _____ .

3. Mi dimentico sempre che Leonardo da Vinci (vivere) _____ per lungo tempo a Milano.

4. ■ Giulia, sai che Matteo (laurearsi) _____ il mese prossimo?
   □ Sì, so anche che dopo (cominciare) _____ a lavorare per una grande società francese.

5. Mi dimentico sempre che Margherita e Sergio non (abitare) _____ più qui e che (trasferirsi) _____ a Palermo.

6. ■ È vero che il Prof. Conte quando (essere) _____ giovane (recitare) _____ a teatro?
   □ Sì, so che una volta (recitare) _____ la parte di Romeo in «Giulietta e Romeo».

7. ■ È vero che Stella (lasciare) _____ Alessio?
   □ Sì, so che lei ora (avere) _____ un ragazzo nuovo che nessuno (conoscere) _____ .

8. Ragazzi, vi avverto che (noi / iniziare) _____ la lezione con degli esercizi di ripasso di quello che (noi / fare) _____ la settimana scorsa e che per casa (voi / dovere) _____ leggere un articolo di giornale.

9. Sono convinta che Linda (divertirsi) _____ un sacco a Bruxelles.

10. Sono sicura che Antonella (avere) _____ un fidanzato inglese quando (abitare) _____ a Napoli.

11. Un incontro ... energico

Completate il seguente racconto con i verbi al tempo giusto. Al posto del passato prossimo potete usare anche il passato remoto.

Ricordo benissimo il giorno in cui io e Marc (vedersi) _____ la prima volta. (io / essere) _____ alla festa di Monica, una ragazza che (io/ conoscere) _____ poco tempo prima al corso di diritto canonico e Marc (indossare) _____ una bella camicia di lino bianca. Sono sicura che (lui / venire) _____ con un'altra ragazza, ma ancora oggi (lui / negare) _____ . Non posso certo dimenticarmi come (noi / conoscersi) _____ : lui (andare) _____ a prendere una Coca-Cola al buffet. Tornando indietro (inciampare)[9] _____ e (rovesciarla) _____ sulla mia stupenda maglietta nuova. (io / arrabbiarsi) _____ tantissimo e, istintivamente, gli (buttare) _____ il mio bicchiere di vino addosso. All'inizio (lui / rimanere) _____ di pietra, poi (mettersi) _____ a ridere e (dire) _____ : «1 : 1.[10] Adesso siamo pari. A proposito, io sono Marc.» Il resto non me lo ricordo bene, ma so che quello (essere) _____ il momento in cui (innamorarsi) _____ . Ora (abitare) _____ in due città diverse ma probabilmente fra un paio d'anni, dopo l'università, (io / trasferirsi) _____ a Napoli, dove (lui / abitare) _____ .

▶ll 27 **12. Selezione del personale.** La dott.ssa Rossi, avvocata in uno studio legale internazionale, incontra Silvia Martini, una candidata interessata ad un'assunzione.

Scrivete il CV della candidata in base alle informazioni ascoltate. Integrate le informazioni mancanti in base all'idea che vi siete fatti voi della candidata.

13. Ancora congiuntivi!

Completate con il congiuntivo presente o passato.

1. Peccato che voi non (potere) _____ andare al convegno di Urbino. Il programma sembra interessante.

2. Non so se dopo la laurea triennale Stefania e Caterina (iscriversi) _____ al Master in traduzione letteraria.

---

9 inciampare   stolpern   10 Si legge: uno a uno

3. Peccato che le vacanze (finire) _____ così presto. Domani si ricomincia.

4. Dubito che il tempo (migliorare) _____ e voi (riuscire) _____ a partire.

5. Peccato che nessuno (vedere) _____ l'ultimo film di Roberto Faenza. È molto bello.

6. Non sono sicura che Anna (avere) _____ le competenze giuste per il nuovo lavoro.

14. Facciamo il punto. Quando si usa il congiuntivo?

Collegate le seguenti frasi al corrispondente uso del congiuntivo indicato più sotto.
Scrivete la lettera corrispondente nel quadratino a lato delle frasi.

1. Non so se Carlo abbia preso la decisione giusta ad andare a vivere in Norvegia. ☐
2. Peccato che Filippo e Gianni tornino in Italia. ☐
3. Se non mi fossi iscritta a Lettere e Filosofia mi sarebbe piaciuto studiare Psicologia. ☐
4. Se André trovasse lavoro in Italia si trasferirebbe volentieri. ☐
5. È importante che gli studenti sappiano almeno due lingue straniere. ☐
6. Credo che fare un tirocinio durante gli studi sia un'esperienza molto utile. ☐
7. Prima che finisca il semestre voglio fare almeno un altro esame. ☐
8. Spero che Monica si laurei presto. ☐

a. Dopo un verbo che esprime un'opinione.

   Verbo nella frase: _____   Conoscete altri verbi d'opinione? _____

b. Dopo espressioni impersonali.

   Espressione nella frase: _____ Ne conoscete altre? _____

c. Dopo un verbo che esprime speranza.

   Verbo nella frase: _____   Conoscete altri verbi che esprimono una speranza?

d. dopo alcune congiunzioni.

   Congiunzione nella frase: _____

e. Dopo alcune espressioni.

   Espressione nella frase: _____

f. Dopo un verbo o un'espressione che esprime incertezza.

   Verbo nella frase: _____   Conoscete altri verbi o espressioni? _____

g. Nel periodo ipotetico del II tipo (congiuntivo imperfetto).

h. Nel periodo ipotetico del III tipo (congiuntivo trapassato).

15. Completate con i tempi giusti.

Penso che Eleonora
- l'estate prossima _____ a Venezia. (andare)
- oggi _____ all'università. (studiare)
- ieri _____ al cinema con Tommaso. (andare)

16. Una borsa di studio per Linda

Completate con i verbi al tempo esatto.

Credo che Linda (avere) _____ buone possibilità di vincere la borsa di studi. Penso che lei (prendere) _____ sempre degli ottimi voti agli esami e questo è il requisito principale. Spero proprio che lei la (vincere) _____ perché così potrebbe fare una bella esperienza in Inghilterra. Inoltre è importante che lei (andare) _____ a Londra perché penso che sul posto (imparare) _____ molto velocemente ad esprimersi fluentemente. Se (avere) _____ un po' di soldi in banca, andrei con lei. Peccato che (io / buttare) _____ via i soldi in vacanze frivole. Se (risparmiare) _____ , sarei potuto andare con lei.

17. Notte prima degli esami

Completate. Attenzione ai modi e ai tempi.

Gianni domani deve dare l'esame di psicologia del lavoro, ma non è sicuro che (essere) _____ la cosa giusta presentarsi all'esame perché non (studiare) _____ molto. Spera che il professore gli (fare) _____ delle domande sugli appunti delle lezioni ma non sui libri che (essere) _____ in bibliografia perché non li (leggere) _____ . Sa che il professore non (essere) _____ particolarmente severo e anche in passato sono stati pochi gli studenti che non (superare) _____ l'esame con lui. Ma sa anche che domani il professore (essere) _____ in compagnia del suo assistente, che, invece, (avere) _____ la fama di essere molto pignolo. Gianni si ricorda che qualche anno fa gli studenti lo (chiamare) _____ la «carogna».[11] Poi, da quando (nascere) _____ suo figlio, (diventare) _____ un po' più umano. Insomma, secondo lui, se lo (interrogare) _____ il professore, avrebbe

---

[11] la carogna   das Aas

delle chance, se invece (capitare) _____ con la «carogna», le chance sarebbero molto meno. Ma se lui (studiare) _____ più seriamente, ora non avrebbe questi dubbi.

Onestamente credo che lo (bocciare) _____ comunque.

---

18. Posto fisso oppure no? OK lo stage, va bene la flessibilità, ma per i giovani fisso è meglio.

Leggete i risultati della seguente indagine e scegliete la forma verbale corretta.

Secondo un'indagine condotta da Media Hook per il 26 % dei ragazzi intervistati un lavoro fisso *è / sia* fondamentale e per il 29 % *è / sia* molto importante. Il 31 % pensa, inoltre, che le aziende *debbano / devono* garantire ai giovani sicurezza e stabilità.

E, almeno in partenza, i ragazzi *sembrano / sembreranno* assai determinati a non cedere[12] alla precarietà a tutti i costi visto che il 42% di loro *si è dichiarato / si dichiarava* disposto ad accettare un lavoro part time o a tempo determinato per non più di tre mesi e il 21 % per non più di un mese.

Belle speranze, queste, che *andranno / andrebbero* poi a scontrarsi[13] con la realtà del mercato del lavoro, fatta invece di lunghi periodi di contratti a tempo determinato. Se va bene. Senza contare poi che per i laureati lo stipendio *continua / continuava* a diminuire: lo *dice / dirà* il Rapporto retribuzioni degli italiani 2006 pubblicato da OD&M consulting che *ha evidenziato / evidenziava* che i compensi degli under 30 in genere, ma ancora più dei laureati, *hanno perso / perdevano* potere d'acquisto[14] [...]. Non è strano allora che le nuove generazioni *siano / sono* costrette a inventarsi nuove regole per vivere low cost. *Sarà / Sia* anche vero che i ragazzi italiani *tendono / tendano* a cercare lavoro vicino alla casa di mamma e papà, che non *hanno / abbiano* la voglia e il coraggio di spiccare il volo[15] più in alto, come *dicono / hanno detto* sociologi e psicologi. Ma *siamo / eravamo* così sicuri che volare con 500 euro al mese *sia / era* un'esperienza emozionante? Magari per gli amanti degli sport estremi...

(adattato da *San Precario, salvaci tu* von Sabrina Miglio, per concessione di *Campus*, www.campus.it)

Lo sapevate che...?

Accanto al Programma di scambio Erasmus che permette di studiare in un'università straniera, esiste il Programma Leonardo, che è un programma finanziato dall'Unione Europea che ha, tra gli altri, l'obiettivo di favorire lo sviluppo della cooperazione università-impresa in materia di formazione professionale e permette agli studenti universitari di svolgere uno stage in un'azienda di un Paese dell'Unione Europea. Gli stage Leonardo offrono un'opportunità di integrazione e di collegamento con le università e con l'Europa. Il contributo dell'Unione Europea ai borsisti (da € 300 a € 600 al mese, a seconda del paese di provenienza) copre solo parzialmente le spese di soggiorno e viaggio. Se l'azienda lo ritiene opportuno, può integrare la borsa con un contributo in denaro oppure mettendo a disposizione servizi (mensa, alloggio, ecc.). Il periodo dello stage può variare da 3 a 12 mesi.

---

12 cedere   aufgeben
13 scontrarsi   zusammenprallen
14 il potere d'acquisto   die Kaufkraft
15 spiccare il volo   den Flug starten

GRAMMATICA

1. Das Genus bei Berufsbezeichnungen

Bei Berufsbezeichnungen kann man grundsätzlich zwei Gruppen unterscheiden:

▶ Substantive, die eine Form für die maskuline und eine Form für die feminine Bezeichnung haben. Die feminine Form wird mit einer bestimmten Endung bzw. einem Suffix gebildet.

Maskulinum	Femininum	
-o	-a	l'impiegato – l'impiegata
-a	-essa	il poeta – la poetessa
-e	-essa	lo studente – la studentessa
-e	-a	il ragioniere – la ragioniera
-tore	-trice	il ricercatore – la ricercatrice

Beachten Sie folgende Ausnahmen:
il dottore → la dottor**essa**
il professore → la professor**essa**

▶ Substantive, die eine einzige Form für die Bezeichnung beider Genera haben. Dazu gehören:

Fremdwörter	il/la manager, il/la art director
sämtliche Berufsbezeichnungen auf -ista	il/la regista, il/la giornalista
sämtliche Berufsbezeichnungen auf -ante	il/la cantante
die meisten Berufsbezeichnungen auf -ente	il/la dirigente, l'agente
einige Berufsbezeichnungen auf -o	il/la capo ufficio
einige Berufsbezeichnungen auf -e	l'interprete, il/la preside
einige Berufsbezeichnungen auf -a	il/la geometra

In diesen Fällen gibt der Artikel oder ein Adjektiv an, ob es sich um eine weibliche oder um eine männliche Person handelt. Einige Berufsbezeichnungen – wie *il medico* – haben allerdings nur die männliche Form, die auch für weibliche Personen verwendet wird.

2. Die Passivform mit venire

La candidata **verrà formata** per il ruolo di ricerca e selezione del personale.
Uno stage di sei mesi **viene offerto** da un'azienda di spedizioni a un laureato in marketing.
Fra gli autori italiani **è stato** molto **amato** Moccia.

Bei der Bildung des Passivs in den einfachen Zeiten kann das Hilfsverb *venire* anstelle von *essere* verwendet werden. In den zusammengesetzten Zeiten steht jedoch nur *essere*.
Das Partizip Perfekt richtet sich in Genus und Zahl nach dem Substantiv, auf das es sich bezieht. Der Urheber der Handlung wird mit der Präposition *da* eingeführt.

La biblioteca **viene** chiusa alle 19.   La biblioteca **è** chiusa.

Die Passivkonstruktion mit *venire* wird eher für einen Vorgang gebraucht, die Passivkonstruktion mit *essere* dagegen für einen Zustand.

3. Die Zeitenfolge im Indikativ (I)

Der Gebrauch der Zeiten im Nebensatz richtet sich sowohl nach der Zeit im Hauptsatz (d.h. danach, ob sie zur Gegenwartsgruppe oder zur Vergangenheitsgruppe gehört) als auch nach dem Zeitverhältnis zwischen Haupt- und Nebensatz (Vorzeitigkeit, Gleichzeitigkeit oder Nachzeitigkeit).

Hauptsatz	Nebensatz	
So	che Laura	ieri è **andata** al mare.
		andò al mare solo una volta, nel 1930.
		da bambina **andava** sempre al mare.
		da bambina **era** timida.
		va al mare ogni anno.
		andrà al mare anche il prossimo anno.

Wenn im Hauptsatz eine Zeit der Gegenwartsgruppe steht (*presente, futuro, ggf. passato prossimo; imperativo*), verwendet man im Nebensatz folgende Zeiten:

- zur Angabe der Vorzeitigkeit → passato prossimo / passato remoto / imperfetto
  (die Entscheidung für eine dieser Zeiten richtet sich wiederum nach den Regeln, die Sie in den Lektionen 7, 8 und 12 kennen gelernt haben)
- zur Angabe der Gleichzeitigkeit → indicativo presente
- zur Angabe der Nachzeitigkeit → futuro semplice
  Handelt es sich um eine unmittelbare Zukunft, so kann stattdessen ein ‹indicativo presente› verwendet werden.

Beachten Sie!
Ho saputo che Laura è ancora al mare.
Ho saputo che Laura ieri è **andata** al mare.

Das ‹passato prossimo› wird zur Gegenwartsgruppe gerechnet, wenn es eine unmittelbare Vergangenheit ausdrückt, die sich auf die Gegenwart auswirkt.

4. Die Zeitenfolge im ‹congiuntivo› (I)

Analog zur Zeitenfolge im Indikativ, hängt der Gebrauch der Zeiten im Nebensatz sowohl von der Zeit im Hauptsatz, als auch vom Zeitverhältnis zwischen Haupt- und Nebensatz ab.

Hauptsatz	Nebensatz	
Penso	che Laura	ieri **sia andata** al mare.
		sia andata al mare solo una volta, nel 1930.
		da bambina **andasse** sempre al mare.
		da bambina **fosse** timida.
		vada al mare ogni anno.
		andrà al mare anche il prossimo anno.

Wenn im Hauptsatz eine Zeit der Gegenwartsgruppe steht, verwendet man im Nebensatz folgende Zeiten:

zur Angabe der Vorzeitigkeit →	congiuntivo passato / imperfetto
zur Angabe der Gleichzeitigkeit →	congiuntivo presente
zur Angabe der Nachzeitigkeit →	indicativo futuro

Beachten Sie!
Credo che il nonno di Mario **sia nato** nel 1920.
Se speri che **faccia** una scenata, sarà per un'altra volta.

- Im ‹congiuntivo› gibt es kein ‹passato remoto›, daher muss auch bei Handlungen, die sich in einer ferneren Vergangenheit abgespielt haben, der ‹congiuntivo passato› verwendet werden.

- Im ‹congiuntivo› gibt es kein ‹futuro›, daher wird zur Angabe der Nachzeitigkeit bei Konjunktivauslösern der ‹indicativo futuro› verwendet. Wenn es sich um eine unmittelbare Zukunft handelt, kann man stattdessen auch den ‹congiuntivo presente› verwenden.

5. Der Gebrauch von Indikativ und ‹congiuntivo› nach sapere

So che Laura adesso è in casa.
Non so se Laura adesso **sia** in casa.

Der ‹congiuntivo› wird nach Verben und Ausdrücken der Unsicherheit und des Zweifels verwendet (vgl. auch Lektion 11). Nach **non sapere** wird der konjunktivische Nebensatz mit se eingeleitet. Für das Verb **sapere** ergibt sich also folgendes Schema:

zum Ausdruck der Gewissheit →	**sapere** che + indicativo
zum Ausdruck des Zweifels →	**non sapere** se + congiuntivo

No so se Laura adesso è in casa.
In der Umgangssprache hört man oft nach **non so se** den Indikativ.

Penso che ha fatto bene a cambiare lavoro.
Diese Tendenz lässt sich auch für **penso che / credo che** feststellen.

6. Weitere Konjunktivauslöser

Peccato che poi nella pratica **vogliano** solo persone già formate.
È un peccato che questo bel vaso **si sia rotto**!

Der ‹congiuntivo› wird auch nach Verben und Ausdrücken des Bedauerns verwendet.

BILANCIO

In questa unità ho imparato a ... ☺ ☺ ☹ 📖

raccontare se la facoltà scelta è stata determinata dai miei obiettivi professionali. ☐ ☐ ☐ 3

leggere e capire alcuni annunci di lavoro. ☐ ☐ ☐ 4

scrivere una lettera d'accompagnamento ad un CV. ☐ ☐ ☐ 8

parlare di me e delle esperienze fatte in un colloquio di lavoro. ☐ ☐ ☐ 14

esporre la mia opinione sia oralmente sia per iscritto su un tema a me noto (per esempio posto fisso oppure no). ☐ ☐ ☐ 19

_____

_____

Il mio diario d'apprendimento

I vocaboli di questa lezione che voglio assolutamente imparare sono ...
Una struttura grammaticale che devo esercitare è ...
La mia partecipazione a lezione è stata ...
Due attività che ho trovato particolarmente utili sono ...
Un tema che vorrei approfondire ...
Inoltre vorrei dire che ...

Strategie d'apprendimento. Per riflettere su come imparare le lingue

La conversazione è la forma più frequente della lingua orale. L'interazione tra individui si manifesta tuttavia non soltanto a parole. Inconsciamente entrano in gioco anche tantissimi altri fattori che lanciano messaggi al nostro interlocutore. È quella che si chiama la comunicazione non verbale. Spesso si crede che la comunicazione linguistica sia quella fatta solo di parole. Soprattutto chi parla in una lingua straniera si concentra soprattutto sulla lingua e non fa attenzione alla comunicazione non verbale. Molte informazioni invece le trasmettiamo tramite gesti, sguardi, abbigliamento, tramite la distanza dal nostro corpo, tono della voce, ecc. Il linguaggio non verbale è molto importante per lanciare e capire altri messaggi.

Consiglio pratico: Cerca di imparare anche la «grammatica» del linguaggio non verbale. Quando parli con un italiano osserva e prova ad interpretare anche il suo linguaggio non verbale e segnati le differenze maggiori che noti in confronto al tuo modo di comunicare.

Per il mio dossier

Ti piacerebbe ottenere una borsa di studio per frequentare un master in Italia.
Prepara il CV e la relativa lettera d'accompagnamento.

1. Chi cerca trova

Trovate i verbi o gli aggettivi da cui derivano le seguenti parole.

traduzione – originalità – riservatezza – grandezza – iscrizione – altezza – approvazione – giustificazione – libertà – ricchezza – banalità – difficoltà – fedeltà – giovinezza – citazione – onestà – pubblicazione – bellezza – produzione – flessibilità – creatività

2. Qualche parola sempre utile. Antonio racconta del suo viaggio in Marocco...

Inserite le seguenti parole al posto giusto.

opportunità – risorse – gabbia – sfruttare – guide – imprevisti – impegno – dritte – aspettative

Per il mio viaggio in Marocco ho letto molte _____ turistiche e ho ascoltato anche le _____ di alcuni amici che ci erano già stati. Le esperienze degli altri possono diventare delle _____ preziose per evitare degli errori grossolani.[1] Era il mio primo viaggio da solo, due mesi della mia vita libero da ogni _____, fuori dalla _____ dell'ufficio. Avevo organizzato il viaggio nei minimi dettagli ed ero pieno di _____. Era una bella _____, che volevo _____ al massimo. Tuttavia avevo anche un'incredibile paura degli _____.

3. Ci vuole un fiore... [2]

Completate le seguenti frasi con le forme corrette di ‹bisogna› oppure ‹ci vuole›.
Attenzione ai modi e ai tempi!

1. Dopo le fatiche degli esami di fine semestre _____ una bella vacanza.

   Ma per andare in vacanza _____ troppi soldi e per avere i soldi per le vacanze _____ lavorare durante il semestre. Insomma non è facile la vita dello studente!

2. Fra qualche tempo con il treno superveloce _____ solo poche ore per andare da Milano a Roma. Oggi _____ circa 6 ore, ma il problema è che a volte _____ anche molta pazienza perché i treni sono spesso in ritardo e quindi _____ aspettare.

3. Nell'Ottocento per viaggiare _____ avere una carrozza.

---

[1] grossolano   grob

[2] «Ci vuole un fiore»   Titolo di una famosissima canzone di Sergio Endrigo

4. Per laurearsi _____ superare tutti gli esami previsti dal piano di studi.

5. Ieri sera per andare da Davide e Lucio _____ 20 minuti in più di metropolitana perché c'è stato un incidente.

6. Per prepararsi bene all'esame di Linguistica credo che _____ molto tempo.

7. Secondo me, fino a una ventina di anni fa per andare in vacanza in campeggio _____ molto spirito d'adattamento. Ora invece i campeggi sono moderni ed attrezzati e non _____ essere necessariamente dei tipi avventurosi per andarci.

8. La riforma universitaria oggi è una realtà. Ma _____ molti anni per riformare il sistema universitario e _____ aspettare ancora molto tempo per vedere i risultati concreti.

9. Alcuni esperti credono che per trovare un buon lavoro _____ una laurea specialistica o _____ avere almeno un anno di esperienza di lavoro.

10. Mi sembra che per iscriversi come studente Erasmus _____ il certificato d'immatricolazione dell'università di provenienza.

4. Si può essere ...? Domande «filosofiche»

Formulate la prima parte della domanda come nell'esempio. Potete scegliere tra gli aggettivi e i sostantivi elencati qui di seguito o sceglierne uno che conoscete voi e che vi piace di più.

Si può essere sportivi se non si pratica mai uno sport?

libero – artista – esperto – cosmopolita – innamorato – informato – scienziato – europeo

_____ se non si può esprimere la propria opinione?

_____ senza fare ricerca?

_____ senza conoscere le tappe fondamentali della storia europea?

_____ se non si ha talento?

_____ se non si pensa sempre alla persona amata?

_____ di computer se non si sa niente di informatica?

_____ senza leggere il giornale?

_____ senza elasticità mentale e tolleranza?

5. Indefiniti

Dividete i seguenti indefiniti nelle due categorie.

qualche – poco – qualunque – alcuni – tanto – ogni – altro – niente – nessuno – tutto – ognuno

a. indefiniti variabili _____

b. indefiniti invariabili _____

6. Per chi vuole andare in Italia ...

Completate con gli indefiniti qui di seguito.

ognuno – alcuni (2 x) – qualche (2 x) – tutto – ogni (2 x) – troppa – altre – alcune – troppe – tutti (2 x) – molte

Ecco _____ consiglio a chi vuole fare un viaggio in Italia. Innanzitutto non dovete avere _____ fretta di vedere _____. È bene sapere che ci sono _____ cose che si possono fare, ma ce ne sono _____ che è meglio evitare.

Non fate _____ fotografie inutili e godetevi il paesaggio attraverso i vostri occhi, non quelli della macchina fotografica! Provate _____ specialità locale. _____ regione italiana ha le sue. Conoscere gli usi e i costumi dei luoghi scelti vi eviterà _____ situazioni imbarazzanti.[3] _____ paese ha usanze e costumi differenti che _____ dovrebbero rispettare. Questa è una regola che vale per _____ i viaggi. Non siate troppo rigidi e programmati e provate a trascorrere _____ giorni in città e paesi che non avevate previsto di visitare. Tuttavia questi sono solo _____ consigli. È chiaro che poi _____ deve decidere per sé.

7. «Vagabonding, l'arte di girare il mondo». I consigli di un giramondo[4] doc.

Scegliete la variante giusta.

In un libro intitolato «Vagabonding, l'arte di girare il mondo», l'autore Rolf Potts, da *molti / qualche* anni giramondo instancabile, insegna come lasciarsi *tutto / molto* alle spalle e cambiare vita. È una guida pratica e filosofica che non fornisce le idee per riempire le *tutte / poche* settimane di ferie che si hanno durante un anno. Non c'è *qualche / nessuna* descrizione di località, *nessuno / nessun* hotel economico ma pulito, *nessun / nessuna* ristorante tipico ma carino, *ogni / nessun* mercatino dell'antiquariato. Non c'è nulla di *tutto / ogni*

---

[3] imbarazzante   heikel   [4] il giramondo   der Globetrotter

questo. C'è *molto / tutto* di più. È un trattato di *qualche / poche* pagine con *alcuni / qualche* preziosi consigli per imparare come guadagnare la propria libertà, a impostare la propria vita in modo da poter viaggiare in *ogni / tutto* angolo del mondo per periodi più o meno lunghi. Potts sostiene che *tutti / ognuno* di noi può andarsene per due mesi, un anno, o tre anni e poi tornare. Avrà perso il lavoro? Non importa. Ne troverà *un altro / qualunque* che gli permetterà di guadagnare quanto basta per ripartire. Addirittura Potts è convinto che un anno di pellegrinaggio sia una voce importante da inserire in un curriculum da presentare quando si cerca lavoro. È di Sant'Agostino una delle citazioni guida contenute nel libro: «Il mondo è un libro e chi non viaggia ne legge solo una pagina.»

(adattato da *La libertà? Imparare l'arte di girare il mondo* di Dario Olivero, la Repubblica, 22/06/2003)

8. Viaggio nel tempo

Inseritete nell'articolo, nello spazio numerato corrispondente, le frasi qui di seguito.

a. tramite la conoscenza di altri paesi, esso insegnava ad orientarsi nella vita, in situazioni e luoghi diversi.
b. una metafora della vita e partivano per luoghi sacri come Gerusalemme, Roma o Santiago de Compostela.
c. puro godimento, obbedendo[5] alla curiosità
d. non viaggiare con gli occhi del pellegrino che ha una meta sacra e vede solo quella.
e. trovare nuove vie mercantili[6] o di rafforzare quelle che già esistevano.
f. con la sua stessa curiosità per tutto quello con cui entrerà in contatto.

Secondo il Prof. Attilio Brilli, docente di letteratura americana all'università di Siena e autore di numerosi libri sul tema del viaggio, i primi a mettersi in cammino da un Paese all'altro furono i pellegrini, per i quali il viaggio era 1) _____. Vennero poi i mercanti, per i quali invece il viaggio aveva come scopo quello di 2) _____. Ma anche quelli erano viaggi di conoscenza, come dimostrano i libri scritti da mercanti sulle terre da loro viste. Brilli definisce poi Petrarca[7] un viaggiatore moderno perché è il primo grande intellettuale europeo che viaggia per il gusto di viaggiare e per conoscere. Petrarca dice chiaramente, sin dal suo primo viaggio che lo porta in tutta la Francia e in Germania, di viaggiare per 3) _____ e mostrando in questo modo un atteggiamento di una modernità eccezionale.

L'idea del viaggio come pellegrinaggio laico che dà senso alla vita e come fonte di conoscenza, ossia secondo lo spirito di Ulisse, viene ripresa nel Cinquecento in Francia e in Inghilterra. Nel 1580 Sir Philip Sidney scrive al fratello: «Sono convinto che tu abbia ben impresso[8] nella mente lo scopo che intendi raggiungere con i tuoi viaggi, perché se tu viaggiassi tanto per viaggiare, ti dimostreresti un pellegrino, nient'altro che un pelle-

---

5 obbedire gehorchen
7 Petrarca insieme a Dante e a Boccaccio, Petrarca è una delle figure principali della letteratura italiana del Trecento
6 le vie mercantili die Handelswege
8 impresso *hier:* klar

grino». In sostanza gli raccomanda di 4) _____. E invita il fratello a viaggiare, invece, con l'occhio di Ulisse, 5) _____.
[...] Per questo il viaggio in Europa, noto come Grand Tour, rappresentava per i giovani delle classi colte il tocco finale di un processo educativo culminato con l'università:
6) _____
E in ogni Grand Tour che si rispettasse era inclusa l'Italia... Infatti, secondo il Prof. Brilli, almeno l'80 % di questo grande giro si svolgeva nel Bel Paese.

(adattato da *Il Grand Tour allo specchio* di Alessandro Censi, Il Giornale di Brescia, 15/06/06)

9. **La concordanza dei tempi all'indicativo (II)**

a. *Segnate con una crocetta in quale relazione sta il verbo della frase subordinata rispetto a quello della frase principale. A sta per anteriorità, C per contemporaneità, P per posteriorità.*

	A	C	P
1. Sapevo che Cornelia aveva studiato a Londra.	☐	☐	☐
2. Mi ero dimenticata che anche Lucio e Davide avrebbero preparato un tiramisù per la festa di Petra.	☐	☐	☐
3. Sapevo che Susi compiva gli anni lo stesso giorno di Andrè, un mio caro amico.	☐	☐	☐

b. *Ora completate voi le frasi con il tempo corretto in base all'indicazione data.*

4. Era chiaro che per il posto di ricercatore universitario (presentare) _____ domanda anche Gherardo. (posteriorità)

5. Mi ero dimenticata che Alberto (studiare) _____ in camera sua. (contemporaneità)

6. Filippo non ha notato che la sua ragazza (andare) _____ dal parrucchiere. (anteriorità)

7. Non mi ricordavo più quale strada (dovere) _____ fare per arrivare al Museo della Scienza e della Tecnica. (contemporaneità)

10. **Completate le seguenti frasi prestando attenzione[9] ai tempi.**

1. Christiane ha recitato benissimo nello spettacolo. Forse perché da giovane (fare) _____ l'attrice.

2. Già da piccolo Lorenzo sapeva che (diventare) _____ famoso.

---

9 prestare attenzione   fare attenzione

3. Stella aveva promesso che (finire) _____ la tesi di dottorato prima di cominciare a lavorare. Purtroppo non ci è riuscita.

4. Improvvisamente Antonio si ricordò che Linda lo (aspettare) _____ a casa sua.

5. Gli studenti non si erano certo dimenticati che la volta successiva (esserci) _____ il primo test del semestre.

6. Alberto non (essere) _____ l'uomo della sua vita. Di questo Morena era sicura!

7. Sull'aereo mi accorsi che il mio vicino (leggere) _____ lo stesso libro che (stare) _____ leggendo io in quel momento.

8. Solo alla fine del primo anno Stefania capì che la matematica non le (piacere) _____.

9. Era evidente che alla pizzeria Due Forni Davide (ordinare) _____ una pizza piccantissima. È la sua preferita.

10. Due giorni fa ho risposto a un'e-mail che mi (arrivare) _____ una settimana prima.

11. Felice ed Andrea in vacanza

Completate il seguente racconto prestando attenzione ai tempi.

Ecco la storia del loro viaggio. L'anno scorso, subito dopo Natale, (loro / decidere) _____ di organizzare un viaggio fino in Turchia in macchina, passando dalla Grecia. In marzo (loro / superare) _____ l'esame di geografia e i loro genitori (essere) _____ molto contenti, anche se non (essere) _____ ancora del tutto convinti del viaggio. Felice ed Andrea sapevano che (dovere) _____ prendere bei voti anche negli esami della sessione estiva per convincere i genitori a dargli i soldi per il viaggio. Il padre di Felice aveva capito che (trattarsi) _____ di un viaggio piuttosto avventuroso e quindi (cercare) _____ di convincere il figlio a rimanere in Italia. Ma i due ragazzi (essere) _____ troppo entusiasti del loro progetto e non (avere) _____ nessuna intenzione di rinunciarci. A fine luglio Felice (passare) _____ a prendere Andrea con la sua vecchia Fiat Punto carica di cose da mangiare e di attrezzature per il campeggio. Durante il viaggio la macchina (fare) _____ ogni genere di rumore e dopo i 90 chilometri orari (loro / dovere) _____ urlare per comunicare. Felice (comprare) _____ la macchina di seconda mano un anno prima, ma non (avere) _____ mai problemi. Dopo i primi 100 chilometri Andrea ha capito che non (andare) _____ lontano. E infatti già in Puglia la macchina (rompersi) _____. Tuttavia Felice e Andrea non (arrabbiare) _____ molto perché erano certi che (trovare) _____ una soluzione. (Fermarsi) _____ in Puglia, (prendere) _____ in affitto un motorino, (girare) _____ in lungo e in largo e (divertirsi) _____ lo stesso moltissimo.

12. La concordanza dei tempi al congiuntivo (II)

a. Segnate con una crocetta in quale relazione sta il verbo della frase subordinata rispetto a quello della frase principale. A sta per anteriorità, C per contemporaneità, P per posteriorità.

	A	C	P
1. Non sapevo che Federico si fosse laureato nel 2004.	☐	☐	☐
2. Massimo sperava che Paola sarebbe tornata presto dall'Egitto.	☐	☐	☐
3. Non credevo che Pascal avesse 25 anni.	☐	☐	☐

b. Ora completate voi le frasi con il tempo corretto in base all'indicazione data.

4. Non pensavo che (venire) _____ anche Roberto e sua nipote. (posteriorità)

5. Pensavo che Silvia (fare) _____ un tirocinio a scuola. (contemporaneità)

6. Mi sembrava che Valentina (trascorrere) _____ un anno a Parigi. (anteriorità)

7. Non sapevo che il professor Razio (essere) _____ anche uno storico famoso. (contemporaneità)

c. Completate con i tempi giusti. A volte sono possibili più soluzioni.

1. Alberto e Maria sono stati in Thailandia? Pensavo che (andare) _____ in Messico.

2. Non sapevo che Andreas (vincere) _____ una borsa di studio per Palermo! Sono contenta per lui.

3. Alessia ha veramente un brutto carattere. Onestamente non pensavo che (avere) _____ così tanti difetti.

4. Linda è single? Pensavo che (avere) _____ un fidanzato scozzese!

5. Susi ha già visto il film? Credevo che (venire) _____ con noi a vederlo.

6. Pensavo che Silvia ti (avvertire) _____ che non possiamo venire al matrimonio.

7. Davide abita a Firenze da un anno?? Non sapevo che (trasferirsi) _____ a Firenze l'anno scorso! Credevo che (aspettare) _____ fino all'anno prossimo.

8. Matteo ha già dato l'esame? Credevo che lo (preparare) _____ insieme a Gianni.

9. Fino a qualche mese fa credevo che l'università (essere) _____ più semplice, ma ora che sono iniziati gli esami penso il contrario!

10. Non mi hanno più preso come ricercatrice all'università! Tutti credevano che la commissione (scegliere) _____ me e invece non è stato così.

11. Non sapevo che Richard Wagner (vivere) _____ a Venezia.

---

13. Monika è in Italia come studentessa Erasmus e scrive a Elena le sue prime impressioni. Poiché non è ancora molto sicura della concordanza dei tempi al congiuntivo, non coniuga i verbi. Coniugateli voi.

Cara Elena,

eccomi da un paio di mesi a Firenze. Mamma mia! Non pensavo che (essere) _____ tutto così difficile. Ero preparata alle novità e alle difficoltà di trovarmi in un paese straniero, ma, onestamente, speravo anche che l'università mi (aiutare) _____ di più ... Invece mi sono dovuta arrangiare da sola!!! Purtroppo non ho chiesto a Stefan di darmi qualche dritta perché non sapevo che lui (passare) _____ l'anno Erasmus qui. Sinceramente non credevo neppure che (venire) _____ in Italia. Pensavo che (decidere) _____ di fare uno stage a Francoforte... Figurati cosa sapevo io! Anche con la lingua ero convinta che (avere) _____ meno difficoltà e invece è stata dura. Dopo il test d'ingresso al Centro Linguistico pensavo che (loro/mettermi) _____ in un livello più alto e invece mi sono ritrovata al terzo livello. Ma non voglio solo lamentarmi. Sono comunque contentissima di essere qui. La città è fantastica e la vita culturale è vivacissima!!! E ho già fatto amicizia con gli altri studenti Erasmus... quindi a parte le normali difficoltà iniziali sto benissimo.

Monika

14. Scorpacciata[10] di modi e tempi

Federico racconta questa storia di viaggio. Completate con i modi e i tempi opportuni.

L'anno scorso, prima che (iniziare) _____ l'estate, io e i miei amici Fabrizio e Massimo (decidere) _____ di fare un lungo viaggio in moto fino a Creta. Era importante che le moto (funzionare) _____ bene e quindi prima di partire le (portare) _____ dal meccanico per una revisione. (Noi / prepararsi) _____ _____ al viaggio leggendo molto e così (organizzare) _____ l'itinerario. (Partire) _____ da Bologna la mattina del 5 giugno con le nostre moto cariche di viveri e con la tenda ed (essere) _____ euforici. (Essere) _____ il nostro primo viaggio in moto tutti insieme ed (essere) _____ sicuri che ci (divertirsi) _____ _____. Speravamo che durante il viaggio non (fare) _____ troppo caldo, invece proprio in quei giorni le temperature (arrivare) _____ sopra i 30 gradi. (Volere) _____ arrivare a Roma nel primo pomeriggio e mangiare qualcosa lì e poi fermarci un po'. Massimo (pensare) _____ che non (arrivare) _____ _____ mai in tempo a Bari per prendere il traghetto. Non (avere) _____ tanti soldi perché sapevamo che la vita in Grecia non (costare) _____ molto. Il programma (essere) _____ quello di arrivare a Bari, fermarsi lì una notte e ripartire il giorno dopo per Atene dove (fermarsi) _____ una notte e il giorno dopo (prendere) _____ il traghetto per Creta. A Bari (arrivare) _____ a notte fonda anche perché in autostrada (esserci) _____ un incidente. Credevamo che l'ostello (essere) _____ centrale, invece (trovarsi) _____ in una zona periferica piuttosto brutta e avevamo paura che qualcuno ci (rubare) _____ le moto di notte. Il giorno dopo (riuscire) _____ a prendere il traghetto per il Pireo dopo una corsa incredibile perché nessuno di noi (sentire) _____ la sveglia. La prima impressione di Atene (essere) _____ incredibile: il traffico, la confusione, i viaggiatori che (andare) _____ e (venire) _____. Atene non ci (piacere) _____ molto. Credevamo che (essere) _____ la tipica città greca

---

10 la scorpacciata   die große Schlemmerei

con le casette bianche, ma (sbagliarsi) _____. Ma in realtà non (avere)

_____ il tempo di visitarla bene. Il traghetto per Creta ci (aspettare)

_____ e anche uno dei viaggi più memorabili della nostra vita.

▶ II 28   **15. A spasso per l'Italia**

Ascoltate le descrizioni dei seguenti monumenti ed edifici e indicate:

nome	luogo	costruito nel secolo	almeno una caratteristica

1. _____
2. _____
3. _____
4. _____
5. _____

16. Brevissima storia d'Italia

Abbinate i seguenti periodi storici ai secoli corrispondenti elencati qui sotto e poi mettete i passaggi nella giusta cronologia.

dall' XI fino al XV secolo – il XIX secolo – tra i secoli VIII e VII a.C. – il XX secolo – dalla fine del secolo XIV alla seconda metà del XVI – alla fine del XVIII secolo – tra il IV e il V secolo

a. Napoleone Bonaparte conquista il territorio italiano. Siamo nel 1796.

b. La vita culturale italiana conosce un grande sviluppo e nasce quel movimento artistico, filosofico e letterario conosciuto con il nome di Rinascimento. Il termine, usato per la prima volta dal Vasari, indica l'idea di trovarsi all'inizio di una nuova epoca di rigenerazione dell'umanità.

c. In questo periodo l'economia urbana aumenta per impulso delle attività artigianali. Il rapido sviluppo economico pone le basi per l'ascesa e il rafforzamento di una nuova forma di organizzazione politica, i comuni, che favorisce la nascita di un ceto borghese. I comuni si sviluppano nei secoli successivi in grossi ed importanti centri governati da un potente signore, dotato di grande ricchezza e autorità (i Visconti a Milano, gli Este a Ferrara, gli Scaligeri a Verona...). È anche il periodo in cui nascono le prime università, a Bologna per esempio.

d. Le popolazioni barbariche si stabiliscono all'interno dei confini dell'Impero. Comincia la fine dell'Impero romano d'Occidente. La data convenzionale che segna la fine dell'Impero Romano è il 476 d. C.

e. In questo periodo i Greci fondano delle colonie nell'Italia meridionale e in Sicilia. Tutto questo territorio viene chiamato Magna Grecia. Ancora oggi si possono vedere i templi e le rovine di queste città. Uno dei templi meglio conservati è il Tempio della Concordia, in Sicilia, nella bellissima Valle dei Templi vicino ad Agrigento, che sembra risalire al 430 a.C.

f. Conosce il dramma delle due guerre mondiali. Il 2 giugno 1946 nasce la Repubblica Italiana.

g. È il periodo del Risorgimento, i patrioti italiani hanno come scopo quello di liberare l'Italia dalle dominazioni straniere. Si conclude con la Proclamazione del Regno d'Italia che avviene nel 1861.

17. punto.it

Avete letto che il Grand Tour era un viaggio culturale formativo delle classi colte europee. L'Italia era una delle «tappe d'obbligo». Organizzate il vostro Grand Tour in Italia. Scegliete una città o un posto che ancora non conoscete. Decidete la durata, cercate il mezzo di trasporto che preferite (aereo, treno, pullmann ...), cercate una sistemazione in un ostello o in un hotel a buon mercato ed infine cercate i monumenti principali che vorreste visitare e anche qualche informazione storica. Portate il vostro programma di viaggio a lezione e confrontatelo con quello degli altri compagni di corso. I siti delle compagnie aeree low cost e i seguenti siti vi possono aiutare:

www.discoveritalia.it   www.cts.it
www.ostellionline.org   www.viaggeria.it
www.turistipercaso.it

Lo sapevate che...?

L'Unesco cataloga, indica e preserva siti di eccezionale importanza, sia naturale che culturale, per il patrimonio comune dell'umanità. Attualmente l'Italia è lo Stato che detiene il maggior numero di siti inclusi nella lista dei patrimoni dell'umanità con una percentuale pari al 6% del patrimonio culturale mondiale. Il primo sito ad essere stato iscritto nel patrimonio culturale mondiale è quello della Val Camonica nel 1979 (il più importante complesso di arte rupestre[11] del continente europeo – più di 200.000 figure incise sulle rocce nell'arco di quasi 8.000 anni), seguito dall'Ultima Cena di Leonardo da Vinci nel convento della chiesa Santa Maria delle Grazie a Milano. Inoltre, sempre secondo le stime dell'Unesco, in Italia si trova circa il 60% del patrimonio artistico mondiale.

---

11 rupestre   Felsen-

GRAMMATICA

1. Die Wortbildung (II)

cambiare   cambiamento
organizzare   organizzazione
riflettere   riflessione

Ein Verb kann das Suffix *-mento* (vgl. auch Lektion 14), *-zione* oder *-sione* erhalten und daraus ein Substantiv bilden, das häufig einen Vorgang ausdrückt. Beim Suffix *-sione* wird das Substantiv nicht aus dem Infinitiv, sondern meist aus dem Partizip Perfekt abgeleitet.

tranquillo   tranquillità
sicuro   sicurezza

Die Bildung eines Substantivs kann auch von einem Adjektiv erfolgen, indem man die Suffixe *-ità* oder *-ezza* anfügt.

2. bisogna *und* ci vuole

Beide Verben drücken eine Notwendigkeit aus.

Ogni volta che si parte **bisognerebbe** ricominciare da zero.
Per essere davvero liberi **bisogna** portarsi dietro una valigia leggera.

bisogna   wird von einem Verb in der Infinitivform gefolgt,
                steht immer in der 3. Person Singular,
                kann nicht in zusammengesetzten Zeiten konjugiert werden.

Ci vuole rispetto per i posti che si visitano.
Ci vogliono molti soldi per comprare una casa.
Ci sono volute due ore per arrivare a Venezia.

volerci   wird von einem Substantiv gefolgt,
                wird in der 3. Person Singular oder Plural konjugiert, je nachdem
                ob das nachfolgende Substantiv im Singular oder Plural steht,
                passt in zusammengesetzten Zeiten die Endung des Partizips an
                das folgende Substantiv an.

3. Substantiv oder Adjektiv in Verbindung mit einem unpersönlichen Ausdruck

Per essere davvero **liberi** bisogna portarsi dietro una valigia leggera.
Non si può essere **viaggiatori** preoccupandosi ogni volta di costruire una casa nei posti dove ci si ferma.

Werden Substantive oder Adjektive in einem unpersönlichen Ausdruck gebraucht, stehen sie im Plural.

4. Die Indefinita

Indefinita bezeichnen eine nicht näher bestimmte Menge.

Ho conosciuto **molte/tante/troppe/poche** persone interessanti. (adjektivischer Gebrauch)
Molti/Tanti/Troppi/Pochi non sono venuti. (pronominaler Gebrauch)
Ieri abbiamo studiato **molto/tanto/troppo/poco**. (adverbialer Gebrauch)

Molto, tanto, troppo, poco können als Adjektive, Pronomen oder Adverbien gebraucht werden:
Als Adjektive und Pronomen sind sie veränderlich, d.h. sie gleichen sich in Geschlecht und Zahl dem Substantiv an, auf das sie sich beziehen.
Als Adverbien sind sie unveränderlich.

Mi fermai per **qualche** giorno a Buenos Aires.
Una stanza con macchinari di **ogni** tipo.

Qualche (einige) und **ogni** (jeder/-e/-es) können nur als Adjektive verwendet werden und sind unveränderlich. Das darauf folgende Substantiv steht immer im Singular.

Ognuno/ognuna (jede/r einzelne) und **niente** (nichts) können nur als Pronomen verwendet werden.
Trieste ha sette confessioni religiose, **ognuna** con la sua chiesa.

Ognuno ist veränderlich.

Oggi non ho fatto **niente**.
Niente bezieht sich nur auf Sachen und ist unveränderlich.

Alcuni/-e (einige) und **nessuno/-a** (kein/e, niemand) können als Adjektive und Pronomen verwendet werden.

Un'estate di **alcuni** anni fa.
Alcuni hanno già dato l'esame.

Non c'è **nessun** problema.
Nessuno è venuto.
Nessuno wird nur im Singular benutzt. Steht **nessuno** vor einem Substantiv, verhält es sich wie der unbestimmte Artikel.
Steht **nessuno** am Satzanfang, ist keine doppelte Verneinung nötig.

5. Die Zeitenfolge im Indikativ (II)

Hauptsatz		Nebensatz
Capii		si erano conosciuti quel giorno.
Vidi solo	che	era alta e che portava un foulard.
Immaginavo		sarebbe tornata.

Steht im Hauptsatz eine Zeit der Vergangenheitsgruppe (*passato prossimo, imperfetto, trapassato prossimo, passato remoto*), verwendet man im Nebensatz folgende Zeiten:

▶ zur Angabe der Vorzeitigkeit → trapassato prossimo
▶ zur Angabe der Gleichzeitigkeit → imperfetto
▶ zur Angabe der Nachzeitigkeit → condizionale passato

6. Die Zeitenfolge im ‹congiuntivo› (II)

Hauptsatz		Nebensatz
Non pensavo		avessero tradotto anche la prima versione.
Pensavo	che	fosse incompatibile.
Pensava che		lei sarebbe tornata.

Steht im Hauptsatz das Verb in der Vergangenheit, verwendet man im Nebensatz folgende Zeiten:

▶ zur Angabe der Vorzeitigkeit → congiuntivo trapassato
▶ zur Angabe der Gleichzeitigkeit → congiuntivo imperfetto
▶ zur Angabe der Nachzeitigkeit → condizionale passato

BILANCIO

In questa unità ho imparato a …	😊	😐	☹	📖
parlare di che cosa vuol dire per me andare in vacanza.	☐	☐	☐	2
elencare cosa secondo me bisognerebbe fare o non bisognerebbe fare quando si viaggia.	☐	☐	☐	6
intervistare un compagno sulle sue vacanze.	☐	☐	☐	10
descrivere in un testo scritto una vacanza che mi è piaciuta particolarmente.	☐	☐	☐	11
raccontare se sono stato/-a in Italia, quali città e regioni conosco o quali città e regioni vorrei visitare.	☐	☐	☐	17

_____

_____

Il mio diario d'apprendimento

Per me i vocaboli più utili di questa lezione sono …
Grammaticalmente trovo semplice …
Ho bisogno di più esercizi per …
Sull'Italia e sugli italiani ho imparato che …
Due attività che ho trovato interessanti sono …
Un tema che vorrei approfondire è …

Strategie d'apprendimento. Per riflettere su come imparare le lingue

Sei contento/-a dei tuoi progressi? Quali dei seguenti aspetti secondo te devi ancora migliorare?

imparare il lessico – comprensione di testi scritti – comprensione auditiva – parlare con parlanti nativi in modo più naturale – imparare di più sulla cultura italiana – utilizzare correttamente la grammatica – sviluppare la competenza interculturale – scrivere testi – migliorare l'ortografia – migliorare la pronuncia – tradurre testi dall'italiano alla mia madrelingua – parlare liberamente di un tema di mio interesse

Consiglio pratico: Scegli due dei punti sopra elencati e nelle prossime settimane dedica più tempo ad esercizi ed attività utili a migliorare i tuoi «punti deboli».

Per il mio dossier

Scrivi un testo indicando i tuoi incontri (persone, letture, film, posti, abitudini) più significativi con la lingua e la cultura italiana. Indica quando sono avvenuti, dove, il tipo di incontro, i ricordi legati a quell'esperienza e le tue impressioni.

1. L'Italia è...

a. *Abbinate i seguenti personaggi e luoghi italiani alle categorie sotto indicate:*

Fellini / Tiziano / Cavour / Boccaccio / Dolomiti / Puccini / Manzoni / Versace / Eolie / Botticelli / Barilla / Pasolini / Verdi / Garibaldi / Le Cinque Terre / Costiera Amalfitana / Ferrari / Giotto / Caterina de' Medici

1. Arte figurativa   _____
2. Cultura (letteratura - musica - cinema) _____
3. Made in Italy   _____
4. Geografia   _____
5. Personaggi storici   _____

b. *I simboli del Belpaese.*

Leonardo, l'ultima cena, la forte e stramba[1] energia della vita che si sente dietro le opere. Piace l'artista scienziato inventore «iniziato». Così tanto che il pubblico di Internet lo ha nominato simbolo di noi italiani. L'uomo immagine, il testimonial, lo spot e il portavoce del nostro essere Paese. Più di pizza e spaghetti. Più di Colosseo e ‹Volare›. [...] Su Repubblica.it, dove in un sondaggio è stato chiesto ai lettori di scegliere tra 15 il simbolo meglio rappresentativo dell'Italia, Leonardo è in testa. Segue Colosseo e appunto pizza. [...] le scelte variano dalla Ferrari a Dante, dalla Vespa a Benigni fino a Sofia Loren.

(da repubblica.it, 10/01/06)

c. *Fate la classifica.*

                1. ....
        2. ....   3. ....

2. **Parole in disordine**

In ognuna delle seguenti frasi tratte dall'intervista ad Ozpetek c'è una parola finita nella frase sbagliata. Trovatela e inseritela nella frase giusta.

1. «L'Italia per me è stata una traccia meravigliosa.»
2. «Qua mi sento come fossi a casa mia; nelle pieghe, mi è rimasto un impasto di ospite, credo che mi aiuti a vedere con un po' di distacco e a rispettare di più le cose.»
3. «Andavo in giro, a occhi stupefatti, come traversando una straordinaria trappola a cielo aperto.»
4. «Ne ho ricavato l'abitudine a vedere le cose da angoli diversi e a sentirle più che a scomporle con la ragione, un retrogusto di colori suoni emozioni ...»

---

[1] strambo   strano, stravagante

5. «Così, ho sempre l'impressione che sui muri degli edifici, nelle pareti delle stanze, sia restata una miniera delle cose che hanno visto, degli uomini e delle donne che sono passati.
6. Qui è passato di tutto ed è come se nell'inclinazione ne fosse rimasto il sentore.
7. Degli italiani amo l'aria a spremere il buono anche dalle vicende tristi o fastidiose.

3. Vivere all'estero
Secondo uno studio di un gruppo di università, l'amore è il primo motivo dei cittadini europei per cambiare stato. Lavoro e qualità della vita contano meno.

Completate il seguente articolo con le parole mancanti.

gioca – migliorare – accettare – ricostruirla – allontanarsi – si sono trasferiti – capace

Smontare una vita e _____ altrove per amore è diventata una scelta sempre più frequente, per donne e uomini. Il motore è, prima di tutto, il cuore: una volta su tre, secondo una ricerca Pioneur coordinata dall'università di Firenze. È stata la spinta decisiva per il 37,4 % delle donne e per il 21,8% degli uomini. Su un campione di cinquemila cittadini europei _____ per lavoro il 25% degli intervistati, per studiare il 7%, per _____ la qualità della vita il 24%. [...] Sono sei milioni i pionieri dell'Europa unita, il 2% della popolazione europea. Si è più disposti ad azzerare carriere, salutare gli amici, _____ dai parenti se si parte per raggiungere lui / lei. «L'amore compensa il timore – tremore ma _____ molto anche la personalità. E comunque siamo davanti a una generazione _____ di una nuova apertura, andare non fa più paura – dice la psicologa Anna Salvo –. Questa nuova cultura del viaggiare è una spia piccola ma significativa di come si inizia ad _____ l'idea dell'Europa come casa comune».

(da *Amore, il primo motivo dei cittadini europei per cambiare Stato* di Federica Cavadini, Corriere della Sera, 29/3/2006)

4. Come se... Completate con il congiuntivo imperfetto e trapassato.

1. Da quando è diventato ricercatore, Giacomo si comporta come se (diventare) _____ il rettore dell'università.

2. Fra un po' devo tornare a Colonia. Sono cinque anni che vivo a Roma, ma è come se (arrivare) _____ ieri.

3. Io e Susi ci conosciamo da pochi mesi, eppure è come se (conoscersi) _____ da sempre.

4. Ho una fame mostruosa! È come se non (mangiare) _____ da tre giorni.

5. Fabio è proprio arrogante. Parla sempre come se (sapere) _____ tutto lui.

6. Manuela ha vissuto un anno a New York eppure non si ricorda niente. È come se non ci (essere /mai) _____.

7. Elisa e Chiara si lamentano sempre dell'università… come se (dovere) _____ studiare solo loro!!!

8. Ieri sera non ho capito niente di quello che dicevano gli amici inglesi di Bryan. È come se non (studiare / mai) _____ l'inglese. Che tristezza!

5. Cosa cambia…?

Dal discorso diretto a quello indiretto cambiano gli indicatori di spazio e di tempo.
Abbinate le parole della colonna di sinistra con quelle della colonna a destra.

Questo	L'anno prima / precedente
Qui	La settimana dopo / seguente
L'anno scorso	Quello
Oggi	Il giorno prima / precedente
Ieri	La settimana prima / precedente
Domani	Un mese prima
La settimana prossima	Lì
La settimana scorsa	Un mese dopo
Un mese fa	Il giorno dopo / seguente / l'indomani
Fra un mese	Quella sera
Stasera	Quel giorno

6. Non solo ‹dire›

Scrivete qui di seguito almeno quattro sinonimi di ‹dire›.
Se siete a corto di idee, sfogliate le letture contenute nel manuale o nell'eserciziario.

7. Mi ha raccontato che…

Europei d'Italia. Il Paese che mi aspettavo, il Paese che ho trovato.

Leggete le seguenti testimonianze e riscrivetele utilizzando il discorso indiretto. Attenzione a cambiare pronomi ed avverbi di luogo o di tempo. Non utilizzate sempre ‹dire›.

a. Michael G. studente di economia internazionale alla Bocconi racconta:
«Sono arrivato per caso, dopo aver letto un articolo sulla Bocconi. È la prima volta che vivo all'estero e per me è tutto ancora una sorpresa. Comunque mi piace molto la mentalità rilassata, il mangiare bene, il rito dell'aperitivo, lo shopping. Il vostro* è un paese bellis-

simo, anche se non ho avuto molto tempo per visitarlo. No, non avevo nessun pregiudizio verso l'Italia; siete voi** piuttosto a credere di avere università meno valide delle nostre. Ma io qui mi trovo bene e non credo sia un caso se il 50% degli iscritti al mio corso sono stranieri.»

b. Micky the nightfly (Steven MacPherson), musicista e deejay.

«Per me, nato e cresciuto a Glasgow, l'Italia era il Paese della pasta e del sole, dei film di Totò e Fellini: una visione luminosa, che è addirittura cambiata in meglio quando ho conosciuto gli italiani, la loro curiosità – così simile a quella scozzese – per le altre culture. Sarebbe bello unire la vostra*** estroversione alla nostra disciplina, anche se magari non stanno bene insieme. Poi forse in Italia c'è troppo pressappochismo:[2] mi sembra che manchi un po' di senso civico, di amore per la propria città e per il proprio Paese.»

(da Europei d'Italia, Corriere della Sera, 02/07/2003)

*il vostro = l'Italia
**voi = gli italiani
***la vostra = italiana

8. I come Italia

In base a quanto ascoltato, letto e discusso in classe, provate a fare un elenco dei pregi e dei difetti dell'Italia e degli italiani.

Pregi	Difetti
_____	_____
_____	_____
_____	_____
_____	_____
_____	_____

9. punto.it

Beppe Severgnini è un noto giornalista italiano che si occupa tra l'altro anche dell'immagine degli italiani all'estero. Visitate il suo sito: www.beppesevergnini.com, cercate qualche informazione biografica e scrivetela sul vostro quaderno. In questo sito troverete anche il link che vi collega ai suoi libri. Sceglietene uno e scrivete brevemente di che cosa si tratta. Se volete, potete leggere alcune parti online e ascoltare alcune interviste o messaggi dell'autore.

Un appuntamento fisso con Severgnini è inoltre la rubrica Italians, *sul sito del* Corriere della Sera. *È un luogo d'incontro in cui gli italiani all'estero, ma non solo, parlano e dibattono dell'Italia e degli italiani. Visitate il sito, prendete nota di un tema di discussione e scoprite cosa ne pensano gli italiani. Scrivete sul vostro quaderno almeno due opinioni che vi sembrano interessanti.*

---

2 il pressapochismo   das Über-den-Daumen-Peilen

10. **Ho sempre un sacco di cose ... da fare... Prima della fine del semestre la vostra insegnante / il vostro insegnante elenca tutto quello che c'è ancora da fare.**

   a. Completate il suo discorso con ‹da + verbo›. Scegliete tra i verbi qui di seguito.

   fare – leggere – finire – decidere – vedere – ripassare – consegnare

   Ragazzi, prima del test c'è ancora la lezione 18 _____ ! Tra l'altro c'è ancora il discorso indiretto al passato _____. Poi c'è la concordanza dei tempi _____, abbiamo ancora dei brani _____. E poi alcuni di voi hanno ancora la tesina _____. E poi c'è _____ la data per andare in pizzeria tutti insieme e del film italiano _____.

   b. E voi? Cosa avete ancora da fare prima dell'esame di italiano e della fine del semestre?

11. **«Viaggiare vuol dire strofinare³ il proprio cervello contro quello degli altri.»**
    ... dice una bella frase di Montaigne.
    Andrè, dopo il suo soggiorno in Italia, racconta in una relazione la sua esperienza.

   a. Leggete la sua relazione, che ha fatto correggere per l'occasione, e rispondete poi alle domande di seguito.

Dopo una lunga e difficile ricerca, ho trovato una stanza singola in un appartamento con tre italiani. La prima sorpresa è stata constatare che gli studenti italiani vivono spesso in camere doppie. All'inizio avevo pensato di dividere anch'io la stanza con un altro ragazzo per risparmiare un po' di soldi, ma poi l'idea di dividere la stanza con qualcuno non mi piaceva per niente e così
5 ho preferito spendere un po' di più, ma avere una stanza singola e quindi un mio spazio privato. La convivenza è andata benissimo. Per i miei coinquilini ero il «tedesco», anche se mi chiamavano «l'atipico» perché dicevano che per essere tedesco ero troppo poco rigido. Tutti gli italiani, comunque, hanno mostrato grande amicizia e curiosità nei miei confronti, mi hanno sempre coinvolto nella loro vita sociale e con alcuni di loro si è creato un vero legame di amicizia. Anche
10 alcuni aspetti dell'università mi hanno sorpreso molto. Non sapevo che le lezioni all'università fossero spesso dei monologhi dei professori dove gli studenti prendono solo appunti. Di discussione accademica nessuna traccia... Le aule sono a volte così affollate che si va a fare lezione al cinema... Vabbé, perché no? Paese che vai usanze che trovi!⁴ I professori sono sempre stati gentili con noi studenti stranieri e in genere apprezzano gli studenti stranieri che sostengono un
15 esame orale. Gli esami, secondo me, non sono organizzati bene. Si tengono spesso in grandi aule davanti a tutti gli altri studenti. Poiché possono esserci anche oltre 100 studenti che devono fare l'esame bisogna aspettare molto. A volte si comincia alle 9.00 e si finisce alle 20.00. Alla fine sono tutti stanchissimi ed è difficile concentrarsi. Tuttavia le lezioni in generale erano inte-

---

3 strofinare   abreiben   4 Paese che vai usanze che trovi.   Andere Länder, andere Sitten.

ressanti e, anche se non riesco sempre a capire tutto, ho visto nei primi sei mesi di soggiorno un rapido miglioramento. Prima di arrivare avevo fatto tre corsi all'università molto utili e anzi assolutamente da consigliare, ma una volta sul posto comincia la vera avventura. All'inizio ho avuto enormi difficoltà, soprattutto con la burocrazia, non capivo in quale ufficio dovevo andare e quali documenti dovevo fare … Ma poi ti abitui e riesci anche a vedere l'aspetto divertente e forse anche utile. È come se avessi ogni giorno una sfida da superare. In definitiva direi che un anno all'estero è un'esperienza fondamentale che ti cambia la vita e che ogni studente dovrebbe fare, se vuole imparare a guardare anche al di là del proprio naso. Personalmente ho scoperto molto di me stesso e anche della mia cultura, ho visto come me la cavo[5] da solo in un paese straniero, ho imparato a parlare correttamente l'italiano, ho avuto la possibilità di conoscere un altro sistema universitario e ho imparato molto sulla vita e sulla società italiana. Una delle cose che mi manca ora? Il bar Gianni sotto casa, caffè e brioche la mattina e le chiacchierate con il barista e gli altri clienti alle 8 di mattina!!

b. *Analizzate ora la competenza interculturale di Andrè. Rileggete la lettera e rispondete se l'affermazione è vera o falso e in quale riga trovate la risposta.*

	v	f	perché
1. È legato[6] ad alcune abitudini del suo Paese e della sua cultura.	□	□	_____
2. All'arrivo conosceva molti aspetti della vita accademica in Italia.	□	□	_____
3. Si è dovuto confrontare con alcuni stereotipi che certi italiani hanno dei tedeschi.	□	□	_____
4. Sa cavarsela in situazioni di stress.	□	□	_____
5. Ha un atteggiamento aperto nei confronti della cultura italiana.	□	□	_____
6. È consapevole del fatto che stare per un po' in un Paese straniero aiuta ad allargare gli orizzonti.	□	□	_____
7. Ha un atteggiamento[7] critico ma costruttivo nei confronti delle cose che non gli piacciono.	□	□	_____
8. Ha assorbito alcune abitudini italiane.	□	□	_____

c. *C'è qualche consiglio che avreste dato ad Andrè per prepararsi al suo soggiorno in Italia?*

---

12. Questo esercizio va fatto!

Completate le frasi con ‹andare + participio passato›. Attenti ai modi e ai tempi. Scegliete tra i verbi sotto indicati.

fare – cuocere – consegnare – spegnere – organizzare – lavare – frequentare – compilare

1. L'insegnante: «Ragazzi, le lezioni _____ regolarmente!»

2. Il dentista: «I denti _____ dopo ogni pasto!»

---

5 cavarsela   zurechtkommen   6 essere legato a   verbunden sein mit
7 l'atteggiamento   die Haltung, die Einstellung

3. Il cuoco: «La pasta _____ al dente!»

4. Il professore: «Le tesine _____ entro la fine del semestre.»

5. La segretaria: «Fino all'anno scorso per l'iscrizione ai corsi di lingua _____ un modulo. Ora l'iscrizione è solo online.»

6. La hostess: «Il telefonino _____ durante il decollo e l'atterraggio.»

7. Il laureato: «Il piano di studi _____ con intelligenza.»

8. Lo studente: «Non so se _____ anche l'esercizio 18. Non ho capito.»

13. Uno nessuno centomila. I dialetti italiani.

In Italia, accanto all'italiano, convivono un gran numero di dialetti e di varietà regionali. I dialetti si usano perlopiù per comunicare nei rapporti familiari e nelle occasioni di dialogo quotidiano e sono espressione di tradizioni che fanno parte della storia di un determinato posto. In regioni come il Veneto, la Campania o la Sicilia il dialetto è ancora molto usato, ma anche nelle altre regioni esiste un tipo d'italiano chiamato regionale. Infatti ogni italiano parla con una particolare pronuncia e cadenza,[8] usa parole e costruzioni particolari che possono variare da regione a regione. Per un italiano non è difficile riconoscere subito da quale area geografica viene un altro italiano e spesso si indovina subito anche la città di provenienza.

14. punto.it

I seguenti siti internet vi aiutano ad avvicinarvi all'Italia dei dialetti.
www.learnitaly.com (sezione «I dialetti»)   www.italica.rai.it
www.italiadonna.it (sezione «Regioni»)   www2.hu-berlin.de/Vivaldi

Rispondete alle seguenti domande:

a. Nel primo sito indicato si distinguono quattro grandi aree di dialetti. Quali sono?

1 _____   2 _____   3 _____   4 _____

b. Scegliete due regioni che vi interessano particolarmente e guardate quali sono le caratteristiche dialettali di quella regione. Segnate qui di seguito i tre elementi che ritenete più importanti.

---

[8] la cadenza   die Satzmelodie

15. Via il malocchio[9] dall'ateneo.
Non solo amuleti e cornetti anti sfortuna. Ecco tutti i trucchi per passare gli esami.

Leggete il seguente brano e completatelo con la forma passiva ‹andare + participio›.

Uno psicologo americano nel 1948 dimostrò che i piccioni sono animali superstiziosi. Se anche i pennuti[10] hanno i loro riti scaramantici, figuriamoci[11] che cosa non avviene nel mondo degli universitari. Il principio è, più o meno, lo stesso: (ripetere) _____ quei comportamenti che, in passato, hanno permesso di realizzare un successo. Accanto ai tanti comportamenti portafortuna personalizzati, anche le regole tramandate[12] dagli studenti più «anziani» (rispettare) _____. I bolognesi non devono salire sulla Torre degli Asinelli e ai torinesi è vietata la visita al Museo del cinema, che, ahimè, sorge proprio nella famigerata[13] Mole Antonelliana che porta una sfortuna nera al laureando. Per molti studenti in giro per l'Italia, il percorso per arrivare alle aule di lezione diventa una gimcana ad ostacoli.[14] All'Università Cattolica di Milano non (attraversare) _____ i chiostri dell'università, a Economia a Bologna non (tagliare) _____ in diagonale la piazzetta interna, a Legge a Genova non (calpestare[15]) _____ i disegni sul pavimento del cortile. A Pisa, nel giorno della discussione della tesi[16] (toccare) _____ le parti intime di una statua che si trova all'interno della facoltà di Giurisprudenza, si rischia altrimenti un brutto voto di laurea. A Roma, alla Sapienza, è bene camminare sempre a testa bassa: la statua della Minerva, davanti all'Aula magna, non (guardare) _____ in faccia. A Padova la catenella[17] all'entrata del Palazzo del Bò non (saltare) _____, a Venezia non bisogna passare in mezzo alle due colonne nell'atrio di San Sebastiano. A Perugia la vita è dura per i golosi:[18] è vietato mettere piede[19] in una delle più famose pasticcerie della città, mentre a Napoli non (guardare) _____ la statua del Cristo velato. Infine a Trieste non (prendere) _____ per nessun motivo il tram che porta a Opicina. E così via. «Lo studente che una volta ha fatto qualcosa

---

9 il malocchio der böse Blick   10 il pennuto der Vogel   11 figuriamoci stellen wir uns vor
12 tramandare überliefern   13 famigerato berüchtigt
14 la gimcana ad ostacoli der Hindernislauf   15 calpestare betreten
16 la discussione della tesi die Verteidigung der Abschlussarbeit   17 la catenella die Kette
18 il goloso die Naschkatze   19 mettere piede entrare

di particolare prima di un esame, e poi ha preso un buon voto, è tentato di ripetere quel comportamento», spiega Massimo Polidoro, docente di psicologia dell'insolito alla Bicocca.[20] Il contatto giornaliero con gli universitari gli ha fatto capire che quasi tutti credono ai riti scaramantici; anche chi non si crede superstizioso. «Se un esame va male, non è colpa nostra, ma del fatto che non ci siamo comportati in un certo modo. Nel breve periodo può aiutare a superare lo stress. Ma poi si deve capire che è tutta un'invenzione della nostra mente.»

(adattato da *Via il malocchio dall'ateneo* di Beatrice Bortolin, per concessione di *Campus*, www.campus.it)

16. Non è vero ma ci credo ...

Ascoltate le interviste a questi due studenti e segnate le loro risposte. Segnate nella terza colonna quelle che potrebbero essere le vostre risposte.

	Oggetto portafortuna	Riti scaramantici il giorno dell'esame	Cosa non fa perché porta sfortuna
Valeria			
Alberto			
Io			

17. Laura ha detto, Simona ha spiegato, Alessandra ha concluso.

a. *Trasformate le seguenti frasi dal discorso diretto a quello indiretto.*

1. Il professore raccontò: «Mi sono trasferito a Marburg negli Anni Sessanta, poi ho trovato subito lavoro come ricercatore all'università e così è cominciata la mia carriera accademica.»
2. Chiesi a Cornelia: «Come ti trovi in Italia? Ti piace l'università? Ti sei ambientata subito?» Lei rispose: «Le lezioni sono un po' difficili, ma molto interessanti, per me è un po' difficile partecipare attivamente. Una volta ho provato a dire qualcosa, ma mi mancavano le parole.»
3. Il nostro professore di storia dell'arte ci disse: «A fine giugno organizzeremo un'escursione a Firenze. Chi vuole partecipare deve iscriversi entro il 30 aprile. I soldi per la partecipazione saranno raccolti in segreteria.»
4. Fabio quando seppe che andavo a Napoli per Natale mi disse: «Va' a vedere Via San Gregorio Armeno, la via dei presepi, e poi fa' una gita a Capri che è bellissima anche d'inverno. E assaggia la pastiera napoletana!»
5. Camilla mi raccontò: «Non sapevo che Silvia avesse vinto una borsa di studio. Se l'avessi saputo prima le avrei fatto i miei complimenti!»
6. Linda nell'e-mail mi aveva scritto: «Non credo che sia una bella idea invitare anche Morena al compleanno di Maurizio. Hanno litigato due mesi fa!»

20 la Bicocca   una delle università di Milano

b. E ora fate il contrario... Trasformate le seguenti frasi in discorso diretto.

1. Anna disse a Federico di aspettarla davanti alla libreria Feltrinelli.
2. Roberto mi chiese quando iniziava il semestre.
3. Sofia scrisse a Franco che avrebbe finito l'università l'anno dopo e poi si sarebbe trasferita a Londra.
4. Marco confessò che se fosse potuto tornare indietro si sarebbe iscritto all'Accademia di Belle Arti.

18. Lui mi ha chiesto, io ho risposto, lui ha ribadito ...

Riscrivete la conversazione con il discorso indiretto, tralasciate alcune espressioni tipiche della lingua parlata, ma cambiate dove necessario le espressioni di tempo.

S: Ciao Andrea come stai?
A: Ciao Silvia, mah, insomma, oggi non ho nessuna voglia di andare all'università.
S: Non ci pensare! Fra una settimana il semestre finisce. A proposito, cosa farai poi?
A: Se avrò i soldi, andrò a trovare un'amica a Palermo!
S.: Che bella la Sicilia! Io ci sono già stata l'anno scorso! Va' a vedere la Vucciria, il mercato del pesce, e visita anche la cattedrale di Monreale. È bellissima.
A.: Sì, certo. Senti, ma tu l'anno scorso c'eri andata con Marco, il siciliano, vero?
S.: Sì, credevo che venisse anche Francesco e invece non aveva soldi. Con Marco come guida turistica è stato fantastico. Mi ha fatto vedere un sacco di posti che non avrei mai visto.
A.: Eh sì! Beata te! Io forse dopo Palermo vado a trovare una mia amica francese che sta facendo l'Erasmus a Catania... Senti, adesso ho lezione, ci vediamo. Ciao!
S: Va bene. Ciao!

Qualche tempo fa Silvia e Andrea si sono incontrati al bar. Silvia ha chiesto ad Andrea ...

Lo sapevate che...?
Dal dialetto veneziano all'italiano per poi varcare le Alpi. La parola «Ciao».
«Ciao», parola usatissima e conosciutissima anche al di fuori dell'Italia, deriva dal dialetto veneziano. La formula di saluto «schiavo suo» o «schiavo vostro» deriva dal tardo latino sclavus, pronunciato in veneziano s'cia(v)o da cui si sviluppò infine la tuttora viva e vegeta forma di saluto «Ciao». «Ciao» si adotta anche in molte altre lingue forse perché è un saluto comodo: si usa incontrandosi e congedandosi. È una parola che denota generalmente un atteggiamento simpatico e sorridente che gode sempre di ottima popolarità. In latino la parola per indicare «lo schiavo» in realtà era «servus», parola che, ancora oggi, si utilizza come formula di saluto in molte zone di lingua tedesca.

GRAMMATICA

1. Come se + ‹congiuntivo›

Non si fa collezione di viaggi **come se fossero** trofei.
Qui è passato di tutto ed è **come se** nell'aria ne **fosse rimasto** il sentore.
Andrea mi guardava **come se** non **avesse capito** il mio discorso.

Ein hypothetischer Vergleich wird durch **come se** (= als ob) eingeleitet. Das darauffolgende Verb steht immer im ‹congiuntivo›. Dabei werden <u>nur</u> folgende Zeiten verwendet:

- zur Angabe der Gleichzeitigkeit → congiuntivo imperfetto
- zur Angabe der Vorzeitigkeit → congiuntivo trapassato

Beachten Sie!
Qua mi sento **come fossi** a casa mia.
Andrea mi guardava **come** non **avesse capito** il mio discorso.

Aus stilistischen Gründen kann *se* entfallen.

2. *Die indirekte Rede I (Einführungssatz in einer Zeit der Gegenwartsgruppe)*

Mio padre: «Talvolta viene a trovarmi Beatrice.»
Mio padre mi **ha raccontato che** talvolta **va** a trovarlo Beatrice.

Ozpetek: «(Io) dovevo andare a studiare in America, ma all'ultimo momento cambiai idea.»
Ozpetek **dice / ha detto che** (lui) **doveva** andare a studiare in America, ma all'ultimo momento **cambiò** idea.

Ozpetek: «Qua (io) mi sento come fossi a casa mia.»
Ozpetek **dice / ha detto che** là (lui) **si sente** come se **fosse** a casa **sua**.

- Die indirekte Rede wird von einem Verb des Sagens (z. B. *dire, raccontare, rispondere* usw.) eingeleitet und meistens durch *che* eingeführt. Anders als im Deutschen wird dabei in der Regel der Indikativ verwendet.
- Der Gebrauch der Zeiten richtet sich nach den Regeln der Zeitenfolge (vgl. Lektionen 16 und 17). Wenn also im Einführungssatz eine Zeit der Gegenwartsgruppe steht (*presente, futuro* oder *passato prossimo*, wenn dieses sich auf eine unmittelbare Vergangenheit bezieht), so bleibt die Zeitform in der indirekten Rede unverändert, d. h. es wird die Zeit verwendet, die auch in der direkten Rede steht.
- Die Person des Verbs wird gegebenenfalls sinngemäß verändert.

▶ Beim Übergang von der direkten zur indirekten Rede können sich – **wenn dies sinngemäß erforderlich ist** – weitere Veränderungen ergeben:

bei Subjektpronomen	z. B. io → lui/lei
bei Objektpronomen	z. B. a trovar*mi* → a trovar*lo*
bei Reflexivpronomen	z. B. *mi* sento → *si* sente
bei Possessiva	z. B. a casa *mia* → a casa *sua*
bei Ortsangaben	z. B. qui / qua → lì / là
bei Demonstrativa	z. B. questo → quello
bei bestimmten Verben	z. B. venire → andare

3. Die indirekte Rede II (Einführungssatz in einer Zeit der Vergangenheit)

Mio padre disse: «*Questa* è la trave portante, *qui* è tranquillo.»
Mio padre disse che *quella* era la trave portante e che *lì* era tranquillo.

Dissi a mia madre: «Katia **è scesa**.»
Dissi a mia madre che Katia **era scesa**.

Mia madre disse: «Nessuno può prevedere niente, perché quello che deve ancora succedere non si sa come **succederà**.»
Mia madre disse che nessuno poteva prevedere niente perché quello che doveva ancora succedere non si sapeva come **sarebbe successo**.

Dissi a mia madre: «Giorgio *ieri* non **stava** bene.»
Dissi a mia madre che Giorgio *il giorno prima* non **stava** bene.

Il dietologo mi disse: «**Mangiando** di meno, **potrebbe** dimagrire.»
Il dietologo mi disse che **mangiando** di meno **avrei potuto** dimagrire.

Der Gebrauch der Zeiten richtet sich auch hier nach den Regeln der Zeitenfolge: steht im Hauptsatz das Verb in der Vergangenheit, kommen folgende Änderungen vor.

presente → imperfetto (auch im Modus *congiuntivo*)
passato prossimo → trapassato prossimo (auch im Modus *congiuntivo*)
futuro → condizionale passato
condizionale presente → condizionale passato

Beachten Sie!
‹Imperfetto› (auch im Modus ‹congiuntivo›) und ‹gerundio› ändern sich nicht!

Mia sorella disse: «**Se imparo** l'inglese, **posso fare** un semestre Erasmus a Londra.»
                    «**Se imparassi** l'inglese, **potrei fare** un semestre Erasmus a Londra.»
                    «**Se avessi imparato** l'inglese, **avrei potuto fare** un semestre Erasmus a Londra.»

Mia sorella disse che **se avesse imparato l'inglese, avrebbe potuto fare** un semestre Erasmus a Londra.

Bedingungssätze – egal welchen Typs – werden in der indirekten Rede immer mit ‹congiuntivo trapassato› + ‹condizionale passato› wiedergegeben.

Mi disse: «L'Italia è un Paese ricco di bellezze artistiche.»
Mi disse che l'Italia è un Paese ricco di bellezze artistiche.

Wenn eine Behauptung von allgemeiner oder zeitloser Gültigkeit ist, ändern sich die Zeiten nicht.

Auch bei Zeitangaben ergeben sich Änderungen:

oggi → quel giorno
ieri → il giorno prima/precedente
domani → il giorno dopo/successivo
adesso/ora → allora
l'anno scorso → l'anno prima/precedente
l'anno prossimo → l'anno dopo/successivo
fra un mese → il mese dopo
un mese fa → il mese prima

4. Die indirekte Rede beim Imperativ

Erborista: «**Si metta** la pomata spalmandola bene!»
L'erborista dice / ha detto alla cliente **di mettersi** la pomata spalmandola bene.

Mia madre disse: «Ma signora, **non diciamo** sciocchezze, **sedetevi**.»
Mia madre le disse **di non dire** sciocchezze e **di sedersi**.

Steht in der direkten Rede ein Imperativ, so wird dieser in der indirekten Rede zumeist durch *di* + ‹infinito› wiedergegeben.

5. Die indirekte Frage

Ogni volta mi **chiedevo** *chi* erano le persone che ci lasciavamo alle spalle.
Cominciammo a parlare di sigari, mi **chiese** *se* conoscevo i Maria Mancini.
Cercò le parole per rassicurarla e poi, magari, **chiederle** *che cosa* stesse succedendo.

Die indirekte Frage wird von Verben wie *chiedere, domandare, non sapere, non capire* usw. eingeleitet und durch interrogative Adverbien bzw. Konjunktionen wie *che cosa, perché, chi, quando, come, dove, se* eingeführt. Der Gebrauch der Zeiten richtet sich nach den Regeln der Zeitenfolge.

Chiedo all'erborista: «Ha qualche consiglio?»
Chiedo all'erborista se **ha** qualche consiglio.
Chiedo all'erborista se **abbia** qualche consiglio.

«Mamma, perché non scappiamo?»
Chiesi a mia madre perché non **scappavamo**.
Chiesi a mia madre perché non **scappassimo**.

In der indirekten Frage kann das Verb im Indikativ oder im ‹congiuntivo› stehen. Die Wahl des Modus hängt in erster Linie vom Stil ab. Der Indikativ wird eher in der gesprochenen, der Konjunktiv eher in der geschriebenen Sprache verwendet. Durch den ‹congiuntivo› werden außerdem Unsicherheit und Zweifel betont.

6. da + *Infinitiv und* andare + *Partizip*

Cose **da** fare, cose **da** evitare.
Tre «i» che **vanno spiegate**.
Credo che i Paesi **vadano amati** prima di essere giudicati.

Da + Infinitiv drückt eine Notwendigkeit aus.
Andare + Partizip ist eine passive Form, die eine Notwendigkeit ausdrückt. Sie kann nur in einfachen Zeiten verwendet werden. **Andare** steht entsprechend dem Subjekt des Satzes im Singular oder Plural.

BILANCIO

In questa unità ho imparato a ...   ☺ ☺ ☹ 📖

raccontare se andrei a vivere all'estero e motivare le mie opinioni.	☐	☐	☐	3
riferire brevi discorsi di altre persone su temi a me noti.	☐	☐	☐	6/21
dire quali sono gli aspetti dell'Italia che mi piacciono di più e quelli che mi piacciono di meno.	☐	☐	☐	8
scrivere a un amico italiano alcuni consigli per aiutarlo ad entrare nella realtà del mio Paese.	☐	☐	☐	14
riconoscere alcune parole ed espressioni dialettali.	☐	☐	☐	18

_____

_____

Il mio diario d'apprendimento

Per me i vocaboli più utili di questa lezione sono ...
Grammaticalmente ho imparato velocemente ...
Invece per me è ancora difficile ...
Sull'Italia e sugli italiani ho imparato che ...
Mi piacerebbe ...
O adesso o mai più! Quello che alla fine di tutto vorrei dire è ...

Strategie di apprendimento. Per riflettere su come imparare le lingue

UniversItalia ha cercato, oltre che di insegnarti l'italiano, di farti riflettere sul tuo processo di apprendimento fornendoti anche qualche consiglio pratico per imparare ad imparare e cercando di renderti autonomo nel tuo apprendimento. E tu? Sei diventato autonomo?

Leggi queste affermazioni e segna su quali aspetti devi ancora lavorare.

sono consapevole di quali strategie d'apprendimento per me sono più utili – programmo regolarmente il mio percorso di studio definendo obiettivi, tempi e metodi – so valutare quello che ho imparato – cerco di mantenere viva la motivazione per continuare ad imparare l'italiano – so che cosa devo maggiormente esercitare – so quali sono le mie priorità linguistiche – di fronte a una difficoltà non mi scoraggio, ma cerco delle soluzioni

Adesso va' a rivedere il tuo primo bilancio. Riformula ora i tuoi progetti futuri ...

Perché voglio continuare ad imparare l'italiano? ...
Quale obiettivo voglio raggiungere, in quanto tempo e come posso raggiungerlo? ...

Per il mio dossier

Scegli un testo (letterario, giornalistico, una lettera, una pubblicità ecc.) o una foto che ti piace particolarmente e che ti fa venire voglia di continuare ad imparare l'italiano. Incollalo/incollala nel tuo dossier e motiva la tua scelta.

Grammatisches Glossar

aggettivo	Adjektiv	Eigenschaftswort	indicativo	Indikativ	Wirklichkeitsform
aggettivo / pronome dimostrativo	Demonstrativpronomen	hinweisendes Fürwort	infinito	Infinitiv	Grundform (des Verbs)
			maschile	maskulin/Maskulinum	männliches/en Geschlecht/s
aggettivo / pronome indefinito	Indefinitpronomen	unbestimmtes Fürwort	modale	modal	Art und Weise bezeichnend
aggettivo / pronome interrogativo	Interrogativpronomen	Fragefürwort	modo	Modus	Aussageweise
aggettivo / pronome possessivo	Possessivbegleiter / -pronomen	besitzanzeigendes Fürwort	negazione	Negation	Verneinung
			participio	Partizip	Mittelwort
apostrofo	Apostroph	Auslassungszeichen	passato prossimo	Perfekt	2. Vergangenheit
articolo	Artikel	Geschlechtswort	periodo ipotetico	Konditionalsatz	Bedingungssatz
determinativo	bestimmter		plurale	Plural	Mehrzahl
indeterminativo	unbestimmter		preposizione	Präposition	Verhältniswort
articolo partitivo	Teilungsartikel		presente	Präsens	Gegenwart
ausiliare	Hilfsverb	Hilfszeitwort	pronome	Pronomen	Fürwort
avverbio	Adverb	Umstandswort	atono	unbetontes	
avverbio pronominale	Pronominaladverb	Umstandsfürwort	tonico	betontes	
causale	kausal	begründend	pronome personale	Personalpronomen	persönliches Fürwort
comparativo	Komparativ	1. Steigerungsstufe	pronome personale complemento	Objektpronomen	persönliches Fürwort als Ergänzung
complemento	Objekt	Ergänzung			
diretto	direktes		pronome relativo	Relativpronomen	bezügliches Fürwort
indiretto	indirektes		pronome riflessivo	Reflexivpronomen	rückbezügliches Fürwort
condizionale	Konditional	Bedingungsform			
congiuntivo	Konjunktiv	Möglichkeitsform	singolare	Singular	Einzahl
congiunzione	Konjunktion	Bindewort	soggetto	Subjekt	Satzgegenstand
coniugazione	Konjugation	Beugung (des Verbs)	sostantivo	Substantiv	Hauptwort
connettivo		Bindewort	suffisso	Suffix	Nachsilbe
consonante	Konsonant	Mitlaut	superlativo	Superlativ	2. Steigerungsstufe
femminile	feminin/Femininum	weibliches/en Geschlecht/s	assoluto	absoluter	
			relativo	relativer	
forma attiva	aktive Form	Tätigkeitsform	temporale	temporal	zeitlich
forma passiva	passive Form	Leideform	trapassato	Plusquamperfekt	Vorvergangenheit
frase principale		Hauptsatz	verbo	Verb	Zeitwort
frase subordinata		Nebensatz	regolare	regelmäßiges	
futuro	Futur	Zukunft	irregolare	unregelmäßiges	
genere	Genus	grammatisches Geschlecht	verbo riflessivo	reflexives Verb	rückbezügliches Zeitwort
gerundio	Gerundium	Verlaufsform	verbo servile	Modalverb	
imperativo	Imperativ	Befehlsform	vocale	Vokal	Selbstlaut
imperfetto	Imperfekt/Präteritum	1. Vergangenheit			

Phonetikausdrücke

accento grafico	Akzent	Betonungszeichen
accento tonico	Akzent	Betonung
alveolare (dentali)	Alveolar	am Gaumen unmittelbar hinter den Zähnen gebildeter Laut
concatenazione		Verkettung
corda vocale		Stimmband
intonazione	Intonation	Tongebung
palato		Gaumen
pronuncia		Aussprache
sillaba		Silbe
suono		Laut
sonoro		stimmhafter
sordo		stimmloser

Die Grundzahlen

0	zero						
1	uno	11	undici				
2	due	12	dodici	20	venti	21	ventuno
3	tre	13	tredici	30	trenta	32	trentadue
4	quattro	14	quattordici	40	quaranta	43	quarantatré
5	cinque	15	quindici	50	cinquanta	54	cinquantaquattro
6	sei	16	sedici	60	sessanta	65	sessantacinque
7	sette	17	diciassette	70	settanta	76	settantasei
8	otto	18	diciotto	80	ottanta	87	ottantasette
9	nove	19	diciannove	90	novanta	98	novantotto
10	dieci			100	cento	101	centouno
						102	centodue
						108	centootto
						109	centonove

200	duecento		1.000.000	un milione
250	duecentocinquanta		3.000.000	tre milioni
300	trecento		1.000.000.000	un miliardo
380	trecentottanta		5.000.000.000	cinque miliardi
1.000	mille			
1.001	milleuno / mille e uno			
1.009	millenove			
2.000	duemila			
2.470	duemilaquattrocentosettanta			
10.000	diecimila			
60.000	sessantamila			

Unregelmäßige Verben (Auswahl)

VERB	Präsens	imperfetto	pass. pross.	pass. rem.	Futur I	Konditional I	congiuntivo	Imperativ
andare gehen, fahren	vado, vai, va, andiamo, andate, vanno	andavo	sono andato/-a	andai, andasti	andrò	andrei	vada, andiamo, andiate, vadano	va'/vai, vada
aprire öffnen	apro, apri, apre, apriamo, aprite, aprono	aprivo	ho aperto	aprii, apristi	aprirò	aprirei	apra, apriamo, apriate, aprano	apri, apra
avere haben	ho, hai, ha, abbiamo, avete, hanno	avevo	ho avuto	ebbi, avesti	avrò	avrei	abbia, abbiamo, abbiate, abbiano	abbi, abbia, abbiate
bere trinken	bevo, bevi, beve, beviamo, bevete, bevono	bevevo	ho bevuto	bevvi, bevesti	berrò	berrei	beva, beviamo, beviate, bevano	bevi, beva
capire verstehen	capisco, capisci, capisce, capiamo, capite, capiscono	capivo	ho capito	capii, capisti	capirò	capirei	capisca, capiamo, capiate, capiscano	capisci, capisca
cercare suchen	cerco, cerchi, cerca, cerchiamo, cercate, cercano	cercavo	ho cercato	cercai, cercasti	cercherò	cercherei	cerchi, cerchiamo, cerchiate, cerchino	cerca, cerchi
chiedere fragen	chiedo, chiedi, chiede, chiediamo, chiedete, chiedono	chiedevo	ho chiesto	chiesi, chiedesti	chiederò	chiederei	chieda, chiediamo, chiediate, chiedano	chiedi, chieda
chiudere schließen	chiudo, chiudi, chiude, chiudiamo, chiudete, chiudono	chiudevo	ho chiuso	chiusi, chiudesti	chiuderò	chiuderei	chiuda, chiudiamo, chiudiate, chiudano	chiudi, chiuda

VERB	Präsens	imperfetto	pass. pross.	pass. rem.	Futur I	Konditional I	congiuntivo	Imperativ
conoscere kennen	conosco, conosci, conosce, conosciamo, conoscete, conoscono	conoscevo	ho conosciuto	conobbi, conoscesti	conoscerò	conoscerei	conosca, conosciamo, conosciate, conoscano	conosci, conosca
dare geben	do, dai, dà, diamo, date, danno	davo	ho dato	diedi/detti, desti	darò	darei	dia, diamo, diate, diano	da'/dai, dia
decidere entscheiden	decido, decidi, decide, decidiamo, decidete, decidono	decidevo	ho deciso	decisi, decidesti	deciderò	deciderei	decida, decidiamo, decidiate, decidano	decidi, decida
dire sagen	dico, dici, dice, diciamo, dite, dicono	dicevo	ho detto	dissi, dicesti	dirò	direi	dica, diciamo, diciate, dicano	di', dica
dovere müssen, sollen	devo, devi, deve, dobbiamo, dovete, devono	dovevo	ho dovuto	dovetti/dovei, dovesti	dovrò	dovrei	debba, dobbiamo, dobbiate, debbano	
essere sein	sono, sei, è, siamo, siete, sono	ero	sono stato/-a	fui, fosti	sarò	sarei	sia, siamo, siate, siano	sii, sia, siate
fare machen, tun	faccio, fai, fa, facciamo, fate, fanno	facevo	ho fatto	feci, facesti	farò	farei	faccia, facciamo, facciate, facciano	fa'/fai, faccia
leggere lesen	leggo, leggi, legge, leggiamo, leggete, leggono	leggevo	ho letto	lessi, leggesti	leggerò	leggerei	legga, leggiamo, leggiate, leggano	leggi, legga

VERB	Präsens	imperfetto	pass. pross.	pass. rem.	Futur I	Konditional I	congiuntivo	Imperativ
mettere legen, stellen	metto, metti, mette, mettiamo, mettete, mettono	mettevo	ho messo	misi, mettesti	metterò	metterei	metta, mettiamo, mettiate, mettano	metti, metta
piacere gefallen	piace, piacciono	piaceva	è piaciuto/-a, sono piaciuti/-e	piacque, piacquero	piacerà	piacerebbe	piaccia, piacciano	
potere können, dürfen	posso, puoi, può, possiamo, potete, possono	potevo	ho potuto	potei/potetti, potesti	potrò	potrei	possa, possiamo, possiate, possano	
prendere nehmen	prendo, prendi, prende, prendiamo, prendete, prendono	prendevo	ho preso	presi, prendesti	prenderò	prenderei	prenda, prendiamo, prendiate, prendano	prendi, prenda
rimanere bleiben	rimango, rimani, rimane, rimaniamo, rimanete, rimangono	rimanevo	sono rimasto/-a	rimasi, rimanesti	rimarrò	rimarrei	rimanga, rimaniamo, rimaniate, rimangano	rimani, rimanga
riuscire gelingen	riesco, riesci, riesce, riusciamo, riuscite, riescono	riuscivo	sono riuscito/-a	riuscii, riuscisti	riuscirò	riuscirei	riesca, riusciamo, riusciate, riescano	
sapere wissen	so, sai, sa, sappiamo, sapete, sanno	sapevo	ho saputo (= ich habe erfahren!)	seppi, sapesti	saprò	saprei	sappia, sappiamo, sappiate, sappiano	sappi, sappia, sappiate
scegliere wählen	scelgo, scegli, sceglie, scegliamo, scegliete, scelgono	sceglievo	ho scelto	scelsi, scegliesti	sceglierò	sceglierei	scelga, scegliamo, scegliate, scelgano	scegli, scelga

VERB	Präsens	imperfetto	pass. pross.	pass. rem.	Futur I	Konditional I	congiuntivo	Imperativ
scoprire entdecken	scopro, scopri, scopre, scopriamo, scoprite, scoprono	scoprivo	ho scoperto	scoprii, scopristi	scoprirò	scoprirei	scopra, scopriamo, scopriate, scoprano	scopri, scopra
sedere sitzen	siedo, siedi, siede, sediamo, sedete, siedono	sedevo	sono seduto/-a	sedei, sedesti	siederò	siederei	sieda, sediamo, sediate, siedano	siedi, sieda
stare bleiben, sein	sto, stai, sta, stiamo, state, stanno	stavo	sono stato/-a	stetti, stesti	starò	starei	stia, stiamo, stiate, stiano	sta'/stai, stia
succedere geschehen	succede, succedono	succedeva	è successo/-a	successe, successero	succederà	succederebbe	succeda, succedano	
tenere halten	tengo, tieni, tiene, teniamo, tenete, tengono	tenevo	ho tenuto	tenni, tenesti	terrò	terrei	tenga, teniamo, teniate, tengano	tieni, tenga
uscire ausgehen	esco, esci, esce, usciamo, uscite, escono	uscivo	sono uscito/-a	uscii, uscisti	uscirò	uscirei	esca, usciamo, usciate, escano	esci, esca
vedere sehen	vedo, vedi, vede, vediamo, vedete, vedono	vedevo	ho visto	vidi, vedesti	vedrò	vedrei	veda, vediamo, vediate, vedano	vedi, veda
venire kommen	vengo, vieni, viene, veniamo, venite, vengono	venivo	sono venuto/-a	venni, venisti	verrò	verrei	venga, veniamo, veniate, vengano	vieni, venga
vivere leben	vivo, vivi, vive, viviamo, vivete, vivono	vivevo	sono vissuto/-a, ho vissuto	vissi, vivesti	vivrò	vivrei	viva, viviamo, viviate, vivano	vivi, viva
volere wollen	voglio, vuoi, vuole, vogliamo, volete, vogliono	volevo	ho voluto	volli, volesti	vorrò	vorrei	voglia, vogliamo, vogliate, vogliano	

Unità 1

1. ▶II
italiano, parola, buongiorno, libro, vacanza, corso, insegnante, studente, ciao, professore, università, spagnolo

2.
mi chiamo; Studio; che cosa; di; di dove; sono; abiti; ho; come

3.
1 e; 2 c; 3 a; 4 b; 5 d

4.
chiamarsi: ti chiami, (Io) mi chiamo
studiare: studi, (Io) studio
essere: Sei, sono
abitare: Abiti, abito
avere: Hai, ho

5.
di, a; a; a; con, di; di
a; di, a; a; con, di; di

6.
1 c; 2 a; 3 d; 4 e; 5 b

7.
1. Che cosa; 2. di dove; 3. Come; 4. Dove; 5. Con chi

8.
un'amica, un corso, una festa, una studentessa, un'università, uno studente, un dialogo, uno zaino, una domanda, uno zoo, un esercizio, uno sport, un/un'insegnante, una lezione, uno gnomo, un istituto, una parola, una ragazza, uno yogurt

9.
1. Giuliana è insegnante. 2. Lavora all'università di Roma 3 e in un istituto privato. 3. Giuliana insegna italiano come lingua straniera e francese. 4. In questo momento ha una bella classe di livello intermedio alto. 5. Karolina è polacca e studia giurisprudenza. 6. Ulrike vive qui a Roma e studia lettere antiche.

10. ▶II
spagnola; americano; irlandese; francese; turco; svedese; greca; svizzero; cinese; giapponese; russo; belga; belga; messicana; argentina; austriaco; portoghese; australiano

11.
bisher kennen Sie:
‹o / a›: americano/-a, argentino/-a, australiano/-a, austriaco/-a, brasiliano/-a, greco/-a, italiano/-a, messicano/-a, polacco/-a, russo/-a, spagnolo/-a, svizzero/-a, tedesco/-a, turco/-a
‹e›: cinese, francese, giapponese, inglese, olandese, portoghese, svedese
Ausnahmen: belga

12.
Francia, francese, francese; svedese, svedese; Inghilterra, inglese, inglese; greca, greco; messicana, spagnolo; irlandese, Dublino, inglese; argentina, spagnolo; Turchia, Ankara, turco; belga; cinese, Pechino, cinese; Tokio, giapponese; Germania, tedesca, tedesco; svizzera, italiano

13.
italiana, giapponese, greca, americana, svedese, australiano, spagnola, austriaco, argentino, messicano, francese, russo

14.
1. ha, è; 2. ho, hai; 3. sono, sono; 4. è, ha; 5. è, ha, è; 6. è; 7. ha; 8. ha; 9. è; 10. è

15.
a. ti chiami; Sei; sono, vivo; Studio; studi; Studio; abiti; Abito; Vivo; Si chiama, vive; Studia; hai
b. Céline è francese, di Lione, ma vive a Firenze da due anni. Studia storia moderna all'università. Abita vicino all'università. Vive con un'altra ragazza francese. Ha ventuno anni. Marco studia informatica. Ha ventitré anni.

16.
1. Klaus è austriaco, di Vienna, ma studia storia contemporanea a Ratisbona. Ha 27 anni.
2. Junko è giapponese, di Osaka, ma studia architettura a Berlino. Ha 19 anni.
3. Sophie è francese, di Parigi, ma studia giurisprudenza a Salisburgo. Ha 23 anni.
4. Carola è portoghese, di Lisbona, ma studia filosofia a Francoforte. Ha 25 anni.
5. Chiara è svizzera, di Zurigo, ma studia economia e commercio a Londra. Ha 24 anni.
6. Thomas è polacco, di Varsavia, ma studia ingegneria civile ad Amburgo. Ha 26 anni.

17.
il russo, l'inglese, il greco, lo spagnolo, il giapponese, lo svedese, l'arabo, l'italiano

18. ▶II
1. studia, diventare traduttore;
2. impara, ha il ragazzo in Italia;
3. studia, partecipare a un programma Erasmus; 4. studia, frequenta, l'italiano è molto importante per la storia dell'arte; 5. impara, tanti motivi, ma soprattutto per interesse personale

19.
L'indagine; uno, studia, l'italiano; il risultato; italiana; Il questionario, il mondo, libero; Il risultato, la categoria, libero, il 32,8%, studia, l'italiano, la cultura, la società, italiana; la categoria, il 25,8%, studia, l'italiano, il partner, italiano, la famiglia, italiana; Il 22,4%, studia, l'italiano; lo studio, il 19%

20. Mögliche Lösung
come ti chiami; si scrive; tedesca; di dove; Dov'è Lipsia; quanti anni hai; Sì, abito a Bologna da un mese; Che cosa studi; Per partecipare a un programma Erasmus

21.

IL: nome, compagno, ragazzo, professore, libro
LO: zaino, spagnolo, studio, sport, zoo, gnomo, studente, yogurt
L': interesse, articolo, esercizio, appartamento, amico
LA: classe, studentessa, persona, città, lingua
L': università, età, idea, amica, aula

22.

2. L', la, uno / A; 3. la / S; 4. La, una / A; 5. La, una / P; 6. L' / I; 7. Il, un / E; 8. La, un / N; 9. Il / Z; 10. La, un / A
La soluzione è: LA SAPIENZA

23.

Christiane: una, tedesca; abita/vive, da; Ha; Studia, di; in, in, vive, ragazza, si chiama; studia, per, in
Juri: mi chiamo, russo, abito/vivo, da; Studio; con, in; l'italiano, ho; è, si chiama; ha, studia
Substantive: studentessa, anno, anni, storia, arte, università, appartamento, centro, università, ragazza, italiano, anni, economia, università, studente, appartamento, italiano, studi, ragazza, anni, lingue, letterature
Adjektive: tedesca, moderna, piccolo, altra, tedesca, russo, aziendale, belga, piccolo, italiana, straniere

Unità 2

1.

lo scontrino; prendo; prendi; Anch'io; Per me; Hanno; calda; mangi; Sono

2.

a. la, pizzette; l', appartamenti; il nome; gli spuntini; i; il; gli gnomi; lo, sport; i; i baristi; la, lezioni; gli spumanti; i corsi; gli; le lingue; l'insegnante; città; i film; le classi; le università; le; le bariste; gli esercizi; gli zaini
b. a. -i; b. -e; c. Substantive mit Endung auf Konsonant und Substantive mit Akzent auf der letzten Silbe; d. -i, -e

3.

a. 1. Le città grandi; 2. I bar cari; 3. L'università piccola; 4. I turisti giapponesi; 5. L'aranciata amara; 6. Gli spumanti italiani; 7. La classe internazionale; 8. Il tè amaro; 9. I film americani
b. 1. La città grande; 2. Il bar caro; 3. Le università piccole; 4. Il turista giapponese; 5. Le aranciate amare; 6. Lo spumante italiano; 7. Le classi internazionali; 8. I tè amari; 9. Il film americano

4.

L'; il, una, il, un; le, gli, uno; il, il, un, gli; il; un; un, il, una, lo; I; Il; Un, un; I; I, le; I, gli, il, la; gli, il; i; i; I, l'

5. ▶II

1 - B; 2 - E; 3 - F; 4 - C; 5 - A

6.

ci sono, le, c'è, il, c'è, l', c'è, la, c'è, il, ci sono, gli, ci sono, le, ci sono, le, c'è, l', ci sono, le, c'è, la, ci sono, le, gli, c'è, la, ci sono, gli

7.

1. Roma, è, Roma, ci sono, è, Roma, ci sono, è, Roma, c'è, è; ci sono
2. Siena, è, è, Siena, è, Siena, ci sono, è, Siena, c'è
3. Milano, è, Milano, c'è, è, Milano, c'è, ci sono, sono, ci sono, ci sono
4. Venezia, è, ci sono, è, ci sono, c'è, è

8.

mangiare: mangio, mangi, mangia, mangiamo, mangiano
vivere: vivo, vive, viviamo, vivete, vivono
partire: parto, parti, parte, partite, partono
bere: bevo, bevi, beviamo, bevete, bevono
fare: fai, fa, facciamo, fate, fanno

9.

1. mangiate, mangiamo, mangio;
2. bevete, beviamo, prendiamo;
3. apre, Apre, chiude; 4. vivono, Abitano, Hanno; 5. fate, Studiamo; 6. partono, parte, parte; 7. parlano, Studiano

10.

1. capisce; 2. capiscono, preferiscono; 3. finisce; 4. preferisce; 5. finiamo; 6. preferisce, preferiamo; 7. capite

11.

1. g; 2. a; 3. e; 4. f; 5. i; 6. j; 7. h; 8. d; 9. b; 10. c

12.

a. Liguria: cappuccino; regioni del Nord Est: caffè macchiato; Lombardia: cappuccino, caffè americano; Marche: caffè decaffeinato; Lazio: cappuccino, espresso lungo; Campania: caffè espresso standard; Sardegna: caffè ristretto; Piemonte: caffè americano

13.

■ Ciao, come ti chiami?
□ Alessandro, Ale per gli amici.
■ Ah! Ma sei italiano?
□ Sì, sì, sono di Perugia.
■ E dove abiti?
□ In Via Papiniano. Abito con un amico.
■ Cosa studi?
□ Architettura.

▶ Professor Mazza, come va?
▷ Bene e Lei?
▶ Non c'è male. Senta, lavora sempre all'università?
▷ Eh, sì. Insegno alla facoltà di Scienze politiche.
▶ Prende qualcosa da bere?
▷ Volentieri, un caffè macchiato.
▶ Ah! Allora vado a fare lo scontrino.

14.

1. alle; 2. da, alle; 3. dalle, alle; 4. Alle; 5. da, alle

15.

1. vorrei, senta; 2. senti, Vorrei; 3. vorrei, vorrei, senta

16.

1. impiegato; 2. avvocato; 3. insegnante; 4. medico; 5. giornalista; 6. commesso; 7. barista; 8. architetto
La risposta è: il gondoliere

17.

a. cercare: cerco, cerchi, cerca, cerchiamo, cercate, cercano
pagare: pago, paghi, paga, paghiamo, pagate, pagano

b. Bei der 2. Person Singular und der 1. Person Plural wird ein -h- zwischen Verbstamm und Endung eingefügt.

18.

1. cerchiamo; 2. paga; 3. cercate; 4. paghi, pago

19.

1. Andrea capisce il portoghese. 2. I professori fanno una pausa. 3. Gli studenti prendono gli appunti. 4. Voi scrivete un'e-mail. 5. Luisa e Claudia bevono una spremuta. 6. Sonia e Silke preferiscono le lezioni di inglese. 7. Io finisco di lavorare alle 16.00. 8. Gli studenti studiano molto. 9. I bar hanno molti tipi di panini. 10. Tu paghi l'aperitivo. 11. Voi vivete in centro. 12. I bar in Italia aprono alle 7.00.

Unità 3

1.

a. fare: un giro in bici, sport
leggere: un'e-mail, un libro, il giornale
scrivere: un'e-mail, un libro
giocare: a tennis, a calcio
suonare: il piano, uno strumento
ascoltare: un CD, una canzone
andare: a un concerto, al cinema, in montagna
uscire: con gli amici
navigare: in Internet

2.

Verbi regolari:
giocare: gioco, giochi, gioca, giocate, giocano
leggere: leggo, legge, leggiamo, leggete, leggono
dormire: dormo, dormi, dorme, dormiamo, dormono
preferire: preferisci, preferisce, preferiamo, preferite, preferiscono
Verbi irregolari:
andare: vado, vai, andiamo, andate, vanno
uscire: esco, esci, esce, usciamo, uscite
bere: bevo, bevi, beve, beviamo, bevono
fare: faccio, fai, fa, fate, fanno
stare: stai, sta, stiamo, state

3.

1. escono, vanno; 2. andiamo, facciamo; 3. beve, legge, va; 4. fai, esci, sto, leggo; 6. scrivi, faccio; 7. suona, legge, scrive, va, gioca, esce

5.

1. Le piacciono gli spaghetti al pesto.
2. Ci piace fare un giro in bicicletta.
3. Non gli piacciono le città piccole.
4. Gli piace uscire con gli amici.
5. Non vi piace navigare in Internet?
6. Non gli piace la musica rap.
7. Ti piacciono i film italiani?

6.

1. gli piace; 2. ci piace; 3. vi piace, ci piace; 4. gli piacciono; 5. le piacciono; 6. gli piacciono; 7. ti piace, Mi piacciono

7.

a. in; Di; alla

8. ▶II

a. 1. (Monica) lavora come hostess. 2. (Parla) il francese e l'inglese. 3. Dipende. Lavora in media una settimana al mese. 4. Non le piace molto.

b. 1. (Maurizio) fa il commesso. 2. (Lavora) di pomeriggio dalle due alle sette e mezza. 3. Sì, (il lavoro gli piace). 4. Perché può ascoltare tutti i CD nuovi.

9.

posso, devo; posso; Devo; devi; vogliamo, vuole; può, deve, vuole, deve, può, vogliono

10.

1. al, allo, ai; 2. nell', nello, nelle; 3. all', allo, alla, ai; 4. dal, dalla, dal, dagli; 5. dell', del, della; 6. dal, dal, dallo; 7. al, all'; 8. sulla, sui, sugli

11.

del; degli; sulla; del; dell'; al, nelle; degli; dagli

12.

1. C; 2. C; 3. S; 4. C; 5. S; 6. S; 7. C; 8. S; 9. S; 10. S

13.

a. vado in Grecia, a Berlino, in Liguria, al cinema, in discoteca, in biblioteca, da Laura, a fare la spesa, al parco, in pizzeria, in centro, in gelateria, a Siena, dal Prof. Sacchi, all'università, a fare compere, a lezione, in segreteria, a mangiare, a casa, in mensa, in palestra, a giocare a tennis, a una festa, al bar

b. 1. da; 2. a; 3. a; 4. in

14.

a, all'; al, a; in, a, da, a; in; in, al, a; a, a

15.

ti diverti; ci svegliamo, si alza, si fa; mi muovo, mi lavo, mi vesto; ci fermiamo, si fermano; mi riposo, si incontrano; vi vedete; ci vediamo; mi addormento

16.

b. 1. si sveglia, sveglia: 2. addormenta, si addormenta; 3. vede, si vedono; 4. si fa, fa

17.
Alle otto mi sveglio, dopo mi faccio la doccia, mi vesto, faccio colazione ed esco. Verso le nove e mezza arrivo all'università. Dalle 10.00 alle 14.00 ho sempre lezione, ma dopo vado in mensa a mangiare perché ho una fame da lupi. Di pomeriggio di solito ho ancora lezione. Torno a casa normalmente verso le sette e mezza - otto e dopo cena esco con gli amici e torno a casa verso mezzanotte.

19.
1. Non mi alzo mai tardi. 2. Non mi piacciono le canzoni di Eros Ramazzotti. 3. Non vado mai in palestra. 4. Padova non mi piace. Non ci sono molte attività per il tempo libero. 5. Di sera non mi ritrovo mai con i miei amici. 6. Non ho nostalgia di casa.

21.
mi manca *la mia* città, mi manca *il mio* bar, mi mancano *le mie* amiche, mi manca *il mio* ragazzo, mi manca *la mia* Vespa, mi manca *il mio* quartiere, mi manca *il mio* cinema, mi manca *la mia* famiglia

22.
1. La sua macchina non funziona.
2. Le loro amiche giocano a tennis.
3. La loro camera costa un sacco di soldi.
4. Il vostro corso di aerobica inizia alle 18.00.
5. La nostra Vespa è nuova.

Unità 4

1.
Napoli: 993.386; Trieste: 209.520; Venezia: 266.181; Milano: 1.182.693; Firenze: 352.227; Bologna: 369.955; Roma: 2.459.776

2. ▶II
a. Pavia: bella, tranquilla, pulita, ricca, provinciale
Genova: strana, affascinante, sporca, dinamica
Bologna: giovane, vivace, universitaria, ideale (per gli studenti), accogliente, creativa, calda

3.
1. brutte; 2. moderna; 3. freddo; 4. vivace / rumorosa; 5. povero; 6. sporche; 7. piccolo; 8. chiusi

4.
lento, tranquillo, sicuramente, perfettamente, velocemente, vivace, difficilmente, particolarmente

20. ▶II

	lunedì	martedì	mercoledì	giovedì	venerdì	sabato	domenica
Fabio	lavorare	bere qualcosa	andare a un concerto di jazz				
Enrico		bere qualcosa	andare al cinema	lavorare	lavorare		
Anna				andare a una festa	andare al cinema	andare in un locale	
Marta					fare l'esame	andare in un locale	andare al cinema

5.
1. perfettamente, perfetto;
2. tranquilla, tranquillamente;
3. velocemente, veloce; 4. sicuramente, sicuro/-a; 5. lentamente, lenti;
6. difficile, Difficilmente;
7. particolare, particolarmente;
8. vivacemente, vivace

6.
a. 1. molto, molti; 2. molto, molte, molti; 3. molto; 4. molto, molte; 5. molta, molta; 6. molte, molto; 7. molto, molte
b. 1. bene/male, male/bene; 2. troppo; 3. buoni, troppo, cattivi; 4. troppo; 5. pochi; 6. bene, buone; 7. pochi; 8. male; 9. troppo; 10. buono, cattivo

8.
a. si possono trovare (puoi trovare); si parte (parti); si può parcheggiare (puoi parcheggiare); si prosegue (prosegui); si arriva (arrivi); ci si può dirigere (ti puoi dirigere/puoi dirigerti); si attraversa (attraversi); si prosegue (prosegui); si giunge (giungi)
b. 1. proseguire, parte da; 2. tra; 3. lungo la costa; 4. a destra

9.
a. c'è, ci sono, ci sono, c'è, c'è; è; sono, ci sono; è, ci sono; è, sono, è, c'è

10.
1. Si cammina molto. Si visitano i musei. Si guardano gli edifici. Ci si diverte. Si va in un bar e si prende qualcosa da bere. Si osserva la gente che passa. Si respira l'atmosfera della città.
2. Si ascoltano i dialoghi. Ci si scambia le informazioni capite. Si parla con i compagni. Si leggono i testi. Si fanno gli esercizi. Si imparano molte cose sull'Italia e sugli italiani.

11.
Si inizia, si vede; si raggiunge; si ricordano; Si prosegue; si può; si arriva; si possono

14. Mögliche Lösung
■ Senta, scusi.
□ Sì, mi dica.
■ Senta, io cerco l'autobus che va a Fiesole. Mi può dire da dove parte?
□ Sì. Dalla stazione.
■ Ah, e dov'è la stazione? Ci devo andare in autobus?
□ No, la stazione non è lontana. Ci può andare a piedi, sono dieci minuti.

16.
a. A - palazzi, B - campanile, C - gente che passeggia, D - fontana, E - statua di Garibaldi, F - caffè, G - turisti, H - chiesa, I - ristorante

12. ▶||

	mezzi di trasporto usati	perché
Venezia	barca/vaporetto, a piedi	È una città sull'acqua.
Milano	metro (dopo le 23.00) macchina	La metro è comoda e veloce. La metro si ferma a mezzanotte circa.
Firenze	motorino	È comodo e veloce.

19. ▶||

	Aspetti positivi	Aspetti negativi
Milano	città attiva, multiculturale, laboriosa, molto europea, offerta culturale molto ampia, sette università, città del design e della moda, dinamica	esteticamente non è bella come Firenze, troppo stressante, frenetica
Firenze	città esteticamente stupenda con i palazzi del Rinascimento, l'Arno, le colline toscane, una bella città, la gente è simpatica	i turisti sono troppi, c'è un traffico incredibile per i motorini, è una città forse un po' piccola
Roma	c'è tutto: splendidi palazzi, fontane meravigliose, piazze per tutti i gusti, concerti, mostre, storia	troppo caotica

17.
1. Li; 2. La; 3. Li; 4. Le; 5. Lo; 6. La; 7. Lo; 8. mi, Ti; 9. ci, Vi

18.
1. lo, Etna; 2. la, Verona; 3. la, Sardegna; 4. li, tortellini; 5. le, gondole; 6. lo, Adriatico
La soluzione è: Torino.

20.
1. quarta, quinta; 2. settimo, sesto; 3. secondo, secondo; 4. quattordicesimo; 5. primo; 6. terzo, undicesimo; 7. nona

21.
Siehe die Karte im Kursbuch.

Unità 5

1.
1. vitto, alloggio; 2. annuncio; 3. all'estero; 4. andata e ritorno

2.
sono partita, sono rimasta; ho vissuto; Ho lavorato, è stata; ho partecipato; è stata; sono stati; ha fatto, ha reso

3.
1. per, agli; 2. a/in, a; 3. in/per, di; 4. al; 5. in, alla

4.
1. è; 2. sei, Sono; 3. ha; 4. ha, è; 5. sono; 6. avete; abbiamo, abbiamo; 7. sono, sono; 8. ha; 9. ha, Ha

5.
1. è tornata; 2. sono partiti; 3. ha lavorato; 4. sono rimasto/-a, ho fatto; 5. ha guardato; 6. siete arrivati/-e; 7. abbiamo dormito; 8. sono andati, hanno frequentato

6. ▶||
Dialogo 1:
1. Ha dormito fino a tardi. Poi è rimasta a casa a studiare.
2. Non hanno fatto niente di particolare. Sono andate a mangiare una pizza al Casolare.

Dialogo 2:
1. È andato al cinema e ha visto l'ultimo film di Nanni Moretti.
2. Ha visto «I Cento Passi».

Dialogo 3:
1. È andata a Barcellona.
2. È partita venerdì.
3. È andata con Carlo.

7. Mögliche Lösung
Ho già fatto / Non ho ancora fatto il bagno nel mare di notte.
Ho già preso / Non ho ancora preso il sole nudo/-a.
Sono già stato/-a / non sono ancora stato/-a per più di tre mesi all'estero.

Sono già salito/-a / Non sono ancora salito/-a sull'autobus senza biglietto.
Ho già partecipato / non ho ancora partecipato al matrimonio di un mio amico.
Ho già perso / Non ho ancora perso l'aereo.

8.

aprile, giugno, settembre; febbraio; gennaio, marzo, maggio, luglio, agosto, ottobre, dicembre

10.

1. ha scritto, ha … risposto; **2.** è venuto, è rimasto; **3.** ha scoperto; **4.** è nata; **5.** ha detto, ha visto; **6.** ho letto; **7.** è sceso, ha visto, ha messo; **8.** Ho chiesto; **9.** ha preso

13.

Ti sono piaciuti gli Uffizi di Firenze? Ti sono piaciute le Dolomiti? Ti sono piaciute le specialità bolognesi? Ti è piaciuto il Colosseo? Ti è piaciuta la Costiera Amalfitana? Ti è piaciuto il clima? Ti sono piaciuti i dolci siciliani? Ti è piaciuta la gente?

14.

1. sei andata, mi è piaciuta; **2.** sono andato/-a, ho visto, Mi è piaciuto, Mi sono piaciuti, mi è piaciuta; **3.** hanno passato, gli sono piaciute; **4.** ha partecipato, Le è piaciuto, mi è piaciuta; **5.** vi sono piaciute, abbiamo ascoltato, ci è piaciuta; **6.** siete uscite, Vi è piaciuto, ci è piaciuta, ci sono piaciuti; **7.** hanno frequentato, gli è piaciuto, gli sono piaciuti, gli sono piaciute, hanno fatto, gli è piaciuta

16.

Ieri alle 6.30 si sono svegliati, ma il Signor Metodico non si è alzato subito, ha ascoltato un po' la radio a letto. La signora invece si è alzata, si è lavata, si è fatta un caffè e si è vestita. Dopo hanno fatto colazione insieme e verso le 7.20 si sono preparati per uscire. Lui è uscito di casa verso le 7.30, lei è uscita verso le 7.45. Il Signor Metodico ha preso l'autobus delle 7.40 e così è arrivato in ufficio alle 8.00 in punto. È entrato in ufficio, ha letto la posta elettronica e anche qualche notizia sul giornale online. Dopo pranzo, verso le 15.00 lui e i suoi colleghi si sono incontrati per un caffè. È tornato a casa verso le 17.00 dove si è rilassato fino alle 18.00. La Signora Metodico si è fermata in ufficio fino alle 18.00 ed è tornata a casa verso le 18.30. Verso le 22.00 sono andati a dormire e lei si è addormentata quasi subito, mentre lui ha letto ancora 10 minuti il giornale.

17.

si sono conosciuti, Si sono incontrati, si è innamorato, si sono rivisti, ha chiesto, Si sono dati, si è preparata, è uscita, si è addormentato, si è svegliato, è arrivato, si è dimenticato, si sono fatti, è ritornato, si è trasferita, si sentono, si vedono

18.

L'Università per Stranieri di Siena svolge attività di insegnamento e di ricerca scientifica allo scopo di promuovere la conoscenza e la diffusione della lingua e della cultura italiana. Le attività dell'università si rivolgono sia a studenti che a docenti. L'università offre corsi di lingua e di cultura, rilascia il diploma di laurea, diploma di laurea specialistica, diploma di specializzazione e il titolo di dottore di ricerca. L'università organizza inoltre una serie di attività per insegnanti italiani e stranieri che insegnano italiano come lingua straniera: corsi di formazione, aggiornamento e perfezionamento.
L'Università per Stranieri di Perugia è nata nel 1925 e promuove l'insegnamento, la ricerca e la diffusione della lingua e della civiltà italiana. Fanno

9.

A	N	T	N	A	T	O	V	O	F	V	R
M	V	E	O	C	C	H	I	U	S	O	I
P	L	V	I	S	S	U	T	O	N	C	S
R	E	E	T	S	B	I	O	T	C	S	P
E	T	S	C	R	I	T	T	O	U	C	O
S	T	T	V	E	F	A	T	T	O	E	S
O	O	O	V	I	S	T	O	O	M	U	S
S	S	C	O	P	E	R	T	O	T	O	O

12. ▶❙❙

	posto	quanto tempo	attività
Marco e Alberto	Sardegna		Hanno fatto il giro dell'isola in moto.
Elisa			Ha lavorato al museo e ha preparato l'esame di storia moderna.
Massimo	Parigi	Due mesi	Ha cercato materiale per la tesi.
Stefania e Fabrizio	Danimarca, Svezia e Norvegia		Hanno visto un sacco di posti fantastici, ma hanno speso moltissimi soldi.

parte dell'università la Facoltà di Lingua e Cultura Italiana e i Dipartimenti di Scienze del Linguaggio e di Culture Comparate. L'università offre corsi di lingua e cultura italiana, corsi di laurea, corsi di laurea specialistica e master.

20.
1. Per migliorare le sue conoscenze di italiano.
2. Quattro settimane.
3. Perché non ha trovato alcune informazioni sul sito internet dell'università.

21.
1. Fra un mese; 2. sei mesi fa; 3. fra tre anni; 4. sei anni fa

22.
1. è cominciato, è finito; 2. Ha finito, ha cominciato; 3. è ... cominciato; 4. sono cominciate; 5. è finito; 6. è finita, è cominciata

Unità 6

1.
1. questa, corta; 2. queste, lunga/stretta; 3. questi, brutti; 4. questo, grande/largo; 5. questo, caro, questa, buon mercato; 6. questa, stretta

2. Mögliche Lösung
a.
- Quale? Quella lunga o quella corta?
- Che taglia porti?
- Ecco la 42.
- Sì, (aspetta,) ti porto una taglia più piccola. (Ecco.)
- Lì c'è la cassa. / Puoi accomodarti alla cassa. Ciao.

b.
- Buongiorno, vorrei vedere quei pantaloni che sono in vetrina.
- Quelli verdi.
- La 52, credo. / Normalmente la 52.
- Sì, grazie.
- Sono un po' grandi.
- Questi sono perfetti / vanno benissimo. Quanto vengono?
- Va bene, li prendo.

3.
diversi, nero, nere, rosso, grigio, bianca, strano, verde, blu, marroni, rosa, gialli, rosse, azzurre, arancione, verdi, viola, rosa, gialle, blu

5.
L'ha comprata; l'ha pagata; Le ha prese; l'ha preso; l'ha avuto; li ha trovati

6.
1. e / li hai comprati; 2. c / L'ho pagata; 3. g / Li ha trovati; 4. b / le ho messe; 5. a / L'ha preso; 6. h / Li ha pagati; 7. d / l'ho vista; 8. f / L'ho già bevuto

7.
quel, quella; quello; quella; quella; quegli; Quelli; Quel; Quello; quell'; quello; quei; quelli, Quelli; quelle; Quelle

8.
a. questa, queste, Queste/Quelle, quelle, Quella, quella, Quegli, Quelli, quelli, quei, Quelli, questo, Quello, questa
b. questo, questo, quello, quella, Questa, quella

9.
bella; belle, bei, bei; bello; begli, bei, bella, bell', bell'; bell', bella, bei, belli, belle; bel, bel, bello; belle; bell'

10.
a. 1. le; 2. li; 3. Le, Lo/L'; 4. Gli; 5. mi, ti, Mi; 6. gli, lo; 7. Vi, vi
b. 1. lei; 2. l', le, me; 3. me; 4. lo, loro, gli, me

11.
li, festeggiati, le, messe, lui, lui, gli, lui, la, gli, le, frequentate, lui, lo, lo, La, gli

12.
stanno mangiando; sta fumando; sta chiacchierando; stiamo bevendo; sta scrivendo; sta leggendo; stanno finendo; stai facendo; sto osservando, stanno facendo, sto bevendo

13.
una borsa *da* viaggio; una maglietta *di* cotone; una lampada *da* tavolo
un portafoglio *di* pelle; un vestito *da* sera; un paio di scarpe *da* tennis

14.
1. degli; 2. dei; 3. delle; 4. degli; 5. dei, delle; 6. delle

15.
a. 1. b; 2. a; 3. a; 4. a
b. 1. falso; 2. falso; 3. falso; 4. vero

16.
1. (Il corso di laurea dura) 3 anni.
2. (Il corso di laurea si trova) a Treviso. Fornisce una preparazione di base nei diversi settori della progettazione dell'abbigliamento. 3. La facoltà è aperta solo a 60 studenti e a 5 studenti extraeuropei. 4. (Sono necessari) 180 crediti. 5. L'organizzazione didattica prevede la frequenza (obbligatoria) di workshops.

4. ▶II

articolo	colore	prezzo	taglia/numero	altre caratteristiche e commenti
stivali	neri	80 euro	38	punta rotonda
pantaloni	viola	40 euro	28	non sono larghi
maglietta	bianca	10 euro	M	semplice, di cotone
sciarpa	bianca e nera	10 euro		di lana, lunga, calda
gonna	blu scuro	15 euro	42	di jeans, un po' troppo lunga, con le tasche davanti

Unità 7

1.
Partivano; preparavano, caricavano; era, si addormentava, riapriva, erano, scorreva, sorpassavano; durava, sembrava; si fermavano, trasmetteva; uscivano, imboccavano, entrava; esclamavano; fregava, sembrava, arrivava

2.
avevi, giocavi; ero, c'era, esistevano; facevi; Guardavi; avevano; ero, giocavamo; vivevamo, correvamo, andavamo, cercavamo; andavi; piaceva, si trovava, andavo, mi alzavo; durava; accompagnava; avevano; incontravate; chiamavi; vivevamo; eri, c'erano; eri, eri

3. ▶︎❙❙
a. 1. Morena e Paola: Dormivamo, Era, lavoravamo, davamo, osservavamo, cucinavamo, mangiavamo, raccontavamo, uscivamo, Andavamo, c'era
2. Carlo: Mi alzavo, facevo, controllavo, facevo, partivo, Arrivavo, mi fermavo, visitavo, facevo, mangiavo, cercavo, era, Facevo, vedevo
3. Fabrizio e Massimo: Abitavamo, preparava, andavamo, imparavamo, spiegava, ci divertivamo, era, giocavamo, uscivamo, bevevamo

b. 1. über gewohnheitsmäßige Handlungen zu berichten:
Dormivamo in un campeggio vicino alla spiaggia. Durante il giorno lavoravamo in spiaggia, davamo da mangiare ai delfini e osservavamo il loro comportamento. La sera noi cucinavamo tutti insieme un pentolone di spaghetti. Poi uscivamo per andare in paese. / Mi alzavo presto, facevo colazione in qualche bar, controllavo la moto, facevo il pieno e partivo. Arrivavo in qualche città sconosciuta, mi fermavo, visitavo i posti, facevo le foto, mangiavo uno spuntino e cercavo un posto dove dormire a poco prezzo. Facevo circa 200 chilometri al giorno ma non in autostrada così vedevo il paesaggio cambiare. / Abitavamo in una casa tipica inglese, la padrona di casa preparava sempre la tradizionale colazione inglese, andavamo a scuola ma in classe imparavamo poco, [...]. Il pomeriggio spesso noi giocavamo a calcio con dei ragazzi inglesi. La sera uscivamo sempre e bevevamo birra nei pub fino alla chiusura.
2. einen psychischen Zustand zu beschreiben:
La gente era sempre gentile. / John, l'insegnante d'inglese, era un tipo simpatico, sempre allegro.
3. einen Ort zu beschreiben:
Era un bel campeggio pulito ed accogliente.
4. einen Zustand zu beschreiben:
Andavamo tutti d'accordo e c'era una meravigliosa atmosfera di gruppo.
5. mehrere gleichzeitig ablaufende Vorgänge von unbestimmter Dauer zu erzählen:
Mentre mangiavamo, raccontavamo le nostre esperienze. / [...] mentre l'insegnante spiegava, noi ci divertivamo a fare altre cose.

c. 1. Stefano, Cristina, Franco, Mariella, Gigi, Diego. 2. Era bellissimo, vicino al mare e pieno di ragazzi. 3. Pane e Nutella.
4. Andavano in spiaggia. Alcuni prendevano il sole, altri giocavano a calcio. 5. Diego. 6. La pasta con il tonno perché era quella che costava di meno. 7. Tornavano sempre in spiaggia, dove c'era un sacco di gente. 8. Suonava la chitarra.

4.
organizzatissimo, benissimo; attentissimo, precisissimi; bravissimo, famosissimo; interessantissime; simpaticissimo, divertentissime, ordinatissimi; altissimi, contentissimi; bellissimo, gelosissima, fortunatissima

5.
introverso ≠ estroverso; caloroso ≠ freddo; malinconico ≠ allegro; severo ≠ indulgente/tollerante; pauroso ≠ coraggioso; timido ≠ disinvolto; capriccioso ≠ giudizioso; tranquillo ≠ ansioso/vivace

7.
a. 1. Elena; 2. Antonietta e Emidio; 3. Giulia e Fulvio; 4. Maria; 5. Emidio; 6. Pacifico; 7. Valeria

8.
La mia; I miei, i loro, mio, le mie; Mio, sua, mia; la loro; mio; mia; Suo; i suoi; i miei; la mia; i suoi

9.
mio, la sua, mia, la sua; mia; suo; i suoi; Sua; mio, la sua; il mio; i miei; la loro; mia, il suo; Mia; i loro

10.
1. la nostra; i nostri, le nostre, i nostri; nostro, nostra, 2. i loro, il loro, i loro, la loro; 3. I suoi, Le sue, i suoi; La sua, sua; I suoi

11.
1. viveva, ha incontrato, è andata;
2. lavorava, ha deciso, è diventato;
3. ci siamo visti, parlava, mangiavo, Avevamo, ci siamo innamorati, ci siamo sposati, sei nato/-a; 4. abitavano, hanno deciso, sono andati;
5. studiava, piaceva, ha cambiato, si è iscritta

12.
1. esisteva, c'erano, sono nati, aveva;
2. costava, c'erano, è stata; 3. si basava, c'è stato; 4. avevano, è sceso

13.
Ho conosciuto; sapevo; conoscevo; sapevo; ho conosciuto; ho saputo; ho conosciuto; sapevo; ho saputo; ho conosciuto; sapeva; ha saputo

14.

Prima: Studiava giurisprudenza. Abitava a Bayreuth. Sapeva l'italiano, ma non bene. Da studentessa di giurisprudenza stava tutto il giorno all'università, usciva sempre con le stesse persone, andavano sempre nei soliti locali. Non conosceva tanta gente.
A un certo punto: Ha deciso di cambiare facoltà e anche città. Si è trasferita a Bologna. A Bologna ha conosciuto Lorenzo e si sono messi insieme.
Adesso: Studia al DAMS. Fa un sacco di cose interessanti, conosce molta gente, fa teatro d'improvvisazione e non si sente frustrata. Non sta più insieme a Lorenzo ma lo vede spesso. Ha un altro ragazzo.

15.

duravano, finivano, era; abbandonavano; esisteva, era; facevano; c'è stata; ha cambiato; durano; vuole, può, dura; si chiama

16.

1. quindi; **2.** perché; **3.** quindi, perché; **4.** perché, quindi

Unità 8

1.

1 *litro di* latte, 2 *bottiglie di* spumante, 1 *vasetto di* Nutella, 1 *tavoletta di* cioccolato, 1 *scatoletta di* tonno, 2 *pacchi di* pasta, 3 *fette di* carne di manzo, 2 *etti di* prosciutto, 3 *lattine di* birra, 2 *scatole di* pomodori pelati

2.

a. ero, passavo; andavamo; sono venuti, è stata, hanno invitati; arrivavamo, cominciavamo; preparavano, hanno fatto, cucinavamo, giocavamo; nevicava, era; aspettavamo, si è addormentato, si è svegliato, era; c'era, durava; piaceva; Abbiamo festeggiato, hanno venduto; siamo restati; abbiamo organizzato / organizzavamo, ci siamo riuniti /ci riunivamo; si è trasferito, si è sposato, ho vinto

3.

1. ero, giocavo; **2.** sono andati, era; **3.** abitavamo, ci siamo trasferiti; **4.** è andata, aveva; **5.** era, spiegava, è arrivato, dava, facevamo; **6.** guardavo, dormiva

4.

essere in vena di riflessioni b; evitare di farsi a; tirare le somme a; parecchio a
Voleva trovare dei punti fermi per cambiare la vita. Era l'ultimo dell'anno. A febbraio pensa di dare l'esame di letteratura italiana, ad aprile quello di storia contemporanea e a giugno un complementare. Vuole cambiare tutto.

5.

La ragazza con cui ho abitato a Roma è inglese. Il medico da cui vado mi dice sempre di non fumare. La persona a cui ho dato il tuo numero di telefono si chiama Mancini. Il film che ho visto ieri si intitola «La febbre». Il regalo che ho comprato per Sara costa 10 euro. L'esame di cui ti ho parlato è andato bene.

6.

1. con cui; **2.** che, che, che; **3.** di cui; **4.** con cui; **5.** in cui; **6.** con cui; **7.** con cui; **8.** che, su cui; **9.** in cui; **10.** di cui

8.

Laura: lo, le, lo; Elisa: lo, la, li, le

9.

a. La «Battaglia delle arance» si svolge a Ivrea, una cittadina vicino Torino, a Carnevale. Si gettavano i fagioli. I contadini si sono ribellati contro il malgoverno. Oggi la battaglia si svolge sulle piazze del centro. Ci sono otto squadre. I personaggi più importanti sono il generale, la mugnaia e gli arancieri (che tirano le arance). Alcuni arancieri sono sui balconi, altri sui carri e altri a terra. Quelli sui carri hanno una maschera. Gli arancieri sui carri e sui balconi rappresentano le guardie dei signori del medioevo e gli arancieri che vanno a piedi rappresentano la gente che protesta.

b. La prima regata storica risale al 10 gennaio 1315. Oggi ha luogo ogni anno la prima domenica di settembre. La manifestazione si compone di tre parti. Il pubblico aspetta di vedere quale barca entra per prima in Canal Grande visto che spesso è quella che poi vince la gara. Finite le gare tutti i canali si riempiono di barche e iniziano vari spettacoli d'arte. Anche i vari campi e campielli si riempiono di spettacoli.

c. Il football. Si giocava in molte piazze di Firenze (Santo Spirito, Santa Maria Novella, Santa Croce) o dove c'erano degli spazi ampi. Si racconta anche di una volta in cui le squadre hanno giocato sull'Arno ghiacciato. Santo Spirito: bianco, Santa Croce: azzurro, Santa Maria Novella: rosso, San Giovanni: verde. Ci sono tre partite e si giocano nel mese di giugno in occasione dei festeggiamenti di San Giovanni, il Patrono di Firenze. Le semifinali sono la prima e la seconda domenica di giugno e la finale è il 24 giugno. Tutte le partite si svolgono sulla piazza di Santa Croce.

10. Mögliche Lösung

vi va; va bene; non ho voglia; non ci andate voi; Come rimaniamo?; Facciamo alle nove?

12.

1. è potuto, è dovuto; **2.** hanno dovuto, volevano; **3.** voleva; **4.** Volevi, potevi

13.

Volevo, ero; mi sono alzata; Mi sono fatta, era; sono potuta, dovevo; avevo, è potuto, si è rotto; dovevamo; abbiamo potuto, è dovuta; stava, voleva; sono dovuta, avevo

14.

1. dormivo, studiava, suonava, cucinavano, giocavano, sono arrivati; **2.** ero, ha telefonato, parlavamo, ascoltava; **3.** sono andata, riuscivo, cercavo, è entrato, ho smesso, leggevo, pensavo

15.

1. pass. pross.; **2.** imperfetto; **3.** imperfetto; **4.** imperfetto; **5.** pass. pross.; **6.** pass. pross.; **7.** imperfetto; **8.** imperfetto

16.

1. le; **2.** lo/l'; **3.** Ne; **4.** Li; **5.** La/L'

17.

1. e, *l'ho letta*; **2.** f, *Ne ho ricevuti*; **3.** d, *L'ha superato*; **4.** b, *l'ho ancora sentito*; **5.** c, *ne ha scritti*, *ne conosco*; **6.** a, *Ne ho fatte*

18.

delle, le, ne, dei, Ne, Dell', Ne, lo, ne, li, Ne, li, l', ne, la, ne, Ne

19. Mögliche Lösung

Piove; C'è il sole; Fa caldo; È nuvoloso

20. ▶||

1 - D; 2 - C; 3 - A; 4 - B

Unità 9

1.

Affittasi, ammobiliato, stoviglie, affitto, le spese di condominio; luminoso, composto di, ingresso, salone, abitabile, ripostiglio, posto letto; in zona, Ben servito, conguaglio

2.

brutta; buia, piccola; ampio, vecchio; splendida, rumorosi

3.

paese, pianta, ragazzo/-a, pensione, giro, piazza, cortile, armadio

4.

appartamentino; stradina, piazzetta, cortiletto; salottino, tavolino, cameretta, balconcino; piantina; pensioncina, giretto

6.

a. 1. ti dispiacerebbe; **2.** dovresti; **3.** dovreste; **4.** potremmo; **5.** vivrebbero; **6.** potrebbe; **7.** piacerebbe; **8.** studierei

b. a. eine Bitte höflich auszudrücken; **b.** einen Wunsch zu äußern; **c.** jemanden höflich aufzufordern, etwas zu tun; **d.** einen Vorschlag zu machen; **e.** Vermutungen oder Möglichkeiten auszudrücken

c. höfliche Bitte: 1.; Wunsch: 7., 8.; höfliche Aufforderung: 2., 3.; Vorschlag: 4.; Vermutung/Möglichkeit: 5., 6.; Nachricht/Mitteilung: 5.

8.

a. dormirei, leggerei, prenderesti, andresti, farebbe, si riposerebbe, visiterebbero, conoscerebbero, andrebbero, uscirebbero, scopriremmo, faremmo, mangeremmo, vedreste, cerchereste, farebbero, sarebbero, si divertirebbero

b. andremmo, organizzeremmo, rimarremmo, uscirebbe, andrebbe, Starebbe, berrebbe, inviterebbero, giocherebbero, passerebbe, uscirebbe, dormirebbe, dovrei

9. ▶||

a. Massimo prenderebbe sei mesi di vacanza e farebbe un bel viaggetto in Europa. Andrebbe prima al Nord, in Norvegia, Svezia, Danimarca, poi scenderebbe in Germania, poi in Francia e infine in Spagna e Portogallo. Cercherebbe di non spendere tantissimo dormendo negli ostelli, ma non dovrebbe contare come sempre i centesimi. Paola metterebbe i soldi in banca e si comprerebbe una casetta. Darebbe un anticipo, poi chiederebbe un aiuto ai suoi genitori. Le basterebbe un monolocale, anche solo una mansardina. Maurizio preferirebbe andare in Australia con la sua ragazza. Prenderebbero un auto a noleggio e girerebbero in lungo e in largo.

11.

Il monolocale è un mansardato, si trova all'ottavo piano, non c'è l'ascensore, non c'è l'angolo cottura, non c'è riscaldamento, nel corridoio c'è un lavandino in comune con le altre mansarde, il gabinetto è sotto nei giardini pubblici dove ci sono un paio di vespasiani.

12.

Il SAIS (Student Accomodation and Information Service) offre agli studenti stranieri di scambio un aiuto nel trovare alloggio e le informazioni pratiche riguardanti il soggiorno a Bologna. Se c'è un accordo verbale, bisognerebbe chiedere sempre di avere una ricevuta scritta del denaro pagato. Si dovrebbe chiarire sin da principio quanto tempo si intende rimanere nell'appartamento. Sarebbe necessario informarsi su quanto si deve pagare ogni mese per le spese. Poiché Bologna è una città molto fredda e il costo del riscaldamento è una delle spese maggiori da affrontare, sarebbe consigliabile informarsi sul tipo di riscaldamento. A proposito della cauzione si dovrebbero chiarire le modalità di restituzione.

13.

sull', sotto, dietro, di fianco alla, in fondo alla, dietro, sul, dietro

14. ▶||

Nel disegno il frigorifero non è nell'angolo in fondo a destra. Accanto al frigorifero c'è la lavastoviglie. Il letto è nell'angolo a destra, l'armadio è accanto al letto, non c'è una scrivania. Le piante non sono alte. Sulla parete non c'è una quadro. Non c'è una libreria. In bagno non c'è una vasca da bagno. Sulla parete non c'è uno specchio.

15.
1. sai; 2. può; 3. posso; 4. so; 5. posso; 6. sapete, può; 7. puoi; 8. possono; 9. sa; 10. sai, so, posso

16.
1. sta studiando; 2. sta per finire; 3. stava per trasferirsi; 4. si stanno divertendo; 5. stavano bevendo; 6. sta per cominciare; 7. stiamo per diventare

17.
1. L'offerta è irrisoria, i prezzi sono troppo alti e spesso si tratta di contratti in nero. 2. A Bologna per esempio una stanza singola costa dai 300 ai 400 euro. A Ferrara per una singola si pagano dai 220 ai 270 euro. A Napoli una singola costa 300 euro. 3. La situazione peggiora perché il numero degli iscritti continua a crescere ma non aumenta il numero degli alloggi. 4. In altri Paesi europei come la Francia e la Germania la situazione è migliore.

18.
1. *che* mette; 2. *in cui*, *dei* sogni, *su* tre; 3. *alle* donne; 4. ci *dicono*, *degli* italiani; 5. non *si* allontanano, *dalla* casa dei genitori

19.
La Sicilia e la Sardegna sono le isole più grandi del Mediterraneo. La Città del Vaticano è lo Stato più piccolo del mondo. Il Colosseo e la Fontana di Trevi sono i monumenti più visitati di Roma. Il Po è il fiume più lungo d'Italia. La Cappella Sistina e il David sono le opere più famose di Michelangelo. La Valle d'Aosta è la regione più piccola d'Italia. La Divina Commedia è l'opera più famosa di Dante Alighieri. La Scala è il teatro più importante di Milano. La Sapienza è l'università più grande d'Europa.

20.
1. da/di, per, al, in, al, sulla; 2. da, per, per, tra, a (ad), con

Unità 10

1. Mögliche Lösung
scotto ≠ al dente; amaro ≠ dolce; condito ≠ scondito; cotto ≠ crudo; dietetico ≠ calorico; gustoso ≠ disgustoso; salato ≠ insipido; leggero ≠ pesante; saporito ≠ scondito

2. ▶‖
la torta al cioccolato con le pere: invitante, buonissima, calorica, dolcissima; le penne all'arrabbiata: ottime, saporite, piccanti; gli spaghetti: scotti, insipidi; il vino: disgustoso, cattivo; l'insalata: scondita; le melanzane: crude; il caffè: amaro, zuccherato, dolcissimo; le lasagne: buone, pesanti, squisite; la bistecca: troppo cotta, cruda, al sangue

3. Mögliche Lösung
Il pandoro è più calorico dello strudel. / Lo strudel è meno calorico del pandoro. Lo strudel è più calorico della frutta secca. / La frutta secca è meno calorica dello strudel. La frutta secca è più calorica della birra. / La birra è meno calorica della frutta secca. Il cioccolato è più calorico dello strudel. / Lo strudel è meno calorico del cioccolato. Il pandoro è più calorico della frutta secca. / La frutta secca è meno calorica del pandoro.

4.
1. di, che; 2. che, dell'; 3. che, che; 4. dei, dei; 5. che, che, dell'; 6. che, che; 7. dei, che; 8. di

5.
1. peggio; 2. meglio, minori; 3. maggiore, minore; 4. meglio; 5. maggior(e); 6. migliori; 7. peggiori; 8. peggio; 9. migliore

6.
testa, occhi, naso, orecchie, bocca, labbra, labbro, labbra, bocca, denti, collo, braccia, braccio, mano, dita, dito, pancia, gambe, gamba, ginocchio, piedi, dita, dito, sedere, schiena

7.
1. Prenda; 2. Vada; 3. Provi; 4. Faccia

8.
a. Arrivi, finisca; Porti, spieghi; si arrabbi, abbia, ripeta; Aiuti, dia; Organizzi; Cerchi; sia, sia; Faccia

9.
faccia, lo faccia; mangi, la cucini; prenda, la mangi; metta, lo beva; beva, ne beva; esageri, li eviti; Le elimini; ceda, faccia, telefoni, mangi, pensi; si innervosisca; Stia, esca, vada; si addormenti, la spenga; ritorni

10.
a. 1. informale; 2. formale; 3. informale; 4. formale; 5. informale; 6. formale; 7. formale; 8. formale
b. 1. Venga alla 14.00, salga al terzo piano e chieda di Conte.
2. Compila il modulo in stampatello, per favore.
3. Non sia così antipatico e poi non fumi qui perché da fastidio.
4. Va'/vai prima all'ufficio relazioni internazionali.
5. Finisca di fare i compiti e poi esca con i suoi amici.
6. Dammi una mano, per favore. La borsa è troppa pesante.
7. Fa'/fai come dico io.
8. Dimmi per favore quando posso trovare il Prof. Fazio.

11.
Studia, scrivi, ascolta, ascoltali, leggi, dimenticare, Cerca, parla

12.
Leggilo anche tu tutti i giorni! Bevilo anche tu sempre! Non mangiarla neanche tu! Aiutali anche tu! Non andarci neanche tu prima di mezzanotte! Non guardarla neanche tu! Ascoltali anche tu! Usala anche tu come mezzo di trasporto!

13.
Vacci, Fallo, falli, falle, dalli, dallo, dillo, dille, fammi

14.
Dallo, Dalle, Falle, Fallo, Vacci, Dillo, Vacci

15.
a. Rilassati, Raccogliti, Allontana, Dillo, Alza, dillo, grida, Prendi, Distendi, allunga, Togliti, non restare, Cerca

b. sich einzustimmen: Rilassati. Raccogliti. Allontana da te ogni altro pensiero. La porta è meglio chiuderla. die richtige Position zu finden: Prendi la posizione più comoda (vari esempi). Distendi le gambe, allunga pure i piedi [...]. Togliti le scarpe. das Lesen nicht zu unterbrechen: Cerca di prevedere ora tutto ciò che può evitarti d'interrompere la lettura.

16.
1. Mi faccia; 2. dille; 3. dirgli; 4. Mi dica; 5. Mi dia; 6. fammi; 7. Dacci; 8. Ci vada; 9. dillo

17.
1. Svegliandosi tutte le mattine alle 6.00, la sera Marco di solito è stanchissimo. 2. Volendo finire l'università in fretta, Marisa studia un sacco. 3. Essendo la sua ragazza di Oxford, Giorgio parla così bene l'inglese. 4. Non fumando, l'odore delle sigarette mi dà fastidio. 5. Essendo ricco di famiglia, Ludovico non ha bisogno di lavorare. 6. Facendo sport regolarmente Cinzia è sempre in splendida forma.

18.
1. Parlando, facendo; 2. Telefonandole; 3. Mangiando, facendo; 4. Leggendo, studiando, perdendo; 5. Scrivendole, ripetendole

19.
1. Il CUS è il Centro Universitario Sportivo. 2. Uno studente iscritto al CUS di Roma può fare tanti attività sportive, dall'Aerobica allo yoga. 3. Lo studente deve presentare all'atto di iscrizione un certificato medico e un documento d'identità. 4. I corsi costano in media fra i 22 e i 25 euro.

Unità 11

1.
1. il film finisca, tu studi, Marco e Maria prendano 2. noi parliamo, parta, conosciate 3. i miei genitori tornino, Lucia legga, Enrico preferisca 4. Andrea si trasferisca, Gianni e Carlo si sveglino, io mi metta

2.
essere: sia, sia, sia, siamo, siate, siano
avere: abbia, abbia, abbia; abbiamo, abbiate, abbiano; **andare:** vada, vada, vada, andiamo, andiate, vadano
fare: faccia, faccia, faccia, facciamo, facciate, facciano; **dire:** dica, dica, dica, diciamo, diciate, dicano; **dare:** dia, dia, dia, diamo, diate, diano; **uscire:** esca, esca, esca, usciamo, usciate, escano; **bere:** beva, beva, beva, beviamo, beviate, bevano; **venire:** venga, venga, venga, veniamo, veniate, vengano; **rimanere:** rimanga, rimanga, rimanga, rimaniamo, rimaniate, rimangano

3.
diano, facciano, abbiano, vadano, esca, beva, rimanga, sia, dicano, diano, vada

4.
b. 1. parlino / falso; 2. preferiscano / vero; 3. abbiano / vero; 4. trovi / falso; 5. riescano / vero; 6. costino / falso; 7. costringano / vero; 8. vivano / vero; 9. sia / vero; 10. costituiscano / vero

5.
a. (non credono) siano; è; (pensano) abbiano, diano, aiutino; (sembra) mettano; vive; (credono) abbiano; (Pensano) viaggino, facciano, trovino; devono; (ritengono) si sforzino; comprino

6. ▶︎▮▮
1. Marco: Marco ha 28 anni. Lavora in un'agenzia di viaggi. Vive ancora a casa con i genitori perché non guadagna abbastanza per vivere da solo.
2. Marcello: Marcello studia ingegneria. Vive con i suoi perché vuole finire l'università in tempo. I soldi spesi per l'affitto secondo Marcello sono soldi spesi male. Lui preferisce risparmiarli per poter poi comprarsi un appartamento tutto suo.
3. Caterina: Caterina vive con altre due ragazze. Ha deciso di andare a vivere da sola dopo aver finito l'università. Ha trovato lavoro a Milano e per non fare la pendolare ha deciso di lasciare Lodi. Le manca un po' più di indipendenza (le piacerebbe avere un monolocale tutto suo).

7.
1. te ne sei andata, me ne sono andata; 2. se ne sono andati; 3. ce ne andiamo; 4. te ne vai, ve ne andate; 5. se ne va, me ne vado

8.
1. andrà, studierà, leggerà, si annoierà; 2. lavoreranno, Avranno, vedranno, Si

divertiranno; **3.** andrò, dormirò, spenderò, mi rilasserò, vorrò; **4.** andrete, farete, incontrerete, Vedrete, berrete; **5.** andrai, rimarrai, Scriverai

9.
trasformerà, cambierà, dovranno, potranno, diventeranno, collegherà, diventerà, aumenteranno, utilizzeranno, offriranno, seguiranno

10.
a. andrai, Studierai, sarà, uscirò, verrò, farai, potrò, dovrò, tornerò, deciderò
b. c'entra a; insistere a; Ti rendi conto? a; ci so fare b
c. Gloria andrà a studiare a Bologna. Pietro farà un giro in treno per tutta l'Europa.

11.
(è incredibile) scrivano; (è difficile) vadano, si sposino, facciano; (è impossibile) riesca; (non è strano) rimangano; (È scandaloso) continuino, dicano

13.
1. di fare, fumi; **2.** superi, di partire; **3.** arrivi, di arrivare; **4.** di laurearsi, si laurei

14.
Non riesco a ...; Ho cominciato a ...; In estate mi piace (ohne Präposition); È difficile (ohne Präposition); Credo di ...; Anna ha deciso di ...; Dopo l'università andrò a ...; Studio medicina per ...; È importante (ohne Präposition); Avete qualcosa da ...; Claudio ha finito di ...; Spero di ...

15.
a. Se prendo il sole, mi abbronzo. Se mi abbronzo, mi sento meglio. Se mi sento meglio, ho più energia. Se ho più energia, studio di più. Se studio di più, supero l'esame. Se supero l'esame, i miei mi regalano dei soldi. Se i miei mi regalano dei soldi, vado in vacanza.
b. potrà, pubblicherà, diventerà, diventerà, guadagnerà, guadagnerà, smetterà, smetterà, realizzerà, realizzerà, sarà
c. visita, fa'/fai, arrivi, goditi, va'/vai, compra, scegli, andare, Va'/Vai

16.
andrò, giocherò, avrò, farò, rimarrò, guarderemo, frequenteremo

Unità 12

1 b. e c. ▶II
parere positivo: geniale, divertente, intelligente, romantico, emozionante, appassionante, avvincente, profondo, leggero, satirico, originale, vivace, impegnato,
parere negativo: pesante, noioso, banale, sdolcinato, assurdo, sentimentale, esagerato, osceno, ridicolo, superficiale, volgare, triste

2.
avevo comprato da mangiare; l'aveva presa mia sorella; avevano già finito l'esame; mi ero dimenticata di studiare; avevo letto; avevo studiato molto

4.
successo, tascabile, narrativa, lettore, romanzo, poesia, scrittore, casa editrice, trama, stile, recensione, protagonista, bestseller, saggio

1 a. ▶II

	Andrea	Alessio	Giorgia
I libri gli/le sono piaciuti.	«Spiriti» di Stefano Benni e «Don Chisciotte»		
Un libro gli/le è piaciuto, l'altro no.			«Vita» di Melania Mazzucco le è piaciuto; «Non ti muovere» di Margaret Mazzantini non le è piaciuto.
I libri non gli/le sono piaciuti.		«I Promessi Sposi» e «Va' dove ti porta il cuore» di Susanna Tamaro	

5.
Elena è una lettrice forte. Legge romanzi, narrativa italiana e straniera (a volte anche libri di attualità e letteratura di viaggio).
Un romanzo le resta impresso per lo stile, la trama, ma soprattutto per i personaggi.
Per comprare un libro si basa su una recensione, su un consiglio, non sulla televisione.

6.
1. una quindicina; **2.** una dozzina; **3.** un centinaio; **4.** una decina; **5.** un migliaio

7.
incontrò, si innamorò, si sposarono, finì, cominciò, morì, dovette/dové, fallì, si trasferirono, trovò, arrivò, Partirono, restarono

8.
perdere: persi, perdesti, perse, perdemmo, perdeste, persero; **crescere:** crebbi, crescesti, crebbe, crescemmo, cresceste, crebbero; **leggere:** lessi, leggesti, lesse, leggemmo, leggeste, lessero; **decidere:** decisi, decidesti, decise, decidemmo, decideste, decisero; **nascere:** nacqui, nascesti, nacque, nascemmo, nasceste, nacquero; **vivere:** vissi, vivesti, visse,

vivemmo, viveste, vissero; **venire:** venni, venisti, venne, venimmo, veniste, vennero; **bere:** bevvi, bevesti, bevve, bevemmo, beveste, bevvero

a. come *conoscere* si coniugano: crescere, venire, bere; come *chiedere* si coniugano: decidere, perdere; come *dire* si coniugano: leggere, vivere

b. La 1ª e la 3ª persona singolare e la 3ª persona plurale.

c. La 2ª persona singolare e la 1ª e la 2ª persona plurale.

9.

nacque, Frequentò, fece, conobbe, si innamorò, cominciò, morì, dedicò, raccontò, si sposò, ebbe, dovette/dové, scrisse, Morì

10.

Spiegai, rassicurò, Corsi, entrai, vidi, tornai, volle, pensai, Fu, conobbi, si accese, Cominciammo, chiese, insistette, pregò, Percorremmo, arrivammo, Mi fermai, sentii, tornò

11.

1. scrisse - Il principe [U]; 2. morì - Dante [N]; 3. nacque - il toscano [M]; 4. ambientò - A Verona [A]; 5. andò, pubblicò - Johann Wolfgang Goethe [T]; 6. Amò, diventò, raccontò - Giacomo Casanova [T]; 7. Scolpì, scrisse - Michelangelo [O], 8. Fece, decise - Marco Polo [N]; 9. visse - Settecento [E] **Soluzione:** quando un libro è pesante e noiosissimo si dice che è UN MATTONE.

12.

a. era passato, ricevette, Partì, aspettava, Aveva, portava, Sembrava, fece, sentì, chiese, Disse, sorrise, completò, andò

c. ricevette, corse, Aspettò, accostò, scese, Portava, Disse, Diceva, si allontanarono

13.

1. passato remoto; 2. passato remoto; 3. imperfetto; 4. imperfetto; 5. passato remoto; 6. trapassato prossimo; 7. passato remoto; 8. imperfetto

14.

del quale, con i quali; alle quali; nella quale; alle quali

15.

di cui/del quale; che; che; in cui/nella quale; in cui/nella quale; in cui/nel quale; che; a cui/al quale; che

16.

li leggo, riposarmi, mi piace, finirlo; leggerli, divertirmi; le adoro, Mi piace, sdraiarmi, leggerle; la preferisco, la conosco, confrontarla; vi siete iscritti, iscriverci, ci servono, comprarli

17.

a. 1. Si possono iscrivere tutti coloro che risiedono a Roma o nel Lazio.
2. Si possono prendere in prestito libri, CD audio o multimediali, videocassette e dvd.
3. I PC si possono usare per un'ora (oppure per mezz'ora nelle biblioteche con meno di quattro PC).
4. È possibile prenotare il libro che ha già preso in prestito qualcuno. Quando il libro è disponibile, l'utente riceve un'e-mail.

18.

1. Odissea - Omero (28%), 2. Piccolo principe (22%), 3. Il barone rampante (18%), 4. Guerra e pace - Tolstoj (9%), 5. Edipo re - Sofocle e Ossi di Seppia - Montale (4%)

Unità 13

1.

1. È alta e snella. Ha i capelli neri, corti e ricci.
2. È vecchio, basso e magro. È calvo e ha la barba. Ha il naso lungo/grande.
3. È di altezza normale e ha i capelli biondi, lunghi e lisci.

2. ▶‖

1. Era l'ora di punta. La signora Maria era stata al mercato. 2. Vicino a lei c'erano due ragazzi. 3. Uno era un ragazzo giovane, biondino, con i capelli fino alle spalle, non altissimo e piuttosto magro. Aveva la barba ed era un bel ragazzo. L'altro aveva i capelli cortissimi, quasi rasati a zero, era alto, robusto, abbronzato. La ragazza vicino a loro aveva più o meno la stessa età e capelli lunghi e ricci, occhi chiari. Era quasi grassa. 4. La ragazza continuava a venirle addosso. 5. Secondo la signora Maria la ragazza ha preso il portafogli (mentre stava spiegando la strada al ragazzo con i capelli biondi).

3.

b. A - Porta la parrucca?; B - con l'anello al naso; C - le sue lunghe trecce; D - i capelli ricci, crespi; E - naso aquilino

c. con l'anello al naso; come un selvaggio; le sue lunghe trecce; era quasi calvo; pochi peli, radi; i capelli [...] ricci, crespi, duri come il fil di ferro; li aveva tinti di viola; con i capelli viola; emaciato; lineamenti delicati; occhi celesti; naso aquilino

4.

attuale ≠ datato; avvincente = appassionante; coinvolgente = trascinante; monotono = noioso; complicato ≠ semplice; interessante ≠ noioso; piacevole = bello

5.

1. Cinecittà è nata il 28 aprile del 1937. 2. Cinecittà diventa la «Hollywood sul Tevere». 3. Per esempio: «La terra trema» di Luchino Visconti, «Roma città aperta» di Roberto Rossellini, «Ladri di biciclette» di Vittorio De Sica, «Riso amaro» di Giuseppe De Santis.

6.

a. essere: fossi, fossi, fosse, fossimo, foste, fossero; **stare:** stessi, stessi, stesse, stessimo, steste, stessero; **dare:** dessi, dessi, desse, dessimo, deste, dessero;

b. Le desinenze della 1ª e della 2ª persona singolare sono uguali.

d.

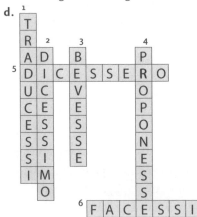

7.

1. avesse, comprerebbe; 2. dimagrirebbero, facessero, mangiasse; 3. parlerei, fosse; 4. faresti, finissi; 5. fossi, giocherei; 6. andassero, andremmo; 7. Mi concentrerei, facessero; 8. avrebbe, bevesse; 9. fossi, sarei; 10. fosse, porterebbe

8.

1. dovessi, porteresti; 2. fossi, preferiresti; 3. nascessi, piacerebbe; 4. vorresti, ci fosse

10.

1. potremo; 2. vado; 3. si laureerà; 4. avessi; 5. vado; 6. nevicasse; 7. piove; 8. va'/vai

11.

Sarei, verrai, decidessi, vieni; verrò, potrò, foste, puoi, ci fosse, vincerai; vincessi, sarei, potrei, sarebbe, succedesse, avresti/avrai

12.

1. Se non avessi un altro impegno, sarei venuto volentieri al cinema con te.
2. Se Martina non dovesse preparare l'esame, andrebbe in Italia. 3. Se avessi tempo, mi piacerebbe un sacco passare un fine settimana a Napoli. 4. Se mangiasse di meno, non ingrasserebbe. 5. Se leggessi di più i giornali, saprei di più di politica italiana.

14.

1. Saranno (supposizione); 2. andremo, staremo; 3. costerà (supposizione); 4. farò, rimarrai, andrai, starò; 5. avrò (supposizione)

15.

1. avrebbe voluto, sarebbe piaciuto, Avrebbe cantato, Avrebbe conosciuto; 2. avrebbe preferito, Si sarebbe divertito, avrebbe speculato, avrebbe voluto, sarebbe piaciuto; 3. avrei dovuto, mi sarei sposata, mi sarei innamorata, avrei tradito, avremmo vissuto, avremmo avuto, sarebbe stata, si sarebbe ricordato, saremmo finiti

16.

1. prevedibile; 2. introvabili; 3. inimmaginabile; 4. incredibile; 5. accettabile; 6. incontenibile; 7. invidiabile; 8. inimitabile; 9. immancabile; 10. indimenticabile; 11. irriconoscibili; 12. memorabile

Unità 14

1.

1. k; 2. per; 3. sei, treno; 4. comunque, domani

2.

a. 1. Sono molto felice perché non c'è lezione. 2. Voglio sapere come è andato l'esame. 3. Non vengo da Paolo. Ci vediamo più tardi al bar.

b. 1. Dove 6? Posso chiamarti + tardi? 2. Xké non c ved al Bar Magenta? 3. Spero di vederti dp le lezioni. 4. 6 veramente 3mendo, ma tvb cmq.

3

a.

Aggettivi	Sostantivi	Verbi
cambiato	cambiamento	cambiare
bello	abbellimento	abbellire
migliore	miglioramento	migliorare
riscaldato/caldo	riscaldamento/caldo	riscaldare
arredato	arredamento	arredare
divertente	divertimento	divertirsi
peggiore	peggioramento	peggiorare

b.

1. peggioramento, peggiorano; 2. miglioramenti, migliori; 3. cambiamenti, sono cambiate; 4. arredata, arredamento, arredare; 5. bella, caldo, riscaldamento, riscaldare; 6. divertimento, si sono divertiti, divertenti

4.

Vocabolari della lingua italiana: lo Zingarelli, il Garzanti, il Sabatini-Coletti; **Due termini dialettali entrati nel vocabolario:** mizzica, ominicchio; **Una parola nata da un mutamento sociale:** tardoadolescenziale; **Parole nate dalla tecnologia:** videomessaggio, videochiamata, videofonia; **Parole nate grazie ad Internet:** open source, website, peer to peer

6.

a. 1. Le emozioni negli sms e nelle e-mail sono rappresentate dagli emoticon. 2. La lingua moderna è stata influenzata dalle nuove tecnologie. 3. Fino al 1989 Berlino era divisa da un muro. 4. Il ‹ch› sarà eliminato dalla ortografia del futuro. 5. Il corso di italiano è stato seguito da molti studenti. 6. La «Divina Commedia» fu scritta da Dante nel Trecento. 7. Secondo le ultime ricerche il tumore alla pelle sarebbe provocato da alcuni prodotti cosmetici. 8. Paolo era stato avvisato del ritardo da Stefano con un sms.

9. Non credo che le invenzioni linguistiche dei giovani siano sempre capite dagli adulti.

b. 1. L'Istat realizza molti studi statistici sull'Italia. **2.** Michelangelo realizzò la Cappella Sistina. **3.** In futuro il telefono cellulare sostituirà probabilmente il telefono fisso. **4.** Tantissime persone hanno letto il libro «Io non ho paura» di Niccolò Ammaniti. **5.** I vicini di casa avevano avvisato la polizia. **6.** Secondo alcuni giornali delle persone esperte avrebbero rubato il quadro. **7.** Credo che anche i romani apprezzino le bellissime fontane di Roma.

7.

SWG ha realizzato un'indagine sul rapporto dei giovani con i vari media. I dati hanno confermato quello che si sapeva già. Sempre più giovani usano la Rete. I giovani non hanno certo dimenticato TV, carta stampata, radio e libri. Solo tre ragazzi su dieci leggono regolarmente il giornale. Se si tratta di informarsi sulle ultime notizie la TV occupa il primo posto. Ben il 90 % dei ragazzi usa Internet per svolgere ricerche di studio. Altri motivi perché i giovani usano sempre più Internet sono: [...]. Studio a parte, divertimento e socializzazione rappresentano le ragioni principali per l'uso di Internet. La rete aiuta a creare il primo contatto, mentre il resto si fa tradizionalmente

10.

a. chat: chiudere; cellulare: accendere; messaggio: arrivare, scambiare; linea: cadere; posta: controllare, scaricare, chiudere; computer: spegnere

b. 1. s'erano scambiati, posta elettronica; **2.** connetté, casella, scaricò; **3.** chiuse, collegato, si scollegò; **4.** accese, arrivò, aprì; **5.** rubrica, squilli; **6.** cadde, raggiungibile; **7.** aprì, mittenti; **8.** messaggio, s'è scaricato; **9.** Chiuse, disconnetté, spense

9. ▶ll

	Giorgio	Lisa	Michele
1. Avete mai chattato?	Sì, ha cominciato in un forum di viaggi e poi ha continuato.	No, non ha mai chattato.	Sì, gli piace un sacco.
2. Se no, perché?		Non c'è mai stata l'occasione e non si è mai interessata.	
3. Se sì, avete poi incontrato la persona con cui eravate in contatto?	No, le persone non le ha mai conosciute. Una volta però ha trovato una sistemazione per pochi giorni a Firenze tramite una persona del forum.		No, e non vorrebbe neppure farlo.
4. È stata un'esperienza interessante?	Non è stata un'esperienza particolarmente interessante.		

12.

1. prima di; **2.** Prima che; **3.** Prima che; **4.** Prima di; **5.** Prima di; **6.** prima che; **7.** prima che

13.

1. Gliela; **2.** Te le; **3.** ve li; **4.** glielo; **5.** Me ne

14.

1. te l'; **2.** me li; **3.** Me ne, gliene; **4.** Te l', me l'; **5.** Glieli; **6.** ve ne; **7.** Glieli, me li, te lo

15.

Ma come non *te l'*ha detto? Fabrizio *me l'*avrebbe detto. Oppure sta aspettando come al solito l'ultimo minuto e poi *ve lo* dice. Adesso la chiamo e *glielo* chiedo. Figurati se non *ce lo* dice. Tu *gliel'*hai già comprato? Devo finire una tesina per il professor Gugolini e *gliela* devo consegnare lunedì. Se vuoi, *gliela* compriamo insieme così non devi pensare al regalo. *Te li* posso dare sabato? Se *me li* dai alla festa va benissimo. E di bottiglie di spumante *gliene* compro tre, va bene?

16.

a. te l', te lo, me lo, te lo
b. me la

17.

1. tuttavia; **2.** Però; **3.** quindi; **4.** Prima, Poi, Adesso; **5.** Quando, una volta; **6.** prima, poi, infine

18.

e, infatti, prima di tutto, poi, infine, quindi, però, inoltre, prima, Adesso, inoltre, Infine, Tuttavia

Unità 15

1.

1. a. 4, b. 11, c. 16, d. 38, e. 25, f. 6; **2.** (Risposte multiple) a. 68, b. 62, c. 54, d. 48, e. 41, f. 34, g. 21, h. 16, i. 11; **3.** Sì 83, No 17; **4.** Sì 57, No 11, Non saprei 32; **5.** (Risposte multiple) a. 76,

b. 68, c. 64, d. 57, e. 44, f. 36, g. 22, h. 18, i. 6; **6.** a. 15, b. 21, c. 23, d. 41; **7.** a. 18, b. 11, c. 27, d. 23, e. 21

2.

1. Credo che Susanna ed Elisabetta abbiano scelto di iscriversi a psicologia già molto tempo fa. **2.** Credo che Paola si sia iscritta a Scienze politiche perché non sapeva cosa fare dopo la scuola. **3.** Credo che Gherardo abbia preferito proseguire gli studi non nella sua città d'origine, ma a Pavia. **4.** Credo che Anna non si sia pentita di essersi iscritta ad economia e commercio. **5.** Credo che Marco e Lucio si siano laureati due anni fa. Credo che per loro l'università sia stata un modo per rimandare la scelta di un lavoro. **6.** Credo che tu e Monica abbiate perso un'occasione d'oro a non andare a Londra. **7.** Credo che Cristina e Maria dopo la laurea siano andate a lavorare all'estero.

3.

Credo che tu abbia frequentato raramente il corso di filosofia l'anno scorso. (A); Credo che tu non vada spesso in biblioteca. (C); Spero che Linda prepari l'esame con me. (F); Spero che Linda si sia divertita l'estate scorsa al mare. (A); Penso che Claudio e Gianni abbiano smesso di lavorare due mesi fa. (A); Penso che Claudio e Gianni ora cerchino un nuovo lavoro. (C);

4.

abbia deciso, abbia seguito, abbia ascoltato, siano state, abbiano, possa, duri, rappresenti, sia, sia, faccia, sia già andata, sia, prenda, si penta

5.

1. mi fossi addormentato, sarei andato, mi sarei divertito; **2.** fosse uscito, avesse studiato, avrebbe preso; **3.** avessi detto, si sarebbero arrabbiati; **4.** avessimo fatto, avremmo speso; **5.** fosse andata, si sarebbe annoiata, si sarebbe preparata; fossero partiti, avessero trovato, avrebbero fatto

6.

1. arriveremmo; **2.** fosse/fosse stato; **3.** mi sarei/ti saresti sposata, avrei/avresti avuto; **4.** telefona; **5.** andranno; **6.** avrebbe ottenuto; **7.** dovrei/dovresti; **8.** compra; **9.** foste andati/andaste; **10.** si laureeranno; **11.** fosse uscito; **12.** vi foste laureati

7.

riuscirò, mi diplomerò, decidessi, avrei, avessi fatto, conoscessi, potrei, capirei, avrei conosciuto, avrei dovuto, avrei avuto, scegliessi, potessi, andassi, piacerebbe, comprerò, supero

8.

ateneo, appello, voto, dare (un esame), piano di studio, libretto, dottorato di ricerca, conseguire (un titolo di studio), bacheca, matricola, tesi di laurea, programma Erasmus, laurea specialistica (o magistrale), offerta didattica, credito

9

a.

Titolo di studio	Durata	N° Crediti
Laurea	3 anni	180 crediti
Laurea specialistica	2 anni	120 crediti
Dottorato di ricerca	3 o 4 anni	
Master di I livello		minimo 60 crediti
Master di II livello		minimo 60 crediti

b.
Il sistema 3+2 è in vigore dall'anno accademico 2001/2002.
L'università italiana aveva il più basso numero di laureati d'Europa e la metà degli iscritti non conseguiva il titolo di

13. ▶||

	Susi	Giulio
Dove è stata/o?	È stata a Berlino.	È stato a Dublino.
Quali sono state le difficoltà iniziali?	Ha avuto tanti problemi con la lingua e inizialmente ha anche avuto difficoltà a conoscere gente.	Aveva difficoltà a capire i professori e faticava anche ad adattarsi ad un ambiente accademico e culturale diverso dal suo.
Perché è stato utile il programma Erasmus?	Ha acquisito più fiducia in se stessa, ha potuto allargare i suoi orizzonti e ha imparato bene il tedesco.	Ha acquisito fiducia in se stesso e grazie alle esperienze fatte a Dublino si sentiva preparato ad andare in Russia per lavoro. Continua anche a vedere i suoi amici Erasmus di Dublino.
Quali consigli darebbe a chi deve partire?	Secondo Susi bisogna imparare bene la lingua prima della partenza, bisogna cercare casa con studenti del posto e passare molto tempo all'università perché aiuta a fare amicizie.	Gli studenti non dovrebbero chiudersi in se stessi. Bisogna essere curiosi di conoscere una nuova cultura.

studio. La durata effettiva degli studi non corrispondeva al numero di anni previsto dagli ordinamenti didattici, dando luogo al fenomeno tipicamente italiano del numero eccessivo di studenti fuori-corso. I corsi erano poco flessibili e non garantivano la preparazione al lavoro.

Gli obiettivi della riforma consistono nell'abbreviare i tempi di conseguimento del titolo di studio, nel ridurre gli abbandoni, nel coniugare una preparazione metodologico-culturale con una formazione fortemente professionalizzante e nel facilitare la mobilità degli studenti a livello nazionale e internazionale attraverso l'introduzione del sistema dei crediti.

I voti dei singoli esami si esprimono in 30/30 (18 è la votazione minima, 30 quella massima), mentre quelli della prova finale in 110/110 (66 è la votazione minima, 110 quella massima).

10.
1. non solo, ma anche; **2.** sia, sia; **3.** Dunque; **4.** prima di tutto, poi; **5.** in primo luogo, in secondo luogo

11.
in primo luogo, in secondo luogo, Infatti, sia … sia, invece, inoltre, invece, infine

12.
Prima di partire per l'Italia: gli studenti devono registrarsi on line presso l'Università; un mese prima della partenza devono compilare il modulo per la richiesta alloggio; devono scaricare l'elenco degli Uffici Erasmus, pre-iscriversi online per i corsi di lingua e preparare i documenti che serviranno poi a chiedere la Carta di Soggiorno (4 fotografie formato tessera, documento di identità e relativa fotocopia del documento, modello E111 oppure E128 per l'assistenza sanitaria ecc.).
Arrivati in Italia gli studenti devono andare al Settore Relazioni Internazionali per ricevere i documenti che attestano la registrazione all'Università e chiedere la Carta di Soggiorno.

14.
1. Mi sembrava che Martina si fosse laureata due anni fa. **2.** Speravo che Daniela e Giulia facessero con me il corso estivo di portoghese. **3.** Antonella non credeva che io leggessi molti libri. **4.** Stefano pensava che tu e Luca foste andati alla festa di Roberta sabato scorso. **5.** Il prof. Volpi pensava che tu preferissi le sue lezioni a quelle della professoressa Canova. **6.** Pensavo che Valeria avesse già visto l'ultimo film di Ozpetek.

15.
fosse, avessero conseguito, ascoltassero, ci fossero, avesse deciso, avesse, costasse, potesse, avessero imparato, finissero, mi laureassi

16.
Avendo, Studiando, Partecipando, Vivendo, volendo, tornando, Controllando, Scrivendosi, incontrandosi

Unità 16

1.
direttrice, manager, esperto, attrice, artista, scrittore, poeta, giornalista, ingegnere, impiegato, medico, medico, professore, insegnante, allenatore, interprete, stilista

2.
la vigile: perché i femminili in -essa hanno spesso una sfumatura ironica o spregiativa; **l'architetta, la ministra:** perché la formazione con ‹donna› suggerisce di considerare particolare una condizione che dovrebbe essere normale; **l'amministratrice:** perché la forma femminile in -trice si è già affermata; **la chirurga:** perché non c'è nessun motivo grammaticale o sociale per non estendere l'uscita in -a; Secondo le regole del galateo la forma più corretta è ‹la cancelliere›, ma oggi la forma più usata è ‹la cancelliera›.

3.
1. I libri di Umberto Eco vengono/sono comprati da moltissimi italiani. **2.** Prima il Natale nella mia famiglia veniva/era festeggiato in montagna. **3.** Le partite di calcio dell'Italia verranno/saranno guardate da tutti. **4.** Nel 1832 Giuseppe Verdi venne/fu bocciato all'esame di ammissione al Conservatorio di Milano dalla commissione d'esame. **5.** Lorenzo non crede che il convegno in gennaio venga/sia organizzato dall'ambasciata. **6.** Secondo il Ministero della Pubblica istruzione l'italiano verrebbe/sarebbe studiato da molti studenti stranieri per motivi di lavoro. **7.** Alla fine del corso un attestato di frequenza con voto verrà/sarà rilasciato dall'insegnante. **8.** Ogni anno dei corsi di lingua intensivi venivano/erano organizzati dal Centro linguistico. **9.** L'italiano viene/è considerato da molti una lingua elitaria. **10.** La segreteria per gli studenti stranieri è aperta dalle 9.00 alle 14.00.

4.
1. L'estate prossima la nuova biblioteca verrà inaugurata dall'università. **2.** La mostra al Palazzo Reale era stata visitata da molti turisti. **3.** Il nuovo programma non è ancora stato installato dal tecnico sul pc. **4.** La notizia era stata pubblicata da molti giornali. **5.** Stefano crede che ‹Gli indifferenti› sia stato scritto da Pavese. Invece è stato scritto da Alberto Moravia. **6.** La casa in montagna è stata venduta dai miei genitori per pochi soldi. **7.** La Cappella Sistina venne/fu finita da Michelangelo nel 1541. **8.** Marianna spera che il progetto venga/sia approvato dalla commissione.

5.
[…] verrò seguita da un prof tutor […], […] è possibile che lo stage non venga riconosciuto dall'università? E poi verrò pagata dalla scuola? […] un accordo con la scuola che è compilato dalla scuola e che è firmato anche dal tuo prof tutor, e la lettera di presentazione che è scritta dal tuo prof tutor. […] i due moduli erano stati consegnati nella segreteria di facoltà dal prof tutor. […] i crediti vengono riconosciuti dall'università solo se il tirocinio viene svolto dallo studente in un ambito […] non credo che il tirocinio venga accettato dall'università. Almeno, all'epoca queste informazioni mi erano state date dalla segreteria. Tuttavia il tirocinio non sarebbe stato riconosciuto dall'università, perché […], Comunque di solito i tirocinanti non vengono retribuiti dalla scuola. Al limite ti verranno rimborsate le spese.

6.
Alla cortese attenzione del Dott. Alberto Santoro, responsabile della redazione culturale.
Egregio Dott. Santoro,
Mi chiamo Cosimo Medici e mi sono laureato a pieni voti in Lettere Moderne nel 2002. Nel 2004 ho conseguito il Master in giornalismo presso lo IULM di Milano. Attualmente lavoro come giornalista freelance per la pagine culturale di un giornale locale. Mi considero una persona motivata, intraprendente, flessibile e dinamica e sono abituato ad interagire con gli altri. Poiché vorrei maturare ulteriori esperienze nel campo del giornalismo, mi piacerebbe svolgere un periodo di tirocinio presso la redazione del Vostro giornale. Nella speranza di poterLa incontrare personalmente per un colloquio, porgo
Cordiali saluti

9.
P, C, A, A, A, C, A

10.
1. si trova, piace, ha visitato, si fermerà; **2.** ha ritrovato, aveva perso, l'ha trovato, ha restituito; **3.** visse; **4.** si laurea/laureerà, comincerà; **5.** abitano, si sono trasferiti; **6.** era, recitava, ha recitato; **7.** ha lasciato, ha, conosce; **8.** iniziamo/inizieremo, abbiamo fatto, dovete/dovrete; **9.** si è divertita/si diverte/si divertirà; **10.** aveva, abitava

11.
ci siamo visti/ci vedemmo, ero, avevo conosciuto, indossava, era venuto, nega, ci siamo conosciuti/ci conoscemmo, è andato/andò/era andato, è inciampato/inciampò, l'ha rovesciata/la rovesciò, mi sono arrabbiata/mi arrabbiai, ho buttato/buttai, è rimasto/rimase, si è messo/si mise, ha detto/disse, è stato/fu, mi sono innamorata/mi innamorai, abitiamo, mi trasferirò, abita

12. ▶II
Nome: Silvia Martini
Nazionalità: italiana
Stato civile: nubile
Istruzione e formazione: liceo scientifico, prevede di laurearsi in giurisprudenza nell'aprile del 2007 alla Cattolica di Milano
Esperienza lavorativa: attività di volontariato in un centro per anziani, ragazza alla pari in Inghilterra, tirocinio di tre mesi presso uno studio legale italo-spagnolo a Madrid
Lingue straniere: inglese, spagnolo

13.
1. possiate; **2.** si siano iscritte; **3.** siano finite; **4.** migliori, riusciate; **5.** abbia visto; **6.** abbia

14.
1. f. verbo nella frase: non so se, altri verbi o espressioni: non sono sicuro/a, dubito, mi sembra; **2.** e. espressione nella frase: Peccato che; **3.** h.; **4.** g.; **5.** b. espressione nella frase: è importante, altre espressioni: è necessario, bisogna; **6.** a. verbo nella frase: credere, altri verbi d'opinione: pensare, parere, supporre; **7.** d. congiunzione nella frase: prima che; **8.** c. verbo nella frase: sperare

15.
andrà; studi, sia andata

16.
abbia, abbia preso, vinca, vada, imparerà, avessi, abbia buttato, avessi risparmiato

17.
sia, ha studiato, faccia, sono/erano, ha letti, è, hanno superato, sarà, ha, chiamavano, è nato, è diventato, interrogasse, capitasse, avesse studiato, boccino/bocceranno

7.

Dati personali	Nome e cognome: Florian Müller
	Residenza: Rue de Guisarde 2, Bruxelles
Studi compiuti	Laurea in studi europei (Edimburgo)
	Master in relazioni internazionali e studi europei (Budapest)
	Dottorato (sulla Carte dei diritti fondamentali) (Reading)
Esperienze lavorative	Stage a Bruxelles
	Assistente di un parlamentare europeo
	Ricercatore dell'Università di Exeter
Lingue straniere	Inglese, Italiano, Ungherese, Francese

18.

è, è, debbano, sembrano, si è dichiarato, andranno, continua, dice, ha evidenziato, hanno perso, siano, Sarà, tendono, hanno, dicono, siamo, sia

Unità 17

1.

traduzione: tradurre; originalità: originale; riservatezza: riservato; grandezza: grande; iscrizione: iscriversi; altezza: alto; approvazione: approvare; giustificazione: giustificare; libertà: libero; ricchezza: ricco; banalità: banale; difficoltà: difficile; fedeltà: fedele; giovinezza: giovane; citazione: citare; onestà: onesto; pubblicazione: pubblicare; bellezza: bello; produzione: produrre; flessibilità: flessibile; creatività: creativo

2.

guide, dritte, risorse, impegno, gabbia, aspettative, opportunità, sfruttare, imprevisti

3.

1. ci vuole, ci vogliono, bisogna; **2.** ci vorranno, ci vogliono, ci vuole, bisogna; **3.** bisognava; **4.** bisogna; **5.** ci sono voluti; **6.** ci voglia; **7.** ci voleva, bisogna; **8.** ci sono voluti, bisognerà; **9.** ci voglia, bisogna; **10.** ci voglia

4.

Si può essere liberi se non si può esprimere la propria opinione? Si può essere scienziati senza fare ricerca? Si può essere europei senza conoscere la tappe fondamentali della storia europea? Si può essere artisti se non si ha talento? Si può essere innamorati se non si pensa sempre alla persona amata? Si può essere esperti di computer se non si sa niente di informatica? Si può essere informati senza leggere il giornale? Si può essere cosmopoliti senza elasticità mentale e tolleranza?

5.

a. indefiniti variabili: poco, alcuni, tanto, altro, nessuno, tutto, ognuno
b. indefiniti invariabili: qualche, qualunque, ogni, niente

6.

qualche, troppa, tutto, molte, altre, troppe, qualche, Ogni, alcune, Ogni, tutti, tutti, alcuni, alcuni, ognuno

7.

molti, tutto, poche, nessuna, nessun, nessun, nessun, tutto, molto, poche, alcuni, ogni, ognuno, un altro

8.

1. b.; **2.** e.; **3.** c.; **4.** d.; **5.** f.; **6.** a.

9.

a. 1. A; **2.** P; **3.** C;
b. 4. avrebbe presentato; **5.** stava studiando/studiava; **6.** era andata; **7.** dovevo

10.

1. aveva fatto/faceva; **2.** sarebbe diventato; **3.** avrebbe finito; **4.** aspettava; **5.** ci sarebbe stato; **6.** era; **7.** leggeva, stavo, **8.** piaceva; **9.** avrebbe ordinato; **10.** era arrivata

11.

hanno deciso, hanno superato, erano, erano, avrebbero dovuto, si sarebbe

15. ▶||

	nome	luogo	costruito nel secolo	almeno una caratteristica
1	la Torre di Pisa	Pisa	I lavori iniziarono nel XII secolo e furono terminati due secoli più tardi.	La caratteristica più nota è la pendenza di circa 2,95 metri. Ai visitatori è di nuovo permesso di salirvi.
2	la Cappella degli Scrovegni	Padova		Gli affreschi realizzati da Giotto sono il capolavoro della pittura del Trecento.
3	Castel del Monte	Puglia	Risale alla prima metà del Duecento.	È noto per la sua forma ottagonale e per le suggestioni simboliche. Fa parte del patrimonio mondiale dell'umanità.
4	La Reggia (di Caserta)	Caserta	I lavori iniziarono a metà del Settecento.	Il giardino della Reggia di Caserta ricorda quello di Versailles. Nell'edificio ci sono 1200 stanze. È uno dei monumenti più visitati d'Italia.
5	Colosseo	Roma	Venne inaugurato nel primo secolo d. C.	Il nome Colosseo deriva da un'enorme statua di Nerone che si trovava vicino all'edificio. Inizialmente si chiamava Anfiteatro Flavio. I lavori di costruzione durarono solo 8 anni.

trattato, aveva cercato, erano, avevano, è passato, faceva, dovevano, aveva comprato, aveva avuto, sarebbero andati, si è rotta, si sono arrabbiati, avrebbero trovato, Si sono fermati, hanno preso, hanno girato, si sono divertiti

12.
a. **1.** A; **2.** P; **3.** C;
b. **4.** sarebbero venuti; **5.** facesse/stesse facendo; **6.** avesse trascorso; **7.** fosse
c. **1.** fossero andati; **2.** avesse vinto; **3.** avesse; **4.** avesse; **5.** venisse/sarebbe venuta; **6.** avesse avvertito; **7.** si fosse trasferito, avrebbe aspettato; **8.** preparasse/avrebbe preparato; **9.** fosse; **10.** avrebbe scelto/avesse scelto; **11.** avesse vissuto

13.
fosse, avrebbe aiutato/aiutasse, avesse passato, fosse venuto, avesse deciso, avrei avuto, mi avrebbero messo/mi mettessero

14.
iniziasse, abbiamo deciso, funzionassero, abbiamo portate, Ci siamo preparati, abbiamo organizzato, Siamo partiti, eravamo, Era, eravamo, saremmo divertiti; facesse, sono arrivate/erano arrivate, Volevamo, pensava, saremmo arrivati, avevamo, costava, era, ci saremmo fermati, avremmo preso, siamo arrivati, c'era stato, fosse, si trovava, rubasse, siamo riusciti, aveva sentito, è stata, andavano, venivano, è piaciuta, fosse, ci sbagliavamo/ci eravamo sbagliati, abbiamo avuto, aspettava

16.
a. alla fine del XVIII secolo; **b.** dalla fine del secolo XIV alla seconda metà del XVI secolo; **c.** dall'XI fino al XV secolo; **d.** tra il IV e il V secolo; **e.** tra i secoli VIII e VII a.C.; **f.** il XX secolo; **g.** il XIX secolo; **la giusta cronologia:** tra i secoli VIII e VII a.C. - tra il IV e il V secolo -dall' XI fino al XV secolo - dalla fine del secolo XIV alla seconda metà del XVI - alla fine del XVIII secolo - il XIX secolo - il XX secolo

Unità 18

1.
a. **1.** Tiziano, Botticelli, Giotto **2.** Fellini (cinema), Boccaccio (letteratura), Puccini (musica), Manzoni (letteratura), Pasolini (cinema e letteratura), Verdi (musica) **3.** Versace, Barilla, Ferrari **4.** Dolomiti, Eolie, Le Cinque Terre, Costiera Amalfitana **5.** Cavour, Garibaldi, Caterina de' Medici
c. **1.** Leonardo da Vinci; **2.** Colosseo; **3.** pizza

2.
1. traccia - *trappola*; **2.** impasto - *retrogusto*; **3.** trappola - *miniera*; **4.** retrogusto - *impasto*; **5.** miniera - *traccia*; **6.** inclinazione - *aria*; **7.** aria - *inclinazione*

3.
ricostruirla, si sono trasferiti, migliorare, allontanarsi, gioca, capace, accettare

4.
1. fosse diventato; **2.** fossi arrivato/a; **3.** ci conoscessimo; **4.** mangiassi; **5.** sapesse; **6.** fosse mai stata; **7.** dovessero; **8.** avessi mai studiato

5.
Questo - Quello, Qui - Lì, L'anno scorso - L'anno prima/precedente, Oggi - Quel giorno, Ieri - Il giorno prima/precedente, Domani - Il giorno dopo/seguente/ l'indomani, La settimana prossima - La settimana dopo/seguente, La settimana scorsa - La settimana prima/precedente, Un mese fa - Un mese prima; Fra un mese - Un mese dopo, Stasera - Quella sera

6. Mögliche Lösung
affermare, annunciare, esprimere, comunicare, pronunciare, rispondere, raccontare

7.
a. Michael G. studente di economia internazionale alla Bocconi racconta che è arrivato per caso (a Milano), dopo aver letto un articolo sulla Bocconi. Dice che è la prima volta che vive all'estero e per lui è tutto ancora una sorpresa. Comunque gli piace molto la mentalità rilassata, il mangiare bene, il rito dell'aperitivo, lo shopping. Afferma che l'Italia è un paese bellissimo, anche se non ha avuto molto tempo per vistarlo. Non aveva nessun pregiudizio verso l'Italia; secondo lui sono gli italiani a credere di avere università meno valide di quelle tedesche. Michael dice che lì si trova bene e non crede sia un caso se il 50% degli iscritti al suo corso sono stranieri.
b. Micky the nightfly (Steven MacPherson), musicista e deejay, racconta che per lui, nato è cresciuto a Glasgow, l'Italia era il Paese della pasta e del sole, dei film di Totò e Fellini: una visione luminosa, che è addirittura cambiata in meglio quando ha conosciuto gli italiani, la loro curiosità - così simile a quella scozzese - per le altre culture. Steven dice che sarebbe bello unire l'estroversione italiana alla disciplina scozzese, anche se magari non stanno bene insieme. Poi aggiunge che forse in Italia c'è troppo pressappochismo e gli sembra che manchi un po' di senso civico, di amore per la propria città e per il proprio Paese.

10.
da finire, da fare, da ripassare, da leggere, da consegnare, da decidere, da vedere

11.
b. 1. v (3–5); **2.** f. (9–13); **3.** v. (6–7); **4.** v (21–24) e (19–20); **5.** v. (13, 29); **6.** v. (24–26); **7.** v. (15–19) e (23–24); **8.** v. (29–30)

12.
1. vanno frequentate; **2.** vanno lavati; **3.** va cotta; **4.** vanno consegnate; **5.** andava compilato; **6.** va spento; **7.** va organizzato; **8.** vada fatto

14.
a. I dialetti italiani settentrionali, i dialetti italiani toscani, i dialetti centrali, i dialetti meridionali

15.
vanno ripetuti, vanno rispettate, vanno attraversati, va tagliata, vanno calpestati, vanno toccate, va guardata, va saltata, va guardata, va preso

17.
a. 1. Il professore raccontò che si era trasferito a Marburg negli Anni Sessanta, poi aveva trovato subito lavoro come ricercatore all'università e così era cominciata la sua carriera accademica. **2.** Chiesi a Cornelia come si trovava/trovasse in Italia, se le piaceva/piacesse l'università e se si era/fosse ambientata subito. Lei rispose che le lezioni erano un po' difficili, ma molto interessanti e che per lei era un po' difficile partecipare attivamente. Disse anche che una volta aveva provato a dire qualcosa, ma le mancavano le parole. **3.** Il nostro professore di storia dell'arte ci disse che a fine giugno avremmo/avrebbero organizzato un'escursione a Firenze. Aggiunse che chi voleva partecipare doveva iscriversi entro il 30 aprile e che i soldi per la partecipazione sarebbero stati raccolti in segreteria. **4.** Fabio quando seppe che andavo a Napoli per Natale mi disse di andare a vedere Via San Gregorio Armeno, la via dei presepi e di fare poi una gita a Capri che è bellissima anche d'inverno. Mi disse anche di assaggiare la pastiera napoletana. **5.** Camilla mi raccontò che non sapeva che Silvia avesse vinto una borsa di studio e che se l'avesse saputo prima le avrebbe fatto i suoi complimenti. **6.** Linda nell'e-mail mi aveva scritto che non credeva che fosse una bella idea invitare anche Morena al compleanno di Maurizio perché avevano litigato due mesi prima.

b. 1. Anna disse a Federico: «Aspettami davanti alla libreria Feltrinelli.» **2.** Roberto mi chiese: «Quando inizia il semestre?» **3.** Sofia scrisse a Franco: «Finirò l'università l'anno prossimo e poi mi trasferirò a Londra.» **4.** Marco confessò: «Se potessi tornare indietro, mi iscriverei all'Accademia di Belle Arti.»

18.
Qualche tempo fa Silvia e Andrea si sono incontrati al bar. Silvia ha chiesto ad Andrea come stava. Andrea l'ha salutata e ha risposto che quel giorno non aveva nessuna voglia di andare all'università. Allora Silvia gli ha detto di non pensarci e che dopo una settimana il semestre sarebbe finito. Poi gli ha chiesto cosa avrebbe fatto dopo il semestre. Lui ha risposto che se avesse avuto i soldi, sarebbe andato a trovare un'amica a Palermo. Silvia gli ha detto che l'anno precedente era stata in Sicilia e gli ha consigliato di andare a vedere la Vucciria, il mercato del pesce, e di visitare anche la cattedrale di Monreale perché è bellissima. Andrea le ha poi chiesto se lei l'anno precedente ci era andata con Marco, il siciliano. Silvia ha risposto di sì e che credeva che anche Francesco sarebbe andato con loro e invece non aveva soldi. Ha detto anche che con Marco come guida turistica era stato fantastico perché le aveva fatto vedere un sacco di posti che non avrebbe mai visto. Andrea le ha detto che forse dopo Palermo sarebbe andato a trovare una sua amica francese che stava facendo l'Erasmus a Catania. Alla fine ha aggiunto che aveva lezione e si sono salutati.

16.

	Oggetto portafortuna	Riti scaramantici il giorno dell'esame	Cosa non fa perché porta sfortuna
Valeria	Slip rossi	Saluta le foto appese in camera sua. Indossa degli slip rossi.	Evita di vestirsi di viola. Non passa in mezzo alle due colonne dell'università.
Alberto	Penna bic blu	Usa sempre una penna bic blu con la quale ha scritto l'esame di maturità. Quando ha un esame si sveglia alle quattro, ripassa gli appunti, alle sette si fa la doccia, fa colazione al bar dell'università con un cappuccino e un cornetto con la marmellata.	Non legge l'oroscopo.

Unità 1

10.

Ciao, mi chiamo Roberta e sono un'insegnante d'italiano per stranieri. Vi presento ora il mio nuovo gruppo. È una classe molto internazionale: Maria, per esempio, è spagnola, di Madrid. Bryan è americano. Marta invece è irlandese, di Dublino. Poi c'è Laurence che è francese e Nawid che è turco. Stefanie invece è svedese, di Stoccolma. Poi c'è una ragazza greca, Teodora, di Atene e Fabio, che è svizzero, di Zurigo. Wang invece è cinese, mentre Junko è giapponese, di Tokyo. Igor è russo, e Brigitte è belga. Ah, e anche Pierre è belga, di Bruxelles. Ho anche una ragazza messicana, Paula, e una argentina, di Buenos Aires, che si chiama Mariana. Infine Nicholas è austriaco, di Vienna, Dulce è portoghese e John australiano, di Melbourne. Insomma, una bella classe internazionale e anche molto simpatica.

18.

1. ■ Ciao Paul, perché studi l'italiano?
   □ Per diventare traduttore.
2. ■ Julia, e tu? Perché impari l'italiano?
   □ Perché ho il ragazzo in Italia.
3. ■ Stefanie, perché studi l'italiano?
   □ Per partecipare a un programma Erasmus.
4. ■ Cesar, perché frequenti un corso d'italiano?
   □ Studio storia dell'arte. L'italiano è molto importante per la storia dell'arte.
5. ■ Jürgen e tu? Perché impari l'italiano?
   □ Mah! Per tanti motivi, ma soprattutto per interesse personale.

Unità 2

5.

1. □ Scusa, sai che ore sono?
   ■ Le 10 e 25.
2. □ Roberto, sai che ore sono?
   ■ Le due e mezza.
   □ Mamma mia, è tardi! Ho lezione!
3. □ Scusa, che ora è?
   ■ Sono le sette meno un quarto.
   □ Beh! Allora c'è tempo. Il film comincia fra mezz'ora.
4. □ Paolo, a che ora comincia la lezione?
   ■ A mezzogiorno e un quarto. Perché?
   □ Hai tempo dopo di prendere un caffè al bar?
   ■ Va bene.
5. □ Alberto, sono le 8 e un quarto e sei ancora a letto! Dai, che hai lezione all'università!
   ■ Ma sono stancooo!!

Unità 3

8.

a. □ Monica, tu lavori come hostess, vero?
   ■ Sì, lavoro in fiera.
   □ Allora parli sicuramente bene le lingue.
   ■ Beh, parlo molto bene il francese e l'inglese.
   □ E lavori molto?
   ■ Mah, dipende. In media una settimana al mese.
   □ E ti piace?
   ■ Mah, non molto, ma pagano bene.
b. Studio economia, ma due volte alla settimana lavoro in un negozio di CD, faccio il commesso. Lavoro di pomeriggio dalle due alle sette e mezza. Non guadagno molto, ma il mio lavoro mi piace un sacco perché posso ascoltare tutti i CD nuovi.

20.

1. □ Ciao Enrico.
   ▶ Ciao Fabio come va?
   □ Sì, abbastanza bene, anche se è lunedì! Stasera devo lavorare e non ho per niente voglia. Senti un po', cosa fai mercoledì sera? Io vado a un concerto di jazz. Vuoi venire?
   ▶ No. Purtroppo mercoledì non posso. Ho già un appuntamento con Carlo. Andiamo al cinema. Lo sai che il mercoledì vado sempre al cinema. Costa meno.
   □ Oh! Peccato. E giovedì che fai?
   ▶ Eh giovedì sera lavoro. Lavoro sempre il giovedì e il venerdì. Ma, perché non andiamo domani sera a bere qualcosa?
   □ Sì, d'accordo. Domani è martedì e non ho niente in programma. A che ora e dove?
   ▶ Mah, facciamo alle nove e mezza al River Side.
   □ Sì, perfetto. So dov'è!
2. □ Anna, ciao sono Marta.
   ▶ Ciao, Marta. Come stai?
   □ Ma sì, non c'è male. A parte l'esame che devo fare venerdì.
   ▶ Allora giovedì sera non esci? Perché io e Sonia andiamo da Stefi che fa una festa.
   □ No guarda, fino a venerdì sono tappata in casa. Ma il fine settimana voi che fate?
   ▶ Allora, venerdì ho un appuntamento con Tommaso. Andiamo al cinema allo spettacolo delle 20.00. Sabato però sono libera. Perché non andiamo al Verven, sabato sera? Fino alle 21.00 c'è l'happy hour, lo sai no? I cocktail costano la metà.
   □ Va bene! Volentieri. Senti, se ti interessa domenica vado al cinema Anteon che c'è un bel film.
   ▶ Sì lo so, ma domenica purtroppo non posso. Devo stare a casa.

Unità 4

2. a.

1. □ Senta scusi, Lei è di Pavia, vero? Come è Pavia?
   ▷ È una bella città della Lombardia, tranquilla, pulita, ricca, con un'importante università, si vive bene, forse è un po' provinciale.
2. □ Senta, Lei vive a Genova? Quali sono le caratteristiche di questa città?
   ▶ Genova è una città strana, molto affascinante. La devi scoprire poco a poco. Da un lato ci sono alcune strade con dei meravigliosi palazzi, Via Garibaldi per esempio, però dall'altro poi ci sono dei quartieri moderni orribili. Poi Genova è una città di mare, un po' sporca, come tutte le città con un porto, ma è anche molto dinamica.
3. □ Senti Paolo, ma da quanto tempo studi a Bologna? Ti piace Bologna?
   – Da 2 anni! Bologna è giovane, vivace. È una ... è una città universitaria, la città ideale per gli studenti. Pensa che sono circa il 20% della popolazione. Mah, che dire ancora? È una città accogliente, culturalmente molto creativa, calda, ma non solo climaticamente, è proprio la gente che è calda, ospitale. Pensa che tutte le sere c'è qualcosa di diverso da fare. E poi la cucina! Guarda, si mangia bene, ci si diverte, l'università è antica e famosa, ma, che vuoi di più?

12.

1. □ Ugo, come ti muovi a Venezia?
   ▶ Che domande! A Venezia si va o in barca, o a piedi! Venezia è una città sull'acqua e così a Venezia è impossibile usare altri mezzi di trasporto e quindi ci si muove o a piedi oppure nei canali si va in vaporetto. Poi Venezia è piccola, così ci si sposta facilmente da una parte all'altra della città.
2. □ Linda, a Milano come ci si sposta?
   ▷ Beh, normalmente in metro. Sai Milano è grande e la metro è comoda e veloce. Non ci sono molte linee, solo tre, ma si raggiungono veramente tutti i posti più importanti della città.
   □ E anche la sera prendi la metro per andare a casa?

▷ Beh, dipende. Fino alle dieci e mezza-undici di sera sì, la prendo. Ma se si torna a casa più tardi allora preferisco prendere la macchina, sai mi sento più sicura, e poi anche perché la metro si ferma a mezzanotte circa.
3. ◻ Camilla, e Firenze? Firenze se non sbaglio è famosa per i motorini?
● Eh sì a Firenze ci sono più motorini che abitanti. Quasi tutti hanno un motorino. Per girare in città è il mezzo di trasporto più comodo e veloce. Anche perché a Firenze ci sono pochi parcheggi, quindi girare in macchina è molto stressante. Si può girare anche in bici ma è un po' pericoloso perché pochi lo fanno.

19.

▶ Senti, Fabry, cosa pensi della classifica del «Sole 24 Ore»?
◻ Mah, non lo so, che cos'è?
▶ È una classifica sulle città preferite dagli italiani. Al primo posto c'è Firenze, al secondo Roma e al penultimo Milano. Insomma nessuno vuole andare a vivere a Milano.
◻ Ma tutte scemate! Perché non la conoscono. Sono tutti stereotipi. Invece Milano è una città attiva, multiculturale, laboriosa, sicuramente una città molto europea. E poi anche culturalmente ha molto da offrire.
▶ Beh, sì forse hai ragione. Milano non è così brutta come molti pensano, ma in effetti guarda che Firenze non è male. Esteticamente è stupenda, con i palazzi del Rinascimento, l'Arno, le colline toscane...
◻ Ma sì, non discuto. Firenze è bella, e chi dice di no, e poi la gente è simpatica ma ... a dire il vero i turisti sono veramente troppi e poi c'è un traffico incredibile con tutti quei motorini. Milano esteticamente non è così bella, ma di certo offre molto. È una grande città, ha un'offerta culturale molto ampia. Ci sono sette università, è la città del design, della moda... Milano è dinamica, qui va tutto velocemente...
— Sentite, ma che mi dite di Roma? Secondo me Roma è la città dove andare a vivere. Milano è troppo stressante e troppo frenetica, Firenze forse un po' piccolina. A Roma c'è tutto quello che volete, splendidi palazzi, fontane meravigliose, piazze per tutti i gusti. Concerti, mostre... Ma poi la storia, si respira storia in ogni angolo. Io mi sa che dopo l'università cerco lavoro a Roma.

◻ E brava la nostra Lisa! Questa è proprio una bella idea. Roma... Roma probabilmente è proprio la soluzione. Dai che andiamo tutti a Roma.
▶ Io non lo so. Roma è troppo caotica. Una bella casa nella campagna toscana invece... Ma sentite, invece di stare qua a discutere andiamo a lezione, va, che è tardi.

Unità 5

6.
1. ◻ Anna, sei andata in palestra ieri?
● No, ieri mattina ho dormito fino a tardi! Poi sono rimasta a casa a studiare per l'esame. E tu?
◻ Io sono uscita con Elisa ma non abbiamo fatto niente di particolare. Siamo andate a mangiare una pizza al Casolare.
2. ◻ Ehh, guarda chi arriva. Ciao Gigi!
● Ciao Carlo! Ma cosa hai poi fatto ieri sera?
◻ Ieri sera sono andato al cinema. Ho visto l'ultimo film di Nanni Moretti. E tu?
● Ma, io sono andato da Luca, abbiamo preso un DVD, I Cento Passi. Guarda, bellissimo. Luigi Lo Cascio, l'attore protagonista, è bravissimo!
◻ Ah, sì, sì, so che film è. È uscito nel 2000, se non sbaglio.
3. ◻ Ciao Sonia! Come va? Allora? Passato bene il fine settimana?
● Oh sì! Sono andata a Barcellona!
◻ Ma dai! Che bello!!
● Sì, guarda, ho trovato un volo per 40 euro andata e ritorno, e allora siamo partiti venerdì e siamo tornati domenica sera.
◻ Ah, ma allora non sei andata da sola?
● No, no. Carlo è venuto con me. Sai, lui conosce bene Barcellona ed è stato perfetto perché ha raccontato un sacco di cose interessanti sulla città.

12.
◻ Ohh, guarda chi c'è. Marco finalmente! Allora, come va? Tornato dalle ferie? Cosa hai fatto di bello?
▷ Bene, bene!! Eccomi qua, pronto a ricominciare. Quest'estate sono stato in Sardegna con Alberto e abbiamo passato delle vacanze veramente fantastiche. Siamo andati in moto, abbiamo dormito in campeggio, abbiamo fatto il giro dell'isola. Guarda, bellissimo, veramente. La Sardegna merita proprio. Sole tutto il tempo, un mare pulitissimo...

◻ Beati voi!! Io invece sono restata qui e ho lavorato come al solito al museo!! Non vi dico che divertimento. Però almeno ho avuto tempo di preparare l'esame di storia moderna... va beh, dai! Massimo, e tu? Che cosa hai fatto? Sei andato a Parigi poi?
● Eh sì. Sono stato a Parigi luglio e agosto, ma di Parigi ho visto ben poco. Sono andato a cercare materiale per la tesi. Però ora conosco tutte le biblioteche della città.
▷ Ah, sei stato a Parigi? Ma dove hai dormito?
● Da Luca. È lì per l'Erasmus da 6 mesi e così mi ha ospitato. Ma invece Stefania e Fabrizio dove sono? Non sono ancora tornati?
◻ No! Tornano il prossimo fine settimana. Sono andati nei Paesi del Nord! Danimarca, Svezia e Norvegia! Mi hanno mandato una mail da un internet caffè di Oslo, la loro ultima tappa e mi hanno scritto che hanno visto un sacco di posti fantastici. Solo che hanno speso moltissimi soldi.

Unità 6

4.
◻ Ciao Elena. Allora? Come è andata al mercato?
▶ Ciao Monica. Oggi giornata alla grande. Ho trovato un sacco di cose per l'inverno. Guarda. Fantastici questi stivali neri, vero!? 80 euro. Mi piace un sacco la punta rotonda.
◻ Sì. E poi quest'anno si usa un casino. Ma che numero porti? Li posso provare un attimo.
▶ Il 38. Sì, sì, fai pure.
◻ Eh sì. Proprio belli. Quasi quasi me li prendo anch'io.
▶ Poi guarda. Ho trovato questi pantaloni per 40 euro.
◻ Sì, bellini. Ma quel colore viola non mi convince molto. E poi non sono un po' piccoli?
▶ No! È la 28. Mi vanno benissimo, beh, non sono di certo larghi, ma secondo me mi stanno bene. Poi a me piace il viola. Con una bella maglietta bianca stanno da Dio.
◻ Come quella lì che vedo nella borsa...? Ma quante cose hai comprato?
▶ Un sacco! Te l'ho detto che è stata una giornata di grandi acquisti. La maglietta l'ho pagata 10 euro al banchetto solito delle magliette. Ormai mi conoscono e mi fanno pure lo sconto. Non è carina? Semplice, di cotone... Proprio quella che cercavo.
◻ Sì. Non è male. Ce n'è anche di altri colori?

▶ Beh, i soliti: bianca, nera, verde, rossa, poi c'è anche un bel giallo che quest'anno va di moda.
□ E la tua che taglia è?
▶ Una M. La S è troppo stretta e corta.
□ E poi? Hai comprato ancora qualcosa?
▶ Sì ho trovato anche questa sciarpa di lana bianca e nera. Mi piace un sacco perché è bella lunga ed è veramente calda. 10 euro l'ho pagata. Non è tanto, no?
□ Beh, no di certo. Se la compri in un negozio ti costa almeno il triplo.
▶ E poi mi sono comprata questa gonna di jeans per 15 euro. Un po' troppo lunga ma mi piace il colore blu scuro e le tasche davanti. Una 42. Per me è un po' grande ma con la cintura va bene. Ecco è tutto. Ho fatto fuori tutti i soldi che ho guadagnato con la traduzione per il prof di economia, e per i prossimi mesi sono a posto.
□ Sai che ti dico. La prossima volta vengo con te. Io al mercato non trovo mai niente. Tu invece riesci sempre a trovare delle cose carine.
▶ Eh sì, cara mia! Anni e anni di esperienza...!

Unità 7

3.

□ Ma vi ricordate quelle vacanze mitiche alla fine della maturità?
● Quali quelle in Sardegna?
□ Sì, se non sbaglio era l'agosto del '99.
● Ah sì che belle! Ma quanti eravamo? Un sacco di gente vero?
— Eh beh sì, c'erano Stefano, Cristina, Franco, la Mariella, Gigi, Diego, e poi anche qualcun altro. Insomma eravamo una decina di persone. Non avevamo una lira in tasca ma che ne so, ci divertivamo sempre un sacco e poi ridevamo sempre.
● Ma dove dormivamo? Eravamo in campeggio o in una casa? Adesso faccio confusione con le vacanze in Sicilia.
□ Mah, dormivamo al campeggio di Santa Teresa di Gallura, ti ricordi? Era bellissimo ... vicino al mare ... pieno di ragazzi. Facevamo sempre colazione al supermercato, te lo ricordi? Mangiavamo tonnellate di pane e Nutella.
● Ah, sì, mi ricordo, dopo quelle vacanze non ho più toccato un barattolo di Nutella per due anni!
□ Dopo colazione prendevamo i motorini e andavamo tutti i giorni in una spiaggia diversa. C'erano dei posti bellissimi. Il mare era verde smeraldo.

— Sì, sì, esatto, poi alcuni prendevano il sole e altri giocavano a calcio in spiaggia. Alla fine de l'estate eravamo tutti nerissimi. Poi la sera tornavamo in campeggio, cucinavamo...
□ No, scusa!! Era sempre il povero Diego che cucinava! Perché nessuno aveva mai voglia, anche se tutti avevano una fame da lupi. Faceva sempre la pasta con il tonno perché era quella che costava di meno!!
● Sì, e poi alla fine, anche la sera dopo cena tornavamo sempre in spiaggia dove c'era un sacco di gente. Stefano tirava fuori la chitarra e cominciava a suonare. Sempre le stesse canzoni eh!! Alla fine era una tortura.
□ Sì ... guarda e poi come al solito c'era qualcuno che raccontava le solite scemate e poi tutti giù a ridere.
— Sì, sì è vero... e qualcuno cominciava anche a sbaciucchiarsi!!! Mariella e Diego dopo un po' sparivano e nessuno sapeva dove erano!!
□ Sì, sì è vero!!! Che belle vacanze eh? Non avevamo niente in testa. Pensavamo solo a divertirci...

14.

● Ciao Karin, come va? Sei pronta per qualche domanda?
□ Sì, sì, fai pure.
● Allora, adesso se non sbaglio studi Discipline arte musica e spettacolo al DAMS di Bologna, ma mi sembra è una novità?
□ Sì, finalmente studio quello che mi piace. Prima studiavo giurisprudenza, ma in realtà non mi interessava per niente e quindi a un certo punto ho deciso di cambiare facoltà e città.
● E dove vivevi prima?
□ Abitavo a Bayreuth, una piccola città in Baviera. Bayreuth è carina, ma troppo piccola e provinciale. Mi annoiavo da morire e così mi sono trasferita a Bologna.
● Ma tu Bologna la conoscevi già?
□ Sì, ci sono stata la prima volta nel 2000 per il programma Erasmus. La città mi è piaciuta un sacco e per questo ho deciso di tornare.
● E ora sei contenta?
□ Sì, sicuramente sì. Faccio un sacco di cose interessanti, conosco molta gente, non mi sento più frustrata. La mia passione è il teatro e a Bologna ho l'opportunità di fare teatro d'improvvisazione con alcuni amici.
● Bello.
□ Sono contenta e poi finalmente ho imparato l'italiano...

● Come «imparato l'italiano»? Ma tu lo conoscevi già l'italiano.
□ Insomma, lo sapevo, ma non bene.
● Ho capito. E prima, da studentessa di giurisprudenza come vivevi, come passavi le tue giornate?
□ Stavo tutto il giorno all'università, uscivo sempre con le stesse persone, andavamo sempre nei soliti locali. Insomma non conoscevo tanta gente. Dopo un po' mi sembrava tutto uguale e per questo ho preso la decisione di lasciare Bayreuth. E ho preso la decisione giusta.
● Anche perché qui a Bologna hai conosciuto una persona particolare, no?
□ Sì anche, ma non solo. Lorenzo l'ho conosciuto quando ero a ... a Bologna per l'Erasmus. Abitavo con lui e con altre tre ragazze. Lui mi piaceva un sacco e ci siamo messi insieme un giorno.
● E ora? Com'è la vostra relazione?
□ Ora lo vedo spesso, ma non siamo più insieme. Lui ha un'altra ragazza e anch'io ho un altro ragazzo. Però siamo rimasti amici.
● Va bene, ti ringrazio

Unità 8

1.

Allora vediamo un po' cosa devo comprare. Beh, sicuramente un vasetto di Nutella che è finita ... una Nutella ... e poi una tavoletta di cioccolato. Sì, ... da bere ... va beh, due bottiglie di spumante, tre lattine di birra e ... un litro di latte ... latte. Poi ... vediamo allora ... pasta, sì, allora due pacchi di pasta, mhm ... una scatoletta di tonno e così faccio la pasta con il tonno. Poi i pelati ... allora due scatole di pomodori pelati ... che faccio un po' di c...? sì, un po' di carne, allora tre fette di carne di manzo così faccio le bistecche e poi ... prosciutto, ecco sì, due etti di prosciutto, se qualcuno vuole un toast.

9.

a. □ Allora mi può raccontare esattamente che cos'è la battaglia delle arance?
▷ Beh, la battaglia delle arance è una tradizione di Ivrea, una cittadina vicino a Torino, e si svolge a Carnevale. Ovviamente il Carnevale di Ivrea non è fatto solo di arance, ma questo giorno è sicuramente il più importante.
□ Ma è una festa di lunga tradizione o è uno spettacolo nuovo?
▷ No, no, ha origini molto antiche. La tradizione fa risalire il ‹getto›, diciamo delle arance da quello dei fagioli che era tradizione medievale.

Cioè era il governatore della città che una volta all'anno regalava ai contadini una pentola piena di fagioli. Ma una volta i contadini si sono ribellati e hanno buttato tutti i fagioli dalla finestra. Un segno diciamo di protesta contro il malgoverno. Questo gesto poi è diventato un simbolo del carnevale e prima si faceva con i fagioli e poi a partire dalla metà dell'Ottocento più o meno si è passati alle arance.
□ Ma oggi come funziona?
▷ Beh, oggi ... la battaglia si svolge sulle piazze del centro. Ci sono otto squadre: ognuna con i suoi costumi, la sua storia. I personaggi più importanti sono il generale e la mugnaia e poi ovviamente gli aranceri, che sono quelli che tirano le arance. Alcuni aranceri sono sui balconi, altri sui carri e altri a terra. Quelli sui carri hanno una maschera. Gli aranceri sui carri e sui balconi rappresentano le guardie dei signori del medioevo, mentre gli aranceri che vanno a piedi rappresentano la gente che protesta. E ogni anno partecipano veramente moltissime persone e diciamo è un segno della partecipazione dei cittadini a questa tradizione che è diciamo unica e singolare in tutt'Italia.
□ Interessante.

b. □ Senta, ci può raccontare qualcosa sulla regata storica?
▶ Certo. Allora innanzitutto la regata storica ha origini antichissime. La prima regata storica c'è stata il 10 gennaio del 1315. Adesso ha luogo ogni anno la prima domenica di settembre. La manifestazione inizia con il corteo storico che sfila con costumi antichi, del XVI secolo, che vuole ricordare l'arrivo a Venezia della regina di Cipro, Caterina Cornaro. Poi c'è una sfilata delle gondole da parata che però ormai ha un significato diciamo esclusivamente pittoresco. E poi iniziano le gare vere e proprie. Sono quelle che accendono gli animi dei veneziani. Il pubblico aspetta di vedere quale barca entra per prima in Canal Grande visto che spesso è quella che poi vince la gara.
□ E poi, succede qualcosa quando la gara finisce?
▶ Eh sì, certo. Finite le gare, tutti i canali si riempiono di barche e iniziano vari spettacoli d'arte. E anche i vari campi e campielli si riempiono di spettacoli.

c. □ Allora, il calcio fiorentino è un gioco antichissimo. Ci sa dire qualcosa di più?

● Eh sì, secondo un'antica tradizione il gioco del calcio è nato sulle rive dell'Arno e solo più tardi si è trasferito sulle rive del Tamigi dove ha cambiato il nome in football, ha perfezionato le regole e ha acquisito la fama che ha ancora oggi. Il calcio fiorentino, chiamato anche il calcio in livrea, si giocava in molte piazze di Firenze o dove c'erano degli spazi ampi. Si racconta anche di una volta in cui le squadre hanno giocato sull'Arno ghiacciato. Normalmente però si giocava nelle grandi piazze come quella di Santo Spirito, di Santa Maria Novella e di Santa Croce. Piazza Santa Croce era il luogo più prestigioso dove si svolgevano le partite di grande importanza.
□ E oggi? Che importanza ha?
● Attualmente il Calcio Storico Fiorentino è più di un'affascinante e spettacolare manifestazione folcloristica. La tradizione è ancora oggi molto forte. I quattro quartieri storici di Firenze, cioè i Bianchi di Santo Spirito, gli Azzurri di Santa Croce, i Rossi di Santa Maria Novella e i verdi di San Giovanni si affrontano sulla Piazza di Santa Croce.
□ E quando?
● In totale ci sono 3 partite e si giocano sempre nel mese di giugno in occasione dei festeggiamenti di San Giovanni, il Patrono di Firenze. Le semifinali sono la prima e la seconda domenica di giugno e la finale è il 24 giugno.
□ E tutte le partite si svolgono sulla Piazza di Santa Croce?
● Sì, sì, tutte.

20.

1. □ Cosa facciamo? Usciamo?
   ▷ Ma non so. Secondo me fra un po' viene un temporale. È tutto nero laggiù.
2. Madonna mia che caldo!! Un'afa impossibile!
3. □ Che tempo fa lì? Qui c'è una giornata di sole stupendo e fa caldo, ci sono 22 gradi.
   ▷ Qui è brutto. È tutto nuvolo.
4. Brrr che freddo che fa. Ci sono 10 gradi sotto zero. Oggi non metto il becco fuori casa.

Unità 9

9.

□ Ciao Massimo, ciao Paola. Come va? Oh, ma avete sentito l'ultima notizia? Quel secchione di Leandro si è laureato a pieni voti e un suo vecchio zio ricco senza figli gli ha regalato 50.000 euro.

■ Sì, sì, l'abbiamo saputo anche noi. Eh beh, caspita con 50.000 euro ne puoi fare di cose... Io prenderei sei mesi di vacanza e mi farei un bel viaggetto in Europa. Andrei prima al Nord, che ne so Norvegia, Svezia, Danimarca poi... poi scenderei pian piano in Germania, poi Francia, che ne so, poi in Spagna, Portogallo. Cercherei di non spendere tantissimo, cioè non andrei in albergoni, cose costose, sempre i soliti ostelli, ma sicuramente non dovrei contare come sempre i centesimi.
□ L'Europa? Ma che, sei matto? Io se avessi tutti quei soldi, me n'andrei in Australia. È già da un po' che mi piacerebbe andare laggiù con la mia ragazza a fare una bella vacanza. Io e Nadia prenderemmo magari una macchina a noleggio e gireremmo in lungo e in largo tutto il Paese.
▷ Ma io sinceramente non li spenderei così in divertimenti. Magari li metterei in banca e mi comprerei una casetta.
■ Ma dai! Con 50.000 euro non riusciresti a comprarti niente.
▷ Beh, magari potrei... potrei dare un anticipo. E poi chiederei un aiuto ai miei. Ma poi mica mi devo comprare una villa. Mi basterebbe anche solo un monolocale. Magari una bella mansardina non sarebbe male.

14.

La cucina è abbastanza grande. In fondo, a destra, nell'angolo, c'è il frigorifero. Accanto al frigorifero si vede la cucina a gas e sopra la cucina a gas ci sono degli armadietti. Vicino alla cucina a gas c'è la lavastoviglie e così io e Franco non litighiamo per i piatti. In fondo alla cucina, dall'altra parte vicino alla finestra, c'è un tavolo rotondo con quattro sedie.

La camera da letto, invece, non è grandissima. Il letto è in fondo alla stanza, nell'angolo a sinistra, poi, vicino al letto, c'è una lampada. E poi l'armadio, che è praticamente davanti al letto, e la scrivania vicino all'armadio.

Il salotto è abbastanza vuoto perché a me non piacciono le stanze troppo piene. Allora appena entri ci sono due poltrone. Vicino alle poltrone ci sono due piante abbastanza alte. Sulla parete, sopra le poltrone c'è un bel quadro che ho fatto io. A Franco non piace, ma a me sì. Davanti alle poltrone c'è una libreria piuttosto grande, molto grande.

In bagno c'è la vasca da bagno in fondo a destra. A sinistra c'è il lavandino e vicino, sempre a sinistra, c'è il water e accanto al water il bidet. Sulla parete, sopra il lavandino, c'è uno specchio.

Unità 10

2.

1. ○ Mmmhh invitante quella torta al cioccolato con le pere? Me ne dai un pezzettino?
   ● Mmmhh, certo!! È veramente buonissima, anche se mi sa che è un po' troppo calorica...
   ○ Mmmmhh, ma è dolcissima, anche un po' troppo non trovi?
   ● No, a me piacciono le torte dolcissime.

2. ○ Allora come erano le tue penne all'arrabbiata?
   ● Ottime, saporite e piccanti come piacciono a me. E i tuoi spaghetti?
   ○ Mah, per i miei gusti sono un po' scotti e poi ... poi sono un po' insipidi.

3. ○ Il vino che ha portato Ugo era veramente disgustoso... sembrava aceto.
   ● Ma no, dai! Io l'ho bevuto e non mi sembrava cattivo. Invece l'insalata di Monica era un po' scondita. E anche le melanzane erano ancora crude.

4. ○ Ma ti piace il caffè amaro??
   ● Sì, perché? Tu lo bevi zuccherato?
   ○ Io sì, ci metto almeno tre cucchiaini di zucchero. A me piace dolcissimo.

5. ○ Le lasagne di Sara erano molto buone, ma un po' pesanti, non trovi?
   ● No! Erano veramente squisite!!! Invece il secondo, la bistecca, non era un granché, la carne per me era un po' troppo cotta. Sembrava una suola.
   ○ Beh sì, anch'io la preferisco un po' più cruda sinceramente, al sangue.

Unità 11

6.

1. ○ Marco, tu quanti anni hai?
   ● Io ho 28 anni.
   ○ E ... e vivi a casa con i tuoi?
   ● Eh sì, ancora sì.
   ○ Ma senti non avresti voglia di andare a vivere da solo? Senti, ma tu lavori già, no?
   ● Sì, sì, io lavoro. Lavoro in un'agenzia di viaggi però per ora ho solo un contratto di due anni e quindi non è che possa fare chissà che ... che grandi progetti diciamo così per il futuro. E poi se devo essere sincero non è che senta molto la necessità di vivere da solo visto e considerato che i miei genitori mi lasciano fare quello che voglio. E anche se lavoro, con i soldi che guadagno fondamentalmente non riuscirei a pagarmi un intero affitto e a mantenermi da solo... dovrei stare sempre lì a contare ogni centesimo e sinceramente non è che ne abbia una gran voglia. Quindi quando esco a dover stare lì sai a contare i soldi ...
   ○ Certo.
   ● ... mi mette a disagio.

2. ○ Marcello, tu studi ancora, no?
   ▷ Sì, sì, studio ancora. Studio ingegneria.
   ○ E vivi ancora con i tuoi...
   ▷ Sì, e mi trovo molto bene.
   ○ Sì, va beh, ti trovi bene, ma non hai mai pensato di andare a vivere da solo? Che so, in un monolocale oppure insieme ad altri amici o studenti.
   ▷ Mah sai, per poter vivere da soli uno deve guadagnare un po' di soldi ...
   ○ Beh chiaro, certo.
   ▷ ... e quindi alla fine vuol dire che finisci l'università più tardi. Sicuramente ... cioè ti crea dei problemi nello studio, no?
   ○ Certo.
   ▷ E allora penso che a me non ... non mi conviene.
   ○ Mhm, quindi preferisci concentrarti sullo studio.
   ▷ Sì, poi gli affitti sono altissimi e i soldi nell'affitto sono buttati via. Vivere un po' più a lungo a casa invece mi permette di risparmiare un po' e così poi magari riesco a comprarmi un appartamentino tutto mio.
   ○ Aha, quindi diciamo rimanere un po' più a lungo con i genitori e investire ...
   ▷ Sì.
   ○ ... questo tempo, questi soldi magari in una casa propria.
   ▷ Sì, sicuramente ora non mi comprerei un mega appartamento.
   ○ Certo. Però già stai pensando in questa direzione in ogni caso.
   ▷ Sì, almeno avrei un posto tutto mio e non butterei via questi soldi nell'affitto.
   ○ Mhm, certo e poi diciamo così è anche comodo tornare da lezione e trovare tutto pronto.
   ▷ Questo sicuramente e poi beh, adesso la cosa più importante per me è finire l'università, poi il resto vedremo.
   ○ Certo.

3. ○ Caterina, tu invece vivi da sola, no?
   ▷ Beh, no. Non abito con i miei, ma non vivo da sola. Vivo con altre due ragazze.
   ○ Aha, e dimmi un po', quando hai deciso di trasferirti?
   ▷ Dunque, finita l'università. Avevo circa 26 anni. Io sono di Lodi, sai no?
   ○ Sì, certo.
   ▷ Che è vicino a Milano. E poi l'università l'ho fatta da pendolare: andando avanti e indietro ...
   ○ Certo.
   ▷ ... col treno ecc. Non era molto divertente, anzi guarda t'assicuro ...
   ○ Faticoso, diciamo.
   ▷ Certo, certo, anche se non dovevo venire tutti i giorni a Milano, io venivo solo per le lezioni più importanti a dire la verità. E poi ho preso la laurea e ho trovato subito lavoro qua a Milano e non potevo fare tutti i giorni Lodi – Milano, Milano – Lodi. Così ho cercato una stanza singola.
   ○ E... dimmi un po' ma non ti manca la tua famiglia?
   ▷ Mah no, non più di tanto. I miei vivono ... vivono vicino per cui posso andare a trovarli spesso.
   ○ Ah beh, allora.
   ▷ Sì. Quello che mi manca forse è un po' di indipendenza. Mi piacerebbe avere un monolocale tutto mio. Ma per ora è impossibile. Ci sono certi prezzi, poi con quello che guadagno è già tanto se riesco ad avere una stanza singola, quindi per ora va bene così. E poi le mie coinquiline sono anche due carissime amiche, ci troviamo bene in casa ...ci divertiamo, poi facciamo tantissime cose insieme ... e quindi tutto sommato sono contenta così.

Unità 12

1.

○ Allora Andrea, mi dici per favore il titolo e l'autore di due libri che ti sono particolarmente piaciuti. Magari me li potresti anche descrivere con qualche aggettivo.
★ Dunque, fammi pensare. Direi ... come primo libro direi «Spiriti» di Stefano Benni, che è uno dei miei libri preferiti guarda. È geniale e divertente, è una satira veramente perfettamente riuscita della società italiana e americana.
○ Sono d'accordo.
● Ce ... ce ne sarebbero degli aggettivi da usare per questo libro però direi che geniale e divertente siano sufficienti. Lo consiglio veramente a tutti.

Poi un grande classico «Don Chisciotte», un libro intelligente, romantico che veramente ti fa pensare. È fantastico.
○ Certo.

○ Senti, Alessio, invece vorrei da te il titolo di due libri e anche l'autore ovviamente che non ti sono piaciuti per niente. Anche qui spiegamene il perché con qualche aggettivo.
● Allora, i «Promessi Sposi» prima di tutto. È stata una tortura leggerlo. Forse perché ero anche obbligato a leggerlo. Sai fa parte del programma scolastico e quindi...
○ Ah sì.
● ... si deve leggere, no?. Ma in ogni caso io lo trovo pesante, noioso e con delle descrizioni inutilmente lunghe e dettagliate.
○ Addirittura.
● E poi «Va' dove ti porta il cuore» di Susanna Tamaro.
○ Ah beh.
● Io l'ho trovato banale e troppo sdolcinato. Per me illeggibile!

○ Senti Giorgia, invece vorrei che tu mi descrivessi un libro che ti è piaciuto e uno che non ti è piaciuto. Motivando chiaramente la tua scelta sempre usando, se puoi, poi degli aggettivi che descrivano questi libri.
● Dunque un libro che ho letto ultimamente mi è piaciuto molto. Direi «Vita» di Melania Mazzucco. Direi... lo definirei emozionante, appassionante. Questa storia degli italiani in America all'inizio del secolo. Veramente avvincente e poi scritto anche molto bene.
○ Sì, non l'ho letto.
● Invece uno che non mi ha lasciato niente è stato «Non ti muovere»...
○ Ah, quello della Mazzantini.
● Sì, esatto, esatto.
○ Margaret Mazzantini.
● Esatto, che è una storia d'amore per me assurda e poi esageratamente sentimentale. Poi sai, i gusti sono gusti...

5.
○ Allora Elena, che tipo di lettore, anzi di lettrice, sei?
▷ Beh sicuramente forte. Leggo tantissimo. In media un libro al mese ma diciamo così se riesco anche di più.
○ E che cosa leggi di preferenza?
▷ Beh di tutto diciamo. Romanzi, soprattutto narrativa italiana ma anche straniera. Mi piace essere aggiornata sulle novità editoriali diciamo così almeno europee... poi a volte leggo anche libri di attualità o letteratura di viaggio diciamo. Raramente le poesie... poi diciamo non sono un'appassionata di gialli.
○ Ok, e sai dire, sai definire quando ti piace un romanzo? Che cos'è che ti resta impresso?
▷ Mah, dipende! Diciamo così lo stile. A me piace quando un libro è scorrevole, veloce, senza troppe ridondanze. Quando insomma non è troppo barocco diciamo. Chiaramente se la trama è originale meglio perché chiaramente mi incuriosisce. Generalmente però mi piacciono molto i personaggi in genere. Cioè in alcuni libri ci sono dei personaggi a cui mi affeziono e quando finisco di leggere il libro mi mancano quasi. E alla fine potrei dire sono quasi degli amici.
○ Ho capito. Senti, un'altra domanda. E... quand'è che decidi di comprare un libro? Hai dei criteri per la scelta?
▷ Mhh, diciamo che normalmente, va beh quando leggo delle recensioni, se la recensione mi piace e se mi stuzzica diciamo che poi generalmente compro anche il libro. In altri casi quando qualcuno mi consiglia un libro, dipende chiaramente da... da come lo dice però in genere poi lo leggo. Normalmente va beh non seguo molto questi consigli che so tramite la televisione e poi una cosa curiosa generalmente non compro libri al supermercato, anzi non ho mai comprato un libro al supermercato.

Unità 13

2.
○ Allora, Signora, adesso innanzitutto calma...
▷ Sì.
○ ... e per prima cosa mi dia i suoi dati. Nome e cognome.
▷ Maria Lamperti.
○ Residente in Via...
▷ ... in Via dei Gracchi 11.
○ Ecco, e il CAP gentilmente.
▷ Ehm... Bologna, sì va beh... ehm... 20146 Bologna, sì.
○ 146, benissimo. Allora, signora Lamperti, adesso come Le ripeto tranquilla, mi dica prima di tutto se sa farmi una descrizione fisica di questa persona che lei sospetta?
▷ Ah beh sì, ma è un po' difficile. Allora...
○ Va beh, ci proviamo.
▷ Sì, sì, ecco... Quando sono salita sull'autobus, va beh c'era un sacco di gente. Sa, era l'ora di punta, poi i ragazzini appena usciti da scuola. E io tra l'atro avevo un sacco di borse della spesa perché tornavo dal mercato e così avevo le mani occupate.
○ Beh, adesso mi dica cosa è successo a quel punto.
▷ Eh, allora... Sì, vicino a me c'erano dei ragazzi... due, sì, due ragazzi piuttosto giovani, diciamo non lo so 25, 28 anni, uno era un biondino, capelli diciamo, mi faccia pensare, sì, fino alle spalle, non era altissimo, un'alte... aveva un'altezza media.
○ Ecco, quindi capelli di media lunghezza biondi dice, vero?
▷ Sì, sì, sì. Ed era anche piuttosto magro. Aveva la barba. E parlava con un altro ragazzo...
○ Ecco infatti erano in due.
▷ Ecco sì, e questo, invece, aveva i capelli cortissimi, ma direi più che cortissimi quasi rasati a zero, sa questi... questi tipi un po' così. E questo invece era alto, robusto, sa di questi che vanno in palestra...
○ Sì, certo.
▷ ... abbronzato, sì, abbronzato era anche piuttosto scuro.
○ Ecco, ma lei direbbe scuro di carnagione oppure era un'abbronzatura?
▷ Mi faccia pensare. Ma... forse... no, direi un'abbronzatura. Ecco poi c'era una terza persona, una ragazza vicino a loro, più o meno direi della stessa età. Mi faccia pensare... sì, ecco questa aveva i capelli lunghi e ricci, aveva gli occhi chiari...
○ Azzurri, verdi?
▷ Questo non lo so. So che erano chiari... e lei era insomma bella robusta insomma, quasi grassa direi così.
○ Corpulenta insomma possiamo scrivere qui sul verbale.
▷ Sì, sì, sì, sì, sì. E una cosa strana era che continuava a venirmi addosso. Ma l'autista non guidava male.
○ Eh sì, effettivamente questo è un tipo... un trucco abbastanza tipico.
▷ Eh, va beh, poi il biondino mi ha chiesto un'informazione e io gli ho spiegato la strada e mentre parlavo con lui, mentre gli spiegavo, la ragazza mi è venuta addosso ancora una volta e secondo me forse è stato lì che m'ha preso il portafogli dalla borsa.

◦ Guardi, molto probabile.
▷ Eh, sì. E poi io chiaramente non ho guardato subito perché non c'ho pensato. E dopo un po' sono scesi tutti e tre. E... poi ho scoperto appunto che non avevo più il portafogli.

Unità 14

9.

1. ◦ Ciao Giorgio! Senti, la prima domanda che voglio farti è questa: tu hai mai chattato?
   ■ Sì, ho cominciato in un forum di viaggi e poi ho continuato. Era come un appuntamento fisso. È stata un'esperienza interessante.
   ◦ Ecco, immagino che sia molto interessante. E la domanda che viene spontanea è se tu hai mai incontrato queste persone con cui hai chattato?
   ■ No, no, le persone non le ho mai incontrate. Oddio, sai una volta ... cercavo casa a Firenze per un qualche giorno e tramite uno del forum ho trovato casa.
   ◦ E quindi questa persona che ti ha dato la casa l'hai conosciuta.
   ■ Sì, sì, è vero. Però oddio non era un'esperienza particolarmente interessante, no?
   ◦ Ma senti, ma questo fatto di avere contatti con persone che non vedi mai, dal punto di vista emotivo non c'è coinvolgimento, no?
   ■ No, per niente, cioè è un po' strano, no? Però dall'altra parte è anche positivo.
   ◦ E quindi riassumendo, che cosa diresti? A che servono queste chat?
   ■ Secondo me un chat è un luogo importante per scambiarsi opinioni.

2. ◦ Lisa, tu hai mai chattato nella tua vita?
   ■ Chattato? No, mai! Ma mica per principio, eh!? Semplicemente che non ho mai avuto l'occasione. Più che altro non mi sono mai interessata ecco.
   ◦ Non ti viene un po' di curiosità? Ne parlano tanti.
   ■ Maaa, sì. Ti dirò che adesso parlandone mi è venuto anche una certa curiosità. Forse però più che la vera chat eventualmente mi ... mi incuriosiscono i forum dove ...
   ◦ Eh, infatti perché lì poi si possono avere scambi di opinioni ...
   ■ Esatto.
   ◦ ... si possono imparare un sacco di cose.
   ■ Certo, dove ognuno può esprimere la propria opinione.
   ◦ Esatto e poi si ... si può entrare in contatto con persone di tipo diverso.

3. ◦ Salve Michele. Senti, io avrei qualche domanda da farti. La prima sarebbe questa: Hai mai chattato?
   ■ Sì, sì, io chatto regolarmente, a me piace da matti collegarmi e stare lì a chiacchierare con gente che non conosco. Tra l'altro mi sono anche dovuto inventare uno pseudonimo, una specie di nuova identità.
   ◦ Ah già, tu non chatti con ... con il tuo nome vero.
   ■ No, no, no, nelle .. nelle chatline devi scegliere praticamente uno pseudonimo il che ti consente anche di lasciare un po' libera la tua fantasia, di comunicare con gente che non conosci.
   ◦ Senti Michele, ma ... così adesso in confidenza me lo diresti il nome che usi nelle ... nelle chat?
   ■ No, guarda, non posso ...
   ◦ Eh dai ...
   ■ ... ti posso dare un suggerimento se vuoi. Si tratta di un personaggio di una favola.
   ◦ Pinocchio? Perché appunto menti, dici le bugie, quindi Pinocchio. Non è Pinocchio?
   ■ Mhhh, guarda ...
   ◦ Biancaneve.
   ■ No, veramente, non insistere, tanto comunque non te lo dico, per piacere.
   ◦ Ok, rispetto questa tua volontà. Vorrei tornare un po' più seriamente adesso sul tema delle chat. Che cosa ... secondo te a che cosa servono queste ... queste chat? Hanno una funzione? Perché è così interessante per molta gente essere in contatto con gente che non si vede mai, che è sconosciuta?
   ■ Guarda, esattamente non lo so. Io penso che possa essere un ... semplicemente un modo di giocare o di socializzare, un modo se vuoi anche in fondo di superare le proprie timidezze.
   ◦ Quindi ha un risvolto psicologico?
   ■ Ma guarda questa è la mia opinione. Io non sono né uno psichiatra né un esperto di psicologia delle chat quindi ... cioè una risposta scientifica non te la posso dare.
   ◦ Ho capito. Guarda, la domanda che viene spontanea, siamo molto curiosi noi che non chattiamo ... Vi incontrate mai? Tu hai mai incontrato le persone conosciute in chat?
   ■ No, sinceramente no e non vorrei nemmeno farlo perché penso che non ci sarebbe più gusto. Penso che verrebbe a mancare diciamo l'elemento giocoso. E se devo essere sincero avrei pure un pochino di paura a conoscere le persone.
   ◦ Certo.

Unità 15

13.

1.
◦ Susi, quanti anni hai e che cosa studi?
▷ Dunque ho 24 anni e studio interpretariato e traduzione all'università di Trieste. Sono al 3° anno adesso e sto scrivendo la tesi. Tra un po' la finirò.
◦ Ah, la tesi. Senti, posso chiederti il titolo della tesi?
▷ Dunque s'intitola «La traduzione del comico» che è un tema interessantissimo per me.
◦ Eh, ci credo, certo. Senti, io volevo farti delle domande. So che sei stata a Berlino.
▷ Sì.
◦ Quando ci sei stata e perché hai scelto proprio Berlino?
▷ Dunque sono andata circa due anni fa più o meno, sì. E ho scelto Berlino così per caso a dire la verità. Mi sembrava la città più interessante del momento in Europa in questo periodo, sì. E poi mi incuriosiva tantissimo.
◦ Ho capito. Senti... quando hai iniziato i preparativi per partire?
▷ Allora, appena... appena ho ricevuto la notizia dall'ufficio di relazioni internazionali che mi avevano preso ho iniziato a pensare a tutte le cose da fare. Infatti, ero agitatissima e... però ero anche contenta di partire.
◦ Certo, chiaro. Senti ... hai fatto qualcosa di speciale per prepararti al soggiorno, qualcosa di particolare?
▷ No, a dire la verità, no. Cioè un'amica... una mia amica mi aveva regalato una... una guida di Berlino e poi ho cercato qualche studente tedesco per fare un po' di tandem ...
◦ Certo.
▷ ... perché improvvisamente mi era venuta una paura enorme al pensiero di non capire nulla della lingua che non conosco, eccetera.
◦ Certo perché poi il tedesco insomma non è facilissimo diciamo.
▷ Certo.
◦ Senti... Le tue prime impressioni di Berlino quando sei arrivata?

▷ Dunque io sono arrivata a metà settembre più o meno e faceva già freddo. Però mi rendo conto che Trieste non è la città più calda d'Italia ...
○ Certo.
▷ ... però ... e quindi mi sono abituata abbastanza facilmente diciamo così. E... Berlino poi mi ricordo degli spazi enormi. La metropolitana con tantissime linee ... poi le facce della gente. All'inizio mi sembrava tutto stranissimo. E i primi tempi infatti mi sentivo abbastanza spaesata.
○ Certo. Sì ... posso chiederti quali sono state le difficoltà che hai incontrato?
▷ Ma sicuramente la... la prima difficoltà è stata quella della lingua. È sì infatti ero... ero un disastro pazzesco. Appena arrivata lì mi sono accorta che le mie conoscenze non erano questo gran che... e all'inizio proprio non capivo niente. Infatti ero disperata. Poi mi sono iscritta a un corso di tedesco intensivo.
○ Dove?
▷ Fatto... fatto dall'università. E dopo tre mesi ho iniziato a parlare un po' decentemente diciamo così.
○ Certo.
▷ E all'inizio poi ho avuto anche un po' di difficoltà a conoscere la gente. Infatti ci sono stati dei momenti in cui sarei voluta tornare indietro.
○ Ah, con ... avevi nostalgia insomma.
▷ Esatto sì, anche ... anche.
○ Ehm, senti, ma queste difficoltà evidentemente le hai superate?
▷ Sì, piano piano. Poi si conoscono altri Erasmus che sono nella tua stessa situazione. Sai, si esce insieme, ci si conosce, si fa gruppo. E poi il fatto che... che sono andata a vivere con... con una ragazza tedesca mi ha aiutato molto poi a conoscere gente...
○ Certo.
▷ ... poi per la lingua anche mi ha aiutato molto.
○ E senti... Cosa ti sei portata da questa esperienza a Berlino?
▷ Dunque..., maaa, forse direi che ho acquisito sembra un po' più fiducia in me stessa. E poi comunque mi è servita anche come... come esperienza umana per... per allargare i miei orizzonti insomma. E poi inoltre ovviamente ho imparato anche il tedesco!
○ Chiaro! Ci sono consigli che daresti agli studenti in partenza?
▷ Dunque ... beh innanzitutto forse direi di imparare la lingua prima della partenza e credo che sia una cosa proprio fondamentale. E poi magari di cercare anche casa con studenti del posto ...
○ Certo.
▷ ... che... e poi di stare anche molto tempo in università per conoscere gente, per fare nuove amicizie.
○ Sì, chiaro.
▷ E poi insomma bisogna essere aperti e flessibili, ecco.
○ Va bene, senti, ti ringrazio... e ti faccio tanti auguri e in bocca al lupo per...
▷ Crepi, crepi.
○ ... il tuo futuro.
▷ Grazie.

2.

○ Giulio, come ti sei sentito quando ti hanno detto che saresti andato a Dublino?
▷ Beh, quando mi hanno comunicato che il posto era mio, mi sentivo un po' nervoso all'inizio a dire la verità. Però dall'altra parte anche contentissimo.
○ Senti, ma perché nervoso?
▷ Mah nervoso perché prima di partire conoscevo male l'inglese, il solito angloitaliano, no?
○ Sì, e poi là hai avuto dei problemi?
▷ Beh, dunque, i primi tre mesi sono stati veramente duri, innanzitutto avevo enormi difficoltà a capire i prof e poi facevo fatica anche ad adattarmi ad un ambiente accademico e culturale direi molto diverso, insomma tante cose funzionano in un altro modo.
○ Certo, certo.
▷ Poi invece verso Pasqua è ‹scattato› un po' qualcosa dentro di me. Pian piano sono entrato con la testa nel fatto di... di essere in un altro Paese e da quel momento ha cominciato a funzionare tutto.
○ Bene, quindi ...
▷ Sì, no, perché poi i sei mesi successivi sono stati fra i più memorabili e piacevoli della mia vita.
○ Eh, addirittura!
▷ Sì, sì. Ero in grado di conversare in inglese con gli altri studenti, di capire le lezioni e ho scoperto che Dublino è una città fantastica.
○ Aha, quindi mi sembra di capire che la tua esperienza Erasmus è stata positiva.
▷ Sì, sì, guarda l'esperienza Erasmus mi è stata sempre utile sotto vari aspetti. In primo luogo ho acquisito fiducia in me stesso.
○ Certo.
▷ Faccio un esempio: guarda, subito dopo la laurea ho cominciato a lavorare per una grande azienda che lavorava con la Russia e in particolare a Mosca.
○ Ah, ho capito.
▷ E quindi abitavo a Milano e andavo a Mosca spessissimo. Poi insomma grazie alla fiducia acquisita nel corso dell'anno trascorso a Dublino, ho chiesto di essere trasferito stabilmente a Mosca.
○ Eh, mamma mia. Come hai fatto con la lingua?
▷ Eh, vedi, ho studiato il russo in modo intensivo e dopo quattro mesi ero addirittura in grado di conversare in russo con i responsabili locali.
○ Mhm, e ... diciamo potevi usare anche un po' d'inglese?
▷ Sì, no, e poi lì anche l'esperienza di Dublino grazie al mio inglese, riuscivo comunque a seguire tutto il lavoro, perché comunque tutti parlavano anche l'inglese, no?
○ Ah, ok. E quindi è stato... è stata... è stato utile anche l'inglese. Senti, tornando all'esperienza di Dublino con le amicizie che hai stretto all'università di Dublino, con queste persone sei ancora in contatto?
▷ Sì, ci vediamo con gli amici Erasmus almeno direi una volta all'anno, ora soprattutto in occasione dei matrimoni...
○ Aha, certo. Senti, l'ultima domanda. Che consiglio daresti a chi deve partire?
▷ Maa, non so, forse... beh forse ecco di non chiudersi in se stessi ed essere curiosi di conoscere una nuova cultura, nuova gente.
○ Ti ringrazio.

Unità 16

12.

○ Buongiorno.
● Buongiorno. Si accomodi pure.
○ Grazie.
● Senta, ho qui il suo curriculum che mi sembra molto interessante... Vedo che ha già fatto molte esperienze...
○ Sì.
● È stata per un breve periodo in Inghilterra e anche in Spagna, a Madrid.
○ Sì.
● Bene, bene. Mi racconti qualcosa del suo soggiorno in Spagna.
○ Sì, dunque ci sono stata per un anno, all'inizio sono partita con il programma Erasmus e poi lì a Madrid ho trovato uno studio legale italo-spagnolo in cui ho fatto un tirocinio di tre mesi.

- Ah, sì.
- Sì, e poi all'università ho frequentato due corsi e ho fatto anche due esami, ho fatto diritto canonico e filosofia del diritto. Poi finito l'anno di Erasmus ho trovato, tramite la facoltà di giurisprudenza dell'università, uno stage in uno studio legale italo-spagnolo sempre e, come ho detto, mi sono fermata lì per tre mesi circa.
- Ho capito, benissimo. E ... di che cosa si occupava lì?
- Beh, dunque l'avvocato che mi seguiva stava lavorando a un caso di concorrenza internazionale tra un'azienda di Madrid e una di Milano e io più che altro aiutavo... lo aiutavo nelle pratiche. Magari andavo in tribunale a portare i documenti. Cercavo le sentenze nelle riviste specialistiche, insomma cose di questo tipo.
- Bene, bene, molto bene... e quindi ha cominciato ad entrare in contatto con la realtà lavorativa degli studi legali praticamente.
- Sì, sì, esatto.
- E... certamente lo spagnolo lo parlerà senza problemi, lo parlerà perfettamente.
- Beh, magari perfettamente no, però sicuramente non ho ... non ho nessun tipo di problema, ecco. Io l'avevo già studiato prima e quindi ho avuto la possibilità sostanzialmente di approfondirlo e di impararlo poi molto bene. Direi che non ho più grandi problemi nell'espressione e nemmeno nella comprensione. Ho forse ancora qualche difficoltà a scriverlo.
- Eh, sì, e altre lingue?
- Allora, come ho scritto nel curriculum vitae sono stata anche in Inghilterra, a Londra, ...
- Sì.
- ... come ragazza alla pari.
- Sì, sì, vedo.
- Questo subito... subito dopo la maturità e lì ho acquistato sicurezza nel parlato e poi anche all'università ho fatto parecchi corsi quindi direi di saper bene anche l'inglese.
- Benissimo... senta, leggo qui che lei si sta laureando in giurisprudenza alla Cattolica di Milano ...
- Sì, esatto. Dunque, se tutto va bene, prevedo di laurearmi nell'aprile del 2007. Ora sto scrivendo la tesi sul diritto della concorrenza internazionale, che è un ambito in cui ho acquisito un po' di esperienza anche grazie al tirocinio fatto e per questo mi piacerebbe appunto lavorare nel Suo studio perché appunto si occupa di questo.
- Sì. Diciamo che il nostro studio è specializzato proprio in diritto della concorrenza internazionale e quindi abbiamo a che fare moltissimo con paesi stranieri, soprattutto europei naturalmente. Senta, vediamo un po' qualche altra informazione... Vedo che non è sposata...
- No, no, sono... sono ancora nubile.
- .... e che ha frequentato il liceo scientifico.
- Sì.
- Lo vedo perché è proprio lo stesso liceo scientifico che sta frequentando mio figlio.
- Ah ... Beh, io devo dire che mi sono trovata molto bene.
- Mhm, sì. Tra l'altro vedo, e la cosa mi ha colpito, che ha svolto anche attività di volontariato in un centro per anziani.
- Sì, esatto. Ho iniziato con un'amica... così... però penso che sia molto importante essere attivi anche nel sociale, insomma aiuta anche a vedere la vita proprio da... da un altro punto di vista.
- Certo, certo. Anche perché purtroppo in Italia se non ci fosse l'azione dei volontari, chissà quanti settori rimarrebbero scoperti. Sì, ... continuiamo... noi qui lavoriamo molto in team... naturalmente...
- Sì, sì, beh, dunque io mi considero una ... una persona molto aperta, disponibile e poi ho già lavorato in squadra e non ho mai avuto problemi ad essere sincera. Per me sarebbe poi un... un'ottima opportunità per approfondire le mie conoscenze nell'ambito del diritto della concorrenza e acquisterei poi ulteriori competenze in questo ambito che mi interessa molto.
- Sì, bene, bene. Una domanda: Lei sarebbe interessata anche a un contratto part-time a tempo determinato?
- Ma... Dunque, finché non mi laureo non ci sarebbero problemi. Però dopo confesso che mi piacerebbe fare anche... cioè crescere proprio professionalmente.
- Sì, certo. Ho capito. Comunque, diciamo che poi si può sempre vedere insomma da cosa nasce cosa... Benissimo, sì... Direi che è tutto... ho preso nota di tutto, sì. Io non Le posso naturalmente assicurare nulla, ma certamente Le faremo sapere il prima possibile. Va bene?
- D'accordo. Perfetto. Grazie mille.
- Sono io a ringraziare Lei. Arrivederci.
- Arrivederci.

Unità 17

15.

1.

La Torre di Pisa è notoriamente uno dei simboli italiani e uno dei monumenti che affascina di più i turisti di tutto il mondo, sia per la sua pendenza ma anche per l'eleganza della sua struttura architettonica. I lavori iniziarono nel 1173 e furono terminati due secoli più tardi, dopo numerose interruzioni. La sua caratteristica più nota è la pendenza di circa 2,95 metri. Recentemente sono terminati alcuni lavori per diminuire la pendenza della torre e per permettere di nuovo ai visitatori di salirvi.

2.

La Cappella degli Scrovegni, che si trova a Padova, è da considerarsi il capolavoro della pittura del Trecento italiano ed europeo, ed è il ciclo più completo di affreschi realizzato da Giotto, il grande maestro toscano, nella sua maturità.

3.

Universalmente noto per la sua inconfondibile forma ottagonale, per le suggestioni simboliche e per essere il più misterioso tra gli edifici voluti da Federico II di Svevia, Castel del Monte è una delle principali mete turistiche della Puglia. Castel del Monte è prima di tutto un castello medievale. Risale alla prima metà del 1200. A parte brevi periodi di feste, il castello venne usato per lo più come carcere. Alla fine del 1800 il castello venne acquistato dallo Stato italiano. Per le sue caratteristiche uniche l'UNESCO l'ha inserito, nel 1996, nel patrimonio mondiale dell'umanità.

4.

La Reggia di Caserta, spettacolare Reggia del 1700 progettata dall'architetto Luigi Vanvitelli, con il grande parco tutto giardini e cascate che ricorda quello di Versailles, si trova appunto a Caserta e fu voluta da Carlo Di Borbone. I lavori iniziarono intorno al 1750. Nell'edificio ci sono 1200 stanze, all'epoca lussuosamente arredate; molti di quegli appartamenti storici sono visitabili ancora oggi. Sono numerosissimi i turisti che ogni anno visitano questo splendido Palazzo. Si trova infatti sempre ai primi posti dei monumenti più visitati d'Italia.

5.

Il nome Colosseo non è probabilmente quello originale. Alcuni lo fanno derivare da un'enorme statua di Nerone che si trovava vicino all'edificio. Fu Vespasiano a dare il via ai lavori. Voleva un grandioso edificio dove si dovevano svolgere gli spettacoli.

Si chiamava inizialmente Anfiteatro Flavio, ma tutti oggi lo conoscono come il Colosseo. I lavori di costruzione durarono otti anni e il Colosseo venne inaugurato nell'80 d. C.

Unità 18

16.

1.
- ○ Valeria, tu ti stai laureando mi sembra, no?
- ● Certo, sì.
- ○ Discuterai la tesi di laurea a marzo m'hai detto.
- ● Sì, esatto.
- ○ E hai una media di voti piuttosto alta, no?
- ● Mah, abbastanza, sì.
- ○ Senti, ma è tutto merito tuo o anche… c'è stata anche un po' di fortuna?
- ● Beh, oddio. Sicuramente il merito c'è, oserei dire, perché ho sempre studiato molto, però devo dire che ho avuto anche molta fortuna, sì.
- ○ A proposito di fortuna, senti… sei superstiziosa?
- ● Un po' sì…
- ○ Aha, allora hai…
- ● … pochino però.
- ○ … qualche oggetto portafortuna o non so hai dei riti scaramantici magari prima di fare un esame?
- ● Beh, oddio, proprio riti riti, no. Però c'è qualcosa che faccio prima… sempre prima di ogni esame. A dire la verità mi vergogno un po' a dirlo però… saluto… saluto sempre le foto appese in camera… sì, è chiedo loro di portarmi fortuna.
- ○ Eh, sì, certo ma… scusa che foto… che foto sono? Sono foto di persone o …
- ● Sì, sono foto miste a dire la verità. Sono foto con le mie amiche e poi foto dei miei di quando erano giovani… poi c'è la foto di mio … del matrimonio di mio fratello … Insomma un po' di tutto. Prima avevo anche un poster di Vasco Rossi che però poi l'ho tolto.
- ○ Ah, sì. Quindi saluti queste foto … C'è anche qualche altro rito, qualche altra cosa che fai?
- ● Beh, sì! Ad essere sincera ho anche… ho anche un paio di slip rossi che mi avevano regalato …
- ○ Ah!
- ● … sì, degli amici a Capodanno tanti anni fa e li indosso sempre prima di ogni esame, sì.
- ○ Ah … pensa!
- ● Ma porta fortuna, sì.
- ○ …è strano perché in genere questa è una tradizione che riguarda l'ultimo dell'anno …
- ● Sì, sì.
- ○ … che… insomma si dice che porta fortuna, ma l'ultimo dell'anno.
- ● Sì, esatto. Io non… non so perché, però li indosso sempre prima degli esami forse perché la… la prima volta che li ho indossati ho preso 30 e lode …
- ○ Ah!
- ● Esatto, e allora sono diventati il mio oggetto portafortuna. E li metto anche in ogni occasione importante…
- ○ Ha capito.
- ● … non solo per gli esami.
- ○ Ho capito. Senti, una domanda al contrario. C'è qualcosa che non fai?
- ● Mmmhh… che non faccio… dunque forse sì, evito di vestirmi di viola. Non so perché ma ho la sensazione come… che mi porti sfortuna, ecco. E poi mai passare in mezzo alle due colonne dell'università. Quella porta proprio una sfortuna pazzesca… proprio veramente sì…
- ○ Aha, senti l'ultima domanda: leggi l'oroscopo la mattina prima di un esame per esempio?
- ● Oddio no, l'oroscopo prima dell'esame mai, no. Poi non è che ci creda. Magari lo leggo dopo… però dopo aver fatto l'esame comunque per curiosità semplicemente.
- ○ Ho capito.

2.
- ○ Senti, Alberto e tu? Sei superstizioso?
- ● Sì, sinceramente sì, un po' sì. Guarda, visto e considerato che studio ingegneria dovrei essere piuttosto razionale però un qualche rito scaramantico ce l'ho anch'io.
- ○ Ah vedi. E… quali sono questi riti?
- ● Guarda, io ad esempio c'ho una penna, una comunissima bic blu, con la quale ho scritto l'esame di maturità, che tra l'altro è andato molto bene. Quindi la uso in tutte le occasioni importanti… E poi ad esempio quand'ho un esame, la mattina dell'esame mi sveglio alle quattro, mi faccio un caffè, ripasso tutti gli appunti e poi alle sette mi faccio la doccia, esco, vado a fare colazione al bar dell'università dove tra l'altro non ci vado mai e prendo cappuccino e cornetto con la marmellata dopodiché me ne vado all'esame.
- ○ Aha, ma scusami e se l'esame è di pomeriggio, cosa fai?
- ● Niente, non cambio mica niente. Il programma rimane invariato. Vado all'università un po' più tardi, ho un po' più tempo di ripassare, ma la sveglia rimane puntata alle quattro. E il cornetto con la marmellata non me lo toglie nessuno.
- ○ Sì, ma scusami… e poi non sei stanco?
- ● Beh, no, sinceramente no. Perché cerco di andare a letto tipo alle nove la sera prima. Generalmente la stanchezza mi prende poi una volta finito l'esame, quando mi posso un attimo rilassare diciamo così.
- ○ Certo, certo. E senti c'è anche qualcosa che non fai per scaramanzia?
- ● Sì, una cosa. Non leggo l'oroscopo perché… sono… guarda, sono sicuro che mi porta sfortuna. Se vuoi ti racconto un piccolo aneddoto…
- ○ Dimmi.
- ● Una volta una mia compagna di corso che aveva l'esame con me mi ha detto che aveva letto l'oroscopo e che il suo esame sarebbe andato bene. Dopo parlando ho scoperto che era del mio stesso segno zodiacale. Alla fine però lei l'hanno promossa e a me bocciato! Quindi da quella volta per me l'oroscopo è tabù.
- ○ Non esiste più.

Quellen

Titelbild: gettyimages/Simon Wilkinson

Seite 13: Text: aus «Italiano 2000 – Indagine sulle motivazioni e sui pubblici dell'italiano diffuso fra stranieri», Universitäten Rom und Siena, Juli 2001

Seite 15: oben: © Superjuli/MHV; unten: © Eyewire/MHV

Seite 20: Elena Carrara, Berlin

Seite 24: © MEV/MHV; Text: aus «Cappuccino e brioche per cominciare. È provato, siamo proprio tipi da bar» von Serena Salaris, Il Giorno, 21/01/2005

Seite 25: Karte: MHV-Archiv

Seite 36: Text: aus «Ristorante, palestra e vie del vino. Ecco i passatempi degli italiani», repubblica.it, 04/07/2005

Seite 55: Karte: MHV-Archiv

Seite 59: Text: aus www.retecivica.trieste.it/ipe (Europe Direct di Trieste)

Seite 73: Text: aus «Il gioco dei colori» von Ferdinando Monti, Paoline Audiovisivi 1995, © FSP – Paoline – ROMA

Seite 79: Text: aus «Fare moda: per passione e per mestiere» von Francesco Agresti, Campus, November 2005, www.campus.it

Seite 87: © Celentano/laif

Seite 101: Text: aus «Fango» von Niccolò Ammaniti, © 1996 Arnoldo Mondadori Editore s.p.a., Mailand

Seite 113: © Elena Carrara, Berlin

Seite 116: Text: aus «Paso doble» von Giuseppe Culicchia, © 1995 Garzanti Libri s.p.a., Mailand

Seite 119: Text: aus «Una casa per t(r)e» von Francesco Agresti, Campus, September 2004, www.campus.it

Seite 132: Text: © 2002 The Estate of Italo Calvino, from SE UNA NOTTE D'INVERNO UN VIAGGIATORE, published in Italian by Arnoldo Mondatori, S.p.A. Milano

Seite 140: Text: aus «Giovani & atipici con la voglia di casa» von Walter Passerini, Corriere Lavoro, 25/03/2005

Seite 141 – 142: Text: aus «Italiani mammoni? No, genitori ‹possessivi›», Corriere della Sera, 03/02/2006

Seite 144 – 145: Text: aus «Ti prendo e ti porto via» von Niccolò Ammaniti, © 1999 Arnoldo Mondadori s.p.a., Mailand

Seite 158 – 159: Text: aus «L'uomo scarlatto» von Paolo Maurensig, © 2001 Arnoldo Mondadori Editore s.p.a., Mailand

Seite 160: Text: aus «Mai due volte nella stessa città» von Gabriele Romagnoli, la Repubblica (Speciale San Valentino 2002)

Seite 170: Text: aus «Un giorno perfetto» von Melania Mazzucco, © 2005 RCS Libri s.p.a., Mailand

Seite 184: Text: aus «Da ‹embedded› a ‹ominicchio› ecco come cambia la lingua italiana», repubblica.it, 28/09/2005

Seite 185 – 186: Text: aus «Per svago, studio, nuovi incontri lo strumento dei ragazzi è il web» von Tullia Fabiani, la Repubblica, 26/10/2005

Seite 186: alle Fotos: © MEV/MHV

Seite 189: Text: aus «Io non ho paura» di Niccolò Ammaniti, © 2001 Giulio Einaudi Editore s.p.a., Turin

Seite 190: © gettyimages/Stuart McClymont

Seite 190-191: Text: aus «Italiani innamorati del cellulare. 3 su 4 non possono farne a meno» von Alessandro Longo, la Repubblica, 22/09/2005

Seite 191: © Zinn/laif

Seite 195 – 196: Text: aus «Scelta di facoltà, 57 su 100 temono di pentirsene», Campus, September 2004, www.campus.it

Seite 200: © Elena Carrara, Berlin

Seite 202 – 203: Text: aus «Si laureano prima e restano in aula ecco gli studenti ‹figli della Riforma›» von Federico Pace, la Repubblica, 24/05/2006

Seite 209 – 210: Text: aus «Il galateo linguistico del Duemila» von Valeria Della Valle und Giuseppe Patota, Famiglia Oggi, Januar 1998

Seite 213: Text: aus «Dove si studia l'Europa» von Carlotta Jesi, Corriere della Sera, Supplement Corriere Università, 02/04/2004

Seite 219: Text: aus «San Precario, salvaci tu» von Sabrina Miglio, Campus, Januar-Februar 2006, www.campus.it

Seite 226 – 227: Text: aus «La libertà? Imparare l'arte di girare il mondo» von Dario Olivero, la Repubblica, 22/06/2003

Seite 227 – 228: Text: aus «Il Grand Tour allo specchio» von Alessandro Censi, Il Giornale di Brescia, 15/06/2006

Seite 234: © MEV/MHV

Seite 239: Text: aus «Leonardo da Vinci e la pizza sono i simboli del Belpaese» von Alessandra Retico, repubblica.it, 10/01/2006

Seite 240: Text: aus «Amore, il primo motivo dei cittadini europei per cambiare Stato» von Federica Cavadini, Corriere della Sera, 29/03/2006

Seite 241-242: Text: aus «Europei d'Italia. Il Paese che mi aspettavo. Il Paese che ho trovato», Corriere della Sera, 02/07/2003

Seite 246-247: Text: aus «Via il malocchio dall'ateneo» von Beatrice Bortolin, Campus, Juni-Juli 2006, www.campus.it

Wir haben uns bemüht, alle Inhaber von Bild- und Textrechten ausfindig zu machen. Sollten Rechteinhaber hier nicht aufgeführt sein, so wäre der Verlag für entsprechende Hinweise dankbar.

Die im Arbeitsbuch genannten Websites führen zu fremden Inhalten, die wir nicht alle prüfen konnten und für die wir keine Verantwortung übernehmen.

Die CD enthält alle mit dem Symbol ▶‖ gekennzeichneten Texte und Hörübungen. Auf Knopfdruck ist jeder gewünschte Text und jede Übung unmittelbar verfügbar.

Gesamtlaufzeit: 74 Minuten

© 2007 Hueber Verlag · 85737 Ismaning · Deutschland
Alle Urheber und Leistungsschutzrechte vorbehalten.

Produktion: Tonstudio Langer, Ismaning